이용현 李鎔賢

1963년 서울 출생
현재 국립중앙박물관 학예연구사
고려대학교 대학원 한국사학과 박사과정 졸업
國學院大學 大學院 文學硏究科 日本史學科 博士後期 졸업
東京大學 大學院 人文社會系 東洋史學科 硏究生 수료
國學院大學 日本文化硏究所 客員共同硏究員
고려대학교 민족문화연구원 연구조교수
早稻田大學 朝鮮文化硏究所 客員硏究員   역임
학위. 한국고대목간연구(고려대 박사, 2002.2)
       가야제국과 동아시아(國學院大學 박사, 1999.3)

韓國木簡基礎硏究

2006년 12월 15일 초판1쇄 인쇄
2006년 12월 20일 초판1쇄 발행

지은이 • 이용현
펴낸이 • 임성렬
펴낸곳 • 도서출판 신서원
서울시 종로구 교남동 47-2 협신빌딩 209호
전화 : (02)739-0222·3 팩스 : (02)739-0224
등록 : 제1-1805(1994. 11. 9)

ISBN • 89-7940-027-6

신서원은 부모의 서가에서 자녀의 책꽂이로
'대물림'할 수 있기를 바라며 책을 만들고 있습니다.
잘못된 책은 연락주세요.

한국목간 기초연구

이용현 지음

책머리에

　　한국에 목간이 출토된 지 30년이 지났다. 동시에 필자의 목간연구도 10년을 넘어섰다. 본서는 그 간 필자의 연구논문을 한데 모아 1996년 이래 2006년까지의 연구를 결산하기 위해 출판한 것이다. 첫 논문은 안압지 15호(보고서 번호)목간의 연구로 세상에 햇빛을 보게 된 것은 1999년이었다. 문제의 글자를 走로 판독하고, 高城이 강원도 고성임을 밝히어 북해통을 근간으로 하는 통일신라시대의 전달체계를 복원하였다.(「신라의 전달체계와 '북해통': 안압지 15호 목간의 분석」, 『조선학보』 171, 조선학회, 1999.4, 일본) 이어 궁남지 목간에 대한 분석을 행하였다. 夷와 小口를 읽어내고 백제의 천하관과 호적과 관련된 주민 파악의 실상을 밝혀냈다.(「부여 궁남지 출토 목간의 성격과 복원」, 『궁남지』, 국립부여문화재연구소, 1999.10) 또 황남동 376유적에서 출토된 목간에 대해 연구하였다 쌀의 수납과 관련된 목간이며, 두 편이 원래 같은 목간임을 밝혀냈다.(「황남동 376 출토 목간의 성격과 복원」, 『신라문화』 19, 동국대학교 신라문화연구소, 2001, 경주) 1999년은 함안 성산산성 목간이 발굴되어 연말 국내 최초의 국제심포지엄이 열렸다. 목간의 성격에 대해 크게 꼬리표설과 신분증설이 대립하였다. 꼬리표설에 입각하여 논지를 정리하고, 그 때까지 알려진 목간들을 정리하여 박사논문을 제출하였다.(「한국고대목간연구」, 고려대대학원, 2002.2) 다음에 경주 안압지 목간 전체를 전망 정리하고 보고서를 정독하여 목간 출토위치를 복원하였다.(「경주 안압지[月池] 출토목간의 기초적 검토: 보고서 분석과 넘버링을 중심으로」, 『국사관 논총』 101, 국사편찬위원회, 2003.12) 이어 박사논문에 실린 것을 정리하여 다듬어 꼬리표설 위에서 6세기 낙동강을 통해 상주와 하주를 중심으로 한 물류를 설명하였다.(「함안 성산산성 출토목간과 6세기 신라의 지방경영」, 『국립박물관 동원학술논문집』 5, 한국고고미술연구소, 2003.11) 그 뒤 성산산성 목간 2차분 60여 점이 추가 출토되었다. 이에 대한 판독을 중심으로 패석이 관등으로 성립할 수 없음을 주장하고, 쌍둥이 목간・제첨축 등을 비롯하여 성산산성 목간 90여 점에 대해 조망하였다.(「함안 성산 산성 출토목간」, 『한국의 고대목간』, 2004.6, 국립창원문화재연구소) 곧바로 2004년 8월 호서사학회 주최 국제간독회의에서 2차 보고분을 중심으로 새롭게 성산산성 목간의 성격에 대해 논구하였다. 새롭게 鐵十六을 읽어내는 등 목간 사진집을 바탕으로 앞서 판독의 일부를 정정하였다.(「함안 성산산성 출토목간의 성격론: 2차 보고분을 중심으로」, 『고고학지』 14, 고고미술사학연구소, 2004.12) 2005년 1월에는 신라 목간의 외형과 재원의 분석을 통해 그 규격에 대해 모색하였다.(「신라 목간의 형상과 규격」, 와세다대학 COE심포지엄, 2004.1) 2006년 9월에는 일본 목간학회 특별집회 <한자문화의 확산>에서 한국출토 목간에 대해 개괄하였다.(「한국출토 목간」, 2006년도 큐슈국립박물관 국제심포지엄, 2006.9) 2006년 말에는 오랜 작업 끝에 월성해자 목간의 보고서를 작성 보고하였다.(「목간류」, 『월성해자II-고찰-』, 국립경주문화재연구소, 2006.12) 이어 한국목간학회 창립 후 첫 국제심포지엄 발표문으로 목간 발굴 30년을 고고학과 그 주변의 입장에서 정리하였다.(「목간 발굴 30년: 목간을 고고학한다는 것」, 한국목간학회 창립 심포지엄 발표문, 2007.1)

　이상의 논고를 모아 '한국목간기초연구'라는 제목으로 필자의 논문집을 간행하기에 이르렀다. 2004년 국립창원문화재연구소에서 『한국의 고대목간』이라는 사진집(혹 도록)을 간행하고, 2006년 6월 그 축소판(개정판)이 나왔으며, 또 2006년 9월부터 성산산성 목간에 대해 3만8천 화소의 고성능 적외선사진을 웹상에서 제공함으로써 연구환경에 급격한 변화가 이루어지고 있다.

　한편 2006년 정월에는 국립경주박물관 주최로 관내에서 안압지 목간에 대한 적외선사진 재촬영이 있어 가오리를 의미하는 加火魚, 젓갈을 의미하는 助史가 검출되고(「안압지 목간과 8세기 중후반 동궁 주변」, 한국역사연구회 발표, 2006.12), 2006년 12월 17일 국립창원문화재연구소에서 새로 30여 점의 목간 추가출토가 공표되는 등 목간연구 환경은 시시각각 변화하고 있다.

　본서는 2006년까지의 필자의 논문을 거의 수정 없이 그대로 책으로 묶은 것이다. 본서는 연구의 결산이 아니라 연구의 출발을 의미한다. 2007년은 벽두부터 크고 작은 목간관련 심포지엄이 예정되어 있다. 이들 연구의 향연을 자양분으로 삼아 본서에 이어 새로운 흐름을 반영한 두 번째 목간연구서를 출간할 예정이다. 필자의 처녀작은 불비한 점이 많다. 선학의 질정과 교시를 바란다.

◆일러두기

▽ 목간표기는 원래 세로쓰기여야 하나 편집상의 이유로 가로쓰기로 하였다. 왼쪽 끝이 목간의 윗부분, 오른쪽 끝이 목간의 아랫부분이 된다. 기호는 일본목간학회의 그것을 원용하되, 재원표시는 cm로 하였다.
▽ 목간번호는 보고서의 것을 원칙으로 하되, 통용되고 있는 국립창원문화재연구소 간행 『한국의 고대목간』(2004)의 번호도 사용하기도 하였다. 아직 번호가 없는 경우는 임시번호를 부여하였다.
▽ 본서는 논문별로 비통일성이 엿보인다. 목간의 표기, 목간의 호칭 등 학계의 합의된 통일은 없다. 통일을 필요로 하지 않은 것들도 있지만 호칭 면에서의 불통일은 목간연구 개발도상의 실상을 드러내준다. 필자 역시 용어의 수입·적용과 선택과정을 거쳐 정착의 단계에 접어들고 있다. 그러나 본서에서는 아예 공간 당시 논고에서 사용했던 용어를 그대로 두었다. 각각의 논문 체제를 흐트러뜨리지 않기 위한 것과 함께 이 자체가 학설사에서 진화의 자료가 될 것이기 때문이다.
▽본서에서 일컫는 목간의 유형에 대한 용어는 다음과 같이 정의한다.
· 홀형 : 일본에서 단책형이라고 일컫는 것으로 국내에서 혹 고고학
　　　　적 용어로는 종장판형·세장형이라고 한다. 短冊이란 일본
　　　　어로 笏을 일컫는다.
·파임형 : 하단이나 상단이 V자홈으로 파인 것.
·막대형 : 다각형 혹은 원형의 단면을 가진 봉형 목간. 특히 다각형
　　　　은 중국에서는 고(觚)라고 함.
·가로형 : 橫材목간이라고 한다. 보통은 목간은 세로로 긴데, 그와 반
　　　　대로 가로로 긴 목간이다.
· 꼬리표 : 일본에서 付札 혹 荷札을 일컫는다. 하찰은 짐꼬리표이다.

차례

책머리에 ··· 5
일러두기 ··· 8

프롤로그
   목간 발굴 30년 ··· 13
        : 고고학적 시점에서

제1편 경주 월성해자 목간
   월성해자 목간 ··· 61

제2편 경주 안압지 목간
   경주 안압지[月池] 출토 목간의 기초적 검토 ··· 219
        : 보고서 분석과 넘버링을 중심으로
   통일신라의 전달체계와 '북해통' ··· 294
        : 안압지 출토 15호 목간의 해석

제3편 함안 성산산성 목간
   함안 성산산성 출토 목간 ··· 319
   함안 성산산성 출토 목간의 성격론 ··· 349
        : 2차 보고분을 중심으로
   함안 성산산성 출토 목간과 6세기 신라의 지방경영 ··· 381

제4편 신라 목간과 그 규격
   신라목간의 형상과 규격 ··· 405

하남 이성산성 목간 개황 … 427
김해 봉황동 목간 斷想 … 437
황남동 376유적 출토 목간의 성격과 복원 … 440

제5편 부여 궁남지 목간
부여 궁남지 출토목간의 성격과 복원 … 469

에필로그
한국목간 총론 … 527

부록
신안 해저발견 목간의 형식과 선적 … 533

영문 요약 … 556
후기 … 558

프롤로그

목간 발굴 30년

12 한국목간 기초연구

□쉼터

목간 발굴 30년
: 고고학적 시점에서

프롤로그 -30년간의 진화

〔1975년 8월 20일. 경주 안압지 발굴현장〕
고적 정비사업이 한창 진행되고 있었다. 월성 동쪽 임해전이 자리잡고 있던 안압지도 일대 정비사업에 들어갔다. 연못물을 빼내자 바닥에서 목간이 드러났다. 한국 최초의 목간발굴이었다. 발굴담당자는 야장에 글자를 그려넣었다.

- 그로부터 31년이 지나고 -

〔2006년 12월 19일. 함안 성산산성 발굴현장〕
추위에도 아랑곳없이 40여 명의 관계자가 운집. 적외선사진 패널이 진열. 유물박스 속에 담긴 촉촉한 목간이 잠시 선보임. "…32개로 이루어진 유기물 복합층 가운데 목간 집중 출토지점의 토층은 9개 층이며 이 가운데 최상층에 집중하고 있습니다. …"〔발굴자의 열띤 설명〕. "…다섯 점이 더 출토되었어. 아까 낸 기사에서 33점을 38점으로 고쳐줘…"〔모 기자의 전화소리〕.

30여 년간 목간발굴은 목간 출토점수의 증가에 비해 질적으로 가파른 향상을 보이고 있다. 최초의 발굴에서는 목간에 출토되었을

2006년 발굴조사 함안 성산산성 출토 묵서 목간

때, 층위 같은 것에 대한 관찰은 이뤄지지 않았었다. 물론 저수지라는 특성으로 층위구별이 어렵거나 필요 없었던 이유도 있었을지 모른다. 또 당시 발굴현장에서는 목간을 발굴야장에 스케치하고 글자도 쓰거나 그려넣었다. 훗날 보고서에는 목간의 출토상황에 대한 사진은 서너 컷 정도 실렸지만 공반관계는 상세히 기술되지 않았다. 보고서에 목간사진이 실렸는데 모두 흑백사진이며 편집과정에서도 글자부분에만 중점을 두어서 글자가 없는 목간 상부와 하부가 잘려 실리지 않은 경우가 많다. 편집과정에서 목간을 '物'로서 보는 시각이 결여되어 있었던 것이다. 당시에 발굴현장에 목간을 보기 위해 사계인사들이 운집했다는 이야기는 과문이나 들리지 않는다.

유적의 형성과 후퇴적 과정에 대한 모식도

그로부터 30년이 지나고 목간에 대한 인식은 기하급수적으로 바뀌고 있다. 최근 열린 현장설명회에는 사전공지가 되지 않은 상황에서도 영하의 날씨에도 불구하고 경향각지에서 학자는 물론 매스컴 관계 인사가 몰려들었다. 30년간 목간에 대한 인식의 진화를 단적으로 보여주는 대목이다. 뿐만 아니다. 현장에서는 목간 출토층위가 자세히 운위되고 유구가 전체적으로 짜임새 있게 체계화되고 있었다. 또한 적외선사진 촬영으로 목간의 글자가 시각적으로 완벽하게 수습되고 있었으며, 목간 역시 증류수에 안전하게 보관 관리되고 있었다. 처음 출토된 13점에 대해 의 글자 판독이 이루어진 뒤에도 20점이 추가 출토되었다.

　이를 토대로 현장설명 자료를 작성하였는데, 그 사이에 또 4점이 추가 출토되었다. 그야말로 시시각각으로 목간이 출토되고 있는 것이다. 30년의 격세지감을 단적으로 보여준다. 목간 출토의 증가는 발굴 현장에서 목간에 대한 인식 변화에서 기인하는 바도 크지 않을까 한다. 현장에서의 인식이나 주의에 의해 역사를 바꾸는 목간이 되기도 나뭇조각 혹 쓰레기가 되기도 했을지 모를 일이기 때문이다.

Ⅰ. 본고의 서술방향

　이 땅에 목간이 발굴된 지도 어언 30년이 넘어섰다. 그간 목간출토와 연구는 특히 근년 가파른 향상을 보여, 30년 이전과 비교하면 격세지감을 느끼게 된다. 이 같은 30년간의 진화는 문헌학 혹 역사학·서예학·언어학 혹 국어학, 그리고 고고학 등 각 방면에서 살펴볼 수 있다. "木簡을 考古學한다"는 것은 목간을 物로써 다루는 조사하고 고찰하는 포괄적 행위를 말한다. 짧게는 목간을 고고학적으로 조사하고 연구하는 것을 일컫는다. 길게는 현장에서의 발굴, 보고서 작성하고 고고학적 연구뿐만 아니라, 보관과 전시까지도 포괄한다. '목간'하면 글자 자체에만 집중하기 쉽다. 실제 30년간의 연구를 봐도 그렇다.

그런데 목간은 동시에 유물이기도 하다. 즉 목간은 사료와 유물의 양면을 공유하고 있다. 목간의 글자의 의미가 중대함은 말할 나위 없지만, 그 글자는 "物로서 목간의 어떠한 국면에 위치하는가?" 역시 그 이상으로 중요하다. 物로서 목간에 대한 고찰은 목간이 어떻게 제작되었으며, 당시 인간사회 속에서 어떻게 활용되었는지를 알려주는 열쇠가 된다. 이 같은 측면에서 "목간이 어떻게 연구되었는가?"를 살펴보기로 한다.

또 발굴은 통상 박물관이나 연구소 등 발굴기관에서 행한다. 여기에는 발굴·보존처리·촬영·연구·결과보고서 작성과 세간에 공표, 보관 및 전시 등 일체의 행위가 관련된다. 고고학 주변도 또 종합적으로 개략적이나마 둘러보고자 한다. 이를 통해 목간고고학 30년을 총괄하고 금후 이 방면 연구의 재료로 삼고자 한다.

II. 목간 발굴과 연구

1. 목간 발굴 소사[1]

먼저 1975년 한국에서 최초로 목간이 출토된 이래 30여 년간 목

---

1) 이 부분의 기술은 이미 발표한 졸고, 「韓國における木簡硏究の現狀」(『韓國出土木簡の世界』 심포지엄 자료, 와세다대학 조선문화연구소, 2004.1.24)를 바탕으로 본고의 체제에 맞추어 약간 수정하였으며, 2004년 이후 최근까지의 변화상을 추가하여 개고하였다.

간 발굴의 여정을 시기별로 정리해 보면 다음과 같다.

1) 1970년대

한국에서 목간이 처음 발견된 것은 1975년 8월 20일, 경북 경주 안압지에서였다. 1971년 수립된 경주종합개발계획의 일환으로서 이루어진 안압지 발굴을 통해 합계 51점의 목간이 수집 보고되었다. 이에 관한 종합적 조사보고서는 3년 뒤인 1978년 문화재관리국에 의해 이루어졌는데(문화재관리국, 1978)[2], 목간분야의 보고는 이기동에 의해 이루어졌다.(이기동, 1979) 이것이 한국 최초의 목간보고이며, 향후 보고서의 전형이 되었다. 한편 사계에 그다지 주목받지는 못했지만 발굴보고서에는 지건길이 작성한 목간메모도 있다.(문화재관리국, 1978)

2) 1980년대

전북 익산 미륵사지에 대한 발굴이 이루어지게 되었다. 이 과정에서 길이 약17.5cm 폭 약 5cm 의 막대형 목간(이른바 '고')이 출토되었다. 네 면에 글이 쓰여 있었다. 당초 학계에 그다지 알려지지 않았으며 보고서가 간행된 후에도 연구의 대상이 된 적이 없다. 1983년 충남대 박물관은 충남 부여 관북리 즉 현 국립부여문화재연구소 앞 왕궁지

---

2) 순서는 뒤바뀌지만, 2장1절의 인용논문은 2장 2절의 그것을 참조바람. 2장의 인용문헌은 보고서류를 중심을 하였다. 보고서가 발간되지 않은 경우는 보고서를 대신할 수 있는 것들을 실었다. 고로 연구문헌을 모두 열거한 것은 아님에 유의 바란다.

로 추정되는 지역에 대한 발굴조사를 행하였는데 연지에서 2점의 목간이 나왔다.

발굴당시 판독은 거의 이루어지지 않았다. 상부가 파임형인 완형 1점은 묵흔이 확인되었다. 최초의 백제목간 출토의 순간이었다. (충남대박, 1983) 1984년과 1985년에 경주 안압지에 가까운 월성해자에서 약 30점의 목간이 발굴되었다. 이에 대한 보고서는 2006년 말에 간행되었다.(국경연, 2006) 이미 그 상당부분은 사진집에서 소개되었다. 6세기에서 7세기 중엽에 걸치는 각종 다양한 목간으로 구성되었다. 牒을 둘러싼 4면형 막대형, 가로로 기다란 것(이른바 '橫材목간') 등 다양한 형태에 문서의 수수, 약물과 관련, 6부 관련, 이두 혹 속한문 등 다양하고 중요한 내용을 담고 있다. 정식으로 학계에 보고되어 그 연구의 심화가 기대되고 있다.

3) 1990년대 전반

1990년대에 들어와 목간출토가 급증하게 되었다. 경기 하남시 춘궁동(발굴당시는 경기 광주 춘궁리) 이성산성의 저수지에서 1990년에 12점, 2차 저수지에서 다음해인 1991년에 9점, 모두 21점의 출토를 보았다. (한양대박, 1991·1992). 신라목간이 왕도 경주를 벗어나 지방에서도 다량 출토된 첫 예였다는 점에서 발굴사적 의의가 깊다. 보고서에는 서체에 관한 고찰이 이루어졌다. '戊辰'이라는 간지가 나와 대체로 그 연대는 대체로 608년으로 보고 있다. 1994년 동국대 경주캠퍼스 박물관에 의한 경주 황남동 376번지 사택 신축부지 조사중에 목편 3점이 출토되었다. '椋'이란 글자가 보여 창고와 관련해 주목되었다. 1995년에는 국립부여문화재연구소에 의한 궁남지 조사중에 목제품과 함께 목간이 2점 출토되어 곧바로 약식보고가 이루어졌다.(최맹식·김용민, 1995) 한국 최초의 약식개보 및 속보라는 의미를 갖는다.

4) 1990년대 후반

1996년 9월 李成市에 의해 한국목간이 체계적으로 정리되었다.(李成市, 1999) 이것이 한국목간 전체에 대한 최초의 정리라는 면에서 고고학사상 의미가 깊다. 여기서는 당시까지 출토 보고된 경주 안압지, 부여 관북리, 경주 월성해자, 하남 이성산성의 4개소에 더해 당시 최신자료였던 부여 궁남지, 함안 성산산성, 경주 황남동을 넣은 7개소에 대해 정리하였다. 李成市의 논고는 문헌사뿐만 아니라 고고학에도 중요한 업적이었다.

1998년에는 쌍북리 102번지 일대 택지조성과 관련하여 충남대 박물관에서 발굴조사가 실시되었다. 백제 사비시대의 생활유적에서부터 고려시대의 유구가 확인되었다. 저습지 개흙층 그 가운데 표토 하 3m에서 백제시대 水路·우물 등이 노출되었고, 수로 내부와 주변에서 칠기 등 목제품·명문 백제토기·印刻瓦·목제 자[尺] 등과 함께 목간 2점이 출토되었다.(충남대박물관) 이와 함께 1999년 국립창원문화재연구소 및 한국고대사학회 공동주최에 의한 심포지엄이 열렸는데,3) 이는 목간에 관한 한국 최초의 심포지엄이자 국제학술대회였다는 점에서 의미가 깊다. 이를 통해 고고학계에도 목간에 대한 중요성이 새삼 인식되게 되는 계기가 되었다. 이와 더불어 궁남지 1차 목간에 대한 보고서가 간행되었다.(국립부여문화재연구소, 1999) 비록 1점의 목간이었으나, 그 때까지의 목간보고와는 다른 차원의 새로운 보고서였다. 여기서 한국 최초로 제첨축의 개념, 목간에 있어서 尺, 즉 길이의 의미가 소개되기도 하였다.

5) 2000년대 전반

2000년 4월에는 충남 부여 능산리에서 '奉天'이라는 글자가 새겨지고 또 묵서도 있는 4면체 막대모양에 남근을 새긴 목간을 비롯 5~6점이 발굴되었다.(국립부여박, 2000) 2000년 12월에는 하남 춘궁동 이성산성 제8차 발굴보고서가 간행되었으며 목간에 대해서도 정식 보고되었다.(한양대박, 2000) 보고자는 유실되어 근거는 없어졌지만 발굴시의 여러 상황으로 보아 고구려 목간설을 강변하였다. 이는 후에 두고두고 논란이 되고 있는데, 목간발굴에 있어 초동단계에 반드시 사진자료를 확보해야 한다는 교훈을 되새겨 준 발굴이었다.

2001년 7월 15일에 부산대박물관에 의해 발굴된 김해 봉황동에서

---

3) 국립창원문화재연구소·한국고대사학회, 『함안성산산성』, 국립김해박물관, 1999.12.11. 여기서 발표된 논고는 후에 거의 수정 없이 『한국고대사연구』 19(2000)에 실렸다. 오늘날 한국목간학회의 모태는 여기에 있었다고 할 수 있다.

4면체 막대형 목간 1점이 출토되었다.(부산대박, 2001) 이는 한국 최초의 『논어』공야장의 일부가 적혀 있었다.(부산대박, 2001) 이는 한국 최초의 『논어』목간·경전목간의 출토로서 그 의의가 있다. 이어 같은 해 8월에는 경주 황남동 목간에 대한 연구가 이루어져서 서식의 형식, 원형의 복원, 창고와의 관계가 논의되었다.(이용현; 김창석, 모두 2001) 이는 이듬해 곧바로 보고서 간행으로 이어졌다. 2002년 12월에는 함안 성산산성 현장에서 더욱이 65점의 목간이 출토되었다고 보고되었다. 이전 출토분과 마찬가지로 동문지 근방에서 나온 것이었다. 이전 것과 기능과 형태가 유사하며, 제첨축으로 여겨지는 목제품도 출토되었다.(창연, 2002)

2002년에 경남문화재연구원에 의하여 경남 창녕 화왕산성 내 연지가 조사되었는데 여기서 목간으로 보이는 것이 있었다고 한다.4) 2003년에 안압지 보고서의 목간관련 부분에 대한 재검토가 이루어져 목간 출토지점에 대한 새로운 사실이 추출되었다.(이용현, 2003)

2004년 6월에는 국립창원문화재연구소가 주관하고 와세다대학 조선문화연구소가 후원하는 형태로 『한국고대의 목간』이라는 본격 사진집이 출간되었다. 목간 실물크기의 컬러 및 적외선사진이 호쾌하게 실렸다. 이어 2004년 하반기부터 창연 홈페이지에서 pdf파일을 공개하였다. 이로써 목간고고학에도 지각변동이 일어나게 되었다. 이를 계기로 기존에 발굴보고서가 간행된 뒤에라야 논문을 쓸 수 있는 관행은 서서히 무너지게 되었다. 월성해자 목간과 관북리 목간, 능산리 목간의 경우가 그 예라 할 수 있다.

---

4) 『(개정판)사진집』, p244.

6) 2000년대 후반기

2005년 6월 27일에는 또다시 『논어』목간의 출토가 공표되었다. 이번에는 인천시 계양구 소재 삼국시대 고대성곽인 계양산성에서 였다. 5각 막대목간으로 이번에도 우연히 김해 봉황동의 그것과 같이 『논어』 공야장의 일부가 쓰여 있었다. 발굴자인 선문대 고고연구소 측은 목간과 공반된 집수정의 것이 3~4세기 한성도읍기 백제의 목간으로 발표되었으며 이는 서기 3·4세기경 한성도읍기 백제시대 지방에서 『논어』를 학습한 사실을 알려준다고 주장되었다.(선문대연, 2005)

국립창원문화재연구소에서 2006년 6월에는 『<개정판>한국고대의 목간』을 출간하였다. 이는 종전의 것에서 논고를 교체하고 일부 목간을 제외하였다. 종전의 것의 축소판 사진집이라 할 수 있다. 개정판에서는 몇 가지 새로운 정보가 소개되었다. 동 연구소에서는 또 11월 27일부터 국립창원문화재연구소의 함안성산산성 홈페이지에서는 이들 목간에 대해 3천 800만화소로 촬영한 고화질로 성산산성 목간 제2차 공개분을 서비스하기 시작하였다. 또 12월 19일에는 추가출토 목간점수 38점 가운데 10여 점을 현장설명회에서 공개하였다.[5] 대체로 2000년대 이후 목간의 출토가 급증하는 경향을 보이고 있다.

이외에도 충청지역에서 2개소에서 목간 약간 점, 인천 계양산성에서 새로 1점의 추가 출토가 풍문이 있는데 그 구체상은 아직 공표

---

5) 국립창원문화재연구소, 『함안 성산산성 11차 발굴조사 현장설명회 자료』, 2006.12.

되지 않고 있다. 또한 고대의 목간은 아니나 신안해저 목간 328점이 있다.

이상을 정리하면 지금까지 국립창원문화재연구소 사진집 기준으로 하면 321점이 출토되었으며, 여기에 2006년 말 추가 보고된 38점을 추가하면 모두 359점의 목간의 출토가 세간에 공표되었다고 할 수 있다. 이 숫자는 동시에 각 기관에서 집계한 목간점수이다. 복원함에 따라 또 목간이 아닌 것도 감안하면 이보다 조금 줄어들 것이지만, 대체로 각 기관 집계점수로 2006년 말 현재 한국고대의 목간은 359점에 이른다.

2. 지역별 목간 출토상황 및 관련 보고서류 발간

지역별로 북쪽에서 남쪽으로 내려오면서 소개하기로 한다. 발굴보고서와 사진자료를 중심으로 서술하고자 한다.

	유 적	출토점수	발굴자
1	인천 계양산성	1점	선문대고고학연구소

2005년(1차) 1점 출토
- 「인천 계양산성 동문지내 집수정 출토 목간 보존처리 결과보고」(보고회 자료), 선문대학교 고고학연구소, 2005.6.27.
- 橋本繁, 「古代朝鮮における『論語』受容再論」, 『古代韓國木簡の世界』Ⅲ, 와세다대학 국제심포지엄, 2006.1.[6]

5각 막대목간으로 『논어』 공야장의 일부가 쓰여 있다. 정식보고서는 미간이나 목간에 대해 보도자료를 통해 공개하였다. 보도자료의 사진이 양호하다. 보도자료에서는 백제목간설을 주장하고 있는데, 신라목간일 가능성이 있다. 하시모도의 논고가 있다.

| 2 | 경기 하남 이성산성 | 27점 | 한양대박물관 |

1990년(3차) 12점, 1991년(4차) 9점, 1999년(7차) 6점, 2000년(8차) 1점 출토
· 『이성산성 (제3차)·(제4차)·(제7차)·(제8차)』, 한양대박물관, 1991·1992·2000·2001.

모두 27점의 목간이 출토되었으며, 정식보고는 모두 완료되었다. 이 가운데 8차 발굴 1점에 대해 고구려목간설이 보고서에서 주창되고 있는데, 판독이 불안정하여 고구려로 보기 어렵다. 모두 신라목간으로 보인다.

주보돈, 「이성산성출토 목간과 도사」, 『경북사학』 14, 1991.
김창호, 「이성산성출토 목간의 연대 문제」, 『한국상고사학보』 10, 1992.
이도학, 「이성산성출토 목간의 검토」, 『한국상고사학보』 12, 1993.
李成市, 「韓國の木簡」, 『木簡研究』 19, 1999.
한양대박물관, 『이성산성(발굴20주년특별전)』, 2006.

재판독이 되어 종래의 朋이 明으로 읽히고 있다. 사진집·발굴보고서·2006년 한양대박물관의 특별전 도록사진을 참조할 수 있다.

---
6) 참고문헌 소개에서 큰 글씨는 보고서 혹 준보고서이고, 작은 글씨는 관련논문이다.

| 3 | 부여 관북리 | 9점 | 충남대박물관(1983)
국립부여문화재연구소(2002) |

1983년 2점, 2002년 7점 출토.

- 충남대박물관·충남도청, 『부여관북리백제유적발굴보고 (1)』, 1985.12.
- 이용현, 「궁남지 출토 목간의 내용과 성격」, 『궁남지』, 국립부여문화재연구소, 1999.
- 윤선태, 「백제 사비도성과 '嵎夷'」, 『동아고고논단』 2, 〔재〕충청문화재연구원, 2006.

1983년 보고 2점은 간행되었으며, 2002년 발견 7점 역시 근간예정이다. 모두 사진집을 참조할 수 있다. 2002년 7점 가운데 1점은 국립부여박물관 홈페이지에서 서비스 중이다.

| 4 | 부여 쌍북리 | 2점 | 충남대박물관 |

1998년 2점 출토.

- 충남대박물관·대한주택공사충남지사, 『부여쌍북리백제유적발굴보고 (2)』, 1998.

| 5 | 부여 능산리 | 24점 | 국립부여박물관 |

2000년(6차조사) 6점, 2001년(7차조사) 17점, 2002년(8차) 1점 출토.
- 국립부여박물관·부여군, 『(지도위자료)부여능산리사지 6차』, 2000.4.
- 박중환, 「부여능산리사지에서 발견된 목간」, 『박물관신문』 352, 2001.10.
- 박중환, 「부여능산리사지발굴목간 예보」, 『한국고대사연구』 28, 2002.12.
- 박중환, 「부여능산리사지발굴조사개요: 2000년에서 2001년의 조사내용」, 『동원학술논문집』 4, 2002.12.

- 박경도, 「능산리사지 8차 발굴조사」, 『동원학술논문집』 5, 2003.11.
- 국립부여박물관, 『백제의 문자』〈특별전 도록〉, 2003.

김영욱, 「백제이두에 대하여」, 『구결연구』 11, 2003.8.
近藤浩一, 「扶餘陵山里出土木簡と百濟都城關連施設」, 『東アジアの古代文化』 125, 2005.
大竹弘之, 「百濟の古都(木簡の發見)」, 『古代日本と百濟』, 大巧社, 2002.3.
平川南, 「扶餘陵山里木簡と道饗祭」, 『古代韓國木簡の世界 Ⅲ』, 와세다대학 국제심포지엄, 2006.
윤선태, 「부여 능산리 출토 백제 목간의 재검토」, 『동국사학』 40, 2004.

　　목간에 관해서는 모두 보고서 미간행, 2007년 초 간행예정이라고 한다. 발굴담당자로서 박중환 및 박경도의 논고 가준보고서에 해당하나, 자세한 정보를 얻기는 어렵다. 8차 발굴 목간을 제외하고는 모두 사진집과 2003년 개최 특별전 도록에 사진이 실려 있다. 김영욱은 능산리 목간 중 1점에 대해 시가설을 주장하였고, 콘도는 능산리 목간 전체를 소묘하였다. 大竹는 능산리 목간의 유구와 토층에 대해 설명하였다. 남근목간과 도교와의 관계에 대해 平川와 윤선태는 논하였으며, 제8차 발굴 목간에 대해서는 近藤와 윤선태가 논하였다. 비록 발굴보고서가 간행되지는 않았지만 상기 논고 및 사진집, 도록에 의해 목간의 전모를 알 수 있다. 보고서 간행의 시점을 잃은 경우라 할 수 있다.

6	부여 궁남지	3점	국립부여문화재연구소
1995년 국립문화재연구소		1점	1999년 보고서 간행
2001년 국립문화재연구소		2점	2001년 보고서 간행

· 최맹식·김용민, 「부여 궁남지 내부 발굴조사 개보」, 『한국상고사학보』 21, 1995.1.
· 이용현, 「궁남지 출토 목간의 내용과 성격」, 『궁남지』, 국립부여문화재연구소, 1999.
· 김재홍, 「목간」, 『궁남지 Ⅱ』, 국립부여문화재연구소, 2001.

보고서는 모범적으로 모두 완간되었다. 단 2001년 보고분은 사진집에 누락되었다. 사진은 양호하지 못해 2001년 출토 목간2의 경우 재촬영·재판독이 필요하다.

| 7 | 전북 익산 미륵사지 | 1점 | 국립부여문화재연구소 |

1995년 1점 출토.
· 국립부여문화재연구소, 『미륵사: 유적발굴조사보고서 Ⅱ』, 1996.
· 전북익산지구문화유적지관리사업소, 『미륵사지유물전시관』, 1997.

사진집에서도 사진을 볼 수 있다. 학계에 공표되고도 그다지 주목받지 못한 목간이다.

| 8 | 경북 경주 안압지 | 51점 | 경주유적발굴조사단 (국립경주문화재연구소의 전신) |

1975년 51점 출토
· 문화재관리국, 『안압지』, 1978.
이기동, 「안압지에서 출토된 신라목간에 대해」, 『경북사학』 1, 1979.
이용현, 「경주 안압지 출토목간의 기초적 검토」, 『국사관논총』 101, 2003.

이기동의 논고는 보고서에 실린 것과 같은 것이다. 보고서에는 이외에 윤근일과 지건길의 글이 있다. 필자의 글은 그간의 연구성과를 집성하고 보고서에 보이는 목간의 출토지점을 정리한 것이다. 안압지 목간에 대한 연구성과는 많지만, 근년에는 다음과 같이 안압지 목간 연구가 새로운 국면에 접어들고 있다.

이문기, 「안압지 출토 목간으로 본 신라의 궁정업무」, 『한국고대사연구』 39, 2005.
윤선태, 「안압지 목간과 신라 궁정생활」(한국사연구회 월례발표회), 2006.11.
이용현, 「안압지 출토목간과 신라 동궁 주변」, 『목간과 한국고대사회』(한국역사연구회 기획발표회), 2006.12.
橋本繁, 「안압지 출토목간의 석독」, 『신라문물연구』 창간호, 국립경주박물관, 2007.3.

국립경주박물관에서는 2007년 적외선사진 선본 자료집을 간행예정이며, 보고서가 간행된 지 30년이 되어가서 재보고서 혹 재연구가 필요하다.

| 9 | 경북 경주 월성해자 | 26점 | 국립경주문화재연구소 |

1985년 3점, 1986년 19점, 1989년 1점, 1993년 1점 출토
· 국립경주문화재연구소, 『월성해자 Ⅲ』, 2006(목간부분 이용현 집필).
윤선태, 「월성해자 출토 신라 문서목간」, 『역사와 현실』 56, 2005.

이미 적외선사진과 칼라사진은 사진집에 공개된 바 있다.

| 10 | 경북 경주 황남동 | 3점 | 동국대학교 경주캠퍼스 박물관 |

1999년 3점 출토
 · 동국대경주캠퍼스박물관, 『경주황남동 376 통일신라시대유적』, 2002.6.
 이용현, 「경주 황남동 376유적 출토 목간의 형식과 복원」, 『신라문화』 19, 2001.
 김창석, 「황남동 376유적 출토 목간의 내용과 용도」, 『신라문화』 19, 2001.

 두 논문이 보고서의 기본원고가 되었다. 사진집 등에 사진자료가 양호하다.

| 11 | 경남 김해 봉황동 | 1점 | 부산대학교 박물관 |

2001년 1점 출토
 · 부산대박물관, 「김해봉황동408-2·10·11번지 유적발굴조사 현장설명회자료」, 2001.7.
 이용현, 「관료제」, 『통일신라』(특별전도록), 국립중앙박물관, 2003.
 東野治之, 「近年出土の飛鳥京と韓國の木簡: 上代語上代文學との關わりから」, 『古事記年報』 45, 2003.1.
 橋本繁, 「金海出土論語木簡と新羅社會」, 『朝鮮學報』 153, 2004.

 아직 정식보고서는 간행되고 있지 않다.

| 12 | 경남 함안 성산산성 | 160점 | 국립창원문화재연구소 |

1992년 6점, 1994년 21점, 2000년 2점, 2002년 92점, 2003년 1점, 2006년 38점 출토
 · 국립창원문화재연구소, 『함안성산산성』, 1999; 『함안성산산성 Ⅱ』, 2004.

· 국립창원문화재연구소, 「함안성산산성」(11차 발굴조사 현장설명회 자료), 2006.

2003년 이전 출토분에 대해서는 보고서 완간되었으며, 사진집에 양호한 사진이 실려 있다. 2006년도 출토분의 일부는 현장설명회 자료로 공개되었다.

한국고대사학회, 『한국고대사연구』 19(성산산성 목간 특집호), 2000.
윤선태, 「함안 성산산성 출토 신라목간의 용도」, 『진단학보』 88, 1999.
이용현, 「함안 성산산성 출토 목간」, 『한국의 고대목간』, 국립창원문화재연구소, 2004.
이수훈, 「함안 성산산성 출토 목간의 稗石과 負」, 『지역과 역사』 15, 2004.
박종기, 「한국 고대의 노인과 부곡」, 『한국고대사연구』 43, 2006.
전덕재, 「함안 성산산성 출토 목간을 통해서 본 신라지방통치체제」; 이경섭, 「함안 성산산성 출토 제첨축에 대하여」, 두 논문 모두 한국역사연구회 기획발표, 2006.12.

이 방면은 자료 공개와도 맞물려 가장 연구가 활발하여 위 논문 등 다수가 있다. 2006년 신출분에 더하여 금후 연구진전이 기대된다.

한편 목간 전체와 관련된 중요한 논고들도 있다.[7] 이상 지역별 목간발굴 현황과 함께 보고서 간행실태에 대해 살펴보았다. 경주월성해자와 부여 능산리와 관북리는 2006년 말 간행되거나 2007년 초 간행을 목전에 두고 있다. 적외선 촬영 이전의 것들에 대해서는 재

---

7) 「韓國の木簡」(『木簡硏究』 19, 1999)을 비롯한 李成市의 일련의 역작이 있으며, 「경주지역출토목간의 석문」(한국고대사월례발표회 발표문, 2004.11) 등 손환일의 서예와 판독면에서 업적을 빼놓을 수 없다.

보고서 혹은 새로운 사진집을 간행하거나 새 촬영 pdf공개 같은 작업이 이루어지는 것이 바람직하다. 이 같은 면에서 2006년부터 추진되고 있는 국립경주박물관의 안압지 목간 적외선사진 촬영 및 자료집 발간은 하나의 모범이 될 수 있다. 기간에 여러 제반 문제로 인해 목간관련 보고서의 간행이 지체되기도 하였다. 세간의 수요에 부응하여 목간에 한해서는 속보나 개보, 혹은 약보고서를 먼저 간행하는 것이 필요하다. 이 같은 면에서 1995년 발굴과 동시에 행한 국립문화재연구소의 개보가 하나의 모범이 된다.

3. 국립창원문화재연구소의 근업(近業)

보고서는 아니지만 자료집으로서 특수한 위치에 있는 것이 국립창원문화재연구소에서 간행된 『한국의 고대목간』('사진집1'로 약칭)과 『<개정판>한국의 고대목간』('사진집 2'), 또 국립창원문화재연구소 홈페이지에서 제공하고 있는 이들 책의 pdf자료이다. 여기에는 최대 319건의 목간사진이 실려 있다. 성산산성-이성산성-김해봉황동-경주월성해자-경주안압지-경주박물관부지-경주황남동-부여관북리-부여궁남지-부여쌍북리-익산미륵사지의 순으로 실어 신라 지방목간-신라 중앙목간-백제목간의 순으로 등재하였다. 이 가운데 김해 봉황동, 경주 월성해사, 부여 관북리 다수는 사진집 간행되어 현재 정식보고서가 간행되어 있지 않다.

또 이미 보고서가 간행되었던 이성산성, 경주 안압지, 경주박물관 부지, 경주 황남동, 부여 관북리 일부, 부여 쌍북리에 있어서도 정식보고서에 적외선사진은 게재되어 있지 않았다. 이 같은 점에서 사진집은 목간과 관련된 기존의 보고서를 보완하거나, 보고되지 않은 목간을 보고하는 역할을 하고 있다. 이 사진집 간행 뒤에 보고서 미간행 목간에 관련된 논고가 나오고 있는 것은 이를 증명한다. 이 같은 점에서 사진집은 목간연구 지각변동의 진원지이다.

한편 국립창원문화재연구소는 "함안 성산산성" 홈페이지를 별도로 개설하고 당 연구소가 발굴한 성산산성 목간에 대해 와세다대학과 협력하여 3천8백만 화소의 고화질 칼라 및 적외선사진을 공개하여 목간 자료의 유통구조를 완전히 바꿔놓고 있다. 자료공개 면에서 긍정적인 면이 크다. 보고서 간행과 정보공개의 한 형태에서 모범을 보여준다고 할 수 있다.

Ⅲ. 고고학적 연구

목간이 문자적 사료와 목제 유물이라는 양면을 갖고 있는 덕에 목간연구사를 일괄할 때 문헌적 연구와 고고학적 연구를 떼어내어 정리한다는 것은 어렵다. 본고에서는 순전히 기획분담상의 이유로 고고학적인 측면을 중심으로 소묘해본다. 物的인 측면에서의 목간의 연구는 목간의 형식분류와 재원·재질·척과 관련된 논의 및 복원 등으로 나누어 볼 수 있다.

1. 형식분류

　목간의 형식분류의 효시는 지건길의 그것이다.[8] 그는 안압지 목간를 인수한 뒤 그 형태를 平板과 筒形으로 구분하였다. 이른바 훗날의 파임형이나 홀형을 평판으로, 막대형을 통형으로 구분했던 것으로 보인다. 다음에 고대의 목간, 또 한국의 목간은 아니지만 신안해저에서 인양된 목간에 대한 윤무병의 형식분류가 있다.[9] 신안목간은 모두 짐의 꼬리표인데 이를 상부의 모양에 따라 A·B·C·D·E·F로 나누고 하부의 모양에 따라 a·b·c·d·e·f·g로 분류하였다. A는 오늘날의 파임형이고, B는 구멍이 있는 것을 일컬으며, C는 홀형, D는 뾰족형(규두형)에 해당한다. E·F는 파손된 파임형에 해당하는데, 이를 파악하지 못한 점, 또 목간 자체의 용도이해가 결여되어 있었던 점에 인식의 한계와 대상이 국내목간이 아니라는 점에 한계가 있긴 하였지만, 한국에서는 최초로 목간형식의 분류를 시도하였다는 점에서 의의가 있다. 이 같은 연구는 이후 학계에서 거의 주목은 물론 인식되지 못하였다.[10] 1999년 성산산성 목간 국제심포지엄을

---
8) 지건길, 앞의 논고.
9) 윤무병, 「목패」, 『신안해저유물 Ⅱ』, 문화재관리국, 1984.

통해 목간의 형식분류가 새롭게 주목되었다. 여기서는 荷札·付札·短冊형과 같은 용어들이 소개되었다.11) 이후 학계에서는 이 같은 용어가 주로 사용되어 오고 있으며, 상부 '切り込み'란 용어는 'V자홈(이 파임)'으로 대체되어 사용되고 있다.12) 2002년에 박중환은 목간의 형태를 板狀·四角柱狀·圓柱狀으로 또 글씨가 쓰인 양상에 따라 표면묵서·양면묵서·3면묵서·4면묵서와 1행서·2행서·3행서로 나누었고, 또 懸垂用 혹은 定置用이란 용어를 사용하기도 하였다.13) 2004년 간행된 목간사진집에서는 "1면묵서목간·2면묵서목간…"과 같은 용어를 사용하였다. 2006년 말 이용현은 목간을 '파임형'·'홈형'·'막대형'이란 용어를 사용하였다.14) 즉 학계에서는 형태에 입각한 분류와 기능에 대한 분류에 공감대가 형성되어 가고 있다. 그 과정에서 '短冊形'·'瑣屑'15)과 같은 위화감있는 용어는 배제되어 가고 적합한 기능은 물론 외형에 의한 분류도 함께 이루어질 필요가 있다. 그와 같은

---

10) 윤무병의 분류가 국내 목간학계에서 인지된 것은 2002년에 지건길의 분류가 인지된 것은 2003년에 필자에 의해서였다.(졸고,「신안해저발견 목간에 대하여」,『고려조선의 대외교류』, 국립중앙박물관, 2002:「경주 안압지 출토 목간의 기초적 검토」,『국사관논총』101, 국사편찬위원회), 2003. 그러나 그 후에도 학계에서 그다지 이에 대한 주목이 없다.
11) 이는 일본목간학계에서 고래로 쓰여오던 용어로, 1999년 성산산성 국제심포지엄 패널이던 平川 南(「일본고대목간 연구의 현상과 신시점」,「성산산성 출토 목간」: 李成市,「한국목간연구의 현황과 함안성산산성출토의 목간」, 상기논문은 모두『한국고대사연구』19, 2000)에 의해 쓰이고 그대로 번역되었으며(역자 이용현), 이후 한동안 학계에서 쓰였다.
12) 윤선태, 필자 등 다수.
13) 박중환,「한국고대목간의 형태적 특성」,『국립공주박물관기요』2, 국립공주박물관, 2002.
14) 졸고,「경주 안압지 목간과 신라 동궁 주변」,(『목간과 한국고대문자 생활』(한국역사연구회 특집기획발표), 2006.12.2.
15) 2006년 12월 6일자 연합뉴스 "백제의 대팻밥 파피루스 발견"에서 김태식은 종래의 "쇄설(일본말로 kezurikuzu)"을 '대팻밥'으로 번역하기도 하였다. 대팻밥이란 역의 타당성을 차치하고 쇄설이 일반에 위화감을 나타내는 예이다.

면에서 내용표기 위주인 중국의 간독표기와 외형정보까지 기호화 한 일본목간학회의 목간형태 분류는 좋은 참고가 될 수 있다.16)

2. 규격과 형상연구

 목간의 길이·폭과 두께 즉 재원을 비교한 연구는 1999년 필자에 의해 시작되었다. 백제목간에 있어 35cm의 의미와 尺을 연계시켜 설명하였다.17) 이후 이에 대한 관심은 김재홍에 의해 계승되어 새로이 25cm가 타진되기도 하였다.18) 또 목간의 길이와 폭에 따른 분류가 시도되기도 하였다.19) 이 같은 작업을 이어 이경섭은 2차출토분까지 합하여 성산산성의 그것을 데이터화하였다20). 또 박중환은 한국 고대목간 전체를 데이터화하고, 한국목간에는 정교한 수준의 규격성이 존재하지 않는다고 결론지었다.21)

---

16) 『木簡研究』창간호, 일본목간학회, 1979, p.7. 상부와 하부의 형태에 의해 세분하는 분류다. 예를 들면 홀형은 011형식, 홀형이면서 측면에 구멍이 있는 것은 015형식, 소형 말 모양은 021형식, 소형 말모양 형식이면서 상단을 모서리를 조정한 것은 022형식, 장방형의 목재 양단 좌우에 파인 것은 031형식, 장방형 목재로 한쪽의 좌우가 파인 것은 032형식… 용도미상의 목제품에 묵서가 있는 것은 065형식, 부식이나 파손으로 원형을 알 수 없는 것은 081형식. 목간을 깎아낸 부스러기는 091형식.
17) 졸고, 「부여 궁남지 출토 목간의 연대와 성격」, 『궁남지』, 국립부여문화재연구소, 1999.
18) 김재홍, 「부여 궁남지유적 출토 목간과 그 의의」, 『궁남지 Ⅱ』, 국립부여문화재연구소, 2001.
19) 졸고, 「함안 성산산성 출토 목간」, 『국립박물관 동원학술회의』(발표문집), 2002.12. 이후 활자화된 논고에는 이를 싣지 않았다.
20) 이경섭, 「성산산성 출토 하찰목간의 제작지와 기능」, 『한국고대사연구』 37, 2005.
21) 박중환, 「한국고대목간의 형태적 특성」, 앞의 책, 2002(판권은 2002년 10월 발간으로 되어 있으나 이는 postdating으로 실제는 2003년 초).

이상의 성과는 부분적으로 데이터의 수집이나 통계처리 및 해석 등에 문제의 소지가 있다. 그러나 목간을 문자뿐만 아니라 형상의 면에서도 연구하려 한 점을 사야 할 것이다. 이처럼 목간의 재원에 관한 연구는 모색단계에 있다. 漢簡에서는 문서목간에서 명령의 등급에 따라 길이에 차이가 있었다. 이는 일본의 목간도 마찬가지다. 상대적으로 문서목간이 적은 한국에 경우 尺과 관련하여 길이를 논하기에는 아직 데이터가 부족하다. 아울러 기존연구에서 문서목간이나 비문서목간, 또 시기적 지역적인 차를 고려하지 않고 일률적으로 데이터 처리를 하는 등 목간의 기본인식에 한계를 드러내고 있다. 이 방면의 연구는 목간 각각의 성격이 규명된 시점에 전면 재검토되어야 할 것이다. 보고서 작성당시에는 서로 다른 조각으로 보고된 것도 이후에 살펴보면 서로 맞출 수 있는 경우가 종종 있다. 외형의 형태상 그대로 조각과 조각을 접합할 수 있는 경우가 대부분이지만, 이따금 내용상의 연결성을 갖는 것을 추정할 수 있기도 하다. 황남동 목간의 경우가 그것이다. 서식의 동일성과 앞뒷면의 유사성, 폭의 일치로 보아 원래 2조각으로 보고된 이 목간은 동일 목간의 일부이다.[22]

최근 성산산성 목간의 경우 사진집 번호 61+75+90이 하나임을, 또 62+66가 하나임을, 45+95가 하나임을 밝혀내는 개가를 올렸다.[23] 이 같은 조각난 목간의 형상복원은 원래 모습을 규명함에도 중요함과 동시에 폐기 및 분절의 공정을 이해함에도 중요하다. 한편 전

---

22) 졸고, 「황남동376 출토 목간의 형식과 복원」, 『신라문화』 19, 동국대학교 신라문화연구소, 2001.
23) 국립창원문화재연구소, 「함안성산산성 11차 발굴조사 현장설명회 자료」, 2006.

체텍스트를 알 수 있는 경전목간에 있어서도 전체크기를 추정할 수 있다.

또 파손된 상태로 발견된 김해 봉황동 『논어』목간의 경우 경전전체와 목간에 남아 있는 내용을 계산하면, 현재의 길이 20.9cm의 원래 길이는 그 6~7배에 해당하는 125.4~146.3cm의 장대한 목간을 상정하는 설도 있다.24) 형상과 규격에 관한 연구도 진행되고 있다. 데이터가 어느 정도 갖춰진 신라의 경우 단연 막대형 목간의 존재가 그 특징이며, 소형의 나무를 사용하는 데, 또 재활용을 의도한 데서 기인하는 면이 있음이 지적되고 있다. 또 목간의 폭은 1행서보다는 2행 서쪽이 더 넓은 점, 각각 유적별로, 시기별로 목간의 재원에 차가 있음도 확인되고 있다.25) 형상에 대한 연구는 상기 형식분류와 연계되는바, 목간보고서나 연구에 문자내용뿐만 아니라 형식에 대한 정보가 들어가게 되는 것은 1999년 말에 와서였다.(국립창원문화재연구·한국고대사학회, 1999; 윤선태, 1999; 이용현, 1999) 특히 국내에서 제첨축이나 이른바 '觚'가 의식되게 되면서26) 이 방면의 형식연구 역시 진전되고 있다.27)

---

24) 橋本繁, 「金海出土論語木簡と新羅社會」, 『朝鮮學報』 153, 2004.
25) 졸고, 「新羅木簡の形狀と規格」, 『古代韓國木簡の世界』(와세다대학 심포지엄 발표문), 2005.
26) 국내목간에 대해 제첨축이 처음 의식된 것은 졸고, 「부여 궁남지 목간의 형식과 성격」(『궁남지』, 국립창원문화재연구소, 1999), 또 觚가 사용된 것 역시 졸고, 『한국고대목간연구』(고려대박사논문, 2001, p.40)에서였다.
27) 제첨축에 대해서는 함안 성산산성 목간 2차 공개분에서 좀더 명확하게 되었는데, '利豆村'에 대한 판독부분을 제외하고 몇 점에 대해 제첨축설을 주장 제공한 것 역시 필자였다. 이후 제첨축이란 용어가 상용화되었으며 최근에는 이경섭(전게논고)에 의해 일본제첨축이 상세히 소개되기도 하였다. 觚 역시 필자에 의해 그 개념이 도입되어 윤선태(「한국 고대목간의 출토현황과 전망」, 『한국의 고대목간』, 국립창원문화재연구소, 2004, p.359)와 선문대고고연구소(전게 지도위원회 자료)에 의해 한국 고대목간에서 觚목록이 집계되기도 하는 등 이 방면 연구가 진전을

3. 목간의 재질

목간의 재질에 대한 분석이 본격적으로 이루어지게 된 것은 1999년에 들어서였다. 1999년 말 열린 성산산성 목간 국제심포지엄에서 기획 발표된 국내 목재분석 전문가 박상진 교수의 분석이었다. 여기서는 당시 목간 중에서 성산산성 목간 27점과 궁남지 목간 2점이 분석되었다. 성산산성 1차분 가운데 목간으로 판정되는 25점, 그 가운데 활엽수가 1점, 밤나무 1점, 나머지 23점이 소나무였다. 궁남지 목간은 소나무였다.[28] 육안관찰에 의한 목리 즉 연륜배열 분석과 수종 분석이 이루어졌는데, 성산산성 목간이나 궁남지 목간에 있어서는 후에 목간이 아닌 것으로 여겨지는 것에 대한 분석을 중시하여 수종에 따라 목간소유자를 상정하기도 하였다.

2004년에 2차보고분 65점이 추가로 수종분석이 되었다. 이에 의하면 소나무가 53점, 전나무가 3점, 버드나무류 4점, 밤나무 3점, 굴피나무와 느티나무류 각각 1점이었다.[29] 이외 목간의 수종은 아직 알려져 있지 않지만, 현재의 데이터만 갖고 본다면 적어도 신라의 목간은 소나무가 많이 쓰였다고 할 수 있으며, 또 枝材가 많은 편이다.

보이고 있다.
28) 박상진, 「출토목간의 재질분석: 함안성산산성 출토목간을 중심으로」, 『한국고대사연구』 19, 2000.
29) 박상진·강경애·조규아, 「성산산성 출토 목간의 수종」, 『한국의 고대목간』, 국립창원문화재연구소, 2004.

고려나 조선시대에도 건축자재로서 활엽수가 선호되었다. 이는 참나무가 단단하고 건축자재로서 가공해 쓸 만했기 때문이다. 고대 한반도의 식생은 확실하지는 않지만 침엽수보다는 활엽수가 우점종이었다. 예를 들어 신창동 등 유적에도 도구는 참나무와 밤나무가 중심이었다. 소나무는 잣나무나 전나무와 함께 침엽수이다. 침엽수인 소나무가 목간에 애용된 것은 활엽수인 참나무나 자작나무에 비해 깎아쓰기 쉬운 무난한 소재였기 때문이었기 때문으로 보인다. 참나무는 결이 갈라지고 가공하기가 까다롭다. 비교적 직경이 작은 소나무는 작아서 가공하거나 쓰기가 쉽고 잘 갈라지지도 않았기 때문에 서사의 재료로서 선호되었던 것으로 보인다. 목간에 소나무 애용 문제는 금후 연구과제이다.

4. 유구 속에서의 목간

작년에 한국 최고의 목간출토에 대한 보도가 있었다. 정식보고서의 출간을 기다려야겠지만, 3~4세기대의 한국 최고의 목간설의 근거는 현장설명회시 언론보도 자료에 의하면 백제 단경호가 목간의 공반유물이었다는 점이다. 이는 더 나아가 일본에 『논어』과 『천자문』을 전해 주었다는 왕인과 연결되는 논리로까지 전개되고 있었다. 기실 목간이 출토되는 곳은 대개 습지로 밀폐된 곳이어서[30] 토

---

30) 중국 같은 경우 니야 등과 같이 건조지역에서도 목간이 출토되는데, 한국에서는 그와 같은

층을 구분하기가 쉽지 않으며 토층 자체가 불안한 곳이 대부분이다. 지금까지 여러 곳에서 목간이 출토되었지만 주변 공반유물과의 관계를 토대로 편년된 곳은 거의 없다. 유일하게 함안 성산산성 발굴이 11차 발굴만에 토층 윤곽잡기에 성공해 가고 있을 뿐이다. 부산대 박물관이 발굴한 김해 봉황동 『논어』목간의 경우도 당초 발굴자측은 목간포함층을 3~5세기로 주장되었었다. 봉황동 『논어』목간의 경우 신라의 국학과 관련이 있으며 빨라도 신라 통일기를 넘지 못한다는 설이 정착되어 가고 있다.31) 계양산성의 경우도 불안한 토층을 근거로 목간을 3~4세기로 보는 것은 커다란 문제를 가질 공산이 크다. 더군다나 사료적으로 불안한 『일본서기』나 『고사기』의 王仁전설을 근거로 비약하여 고고학적 유물과 목간을 해석하였다고 한다면 대단히 위험하다. 기실 백제에서 일본에 오경박사를 수출하는 것은 6세기 들어와서이다. 더군다나 계양산성의 『논어』목간은 정황으로 보아서는 신라의 것일 공산이 크다. 고고학은 어디까지나 고고학 자체의 논리로 유물과 유구를 해석해야 하며, 문헌에 이끌려서는 안 될 것이다. 문헌은 어디까지나 해석의 참고자료에 불과할 뿐이다. 목간의 중요성이 지나치게 강조된 나머지 유구 혹 유적 전체의 해석까지 목간에 의존하려는 것 역시 경계해야 한다. 한편, 안압지 목간은 지난날 목간 자체의 문자에만 매달려온 경향이 있다. 근년에 공반된 목간 이외의 명문 및 묵서자료와의 연관 속에서의 연구가 시도

건조지역은 존재하지 않는다.
31) 졸고, 「관료제」, 『통일신라』, 국립중앙박물관, 2003; 橋本繁, 앞의 논문, 2004.

되고 있다. 더 나아가 안압지 유구, 경주 왕경유적 전체의 틀 속에서 목간의 의미를 재음미하면 새로운 돌파구를 마련할 수 있다[32]. 목간 역시 유구 속의 여러 유물 중의 하나라는 점을 간과해서는 안 된다.

5. 관련 여러 과학과의 협력

고고학은 주변 여러 과학과 협력 속에서 작업과 연구가 이루어지는 게 일반적이다. 목간 고고학 혹 목간학 역시 마찬가지다. 고고학은 보존과학과 사진학, 문헌사학, 문화인류학·민속학, 금석학·서예학, 국어학, 한문학은 물론 주변 나라 즉 일본과 중국의 목간학과의 협력이 필요하다. 주변 나라의 목간에 대해서는 이미 한국 최초 안압지 목간연구(이기동, 1978)에서부터 인식되었다. 그것이 구체화하려는 노력이 시도된 것은 1999년이었으며(국립창원문화재연구소·한국고대사학회, 1999; 윤선태, 1999; 이용현, 1999), 제첨축에 대한 인식 역시 이 같은 비교연구에서 가능하였다. 근년에 들어서는 아예 어떤 목간에 대해 분석할 때 일본 고대목간의 그것과 직접 분석하는 것이 일종의 유행이 되어가는 경향이 있다. 현재로서는 유효한 방법 중의 하나인데, 일본고대사에 대한 기본인식이 없이 일본목간 일변도의 비교연구로만 경도되는 것 역시 신중해야 할 바이다. 지리적 문화적 흐름으로 보아 한국목간에는 아마도 중국목간의 성격과 일본목간의 그것이 공존

---

[32] 안압지 목간을 함께 출토된 문자자료 및 공반유물 등 제반자료와 함께 종합적으로 생각하면 안압지의 기능과 역할에 대한 이해를 깊이할 수 있다. 이에 대해서는 별고에서 논할 예정이다.

할 가능성이 점쳐지기 때문이다. 중국목간에 대한 주목 및 비교연구를 진전시켜 동아시아 목간이란 균형 잡힌 시좌를 견지할 필요가 있다. 특히 한국목간학의 정립을 위해서 목간고고학은 고고학과 금석학 혹 문자자료학이라는 큰 틀 속에서 진행시킬 필요가 있다.

동시에 역사학으로서의 고고학이든 인류학으로서의 고고학이든 고고학 본래의 기초는 출토사실 그 자체에 바탕을 두고 물질문화로서 목간을 조직적으로 인식할 수 있는 것이다. "物 즉 목간이 나오지 않으면 아무것도 이야기할 수 없다"[33]는 말과 같이 목간의 확보 및 物로서 본연의 그것에 대한 철저한 관찰과 연구를 재삼 강조하여도 지나치지 않을 것이다.

Ⅳ. 연구주변의 문제

1. 목간 보존과학의 향상

유물보존이 한국에 정착하게 되는 것은 1970년대이다. 거슬러 올라가, 해방 이후 첫 발굴이자 국립박물관이 주관하였던 1945년 5월 호우총 발굴조사 종료 후 1년 뒤인 1946년 말에 있어서도 보존처리

---

33) 菊池徹夫, 「總論考古學の硏究」, 岩崎卓也 외 편, 『考古學調査·硏究ハンドブックス 3. 硏究法』, 雄山閣出版, 1998, p10, 東京.

를 할 수 없어 유기물 유물이 스러져 가는 것을 눈앞에 두고 그저 볼 수밖에 없는 실정이었다.34) 최초로 발견된 안압지 목간의 경우는 전체 가운데 30점이 발견 직후 현장인 경주에서 1975년 8월 16일에서 17일까지 水浸과정을 거치고 동월 22일부터 29일까지 폴리메르 상태에 다시 8월 29일부터 9월 13일에 공기 중에 건조되었다. 이 과정을 거쳐 9월에 서울의 국립문화재연구소에 인수되어 예비시험·경화 및 건조 처리되어 9월 25일을 전후로 한 시기에 까지 완료되었다. 보존처리 과정에서 파편간의 접합과 복원이 이루어지기도 하였다.35) 이것이 한국 최초의 목간 보존처리였다. 가장 근년에 실시된 함안성산산성 목간이 최근의 보존처리다. 그간 목제 보존처리의 발전에 의해 몇 가지 처리법이 있게 되었는데, 목간의 경우 목간의 형태도 중요하지만 묵서 보존확인이 보다 우선시되므로 동결건조가 선호되게 되었다. 함안 성산산성 2차분에 대해서는 다음과 같은 과정을 거쳤다.

① 부드러운 세척.
② chelate화합물인 EDTA-2Na 3%수용액으로 목제 내부의 금속이온과 분해산물을 제거.
③ Ethyl Alchol로 목제 내부 수분제거.
④ T-Butanol로 알코올을 치환.
⑤ PEG용액으로 목제 내부조직을 강화.
⑥ 동결건조.36)

---

34) 국립박물관, 『관보』 1(1946.2)에 당시 김재원 국립박물관장이 작성한 후기에는 국내에서 보존 처리능력이 없어 유물이 손상되어 감을 한탄하는 대목이 보인다.
35) 지건길, 「보존과학적 고찰-2 보존과학적 처리」, 『안압지』, 1978, p433.

목간발굴과 보존은 보존과학을 전제로 하는 것임을 여실하게 말해줌과 동시에, 30년간 보존과학의 발전 및 목간출토의 증가와 그 인식확대에 따라 목간 보존처리도 진화하고 있음을 볼 수 있다. 그러나 아직 국립기관과 그렇지 않은 기관, 목간처리 경험기관과 그렇지 않은 기관 사이에 목간 처리능력에는 편차가 큰 실정이다. 동결건조기나 적외선 카메라를 비롯한 장비가 고루 갖춰진 기관은 그리 많은 편이 아니어서 목간이 출토되더라도 이들 장비구비 기관의 협조가 없이는 보존처리나 촬영을 진행할 수 없는 형편이다. 이와 같은 점에서도 금후 현장에 대해서 목간 발굴시 국가기관에서 신속하게 또 효율적으로 보존처리와 촬영 등을 지원할 수 있는 태세를 갖추는 것이 필요하다.

2. 목간 적외선사진 촬영

1975년 안압지 목간의 경우 보고서 작성시까지도 적외선사진이 촬영되는 일은 없었다. 목간에 적외선사진이 도입되게 되는 것은 하남 이성산성 때부터이다. 당시 국내에 적외선 카메라 장비가 없었기 때문에 지인을 통해 외국 주로 일본에서 촬영하는 형편이었다. 이와 같은 사정은 1999년 궁남지 목간 단계에서도 크게 달라지지 않았다.

---

36) 양석진, 「함안성산산성 출토 목제유물의 보존처리-2목제유물의 보존처리」, 『함안성산산성』, 2004. pp.476-478.

적외선 필름을 외국에서 입수하고 또 인화 역시 외국에 의뢰해야 하는 번잡하고 어려운 과정을 거쳤다. 궁남지 단계를 전후하여 국립기관을 중심으로 적외선 카메라 장비를 탑재하게 되었다. 원래 국립문화재연구소나 국립중앙박물관 등 국립중앙기관에만 적외선 카메라가 보유되어 있었다. 목간의 출토와 처리를 당면하여 국립경주문화재연구소·국립창원문화재연구소·국립부여문화재연구소·국립부여박물관·국립경주박물관 등이 착착 적외선 카메라 장비를 갖추게 되었다. 기관별로 근년 촬영의 노하우가 축적되어 촬영의 진보를 이루어 가고 있다. 근년에는 따로 필름을 사용하지 않고 디지털로 촬영하여 컴퓨터에 직접 영상을 저장하고 보정하는 것이 일반적이다. 필자는 실제로 국립중앙박물관 보존과학실·국립경주박물관·국립경주문화재연구소·국립부여문화재연구소에서 보존실 카메라 전담자와 함께 촬영한 경험이 있다. 기존기관에서 발굴 혹 의뢰받은 목간을 촬영할 경우, 보존과학실의 담당 보존과학자가 촬영하는 것이 일반적이다. 그런데 문자의 이해나 목간의 이해 등 제반문제로 비추어 보아 보존과학자가 단독으로 찍는 것보다는 목간학자가 단독으로 혹은 함께 찍는 것이 매우 기능적인 사진을 남길 수 있다는 점을 환기시켜 두고자 한다. 또한 사진은 카메라의 각도에 따라 또 적외선의 투시법에 따라 천양지차의 결과물을 남긴다. 이 방면에 깊은 노하우를 갖고 있는 일본 특히 국립역사민속박물관의 경우는 목간학자 혹 문자자료학자 전용의 적외선카메라가 있어 촬영은 보존과학자가 아니라 목간학자에 의해 이루어진다. 아울러 도면작성 역시 관계연구자에 의해 이루어지는 것이 바람직하다. 촬영자의 기술과 경험에 따라 양질의 사진을 남길 수 있다는 점이다. 아울러 보고서는 한정된 지면밖에 허용하지 않아 촬영된 사진을 모두 싣지 못한다. 이는 근년 국립창원문화재연구소와 같이 pdf로 관련기관 홈페이지에 공개하는 방법도 적극 검토되어야 할 것이다. 아울러 근년 국립창원문화재연구소는 3만 8천 화소의 고화질 촬영에 성공하여 성과를 올리고 있다. 적외선사진에 대한 언급 없이 목간 발굴 및 연구 30년을 회고하기 어려울 정도로, 적외선사진의 기여는 가히 절대적이다. 동시에 향후 목간 발굴 및 연구 역시 적외선사진 기술의 진보에 의존하는 바가 크다. 이를 위해 상급기관에서는 광학기술에 걸맞게 국립 각 기관 노후화된 장비 교체에 우선적으로 예산을 배정해 주어야 할 것이다. 아울러 이 같은 고정용 적외선카메라 외에 현장에서 신속하게 촬영할 수 있는 휴대용 적외선카메라의 비치 역시 중요하다.

3. 목간 전시

발굴된 목간의 일반 공개를 위해 박물관 혹 전시관에서 전시는 중요한 역할을 한다. 국내에서 목간에 대한 특별전은 지금까지 없었다. 이는 국내에서 목간의 위상이나 인지도를 상징적으로 대변한다. 안압지 목간을 소장하고 있는 국립경주박물관에서 상설전시에서 줄곧 목간을 전시해 왔던 것이 국내에서는 목간전시의 최초라 할 것이다. 목간이 전시실에서 그다지 주목받지 못하였다. 흑화가 진전되어 문자는 육안으로는 잘 보이지 않을 뿐더러, 검은 나뭇조각은 근년에 있어서까지 박물관 일반에서는 전시 우선대상으로 채택하지 않았다. 특별전시에 목간이 올라가게 된 것은 2000년 9월이었다. 국립청주박물관이 2000년 청주인쇄출판박람회를 기념한 특별전 '한국 고대의 문자와 기호유물'전에서 안압지 목간 8점, 익산 미륵사지 목간 2점, 하남 이성산성 목간 6점이 전시 혹 게재되었다. 목간은 비록 전시되지 않았지만, 1997년에 부산시립박물관 복천분관에서는 '유물에 새겨진 고대문자'전이 열렸는데, 2000년 목간전시는 이 같은 문자 자료에 대한 세간의 관심의 연장선상에 있었다. 뒤이어 2002년 9월에는 국립경주박물관과 국립부여박물관이 동시에 각각 '문자로 본 신라' · '백제의 문자' 특별전을 개최하였다. 이는 2000년대 들어서 주목받기 시작한 문자자료에 대한 재인식을 바탕으로 한 것으로 석비 · 금문 · 인각와 · 명문전 · 탁본류와 함께 진열장에 등장하였다. 이는 이 시기 문자자료의 인식재고에 힘입은 바 큰 것이었으며, 진열대상 목간은 각각 신라의 목간과 백제의 목간이었다. 물론 목간이 전부 갖춰져 전시된 것이 아니었으며 목간이 전시의 메인은 아니었지만, 목간전시사상 의미가 깊다. 이후 목간전시법은 진화를 보여 2006년 10월 국립박물관 용산 이전 재개관과 함께 금석문실에 국내 각종 목간의 복제품이 전시되었다. 이것이 국내 최초의 본격 목간 복제전시였다.37) 이외 함안박물관에서도 성산산성 목간복제품이 상설전시되고 있다. 또 2006년에는 한양대박물관에서 이성산성 특별전 개최와 함께 이성산성 목간이 특별전시되었고 자리를 옮겨 현재는 개관한 하남역사박물관에서 계속 전시되고 있다. 모두 진품전시이다. 아울러 국내출토 목간은 아니나 일본 平城京 출토 발해관련 목간 복제품 4점이 국립중앙박물관 발해실에 상설 전시되고 있다. 여기서는 양면에 글자가 있는 경우 뒷면도 볼 수 있도록 유리를 이용한 전시가 이루어지고 있다.

2006년 12월말 현재 국내출토 목간의 수장 혹 전시 상황은 다음과 같다.

① 이성산성 목간 : 일부 한양대 박물관에서 위탁소장 혹 전시, 일부를 경기 하남역사박물관에 대여전시중
② 계양산성 목간 : 선문대 박물관 소장중
③ 능산리 목간 : 국립부여박물관 소장중, 일부 국립공주박물관 전시중
④ 관북리 목간 : 일부는 국립부여박물관 소장, 일부 국립문화재연구소 소장
⑤ 쌍북리 목간 : 충남대 박물관 소장
⑥ 익산 미륵사지 목간 : 익산미륵사지 전시관 위탁전시중
⑦ 안압지 목간 및 경주박물관 부지 목간 : 국립경주박물관 소장, 일부 안압지관 전시중
⑧ 월성해자 목간 : 국립경주문화재연구소 소장

---

37) 실은 이보다 앞서 함안박물관 상설실에서 함안 성산산성 목간 복제전시가 2006년 봄부터 시작되었다. 그런데 성산목간 복제재료와 방법은 전적으로 당시 금석문실 코디네이터였던 필자가 함안박물관에 제공한 것이며, 함안박물관은 국립박물관 금석문실의 자료에 입각하여 동일한 복제대상을 카피 복제 전시한 것이다. 국립박물관 금석문실의 목간 복제사업은 이미 2004년부터 추진된 것이었다. 오리지널은 국립박물관 금석문실에 있다.

⑨ 황남동 목간 : 동국대학교 경주캠퍼스 박물관 위탁소장
⑩ 성산산성 목간 : 일부 국립김해박물관 소장, 일부 국립창원문화재연구소 소장
⑪ 김해봉황동 목간 : 국립중앙박물관 소장
⑫ 신안해저인양 목간 : 국립해양전시관 전시, 국립중앙박물관 소장

요컨대 목간의 전시는 근년인 2002년 이후 주목되기 시작하였으며, 그 전시법 또한 진화중이라 할 수 있다. 아직 한국목간의 특별전이 개최된 적이 없는데, 이것이 목간의 사회적 위상 혹은 전시업계에서의 위치를 상징적으로 대변한다. 이는 목간연구와 인식의 부족, 장비 및 예산부족 등의 문제와 맞물린 면이 크다. 아울러 목간연구자들이 목간의 중요성을 사회에 인식시키지 못한 점에 대한 자성할 필요가 있다.

4. 장기전시에 대한 재고와 복제품 제작

카본성분의 먹이 묻혀진 나무라는 특수성 때문에 장기간의 상설전시는 좋지 않다. 상설전시는 복제품으로 이루어져야 하며, 한정된 기간에 특별전이 필요하다. 또한 국가귀속 후에 관리는 박물관이 하고 위탁에는 신중할 필요가 있다. 예를 들어 위탁받은 유물을 위탁기관이 다시 제3의 기관에 대여하는 것은 목간의 경우에는 대단히 바람직하지 못하다. 1달 이상의 장기전시에 있어서는 복제품을 원칙

으로 하는 규칙 같은 것이 바람직하다. 일반적으로 문서류나 서화류 같은 것은 3개월 이상 전시하지 않는 것이 상식이다.

서화류보다 묵서의 안착이 더 취약할 것으로 보이는 목간 역시 목제품이 아니라 문서류로서 취급하는 인식이 절실하다. 공개 역시 일본의 정창원전과 같이 1년에 한정된 짧은 기간에만 일반에 공개되는 전시가 필요하다. 대체 전시품으로서 복제제작은 필수이다.

국내에서 목간복제의 선편을 잡은 것은 국립중앙박물관이었다. 금석문실 전시를 위해 함안 성산산성 목간, 경주 월성해자 목간, 황남동 목간, 김해 봉황동 목간, 부여 능산리 목간, 궁남지 목간 등 30여 점이 제작되었으며, 이어 이를 바탕으로 신안해저유물실에서도 제작되었다. 이외에 함안박물관 등에서도 일부 목간의 복제가 이루어졌다.[38]

5. 언론의 기여와 목간의 대중화

목간 발굴 30년을 회고할 때, 빼놓을 수 없는 것이 언론의 기여이다. 1999년 이래 지금에 이르기까지 언론의 목간에 대한 연구 고

---

38) 2006년 국립중앙박물관 용산 이전 개관 준비시 금석문실의 코디네이터로서 필자는 다양한 한국 고대 목간 복제를 수행하였다. 그 전 까지 국내에서 목간복제가 이루어진 적은 없었다. 3년간의 사전 준비 끝에 선정업체 삼선방과의 연계 속에서 양질의 복제를 만들 수 있었다. 처음 2003년에 당시 전시과의 복제총괄 김인덕 선생의 요구에 의해, 일본 역사민속박물관 平川 선생님의 전폭적 협조 아래, 목간 제작 시방서를 만들고 이를 바탕으로 제작업체의 제작 과정에 세심한 지도와 검수를 거듭하였다.

찰적·시사적 및 홍보적 보도39) 등 신문매체의 노고가 있어왔다. 목간 1점을 소재로 한 역사물 제작·방영40)에서 시작하여, 국영 텔레비전 저녁 정규뉴스 시간에 크게 소개된『논어』목간에 대한 목간에 대한 보도41)를 거쳐 급기야 목간이 유력방송 중심 고대사를 소재로 한 드라마에 등장하기에 이르렀다.42) 이들은 발굴에 대한 선전과 목간에 대한 인지도를 높인 점에서 그 공헌이 크다. 또한 때로는 압력, 때로는 후원이 되어서 발굴이나 학회 등 관계기관의 목간관련 사업 추진에 동인이 되어온 점 또한 목간30년사에서 빼 놓을 수 없다.

사계 어느 분야를 막론하고 언론은 여러 가지 의미에서 매우 까다로운 존재다. 대중매체 보도에는 순작용과 역작용이 공존한다. 순작용을 극대화하고 상호공존을 위해 친절하고 올바른 보도자료 작성과 함께 사회 일반의 눈에서 보는 목간의 발굴 연구도 게을리 해서는 안 될 것이다. 목간학에 있어 고고 발굴 기관의 비중을 감안할

---

39) 1999년 5월 15일자 성산산성 목간 보도, 2000년 1월 10일자 "전면 재판독 시급한 안압지 목간"에서부터 2004년 5월 3일자 "능산리 백제목간, 이두체 시가 아닌 연습용" 등 다수『연합뉴스』(김태식)의 보도는 국내발굴과 조사를 촉진시키는 데 기여한 바 있으며,『한겨레』2004년 2월 24일자 "6세기 신라 색인용 목조각 첫 확인", 동 3월 14일자 "남근형 백제 목간은 일본 고대도성제 원형"(노형석), 2006년 4월 25일자 "백제시대 약재 병세 기록"『문화일보』(최영창), 2003년 7월 17일자 "1500년전 부여 노래, 이두로 되살아났다"『조선일보』(이선민), 2006년 12월 1일자 "통일신라시대에도 택배 있었다"『조선일보』(신형준) 등 또한 발굴 및 연구성과의 홍보에 공헌한 바 크다. 이외에도 지방지·특수지·잡지에도 목간 관련기사가 다수 있으나 열거는 생략한다.
40) 2001년 6월 23일 방영 "사비성 목간 31자의 비밀"(KBS 역사스페셜).
41) KBS 2005년 6월 28일자 "4세기경 목간 발굴(계양산성, 한성백제 최고『논어』목간 출토)"[1분28초](박일중).
42) 2006년 방영 MBC-HD특별기획드라마〈주몽〉에서는 예를 들면 "금와는 연타발이 보낸 목간 속에 섞인 해모수가 보낸 목간을 읽게 된다"는 장면(10회) 등 목간이 소품으로 등장하게 되었다.

때 이 점은 중시해야 한다. 목간의 대중화, 이를 바탕으로 한 목간학·목간고고학의 발전이라는 상승작용이 필요하다.

V. 목간연구에 있어 고고학

 이상에서 목간 발굴 30년을 고고 및 주변의 관점에서 돌이켜 보았다. 고고학적 측면에서의 접근과 연구는 목간연구의 근간이 된다. 즉 발굴·수습·정리·조사 및 정보공개의 과정은 고스란히 현장의 몫이다. 즉 목간연구를 지탱해 온 데 있어 고고학의 역할은 가히 절대적이다. 목간발굴은 해마다 늘고 있다. 출토점수의 양적인 증가는 근년에 들어서는 질적으로 향상된 발굴을 통해 진화를 거듭하고 있으며, 향후 현장에 거는 기대는 크다. 이에 현장에 거는 기대를 다음 몇 가지로 표현하고 싶다.

1. 신속한 발굴보고서의 작성
 : 정보공개의 의의와 책무

 보고서는 신속하게 나오는 것이 생명이다.[43] 구체적인 의견을

---
43) 고고자료의 하나인 목간자료는 공표·공개 활용되어야 한다. 고고자료는 학술연구 자료 자체

개진하지 않더라도 상관없다. 목간에 대한 적외선·칼라사진 자료와 출토상황 및 유구 전체 속에서 위상에 대한 정확한 정보 그 자체가 이미 학계에 충분히 공헌할 수 있다. 이 같은 보고는 신속하면 신속할수록 그 가치가 있다. 발굴보고서의 지체는 추측성 연구 등 부정확한 정보에 근거한 연구를 재생산하는 온상이 되므로 그 폐해는 적지 않기 때문이다. 유적을 일괄로 보고해야 하는 문제가 있을 경우는 목간을 중심으로 얇은 약보고서를 먼저 내는 것이 바람직하다. 궁남지의 경우가 좋은 모범이 된다.[44] 경우에 따라서는 신문기사의 학예·문화난이나 발굴기간의 월보·연보·신문 등 출판물에 발굴기관에서 칼럼을 내는 것도 생각해 볼 수 있다. 이 같은 속보를 통해 얻어진 학계의 의견이나 현장 방문학자들의 의견청취는 정식 보고서 작성에 큰 도움이 될 수 있다. 보고서의 경우는 충실한 사진자료와 발굴상황·성분분석으로도 충분하다. 심지어는 기본 판독문 혹은 연구를 실지 않더라도 좋다. 성산산성 2차보고서가 좋은 예가 된다.[45] 근년에 국립문화재연구소를 중심으로 발굴현장에서 대민서비스가 활발하게 벌어지고 있다. 아울러 악습은 조속히 없애야한다. 발굴담당자가 보고서를 미루고 개인의 논문으로 여러 차례 발표하는 관행이다.

의 본질에 입각해서 그 대상자료는 사회전체의 것이다. 문화재보호법에 의하면 문화재의 보존·공개·활용의 의무가 있다.
44) 최맹식·김용민, 「부여궁남지 내부 발굴조사 개보」, 『한국상고사학보』 21, 1995.1. 1995년 발굴 목간을 즉시 보고 공표하였다.
45) 국립창원문화재연구소, 『함안 성산산성 Ⅱ』, 2004.

2. 출토지 예측과 발견시 응급조치

모든 발굴현장에서 목간에 출토될 확률이 있다. 지금까지의 데이터를 바탕으로 하면, 6세기 이후 삼국시대의 왕도 즉 경주·부여·공주 그리고 지방의 중요 행정 혹 군사거점, 예를 들어 산성·소경이나 別都 등에서는 목간출토 확률이 높다. 현장에서 발굴스텝은 열이면 열, 고고 발굴 담당자들이다. 목간에 대한 관심이나 처리에 대해 인식이 엷을 수 있다. 이에 목간 발견시에는 다음과 같은 응급조치가 반드시 필요하다. 목간발견과 동시에 즉시 영상자료를 남겨야 한다. 칼라사진은 비디오 촬영이 매우 유효하다. 물론 휴대용 적외선 카메라가 있다면 더욱 좋다. 사진은 글자에 대한 부분을 풀셧과 상세셧으로 찍고, 글자가 없는 부분도 담아야 한다. 다음 특이사항에 대한 메모, 정확한 위치의 파악이 필요하다. 신속히 수습하여 증류수가 담긴 밀폐된 박스에 넣어 보관해 두어야 한다. 동시에 목재담당 보존과학자와 목간전문가에게 긴급 연락하는 것이 필요하다. 이같은 조처가 끝나면 여유를 같고 공반유물을 관찰하여 기록에 남겨야 한다. 목간은 세상에 모습을 드러내자마자 흑화되어 버린다. 흑화 직전에는 원래의 모습을 캣취할 수 있다. 이 같은 일련의 응급조치는 발견과 동시에 순식간에 차분하게 이루어져야 한다. 이러한 응급조처가 이뤄진다면 목간에서 최대한의 정보를 얻어낼 수 있을 것으로 예측된다. 즉 현장에서는 카본성분의 먹이 있는 목재라는 점,

글자가 있다는 점의 특수성을 중시하여 다른 유물과 차별적으로 목간에 대해 세심한 배려를 해야 한다. 즉 현장에서의 인식과 응급처치는 역사를 바꿀 수 있다.

3. 현장을 이해하려는 노력

위의 두 가지가 현장에 대한 메시지라고 한다면, 반대로 현장을 방문하거나 현장을 활용하는 측에 대한 메시지도 있다. 목간연구자의 다수는 현장에 대한 이해도가 적은 문헌 혹은 타분야 연구자들이 많다. 현장은 현장 나름대로의 고충과 특수성이 존재한다. 현장의 이 같은 입장을 이해하려는 노력이 필요하다. 현장으로부터 원활한 협조를 이끌어내고 싶은 만큼, 현장의 입장을 존중하고 그 관습에 협조하며 현장과의 약속을 준수하며 함께 공존하려는 노력이 필요하다. 늘 현장에 대해 그 노고에 감사하며 자세를 낮추어 예의를 지키면서 눈앞의 작은 연구 성과에 급급하기보다는 시간을 두고 신뢰를 쌓아가는 정신 또한 중요하다.

에필로그

현장에서 목간발굴의 여부는 오로지 현장담당자의 손에 달려 있다. 현장의 눈에 의해 단순한 목제품이나 쓰레기가 되기도 하고 역사를 바꾸

는 목간이 되기도 할 것이다.

[부기] 원래 고고학만으로 따로 목간연구 30년을 정리하기는 어렵다. 목간연구가 분업화를 이룰 만큼 진전했다고 보기 힘들기 때문이며, 설령 목간연구를 고고학적으로 정리한다고 하더라도 문헌적인 연구를 모두 응당 나열해야 할 것이다. 본고에서 이를 할애한 것은 심포지엄 전체체제상 주보돈 선생의 기조강연 "한국 목간연구의 현황과 전망"과의 중복을 피하기 위한 것이다. 편집상의 이유에 기한 것임을 밝히며 이에 독자의 양해를 구한다. 본고 작성중 보존처리와 목재와 관련하여 이용희(국립중앙박물관 보존과학실) 선생의 교시를 받았다. 특기해 둔다.

□쉼터

제1편
경주 월성해자 목간

□쉼터

경주 월성해자 목간

I. 기존연구와 목간번호 부여

　　월성해자는 신라의 궁성인 월성의 방어시설이다. 1984년부터 국립경주문화재연구소에서 발굴을 진행하고 있다. 현재까지 이 유적에서는 26점의 목간(목간류까지 모두 104점)이 출토되었다. 이에 대해서는 목간과 관련하여 정식보고인 본 보고서가 나오기 전에 이미 다음과 같은 논고나 소개가 이루어져 그 전모에 대한 대부분의 정보가 알려지고 일정부분 연구도 진행되었다. 이를 열거하면 다음과 같다.

① 李相俊,「경주 월성의 변천과정에 관한 소고」,『嶺南考古學』21, 영남고고학회, 1997.
② 김창호,「古新羅의 都城制 문제」,『新羅王京研究嶺南考古學』(신라문화제 학술발표회 논문집 제16집), 경주시·신라문화선양회·동국대 신라문화연구소, 1995.
③ 李成市,「韓國出土木簡について」,『木簡研究』19, 1997.

④ 박방룡 외,「목간」,『문자로 본 신라』, 국립경주박물관, 1999.
⑤ 이용현,「慶州月城垓字」,『韓國古代木簡硏究』, 고려대 박사논문, 2002.
⑥ 오춘영,「월성해자 출토 橫材 木簡」,『慶硏考古』 2, 국립경주문화재연구소, 2004.
⑦ 정계옥 편,『韓國의 古代木簡』, 국립창원문화재연구소, 2004.
⑧ 윤선태,「월성해자 출토 신라 문서목간」,『역사와 현실』 56, 한국역사연구회, 2005.
⑨ 손환일,「경주 출토 신라목간 석문」(한국고대사학회 2005년 10월 월례발표회 발표문), 2005.
⑩ 박종익 편,『(개정)韓國의 古代木簡』, 국립창원문화재연구소, 2006.
⑪ 李成市,「朝鮮の文書行政」, 平川南 편,『文字と古代日本 2(文字による交流)』, 吉川弘文館, 2005.
⑫ 深津行德,「古代東アジアの書体・書風」, 平川南 편,『文字と古代日本 5(文字表現の獲得)』, 吉川弘文館, 2006.
⑬ 三上喜孝,「文書樣式'牒'の受容をめぐる一考察」,『山形大學歷史・地理・人類學論集』 7, 2006.
⑭ 犬飼隆,「日本語を文字で書く」, 上原眞人 외 편,『列島の古代史(ひと・もの・こと) : 言語と文字』, 岩波書店, 2006.

①에서 11개의 목간관련 도면이 최초로 공개되어 목간의 외형적인 모습을 알 수 있게 되었다.(논문 도면번호 1·2·5·8·12·15·16·17·20·22·26호) ②에서 1개 목간 내용의 일부(현 보고서 번호 16호)가 소개되었다. '第八巷'이라는 내용으로 왕경의 도시구획과 관련하여 획기적인 자료로 소개되었다.[1] ③은 그 때까지 알려진 월성해자 목간 2점(현 보고서 번호 17·22호)에 대해 소개하였다. ④는 국립경주박물관 특별전 도록으로 4점의 칼라사진이 공개되었다.(현 보고서 번호 2·5·12·17호) 월성해자와 관련되어

---

1) 종래 '巷'으로 알려졌던 글자는 '巷'자임이 금번 보고서에서 밝혀졌다. 오독이다. 후술 본문 참조.

공개된 최초의 칼라사진이라는 점에서 그 의의는 매우 크다. ⑤는 그 때까지 공개되었던 11점을 중심으로 정리한 것이다. ⑥은 특수 목간 즉 橫材목간의 석문을 비롯해 재원을 간단히 소개하였다. 이와 같은 과정을 통해서 월성해자 목간의 모습이 서서히 드러나기 시작하였다.

⑦은 한국목간에 대한 최초의 집성본이다. 꼼꼼하게 칼라 및 적외선사진을 촬영하여 이를 실물크기로 집성하였다. 여기에는 월성해자 목간도 소개되었다. 여기서는 34점의 목간이 소개되었다. 월성해자 목간 중에서 묵서가 있는 거의 대부분의 목간이 이에 일거 알려지게 되었다. 이를 계기로 월성해자 목간의 전모가 거의 드러나게 되었다. 그와 같은 점에서 6은 연구사상 중요하다.[2] ⑩은 이에 대한 개정판인데, 사진크기를 축소하여 실었다. 월성해자 목간에 대한 부분은 소개글 부분에 대한 개정, 손환일의 석문을 첨가하였으며, ⑧에서 제시한 사진 가운데 5건을 제외하였다.

⑧은 ⑥의 사진자료를 토대로 한 최초의 연구이다. 월성해자 목간 가운데 3점을 문서목간으로 규정하고 이에 대해 논의하였다. ⑨는 ⑥을 토대로 월성해자 목간 전체에 대한 판독을 시도하였다. 이로써 월성해자에 대한 기초적 연구가 시작되었다. ⑪⑫⑬⑭는 월성해자 목간 중에서 2호 목간에 대해 논구한 것이다.

①과 ⑥은 국립경주문화재연구소에 재직하면서 월성해자 발굴에

---

[2] 이와 같은 점에서 국립창원문화재연구소 및 그 사업의 기획자였던 정계옥 선생 및 와세다대학 李成市 선생의 공적은 높이 평가되어야 할 것이다.

관여한 담당자의 공식소견이다. 이와 함께 월성해자에 대한 발굴보고서가 꾸준히 간행되어 왔다. 이를 열거하면 다음과 같다.

① 文化財研究所 慶州古跡發掘調査團, 『月城垓字 試掘調査報告書』, 1985.
② 文化財研究所 慶州古跡發掘調査團, 『月城垓字 發掘調査報告書 Ⅰ』, 1990.
③ 國立慶州文化財研究所, 『月城 地表調査報告書』(학술연구총서 40), 2004.
④ 國立慶州文化財研究所, 『月城垓子 發掘調査報告書 Ⅱ』(학술연구총서 41), 2004.

①은 시굴조사보고서이며, ③은 지표조사보고서이다. 본격적인 보고서는 ②와 ④다. 여기에서 전면적이지는 않으나 일부 목간에 관한 보고가 이루어지고 있다. 이들 보고서와 ①·⑥의 목간관련 자료를 중심으로 하여, 월성해자에서 출토된 목간에 대해 보고하고자 한다.3)

국립창원문화재연구소에서 출간한 『韓國의 古代木簡』(2004)에 사진이 공개되었다. 여기에서는 출간당시 출토된 거의 대부분의 목간을 함안 성산산성, 하남 이성산성, 김해 봉황동, 경주 월성해자, 경주 안압지, 국립경주박물관내 유적, 경주 황남동 376번지 유적, 부여 관북리 유적, 부여 능산리사지, 부여 궁남지, 부여 쌍북리, 익산 미륵사지의 순서로 나열하고, 전체를 일련번호를 부여하였다. 즉 유적별로 번호를 부여하지 않았다. 본 경주 월성해자 목간의 경우 148호부터 181호까지의 번호가 사용되었다. 『韓國의 古代木簡』(이하 본고에서는 '창

---

3) 이하 본문에서는 월성해자와 관련된 보고서를 각각 (가)를 "시굴보고서", (나)를 "1차보고서", (라)를 "2차보고서"라고 약칭하기로 한다.

연목'으로 약칭)의 출간의 학계에 대단히 유익한 것이었다. 단 이용함에 있어 전체에 일련번호를 부여한 것에는 功과 過가 있을 것으로 생각된다. 장점과 동시에 그렇지 못한 점이 있다. 특히 『창연목』 간행 이전에 발굴보고서가 출간되지 않은 것들에 있어서는 더욱 그러하다. 본 보고서에서는 『창연목』 간행 이전부터 당 연구소 내부에서 일찍부터 부여되었던 정리번호를 당해목간의 번호로 부여한다. 종래 목간에 대해 글자만 주목하는 경향이 짙었다. 본 보고서에서는 물건, 유물로서의 목간을 조명하는 데 역점으로 두었다. 이에 따라 먼저 글자 자체에 대한 정보추출 및 제공을 중시하였다. 아울러 목간의 외형과 형상에 대한 정보제공에도 치중하였다. 정면은 물론 이면, 또 위에서 보았을 때의 모습에 대한 것 즉 평면에 대한 정보들도 담도록 하였다. 이 같은 물질적 맥락 속에서, 글자가 목간의 어느 부분에 자리잡고 있는가 하는 것에도 주목하여 보다 많은 정보를 제공하는 데 역점을 두고 자료수집과 정리를 수행하였다.

아울러 『창연목』 도록의 기계적 부여번호를 함께 제시한 조견표를 붙여두는 것으로 독자들의 이용 편의를 도모하도록 한다.

당 보고서 기준	
당보고서	『창연목』
1	150
2	149
3	163
4	156

『창연목』 기준		
『창연목』	당보고서	『창연목』의 분류기준
148	10	6면
149	2	4면
150	1	4면
151	9	4면

5	173
6	154
7	175
8	178
9	151
10	148
11	152
12	153
13	161
14	180
15	160
16	157
17	174
18	155
19	168
20	169
21	159
22	158
23	167
24	162
25	181
26	164
27	165
28	166
58	170
69	179
71	177
87	176
101	172
105	171

152	11	4면
153	12	3면
154	6	3면
155	18	3면
156	4	3면
157	16	2면
158	22	2면
159	21	2면
160	15	2면
161	13	2면
162	24	2면
163	3	1면
164	26	1면
165	27	패인 흔적
166	28	1면
167	23	4면
168	19	2면
169	20	2면
170	58	2면
171	105	2면
172	101	2면
173	5	1면
174	17	1면
175	7	1면
176	87	1면
177	71	1면
178	8	묵서 없음
179	69	묵서 없음
180	14	묵서 없음
181	25	묵서 없음

II. 출토개황

월성해자에서는 모두 25점의 목간이 출토되었다. 기록된 유물채집카드에 의하면 다음과 같이 정리할 수 있다.

목간 번호	출토 지구	출토위치(현지표하)			출토층위	출토일자	유물 번호
1	나430N20	220	775	835	갯벌	851120	27
2	다480N20	145	740	620	갯벌	860424	67의4
3	다480N20	145	740	620	갯벌	860424	67의13
4	다480N20	150			뻘층	860424	67의8
5	다480N20	145	740	620	갯벌	860424	67의2
8	다420N10	140	170	380	모래뻘층	860604	37
9	다480N20	150	740	620	뻘층	860424	67의5
10	다480N20	150	780	710	갯벌층	860424	68
11	다480N20	150			갯벌층	860424	67의3
12	다480N20	145	740	620	갯벌층	860424	67의1
13	나					890317	
14	S30E230					930312	
15	다480N20	155	440	840	뻘층	851209	
16	다480N20	150			뻘층	860424	67의15

16	다480N20	150			뻘층	860424	67의17
17	다480N20	190	습득		흑색뻘	850214	31
20	다480N20	150			뻘층	860424	67의16
21	다480N20	150			뻘층	860424	67의7
22	다480N20	145	740	620	갯벌층	860424	67의6
26	다480N20	150	770	680	갯벌층	860423	58
	다480N20	145	740	620	갯벌층	860424	67의11
	다480N20	150			뻘층	860424	67의10
	다480N20	150			뻘층	860424	67의12
	다480N20	145	740	620	갯벌층	860424	67의14

총 25점의 목간 가운데 21점에 대한 정보가 담겨 있다. 먼저 출토일자를 보면 다음과 같다.

 1985년 2월 14일   1점(목간번호 17)
 1985년 11월 20일   1점(1)
 1985년 12월 9일   1점(15)
 1986년 4월 23일   1점(26)
 1986년 4월 24일   16점(2·3·4·5·9·10·11·12·16·20·22 및 번호미상 4점)
 1986년 6월 4일   1점(8)

1985년도 초반 조사에서 1점이 습득된 이래, 1985년 겨울조사에서 2점이 출토되었다. 1986년도 조사에서는 대거 18점이 출토되었다. 특히 1986년 4월 23일과 24일에 집중적으로 17점이 출토되었다. 요컨대 이들 목간은 1985년에서 1986년에 출토된 것들이며, 대부분이 특히 1986년 4월 23일과 24일에 나왔다.

또 출토지점에 대한 정보도 추출해낼 수 있다. 그 21점의 대부분인 19점이 <다480N20>지구에서 출토되었다. 나머지 2점은 다420N10과 나430N20에서 각각 출토되었다.

출토지점	점 수	목간번호
다480N20	19 점	2·3·4·5·9·10·11·12·15·16·17·20·21·22·26과 번호 미상 5점
다420N10	1 점	8
나430N20	1 점	1

1990년 간행 1차보고서(文化財研究 慶州古跡發掘調查團, 『月城垓字 發掘調查報告書Ⅰ』, 1990)에서 다480지구의 토층에 대해서는 다음과 같이 보고하고 있다.

다480지점의 토층을 보면 위로부터 표토(경작토) 10cm, 적갈색 유기질층 10cm, 갈색 부식토층 15cm, 적갈색산화층 15cm, 갈색점 질토층 30cm, 그 아래 황갈색 모래층 30cm, 다음 아래는 뻘층 1.9m 두께로 확인됐다. 그 다음은 원지반으로 역시 자갈섞인 청회색 사질토층이 바로 해자바닥이며 별다른 시설은 없었다. 뻘층(해자)의 폭은 28m이고 뻘층은 성벽 쪽이나 외곽 쪽 모두 완만한 경사를 이루고 있었으며, 현지표하 약 1.1m 깊이에서 뻘층으로서는 가장 두꺼운 1.9m 두께로 확인되었다.

즉 다480지구의 토층구성은 대체로 다음과 같이 정리된다.

토층		두께(cm)	지표 아래(cm)
[위]	표토(경작토)층	10	0~10
↑	적갈색유기질층	10	10~20
	갈색부식토층	15	20~35
	적갈색산화층	15	35~50
	갈색점질토층	30	50~80
↓	황갈색모래층	30	80~110
[바다]	뻘층	190	110~300
[원지반]	자갈 섞인 청회색사질토층	-	300

유물카드에 기록된 다480지구 출토목간의 토층은 다음과 같다.

층이름	표토하(cm)	출토목간번호
갯벌층	145	2·3·5·12·22
갯벌층	150	10·11·26
뻘층	150	4·9·16·21
뻘층	155	15
흑색뻘층	190	17

이를 정리하면 대체로

표토하 145~150cm의 갯벌층에서 2·3·5·10·11·12·22·26호가 출토되었으며, 표토하 150~155cm의 뻘층에서 4·9·15·16·21호가 출토되었으며, 표토하 190cm의 흑색뻘층에서 17호가 출토되었다.

고 정리할 수 있겠다. 이처럼 유물카드에서는 '갯벌층'·'뻘층'·'흑색

뻘층'으로 각각 세분되고 있는데, 1차보고서에서의 구분기준에 의하면 이들은 대체로 표토 하 110~300cm에 해당하는 '뻘층'으로 보인다. 이와 같은 판단은 갯벌층·뻘층·흑색뻘층이란 용어가 모두 뻘과 관련되고 있다는 점에서 크게 잘못이 없을 것이다. 다시 말하면 다480지구에서 출토된 목간 19점(2·3·4·5·10·11·12·15·16·17·21·22·26의 13점과 목간 번호 미상의 6점)은 모두 1차보고서에서 이르는 바의 '뻘층'에서 출토되었다고 할 수 있다. 이는 1차 발굴보고서에서 다 지구에서 출토된 목간 28점이 모두 '뻘층(흑색재층)'에서 나왔다고 집계하고 있는 것과도 들어맞는다.[4] 더욱이 이들 목간 19점은 모두 다480지구 가운데서도 N20트렌치에서 집중적으로 출토되고 있다.

III. 석문과 기본정보

월성해자에서는 모두 104점의 목간 혹 목간류가 출토되었다. 이 가운데는 육안관찰 혹은 적외선사진 촬영에 의해 묵흔이 확인되는 것과 그렇지 않은 것이 있다. 이들을 나누어서 보고하기로 한다. 본래 목간이란 묵흔이 있는 것을 일컫는데, 본 보고에서는 묵흔이 확실하지 않은 것도 목간류에 집어넣어 정리해 두었다.[5]

---
4) 文化財硏究 慶州古跡發掘調査團, 『月城垓字 發掘調査報告書 Ⅰ』, 1990, p.302의 도표.

본 보고서에서는 목간을 표기함에 있어 다음과 같은 기호를 사용한다. 이에 그 범례를 도시하면 다음과 같다.

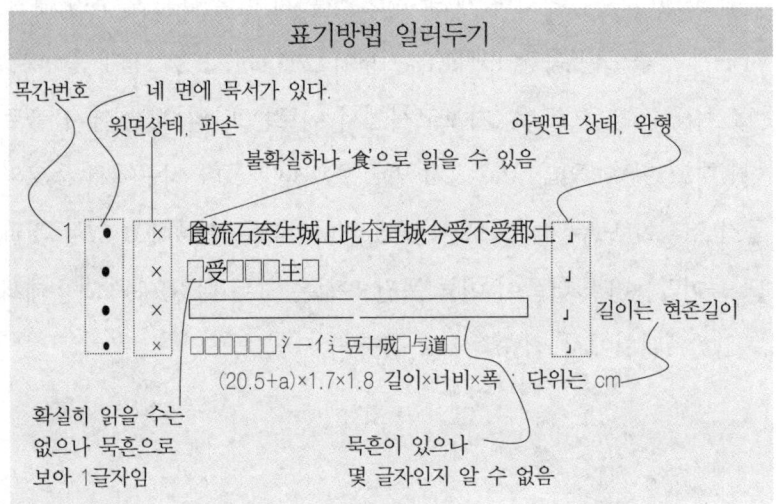

---

5) 본 목간류는 수습에서 정리 및 보고에 이르기까지 20년 전후의 시간이 흘렀다. 이는 월성해자 조사 자체가 장기 사업이었던 이유 등을 들 수 있다. 적외선 촬영을 하여 먹글씨가 보이지 않을 경우 일반적으로는 목간으로 다루지 않는다. 그런데 이 같은 일반론을 월성해자 목간에 대해서는 적용하기 어려운 점이 있다. 후술할 바와 같이, 육안은 물론이고 적외선에서는 보이지 않는 먹글씨가 발굴당시 촬영사진에서는 목격되는 예가 있기 때문이다. 특히 외형적으로는 다듬어지지 않았거나 보통의 목제품과 같은 것들도, 이 같은 외형만으로 목간이 아니었다고 단정해 버리기에는 신중을 기해야겠다는 것이 보고자의 입장이다. 이들을 목간의 범주에서 제외시켜 금후 목간이라는 시각에서 볼 가능성을 아예 닫아버리기는 것은 지나친 독단이라고 판단하였다. 이들은 발굴조사 초기부터 20년이 지난 지금까지 목간으로서 전해 내려오고 있는 것들이다. 그 간 여러 명의 담당자가 거쳐갔다. 아울러 선임자들의 이와 같은 판단근거를 정확히 추적할 수는 없으나 나름대로의 이유가 있었을 것이라는 생각, 그 같은 의견을 존중해야겠다는 생각에서, 이들을 목간이라는 확증이 현재로서는 보이지 않더라도 목간류의 범주에 넣어두어 장래 좀더 개선된 과학적 조사환경이 갖추어질 후대에 그 판단을 넘기고자 한다.

I. 묵흔이 확인되는 것

1) 제1호 목간

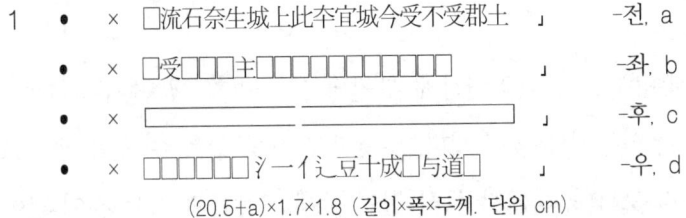

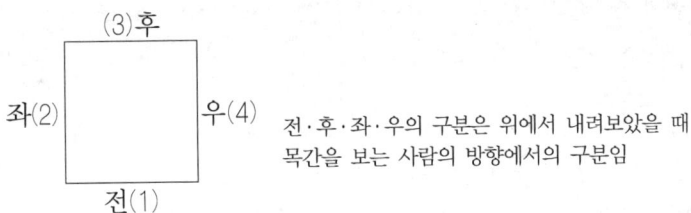

　　창연목 150호. 4面體 俸形목간이다. 상부는 파손되었으며, 하부는 완형이다. 잔존길이는 20.5cm, 두께는 1.7cm이며, 폭은 1.8cm이다. 무게는 29.42g이다. 각 면의 폭은 a면 1.8cm, b면 1.5cm, c면 1.6cm, d면 1.5cm이다. 수종은 소나무이다. 髓를 포함하고 있는 직경이 큰 줄기의 일부를 사용하였다. 목간의 출토위치는 다430N20 트렌치의 갯벌층이다. 뻘층 상면에서 약 20cm 깊이 뻘 점토층에서 다른 목편과 함께 출토되었다. 거의 같은 토층의 주변에서 고배 1점과 연화문 수막새 1점이 출토되었다.

전·후·좌·우의 구분은 편의상 구분이다. 네 면에서 어느 면이 시작되는 첫 면인지 혹 전면(앞면)인지 구분할 수 없다. 여기서는 편의상 글자가 많이 읽히고 잘 보이는 「食流石奈生城上此牟宜城今受不受郡云」이 새겨진 면을 전면으로 두고, 목간을 세워두었을 때 보는 사람의 입장에서 왼쪽을 좌면, 오른쪽을 우면, 뒤를 후면이라 이름 해 둔다.

전면에 글자가 뚜렷하게 확인된다. 나머지 세 면(좌·우·후면)에는 묵흔이 있는 것은 확실하나, 뚜렷한 글자를 읽을 수 있을 정도로 양호하지 못하다. 하단부 특히 전면 쪽에 그을음과 같은 것이 남아 있다. 전면에는

       1   5   10   15
□流石奈生城上此牟宜城今受不受郡土

모두 17자가 보인다.

제1자는 글자의 우상부가 파손되어 정확한 글자를 알 수 없다. 온전한 좌상부는 삐침 ╱ 1획이 보이며 하반부는 「口」에 「ㅛ」가 드러난다. 「豆」나 「登」가 될 수 있겠는데, 豆로 보기에는 제1획이 비스듬한 듯하고, 登으로 보는 데는 癶로 보기에는 남은 좌상부의 획이 단조로운 감이 든다. 이에 「食」일 가능성을 상정할 수 있다.(손환일)

현재로서 이 글자를 확정하기는 어렵다. 현재로서는 일단 가안으로 食을 올려둔다.

제2자 流는 삼수변이 간략하게 氵와 같이 처리되어 있고, 우변의 제2획이 가로의 제1획을 뚫지 않고 이어 내려오고 있다. 이는 六朝碑와 王羲之체에 보인다.

제3자 石. 제1획 끝에서 곧바로 제2획으로 그어 내려온다. 이는 단양신라적성비에 보이는 서법이다. 口도 제2획과 제3을 연거푸 처리하여「く」와 같이 했다. 이는 황남동 376번지 목간과 정창원좌파리가반문서의 石의 口도 이와 같다, 전체적으로 王羲之체에 가깝다.

제4자 奈. 상반부에 大자는 제3획을 강조하여 하반부에까지 내려썼다. 하반부의 示는 于(干)를 쓰고 八을 붙였다. 마치「余」의 하반부와도 같다. 이 같은 독특한 奈의 서체는 남산신성비(591년 건립) 제1비에도 보인다.

제5자 生. 제1획 끝에서「ㄴ」처럼 곧바로 제2획으로 들어간다. 六朝碑들에 보이는데, 단양신라적성비와 남산신성비 제3비・제4비에도 보인다.

제6자 城. 좌변 土는 十을 쓰고 그 오른쪽 아래에 丶를 넣었다. 土의 처리 면에서는 王羲之체와 가장 근접하다. 제11자도 이와 같다.

제8자 本. 夲으로 쓰여 있다. 大를 상반부에 쓰고 그 하반부에 十을 썼다. 이와 같은 글자는 울진봉평비에서부터 보이며 신라에서 애용되었, 중국에서는 흘려쓴 왕희지체와 唐代비문들에서 보인다.

제10자 宜. 宀가 아니라 一가 와서 冝로 되어 있다. 이와 같은 것은 중국에서는 石經, 王獻之체에 보인다.

제12자 今. 슦보다는 今에 가깝다.

제13자와 제15자 受. 상부에 4획을 긋고 다음에 冖를 쓰고 그 아래 大를 붙였다. 受의 俗字 혹 이체자이다. 이 글자를 판단하는 데 있어서는 상부의 4획과 하부의 大 사이에 있는 글자가 무엇인가가 초점이 된다. 이와 유사한 글자로 奚가 있다. 奚의 정자체라면 厶가 오기 때문에 획수가 모자라다. 奚는 상부 4획 아래에 天이 오는 이체자가 있다. 즉 중앙부에 一이 오는 것이다. 이것이 형태상으로는 가깝다. 제13자와 제15자는 같은 자로 보이며, 두 글자의 문제의 중앙부를 판단함에 있어서는 단순히 一로 되어 있지 않으며 冖에 가깝다. 고로 受이다.

좌면에 위쪽에 大로 보이는 글자의 우반부가 보인다. 남은 글자의 형태로 보아 受자일 가능성도 있을지 모르겠다. 그 위에 파손되었으나 한 자의 묵서가 보인다. 중앙부에 主로 읽을 수 있는 글자가 보인다. 이 主자와 「受」자 사이에 대략 4자분을 상정할 수 있다. 主자 아래는 묵흔이 있는 것으로 보이나 몇 자인지까지 정하기는 어렵다.

후면에도 묵서가 있는 것으로 보이나 흐려져서 몇 자인지 알기 어렵다.

우면은 전체적으로 글자의 좌반부의 일부가 남아 있는 반면, 중앙부와 우반부가 그슬려 지워졌다. 위에서부터 몇 자가 있었던 흔적이 있다. 그 아래에는 좌반부에 순서대로 각각 氵·一·亻·辶·豆·十가 읽힌다. 그 다음에 「成」·□·与·道가 읽힌다.

네 면 가운데 거의 한 면이 양호하여 이를 읽어낼 수 있을 정도이다. 앞 뒤 연결을 알 수 없어 단락적이어서 문장의 전체 맥락을 점치기는 어려운데, 城의 축성과 관련된 내용이 담겨 있다.

2) 제2호 목간

2 • 「大烏知郞足下万引白□(了?)   」 -a
  • 「經中入用思買白不雖紙一二斤   」 -b
  • 「牒垂賜教在之 後事者命盡   」 -c
  • 「使□(官?)   」 -d

18.95×1.2×1.2

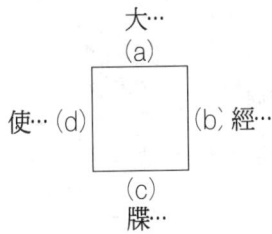

창연목 149호. 4면체 봉형 목간이다. 상부와 하부 모두 완형이다. 길이는 18.95cm, 두께는 1.2cm이며, 폭은 1.2cm이다. 무게는 13.86g이다. 수종은 소나무로, 수를 포함하고 있는 줄기의 일부를 사용하였다. 목간의 출토위치는 다430N20 트렌치의 갯벌층이다.

전·후·좌·우의 구분은 편의상 구분이다. 角材를 잘 다듬어 먹글씨를 썼다. 상단부에서 대략 3.65cm에서 4.25cm되는 부분 즉 일정간격을 두고 문장을 시작하였다. 아울러 하단부에는 공간이 일정하지 않다. 글자의 크기는 c면의 경우, 세로가 1.0cm('經') 내지 1.1cm('思')이다.

	상단 빈칸 간격(cm)	내용/글자	하단 빈칸 간격(cm)
(b)	4.25	「牒…」	1.15
(c)	4.15	「經…」	2.41
(d)	3.65	「大…」	1.6
(a)	4.15	「使…」	12.4

a면 제1자 使, a면 제2자 官. 이에 대해서는 官(平川·深津), 內(李成市·윤선태)와 內卜(손환일)의 견해가 있다. 內자로 보는 데는 묵서 중앙 하단부가 미심쩍다. 內보다는 官에 가깝다.

b면 제1자 牒. 좌는 片의 초서체. 하부는 木의 초서체로 朩와 같이 썼다. 우상부는 卄에 世이다.

b면 제2자 垂. 아래를 山처럼 처리하였다.

b면 제3자 賜. 우변은 易이 아니라 昜으로 쓰였는데, 이는 이체자이다.

b면 제4자 敎. 좌변의 위가 乂가 아니라 土인 敎로 되어 있다. 왕희지체에 가장 가깝다.

b면 제4자 在. 土자가 특이하다. 제2획과 3획을 연결하여 七과 같이 하고, 마지막 획 부분을 아래로 꼬부려 내렸다. 왕희지 체에 가깝다.

c면 제1자 經. 좌변에 纟 우변에 줖. 又는 ㅈ와 같이 썼다.

c면 제7자 白. d면의 제9자와 마지막 획 즉 제5획의 서법이 다르다.

c면 제9자 雖. 좌변은 상부 口에 하부 厶

c면 제10자 紙. 상반부에 紙, 하반부에 巾이다. 紙의 이체자이다.

c면 11자와 12자 一二. 이는 명확히 一二로 읽힌다. 여기에 대해서

는 혹 이를 한 자로 보아 三으로 볼 수도 있겠다. 그러나 三으로 볼 경우 제1획과 제2획 사이가 넓어 부자연스럽다. 一二를 쓴 예는 藤原宮목간 등에도 보인다.6)

c면 13자 斤. 亇와도 같이 생겼다. 이는 斤 혹 斗에 가깝다. 이와 유사한 斤의 서체로는 但馬国의 관부공진물 부찰에 보인다. 한편 이와 유사한 斗의 서체로는 平城宮2909목간(163), 阿波国의 白米부찰에서 보인다. 양자 중 어느 쪽인가를 정하기는 미묘한 점이 있으나, 본 보고서에서는 斤에 근접한 것으로 판단한다. 이에 대해서는 斤(李成市)·斗(深津)·수(손환일)·亇(윤선태) 등의 설이 있다.7)

d면 제2자 鳥. 기존에 烏(李成市·深津)설과 함께 鳥(손환일·윤선태)설이 있다.

d면 제3자 知. 우변 口의 제2획과 제3획을 연거푸 처리하여 「く」와 같이 하였다.

d면 제4자 郎. 우변의 阝은 좌변의 좌변의 良보다 아래에 낮게 쓰였다. 또 이는 阝는 마치 卩과 같이 쓰였다. 고구려 평양성 석각에도 보이며, 중고기 신라석비에 잘 보인다.

d면 제5자 兄. 상부는 口, 하부는 乙.

d면 제7자 万. 제2획 끝을 돌려 올려 제3획을 시작하였다.

d면 제8자 引. 弓에 く.

---

6) "桃子一二升"(縣報告 77 목간 본주부분)
7) 번잡한 주의 중복을 피하기 위해 글자판독의 여러 설들은 주장자의 이름만으로 표기한다. 이하 판독문에서 제설의 전거는 제1장에 열거한 논문들에 있다.

d면 제9자와 제10자 白□(了?). 제9자는 白, 제10자는 │와 같은 형태이다. 이를 2자가 아니라 1자로 취급하여 自으로 보는 견해(윤선태)도 있다. c면의 제7자 白과의 비교할 때 서체가 달라 설명하기 어렵다.

3) 제3호 목간

3 ● × 使行還去□土此昜石□二□ ×
   ● × □──────────□ □此□ ×
         (19.8+α)×2.3×0.85

창연목 163호. 2면체 홀형(단책형·판상형) 목간으로 상면과 하면 모두 파손된 상태이다. 잔존길이 19.8cm, 폭 2.3cm, 폭 0.85cm, 무게 26.05g. 수종은 소나무로, 비교적 직경이 큰 줄기의 일부이다.

출토트렌치는 다480N20이며, 출토위치는 지표 하 145cm, 740+620cm이다. 출토층위는 갯벌층이다. 원래의 목간이 몇 조각(적어도 5조각)으로 분리되었던 것으로 보이며, 그 가운데 중간부분 세 조각이 각각 수습되었다. 이를 외형을 바탕으로 복원한 것이다. 가장자리 부분의 마멸이 심한 편이다. 출토일자는 1986년 4월 24일. 현재는 세 조각을 복원하여 접합한 것이며, 수습기록이 남아 있는 것은 세 조각 중 제일 아랫부분이다.

파손과 마멸로 확실히 읽을 수 있는 글자는 몇 되지 않는데, 使의 출동과 관련된 내용이 담겨 있다.

4) 제4호 목간

```
4   •    ×   □伐使內生耶死耶   ×
    •    ×   □──────────   ×
```
(16.95+α)×2.35×0.8

　　창연목 156호. 2면체 홀형 목간. 길이 16.95cm, 폭 2.35cm, 두께 0.8cm, 무게 15.53g. 수종은 소나무로, 비교적 직경이 큰 줄기의 일부이다. 원래 적어도 2조각 이상으로 조각났는데, 그 가운데 2조각을 수습하여 복원 연결하였다. 목간의 출토트렌치는 다430N20이며, 출토위치는 지표하 150cm, 출토층위는 뻘층이고, 출토일자는 1986년 4월 24일이다. 양면 가운데 한 면은 7자 정도 읽을 수 있다. 다른 한 면은 묵흔은 확인되나 상태가 양호하지 못하여 몇 자인지 확연히 읽을 수 있을 정도가 되지 못한다. 앞뒤 파손과 마멸로 몇 자 읽어낼 수 없다.

5) 제5호 목간

```
5    「     問干板卅五.   ∨   」
```
14.4×3×2.2

　　창연목 173호. 완형으로 보인다. 둥그스름한 타원형 봉형 목간이다. 타원형 중 넓은 한 면에만 묵서하였다. 묵서된 방향의 아랫부분은 완만하게 V자형 홈을 둘렀다. 이는 일부 끈을 묶기 위한 것으로 보인다. 묵서된 면의 뒷면 아랫부분에 일부 나무가 벗겨져 나가 파손되었으나, 원형의 모습을 거의 잃지 않았다. 홀형이 아닌 뭉뚝한 막대형 나무에 V자형 홈을 판 것은 독특하다. 수종은 소나무이다. 原木에서 거의 나무껍질(수피)만을 깎아낸 상태의 지름 3cm 남짓 되는 비교적 굵은 가지의 圓木이다. 작은 가지의 흔적인 옹이들이 글자가 있는 면에 2개소, 그 반대 면에 1개소 등 모두 3개소가 확인된다. 목간의 출토트렌치는 다430N20이다. 출토위치는 지표 하 145cm로 740+620cm이며 출토층위는 갯벌층이고, 출토일은 1986년 4월 24일이다. 길이 14.4cm, 폭 3.05cm, 두께 2.2cm, 무게 39.21g. 수종은 소나무이다.

　제2자 干. 그런데 본 글자는 不자나 干자와 같이 가로획을 먼저 긋고 세로획, 즉 丨를 제일 나중에 그어내리고 있다. 이에 대해서는 子(손환일) 설도 있다. 子는 획순이 제2획이 亅이고, 제3획이 一이다.

6) 제6호 목간

```
6   ┌ 朔 朔朔
  •    朔朔朔朔       ×           -a
    ┌ 朔朔朔  朔朔朔
  •                    ×           -c
    ┌ 朔一三日朔一三朔▢▢
  •                    ×           -b
                    (15.5+α)×(1.4+α)×(1.5+α)
```

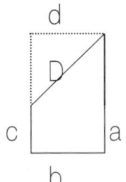

b면은 완형이며, a면도 완형에 가깝다. c면은 반파된 것으로 보인다. 원래의 면 d가 깎여나가면서 새로 D면이 생겨났다.

(위에서 내려다본 너비단면)

창연목 154호. 3면체 내지 4면체의 막대형 목간이다. 길이 15.5cm, 폭 1.4cm, 두께 1.5cm, 무게 13.43g. 3각형 내지 4각형 각재의 네 면에 모두 묵서가 있다. 면의 정돈상태는 조잡하다.

목간의 출토트렌치는 다430N20이며, 출토위치는 지표하 150cm이고, 출토층위는 갯벌층이다. 출토일자는 1986년 4월 24일이다. 수종은 소나무이다. 직경이 매운 큰 나뭇가지 중 精髓에서 멀리 떨어진 부분이다. 윗면은 삼각형, 아랫면은 사다리꼴의 사각형을 한 막대형 나무로, 위에서 아래 내려오면서 굵어진다. 글자를 쓰기 위해 일부러 면을 고른 흔적이 없다. 특히 묵서가 있는 세 면 가운데 두 면은 나뭇결이 그대로 縱으로 드러나 골이 깊어 붓으로 먹을 묻히기에는 껄끄럽다. 내용으로 보나 나무의 整面상태로 보나 글자를 연습한 습서목간이다. 목간을 포함하여 다른 용도로 쓰이던 角材의 일부를 재이용 차원에서 활용한 것으로 보인다.

a면 하단은 연속 7자의 朔을 확인할 수 있다. 각재가 위쪽이 좁다가 넓어지는 사다리꼴이어서 위쪽은 공간이 작다. 이에 위 세 자는 오른쪽에 치우쳐 보다 작게 썼으며, 그 다음 네 자는 좀더 커진다. 朔자의 우부방은 月, 좌변은 三을 긋고 그 아래 丿을 붙인 형태이다.

이는 북위 묘지명(元簡·孟敬訓)이나 조상기(張龍伯) 등 6조의 여러 비석 류에 많이 보인다. a면이나 b면에 보이는 朔도 역시 이와 같은 서체이다.

c면에도 朔이 연속되고 있다. 확실치 않은 3개소 역시 추측컨대 朔일 공산이 클 것이다.

7) 제7호 목간

```
              〔英?〕
7     ×    □□茂茂□□    ×
                           (12.4+α)×(1.2+α)×(0.6+α)
```

창연목 175호. 홀형 목간이다. 상부와 하부 모두 파손되었다. 잔존길이 12.85cm, 잔존폭 1.25cm, 두께 0.6cm, 무게 5.05g. 수종은 소나무로, 직경이 매우 큰 나무의 樹心에서 먼 바깥쪽으로 보이는 곳을 잘라 활용한 것이다. 글자가 있는 면의 가장자리 특히 왼쪽이 縱으로 잘려나가 버렸다.

글자는 제4자가 茂. 제3자도 제4자와 같다. 제2자는 奚로 보인다. 좌변이 잘려나갔다면 溪로 추정하여 볼 수도 있을 듯하다. 제1자는 하부가 남아 있는데, 氏계열의 분위기가 남아 있는 듯하여 花나 茂계열이 아닐까 추측된다. 글자의 폭이 좁은 편이다. 습서목간으로 추정된다.

8) 제9호 목간

9 • 「■習比部上里^{今受} ㅓ 南罡上里^{今受} 阿今里^{不} 岸二里^{受}」 -a
 • 「□□□上^{受} 尤祝^{受} 除卌^{受} 開洒^{受} 赤里^{受} □□^{受} □□^{不} □里□□ □」 -b
 • 「□南川□ □里隅□ □□□北□ 多比刀^{不有} □□^{受代土}□□」 -c
 • 「□□里□里^{受} 赤居波^{受} 麻支^{受} ㅓ 牟喙 仲里^{受} 新里^{受} 上里^{受} 下里^{受}」 -d

25.05×1.4×1.3

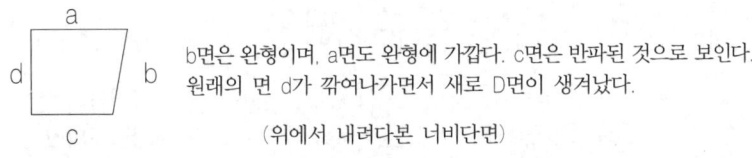

b면은 완형이며, a면도 완형에 가깝다. c면은 반파된 것으로 보인다. 원래의 면 d가 깎여나가면서 새로 D면이 생겨났다.

(위에서 내려다본 너비단면)

　창연목 151호. 4면체 봉형 목간이다. 파손의 흔적은 없으며 완형으로 보인다. 수종은 소나무로, 직경이 큰 나무의 수피에서 가까운 부분의 일부로 보인다. 길이 25.05cm, 폭 1.4cm, 두께 1.3cm, 무게 23.66g. 출토트렌치는 다480N20이며, 출토위치는 지표 하 150cm, 740+620cm이다. 출토층위는 뻘층이다. 출토일자는 1986년 4월 24일이다. 원래 세 조각 난 것을 복원 접합하였다. 나무를 4면체로 깎은 다음 글을 쓸 부분을 정돈하고 목간의 상면과 하면을 다듬었다. 4면에 모두 글자를 썼으니, 중국에서 일컫는 이른바 觚에 해당한다. 글자가 매우 작은 편이다. 아마도 작은 붓을 사용하였던 것으로 보인다.

　「習比部上里^{今受}」와 「南…」 사이에 의도적 공격이 보인다. 왕경의 6부 가운데 習比部와 牟喙部의 노력동원과 관련된 장부목간으로 보인다. 어느 면이 제1면인지 단정하기 어려운데 논의전개를 위해 편의적으로 a·b·c·d를 부여하였다. a를 기준으로 목간을 오른쪽으로 돌려나갈 때의 순서에 따라 a→b→c→d가 된다.

d면의 牟. 상부에 厶, 하부에 干. 남산신성비 제2비 제5행 제7열, 牟도 마찬가지 서법이다.

9) 제10호 목간

10 • 「□素□小□□□□時四   」 -a / 창연목의 1면
 • 「田□此□□□□□曰   」 -b / 창연목의 2면
 • 「 □ 還 不 后 斤 □   」 -c / 창연목의 3면
 • 「   走 □ □ □   」 -d / 창연목의 4면
 • 「寺□大宮士等敬白范典利老」 -e / 창연목의 5면
 • 「大□女寺 □可□□□七   」 -f / 창연목의 6면
                場□
                            20.8×2.6-3.35

창연목 148호. 원형 봉형 목간으로 완형이다. 윗부분에 일부 파손된 모습이 보이나 원형에서 크게 훼손된 것으로 보이지 않는다. 수종은 소나무로, 수를 포함한 작은 직경의 줄기의 뿌리 부분에서 채취한 것이다. 길이 20.8cm, 지름(가장 큰 곳) 3.35cm, 지름(단면) 2.6cm, 무게 44.08g. 목간의 아랫부분에 옹이가 있다. 이것은 뿌리부분이라고 보인다. 목간의 출토트렌치는 다430N20이며, 출토위치는 지표하 150cm이고 780+710cm이다. 출토층위는 갯벌층이고, 출토일자는 1986년 4월 24일이다. 껍질을 벗겨내고 둥그런 원형의 6면에 묵서하였다. 아래 뿌리의 옹이가 있는 부분에 와서는 면의 불균일한 점도 있고

해서인지 行이 교란되고 있다. 대체로 a·f면에서 오른쪽으로 비스듬히 내려가는 경향을 보인다.

寺와 관련된 기록으로 보인다.

10) 제11호 목간

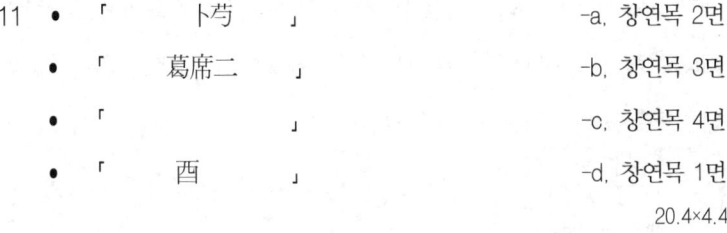

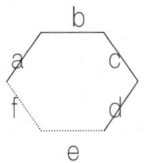 위에서 보았을 때의 대체적인 단면

창연목 152호. 원형 봉형목간으로 상하 모두 완형이다. 윗부분의 일부가 훼손되었으나 원형의 모습을 간직하고 있다. 수종은 소나무이며 髓를 포함한 직경이 비교적 큰 줄기의 일부분을 채취하여 껍질을 벗겨내고 사용하였다. 이 큰 줄기는 아랫부분에 옹이가 있는 것으로 보아 줄기나 뿌리가 있었던 부분을 도려낸 것으로 보인다. 위 아래 양끝을 도구를 사용하여 각을 주어 다듬었다. 길이 20.35cm, 지름(가장 큰 곳) 4.4cm, 무게 126.22g.

창연목에서는 단순히 4면목간으로만 명기하였지만, 단순히 그와 같이 판정하기 어렵다. 외형은 위쪽은 6면체(혹 7면체) 분위기의 원통형 목간이다. 단 묵흔은 그 가운데 4면에서만 발견된다. 좀더 상세히 말하자면 a·b·c·d·e·f는 위에서 목간을 보았을 때 붙인 편의상의 면이다. a-b-c-d면에는 묵서가 있는데, e·f에는 묵서가 없다. 아마도 e·f의 면 상반부에 괭이가 먹어 면이 푹 파여 있어 글쓰기에 부적합하였던 데서 연유하는 것으로 추정된다. 목간의 출토트렌치는 다430N20이며, 출토위치는 지표 하 150cm이고, 출토층위는 갯벌층이다. 출토일자는 1986년 4월 24일이다.

11) 제12호 목간

12 •「四月一日典太等敎事　　」　-a
　•「勻舌白故爲□敎事□□」　-b
　•「□□□□□□□　　　　」　-c

24.4×5.1

창연목 153호. 6면체의 원통형 봉형 목간으로 상하 파손이 없는 완형이다. 수종은 소나무이며, 뿌리에 가까운 줄기를 껍질만 벗겨내고 거의 그대로 사용하였다. 위에서 보면 대체로 6면체와 같은 분위기로 다듬었다. 또 양단을 도구로 쐐기형으로 다듬은 흔적이 있다. 6면 중에 3면에 묵서가 확인된다. 길이 24.4cm, 지름(가장 큰 곳) 5.1cm, 지름(단면) 4.0cm, 무게 159.47g.

목간의 출토트렌치는 다430N20이다. 출토위치는 지표 하 145cm이며, 740+620cm이다. 출토층위는 갯벌층이며, 출토일자는 1986년 4월 24일이다. 딱딱한 갈색 산성 토층의 두께 약 5cm아래로부터 갯벌층에 많은 작은 목편과 함께 옆으로 놓여 있었다. 전대등의 교사를 기록한 목간이다.

b면 제5자 为는 爲의 이체자이다.

a면 제4자 太. 大 아래에 丶가 확연하다.

a면 제5자 等. 상부는 ⧺.

a면 제6자 敎. 좌변은 상부는 乂가 아니라 土로 되어 있다. 즉 教로 되어 있다.

12) 제13호 목간

13   「 鴻彧鳴
      乙忽乙忽☐ ☐   ×·

(28.55+a)×2.1

창연목 161호. 원형 봉형 목간으로 윗부분은 완형이나 아랫부분이 파손되었다. 잔존길이 28.55cm, 지름 2.1cm, 무게 64.11g. 수종은 감나무로, 수가 포함된 작은 직경의 가지를 채취하여 사용하였다. 네 군데 접합 복원하였다. 목간의 출토 위치는 '나'지역이며, 출토일은 1989년 3월 17일이다. 적외선사진으로는 제일 위 두 자 정도밖에 보이지 않으나, 발굴당시 찍은 귀중한 사진을 통해 몇 자 더 읽을 수 있다. 즉 원통형에서 한 줄의 묵서를 확인할 수 있다. 또한 상부 다듬어진 단면에 묵흔 혹 漆痕을 확인할 수 있다.

13) 제14호 목간

14 - × □□□□□□□□□□□ ×

31.8×2.7×0.95

창연목 180호. 홀형 목간의 형태를 갖추고 있다. 상부와 하부 모두 파손되어 있다. 묵흔은 있으나 읽을 수가 없다.[8] 목간의 출토트렌치는 S30E230이며, 출토 층위는 뻘층이다. 출토일자는 1993년 3월 12일이다. 잔존길이 31.8cm, 폭 2.7cm, 두께 0.95m, 무게 52.77g.

14) 제15호 목간

15 • × 沙喙巴多屯 」
　　• × 文吉廻　　 」

(19.9+a)×2.0×0.8

---

8) 기본적으로 묵서가 없는 것은 목간의 범주에 포함시키지 않는 것이 일반적이다. 그런데 적외선을 쪼여 보아도 묵서가 날아가 이미 보이지 않게 된 경우도 있다. 예를 들면 당해 월성해자 13호 목간이 그 좋은 예이다. 이것은 1989년 출토품이다. 고고조사 현장보존과학 등 사계 전반의 인식과 분위기, 발전의 과정에서 목간에 대한 비중을 보여주는 좋은 단면이 된다. 더군다나 20여 년 전인 1985년 및 1986년 출토품을 포함하여, 당시부터 목간으로 전해 내려오는 유물 중에는 지금 적외선을 통해서 묵흔이 확인은 되나 글자를 읽을 수 없는 것, 또 묵흔을 확인할 수 없는 것들이 있다. 이들은 엄격한 의미에서 목간에서 제외해야 하나, 월성해자 13호 목간의 예를 거울로 삼고, 또 선학의 판단을 중시하여 일단 목간의 범주에서 빼지 않기로 한다. 이들은 물론 형태적으로 목간일 개연성을 충분히 갖고 있는 것들이다.

창연목 160호. 홀형 목간이다. 상부는 파손, 하부는 완형이다. 수종은 소나무로 수피가 포함된 직경이 큰 줄기의 일부이다. 목간의 출토트렌치는 다430N20, 출토층위는 뻘층이며, 출토일은 1985년 12월 9일이다. 잔존길이 19.9cm, 폭 2cm, 두께 0.8cm, 무게 16.38g.

15) 제16호 목간

```
16
    │ 負 喙 □ │
    │ 喙 凡   │
    │       □ │

    │   □ 大 □   │
    │     人 □ 大 │
    │   □   □ 舍 │
                    (18.0+a)×2.5×0.4
```

창연목 157호. 얇은 板材목간으로, 양면에 묵서가 있으며, 판재를 횡으로 사용하여 묵서한 橫材목간이기도 하다. 길이 18.0cm, 폭 2.5cm, 두께 0.4cm, 무게 7.88g. 수종은 소나무로, 비교적 직경이 큰 나무줄기의 일부를 사용하였다. 목간의 출토트렌치는 다430N20, 출토위치는 지표 하 150cm, 출토층위는 뻘층이다. 출토일은 1986년 4월 24일이다. 매우 얇은 이 목간은 두 부분으로 나뉘어 각각 출토되었다.

16) 제17호 목간

17　　「咊字差作之 ⋁⋀ 」　　　咊는 和의 이체자

14.95×2.65×0.85

　　창연목 174호. 홀형 목간으로 완형이며 하단에 V자로 파들어 갔다. 하단 꼭지부분에 일부 결실이 있으나 원형의 모습이나 길이를 간직하고 있다. 길이 14.95cm, 폭 2.65cm, 두께 0.85cm, 무게 16.74g. 수종은 소나무로, 직경이 큰 나무 줄기의 일부를 사용하였다. 너비는 방사형이다. 목간의 출토트렌치는 다430N20이며, 출토위치는 지표하 190cm이며, 출토층위는 흑색뻘층이다. 출토일자는 1985년 2월 14일이다.

17) 제18호 목간

18　● × 元耳女 × 　-a
　　● × 石兮仁不 × 　-b
　　● ×　　　　× 　-c
　　● ×　　　　× 　-d

(15.3+a)×2.3×1.4

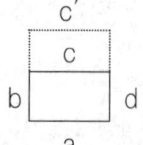

묵서는 a·b면에 남아 있다. 원래 각재에서 c′부분을 깎아내고 묵서한 것으로 보인다.
왼쪽 그림은 위에서 내려다본 목간의 너비단면

창연목 155호. 4면체 봉형목간이다. 네 면 가운데 두 면에 묵서가 보인다. 상면은 원형에 가까운 듯하며, 하단은 파손되어 결실되었다. 길이 15.3cm, 폭 2.3cm, 두께 1.4cm, 무게 22.73g. 수종은 소나무로, 직경이 큰 나무 줄기의 일부를 사용하였다. 너비는 접선형이다. 4면체이나, 네 면이 말끔히 다듬어지지 않았다. 특히 a면은 볼록면을 다듬지 않았다. 하단면은 의도적 파괴가 엿보인다. d면은 묵흔이 전혀 보이지 않고 말끔하다. c면에 상부와 하부 끝에 약간의 묵흔이 보이는데, 글자인지는 불분명하다.

18) 제19호 목간

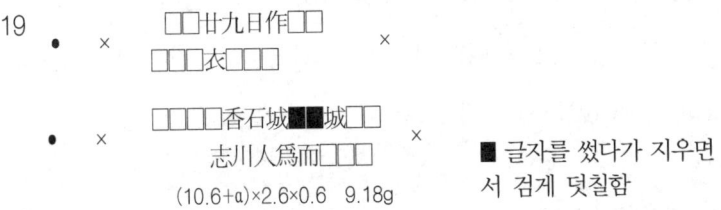

창연목 168호. 홀형 목간이다. 상단과 하단 모두 파손되어 있다. 양면에 모두 묵서가 있으며, 각기 2행으로 되어 있다. 수종은 소나무로, 직경이 큰 나무 줄기의 일부를 활용한 것이며, 너비단면은 접선 모양이다. 잔존길이 10.9cm, 폭 2.6cm, 두께 0.6cm, 무게 9.18g.

제1열 제1자의 □에는 /가 남아 있다. 六 혹 八·九 중의 하나일 것이다.

19) 제20호 목간

20　●　　×　子年十月　×
　　●　　×　作次和內　×

(9.3+a)×2.7×0.65

창연목 169호. 목간의 출토트렌치는 다430N20, 출토위치는 지표하 145~150cm, 740+620cm이며, 출토층위는 뻘층 혹 갯벌층이다.9) 출토일은 1986년 4월 24일이다. 수종은 소나무이며, 직경이 큰 나무 줄기의 수피 근처에서 채취했다. 너비단면은 접선형이다. "…作次和內…"이 쓰인 면은 편편하며, "…子年十月…"이 쓰인 면은 중간이 약간 튀어나와 볼록하다. "…子年十" 다음 글자 부분은 좌변과 중앙 부분 파손되었으나 우변 일부에 묵서가 일부 남아 'ㅣ'가 확인된다. 이는 '月'의 2획 'ㄱ'의 일부로 판단하여 '月'로 석독한다. 잔존길이 9.3cm, 폭 2.7cm, 두께 0.65cm, 무게 7.08g.

20) 제21호 목간

21　●　×　▯▯　×
　　●　×　▯▯▯▯▯▯　×
　　　　　　▯▯▯▯▯

(21.7+a)×2.7×7.5

---

9) 당해목간과 관련해서는 달리 구별하여 2개의 유물채집카드(자체 유물번호는 각각 67- 14, 67-16)가 존재한다. 양자 트렌치 위치와 출토일자는 동일하나. 현 지표 하 표기와 출토위치가 하나는 145cm, 480+620cm, 갯벌층으로 되어 있고, 다른 하나는 150cm, 뻘층으로 되어 있다. 본고에서는 이를 양자 모두 채택하여 종합 서술하였다.

창연목 159호. 목간의 출토트렌치는 다430N20, 출토위치는 지표하 150cm, 출토층위는 뻘층이며, 출토일자는 1986년 4월 24일이다. 수종은 소나무로 직경이 큰 나무 줄기의 일부이다. 너비단면은 방사형이다. 잔존길이 21.7cm, 폭 2.7cm, 두께 7.5cm, 무게 20.81g.

21) 제22호 목간

22   • 「第八卷第廿三大弁麻新五衣節草   ×   弁 : 奈의 이체자로 보임
     • 「食常   □□□第一卷第□七大弁麻□□   ×

(26.8+a)×2.4×1.1

창연목 158호. 수종은 소나무이며, 직경이 큰 나무 줄기의 일부를 사용했고, 너비단면은 접선형이다. 목간의 출토트렌치는 다430N20, 출토위치는 지표 하 145cm이고, 740+620cm, 출토층위는 갯벌층이고, 출토일자는 1986년 4월 24일이다. 잔존길이 26.8cm, 폭 2.4cm, 두께 1.1cm, 무게 27.38g.

22) 제23호 목간

23   • 「天雄二兩 □ 萬   ×
     • 「 □□二兩 □   ×
     • 「 □□□□□   ×
     • 「 □□□□□   ×

(15.2+a)×2.4×1.35

창연목 167호. 4면체 봉형 목간이다. 상단은 완형이며, 하단은 파손 결실되었다. 수종은 소나무이며, 직경이 큰 나무 줄기의 일부를 사용하였고, 너비단면은 접선형이다. 잔존길이 15.2cm, 폭 2.4cm, 두께 1.35cm, 무게 17.17g.

23) 제26호 목간

26 ・ × 遺稱稱毛道道使答般般□ □ ×
   ・ × □ □ ×

(34.0+α)×2.1×0.6 18.72g

홀형 목간. 상단과 하단 모두 파손. 잔존길이 34.0cm, 폭 2.1cm, 두께 0.6cm, 무게 18.72g. 수종은 소나무이며, 경이 큰 나무 줄기의 수피 근처에서 채취한 것이다. 너비단면은 접선모양이다. 묵서면은 整面 되었다. 목간의 출토트렌치는 다430N20, 출토위치는 지표하 150cm, 또 770+680cm이며, 출토층위는 갯벌층이다. 출토일자는 1986년 4월 23일이다. 지표아래 150cm깊이의 갯벌층에서 출토되었다. 2cm상부는 갈색 사질토층으로 되어 있었으며 주위에 많은 나무 부스러기와 많은 목간류가 출토되었다. 다섯 조각이 나 있었던 것을 복원하였다.

24) 제88호 목간

88 ・ □□

봉형. 상단과 하단 모두 결실.   (10.7+α)×1.1×0.8 7.95g

25) 제105호 목간

105 • □ 봉형. 상단 완형. 하단 결실. 묵흔 있음.
(5.15+α)×2.15×2.1 14.67g[10]

2. 묵흔이 확인되지 않는 것들

　묵흔이 확인되지 않는 것들 중에서 이하의 것들은 발굴 이래, 목간으로서 수습되어 보관되어 내려오고 있는 것들이다. 적외선 촬영 결과, 88호와 105호에는 1자 내지 2자의 확실한 묵흔이 있는 것을 제외하고는 읽을 수 있는 글자가 거의 보이지 않는다. 다시 말해서 대부분이 거의 묵흔이 없는 것들이다. 협의의 의미 혹 엄밀한 의미에서는 목간의 범주에 넣지 않기도 한다. 그러나 본 보고서에서는 다음과 같은 이유로 이들을 목간의 범주에 넣어 보고하기로 한다.

　첫째로 적외선 촬영에서 문자가 보이지 않는다고 해서 원래 묵서가 없었다고 가볍게 단정하기 어렵기 때문이다. 현재로서는 적외선 촬영이 목간을 읽는 데 있어 거의 절대적 역할을 하고 있는 것이 사실이며, 다른 대안은 그다지 보이지 않는다. 그런데 적외선사진에서 보이지 않는다고 해서 원래 묵흔이 없었다고 단정하기 어려운 사

---

10) 목간의 석문에 있어. 다음과 같은 분들의 교시를 받았다. 平川南(國立歷史民俗博物館)·李成市·橋本繁(이상 早稻田大學)·三上喜孝(山形大學). 이에 특기한다. 단 최종적인 책임은 보고자에 있다.

례를 당해 제13호 목간에서 경험할 수 있다. 제13호 목간은 육안으로는 희미하게 2자가 보일 뿐이며, 적외선 촬영을 하여도 2자 이상은 보이지 않는다. 그러나 발굴된 당초에 찍은 사진에는 2자 외에 몇 자가 더 보인다.

둘째로 형태상 목간으로 활용되었을 가능성이 충분히 있다. 당해 월성해자 출토 목간 중에 묵서가 확인되는 것들은 대체로 棒形과 笏形·板形의 세 가지가 있다. 1호·2호·4호 등과 같이 나무의 면이 정면되어 깔끔한 것이 있는가 하면, 거칠고 투박한 것들도 다수 있다. 이 같은 경향을 참고로 하여 볼 때, 비록 적외선 촬영으로 묵흔을 확인할 수 없다고 하더라도, 이들 목간류의 대부분은 형태상 목간 성립요소를 충족하지 못한다고 하기 어렵다.

셋째로 발굴초기부터 목간류로 관리되어 오고 있다.

아울러 이들의 세세한 출토위치에 대한 기록은 남아 있지 않으나 발굴 초기부터 묵서가 있는 부동의 목간들과 함께 수습되어 목간류로서 보관 관리되어 오고 있다. 이 점에는 주관적이 것이 게재되어 절대적인 요소가 되지 않을 수도 있으나 함부로 가볍게 각하할 수도 없는 형편이다. 이 같은 이유로 다음들을 목간류에 집어넣어 보고해 둔다.[11]

제8호

---

11) 보고대상에서 제외할 경우 단순목제품으로 완전히 주목 혹 고찰의 대상에서 제외될 것이므로 이에 버리지 않고 두어 투시기술의 발전과 자료의 증대 등 향후에 맡기기로 한다.

8 「 $\genfrac{}{}{0pt}{}{\vee}{\wedge}$ 」

9.85×1.35×0.4

　창연목 178호. 한쪽 끝면이 V자 홈을 판 부찰형태의 목간이다. 매우 얇고 작으며 가볍다. 완형이다. 수종은 소나무로 비교적 직경이 큰 나무 줄기의 일부이다. 길이 9.85cm, 폭 1.35cm, 두께 0.4cm, 무게 2.17g. 목간의 출토트렌치는 다430N20이며, 출토위치는 지표하 140cm, 170+380cm이며 출토층위는 모래뻘 층이다. 출토일자는 1986년 6월 24일이다. 묵서는 확인되지 않는다. 이 점에서 묵서유무의 기준에 따르면 목간이라 할 수 없다. 그런데 형태로 보아 부찰목간이거나 부찰로 사용하기 위해 제작된 것임에 틀림없다. 이를 테면 약물을 비롯하여 소량의 하물이나 물건에 부착된 부찰용으로 제작된 것이 아닐까 한다.

제24호

　창연목 162호. 홀형 목간이다. 상단과 하단 모두 완형이다. 상단은 규두형으로 정돈되었다. 수종은 소나무이며, 직경이 큰 나무 줄기의 일부이다. 너비단면은 방사형이다. 잔존길이 29.45cm, 너비 2.1cm, 두께 0.9cm, 무게 25.21g이다.

제25호

　창연목 181호. 홀형 목간이다. 상단과 하단 모두 완형이다. 상단은 규두형으로 정돈되었다. 수종은 소나무이며, 직경이 큰 나무 줄기의 일부이다. 너비단면은 방사형이다. 잔존길이 29.45cm, 너비 2.1cm, 두께 0.9cm, 무게 25.21g이다. 묵서명은 보이지 않는다.

제27호

원형 봉형 목재. 상단과 하단 모두 완형이며, 뾰쪽한 원추형으로 재단되어 있다. 하단의 원추가 일부 파손되었으나 원형에서 크게 변형된 것은 아니다. 길이 38.4cm, 지름 2.7cm, 무게 226.42g. 수종은 주목이며, 수를 포함한 직경이 작은 줄기나 가지의 일부이다.

제28호

홀형 목간. 상단과 하단 모두 완형으로 보인다. 너비단면은 볼록 렌즈 모양이다. 길이 49.1cm, 너비 2.45cm, 폭 0.95cm, 무게 55.84g.

제29호

상하단 완형. 홀형 목간, 상단을 V자로 깎아 팠다. 묵흔은 확인되지 않는다. 형태로 보아 목간용도로 만들어졌을 가능성이 크다. 13.25× 2.1×1.2 12.70g

제30호

홀형. 상단과 하단이 모두 파손 결실. 묵흔은 확인되지 않는다. (14.7+α)×2.6×0.8   15.92g

제31호

홀형. 상단과 하단 모두 파손 결실. 묵흔은 확인되지 않는다. (11.4+α)×3.9×1.1　29.03g

제32호

4면체 봉형. 상단과 하단 모두 결실, 상단에 가공한 흔적이 보인다. (11.3+α)×1.7×1.6　31.05g

제33호

다면체 봉형. 상단은 완형이고, 하단은 파손 결실이다. 묵흔은 보이지 않는다. 상단에 가로로 지름 0.4cm의 구멍이 가로로 관통하고 있다. 봉은 대체로 4면~8면으로 가공되어 있다. 가공과정의 것일 공산이 있다. (13.9+α)×2.25×2.0　29.01g

제34호

4면체 봉형. 하단은 완형이며, 상단도 완형인 듯하다. 11.0×1.3×1.1 13.34g

제35호

5면체 봉형. 상단은 완형, 하단은 파손 결실. (8.4+α)×2.0×1.7　19.70g

제36호

홀형 혹은 4면체 봉형. 상단 파손 결실. (8.2+α)×1.3×0.85　9.61g

제37호

4면체 봉형. 상단과 하단 결실. (14.4+a)×1.4×1.2 22.75g

제38호

홀형. 상단과 하단 결실. (12.2+a)×1.65×0.7 11.15g

제39호

홀형. 상단과 하단 모두 대체로 완형. 하단 일부 결실 있으나 원형을 잃지 않은 것으로 보인다. 9.9×1.5×0.7 18.79g

제40호

4면체 봉형. 상단은 완형인 듯하나, 하단은 결실. (16.1+a)×1.6×1.4 33.95g

제41호

4면체 봉형. 상단은 결실, 하단은 완형인 듯. (23.9+a)×1.2×1.5 36.72g

제42호

4면체 봉형. 상단과 하단 모두 완형인 듯하다. 15.5×2.2×2.0 59.35g

제43호

4면체 봉형. 상단과 하단 모두 결실. (16.8+a)×1.8×2.0 49.00g

제43호

4면체 봉형. 상단과 하단 모두 결실. (16.8+α)×1.8×2.0 49.00g

제44호

홀형 혹 4면체 봉형. 상단과 하단 모두 결실. (10.7+α)×1.3×1.0 10.89g

제45호

4면체 봉형. 상단과 하단 모두 결실. 하단 너비도 일부 결실. (11.4+α)×1.7×1.4+a) 16.17g

제46호

홀형. 상단과 하단 모두 결실. (17.2+α)×1.5×0.8 17.68g

제47호

4면체 봉형. 상단과 하단 모두 결실. (13.4+α)×1.7×1.7 30.56g

제48호

홀형. 상단과 하단 모두 결실. (17.4+α)×2.0×0.9 27.07g

제49호

4면체 봉형. 상단과 하단 모두 결실. (10.3+α)×1.8×1.2 21.30g

제50호

홀형. 상단과 하단 모두 결실. 너비 단변은 梯形(사다리꼴)이다. 측면에는 나무결의 방향이 뚜렷이 나타난다. (17.2+α)×1.5×0.8 17.68g

제51호

홀형. 상단과 하단 모두 결실. 폭도 일부 결실. (30.4+α)×3.7×1.8 73.97g

제52호

홀형. 상단과 하단 모두 결실. (19.5+α)×0.7×2.3 8.53g

제53호

홀형. 상단 결실, 하단은 완형인 듯. (16.8+α)×1.3×0.35 7.75g

제54호

홀형. 상단과 하단 모두 결실. (13.7+α)×2.0×0.4 15.05g

제55호

홀형. 상단과 하단 모두 결실. 좌측으로 갈수록 두께가 얇아진다. (12.3+α)×0.6×2.1 8.61g

제56호

홀형. 상단과 하단 모두 결실. 측면은 도구로 다듬었다. (19.5+α)×

0.7×2.3 8.53g

제57호

홀형. 상단과 하단 모두 결실. (10.3+α)×1.45×0.5 6.34g

제58호

홀형. 상단과 하단 모두 결실. (10.5+α)×1.8×0.4 7.70g

제59호

홀형 혹 봉형. 상단과 하단 모두 결실. 너비단면도 파손. (10.5+α)×4.1×0.5 4.38g

제60호

홀형. 상단과 하단 모두 결실. (15.8+α)×2.0×1.0 15.82g

제61호

홀형. 상단과 하단 모두 결실. (9.9+α)×1.9×0.5 5.44g

제62호

봉형. 상단과 하단 모두 결실. (6.7+α)×1.9×1.0 7.94g

제63호

봉형. 상단과 하단 모두 결실. (6.4+α)×1.3×1.1 8.17g

제64호

홀형. 상단과 하단 모두 결실. (6.5+α)×2.2×1.2   15.25g

제65호

홀형. 상단과 하단 모두 결실. (6.7+α)×1.3×0.5   3.66g

제66호

홀형. 상단과 하단 모두 결실. (7.6+α)×1.2×0.7   4.66g

제67호

홀형. 상단과 하단 모두 결실. (7.4+α)×2.0×0.3   13.35g

제68호

홀형. 상단과 하단 모두 결실. (8.4+α)×0.85×2.6   4.62g

제69호

홀형. 상단과 하단 모두 결실. (9.1+α)×2.7×0.7   5.94g

제70호

홀형. 상단과 하단 모두 결실. (5.2+α)×0.4×1.7   2.22g

제71호

홀형. 상단과 하단 모두 결실. (5.9+α)×1.4×0.4   2.57g

제72호

홀형. 상단과 하단 모두 결실. (5.3+α)×1.2×0.55 2.37g

제73호

홀형. 상단과 하단 모두 결실. (4.3+α)×2.0×0.2 1.86g

제74호

홀형. 상단과 하단 모두 결실. (4.3+α)×2.3×0.5 4.26g

제75호

홀형. 상단과 하단 모두 결실. (4.3+α)×2.0×0.5 3.62g

제76호

봉형. 상단과 하단 모두 결실. (4.6+α)×1.1 4.65g

제77호

잔존 형태만으로는 홀형. 상단은 완형, 상단의 우측 결실, 하단 결실. (4.3+α)×2.0+α)×1.0 5.66g

제78호

5면체의 봉형. 상단과 하단 모두 결실. (6.4+α)×2.0 15.72g

제79호

홀형. 상단과 하단 모두 결실. (25.9+α)×2.5×0.9 42.39g

제80호

홀형. 상단과 하단 모두 결실. (22.3+α)×2.1×1.4 45.27g

제81호

홀형. 상단과 하단 모두 결실. (8.7+α)×1.65×0.45 6.94g

제82호

홀형. 상단은 결실, 하단은 완형. (16.5+α)×1.4×0.5 6.68g

제83호

봉형임. 홀형으로도 볼 수 있음. 상단과 하단 모두 결실. (9.3+α)×1.95×1.5 20.18g

제84호

홀형. 상단은 결실, 하단은 완형. (14.9+α)×2.6×1.0 22.47g

제85호

홀형. 상단과 하단 모두 결실. (10.8+α)×2.2×0.55 11.64g

제86호

홀형. 상단은 결실, 하단은 완형. (14.4+α)×1.5×1.05 14.54g

제87호

홀형. 상단과 하단 모두 결실. 묵흔 있음. (10.7+α)×1.4×0.95 8.71g

제89호

홀형. 상단과 하단 모두 결실. (11.8+α)×2.1×0.95   15.10g

제90호

홀형인지 봉형인지 불확실. 상단과 하단 모두 결실. (11.6+α)×1.3×1.05   10.28g

제91호

홀형. 상단과 하단 모두 결실. (7.0+α)×2.1×0.9   8.87g

제92호

홀형. 상단과 하단 모두 결실. (6.75+α)×2.1×0.8   8.69g

제93호

홀형. 상단과 하단 모두 결실. (8.4+α)×1.9×0.9   9.32g

제94호

홀형. 상단과 하단 모두 결실. (6.2+α)×2.2×0.5   5.34g

제95호

봉형. 상단은 완형, 하단 결실. (5.5+α)×1.1×0.8   5.27g

제96호

봉형인지 홀형인지 불확실. 상단과 하단 모두 결실. (8.3+α)×

1.15×0.8 6.67g

제97호

봉형인지 홀형인지 불확실. 상단과 하단 모두 결실. (3.55+α)× 1.9×0.8 3.20g

제98호

봉형인지 홀형인지 불확실. 상단과 하단 모두 결실. (7.8+α)× 1.6×1.1 9.95g

제99호

봉형에 가깝다. 상단과 하단 모두 결실. (6.8+α)×1.5×1.1 10.16g

제100호

봉형. 가공중의 목간으로 보임. 상단은 정돈되었으며, 하단은 정돈중인 듯하다. (10.6+α)×2.7 36.80g

제101호

홀형. 묵흔 있음. 상단과 하단 모두 파손. (3.6+α)×2.45×0.9 6.60g

제102호

봉형. 상단과 하단 모두 결실. (2.4+α)×1.4×1.0 3.04g

제103호

봉형인지 홀형인지 불확실하다. 상단 완형, 하단 결실. (3.5+α)× 1.7×1.2 6.38g

제104호

마개와도 같이 보인다. 만약 목간이라면 봉형에 한쪽 끝에 V자로 두른 목간의 상단부나 하단부일 것일 것이다. 한 쪽이 파손. (7.55+α)×4.7×2.7 41.350g

Ⅳ. 내용고찰

　이상에서 살펴본 바와 같이 월성해자 출토 목간 중에서 현재 상태에서 목간으로 확실하게 인정할 수 있는 것은 묵서가 확인되는 23점, 묵흔이 확인되는 것 2점, 묵흔은 불명확하지만 파임형인 목간 1점으로 모두 26점이다.
　내용고찰에 있어서는 묵서가 확인되는 23점에 한정하여 분석하기로 한다. 목간을 칭함에 있어 고유의 목간번호를 사용하되 목간내용 가운데 특징적인 내용을 들어 별칭을 두었는데 이는 순전히 편의적인 칭호에 불과하다.

1. 전대등 교사목간 -12호 목간-

12 • 「四月一日典太等教事」   -a
　　• 「勺舌白故爲□教事□□」   -b
　　• 「□□□□□□□　　」   -c

4월 1일, 典太等[＝典大等]이 敎事하였다.

勺舌白故爲□教事□」
　　　… 때문에 …敎事하여 …

典大等은 『삼국사기』 직관지에 다음과 같이 보인다.

○ 執事省, 本名稟主[或云祖主], 眞德王五年, 改爲執事部, 興德王四年, 又改爲省. 中侍一人, 眞德王五年置. 景德王六年, 改爲侍中, 位自大阿湌至伊湌爲之. 典大等二人, 眞興王二十六年置. 景德王六年, 改爲侍郎, 位自奈麻至阿湌爲之. 大舍二人, 眞平王十一年置. 景德王十八年, 改爲郎中[一云眞德王五年改.], 位自舍知至奈麻爲之. 舍知二人, 神文王五年置. 景德王十八年, 改爲員外郎, 惠恭王十二年, 復稱舍知, 位自舍知至大舍爲之. 史十四人, 文武王十一年, 加六人. 景德王改爲郎, 惠恭王復稱史, 位自先沮知至大舍爲之.

집사성 : 본래는 늠주[혹은 조주라고 한다]라고 하였다. 진덕왕 5년에 집사부로 고쳤고, 흥덕왕 4년에 다시 집사성으로 개칭하였다. 여기에는 1명의 중시가 있었는데 이 제도는 진덕왕 5년에 시작되었다. 경덕왕 6년에 다시 이를 시중이라 하였고, 관등은 대아찬으로부터

이찬까지이다. 2명의 전대등은 진흥왕 26년에 두었는데, 경덕왕 6년에 시랑으로 고쳤다. 관등은 나마로부터 아찬까지이다. 2명의 대사를, 진평왕 11년에 두었는데, 경덕왕 18년에 낭중으로 고쳤다[진덕왕 5년에 고쳤다고 한다]. 관등은 사지로부터 나마까지이다. 2명의 사지를 신문왕 5년에 두었는데, 경덕왕 18년에 원외랑으로 고쳤다가 혜공왕 12년에 다시 사지로 개칭하였다. 관등은 사지로부터 대사까지이다. 14명의 사는 문무왕 11년에 6명을 증원하였고, 경덕왕 때 낭으로 개칭하였다가 혜공왕 때 다시 사로 바꾸었다. 관등은 선저지로부터 대사까지이다.

집사성은 진덕왕 이전에는 품주 혹 조주로 불렸으며, 진덕왕 5년부터 집사부로 개명되었다가 흥덕왕 4년부터 집사성으로 바뀌었다.

稟主 혹 祖主　⇒　執事部　⇒　執事省
　　　　　　　651년(眞德王 5년)　829년(興德王 4년)

집사부에 설치된 관원은 다음과 같았으며,
中侍(1인) - 典大等(2인) - 大舍(2인) - 舍知(2인) - 史(14인)

전대등은 집사부의 제2급 관원이었으며, 2명 설치되었고, 제11등 奈麻에서 제6등 阿湌에 해당하는 직급이었다.

　　　典大等　　　　　⇒　　　(執事)侍郎
565년(진흥왕 26년) 설치　　747년(경덕왕 6년) 개칭

진흥왕 26년에 典大等으로 설치되어 흥덕왕 6년에는 侍郎으로 개칭된다. 따라서 『삼국사기』에 따르면 典大等이 존재하던 시기는 565년(진흥왕 26년)에서 747년(경덕왕 6년) 사이가 된다. 위의 사료를 표로 만들면 다음과 같다.

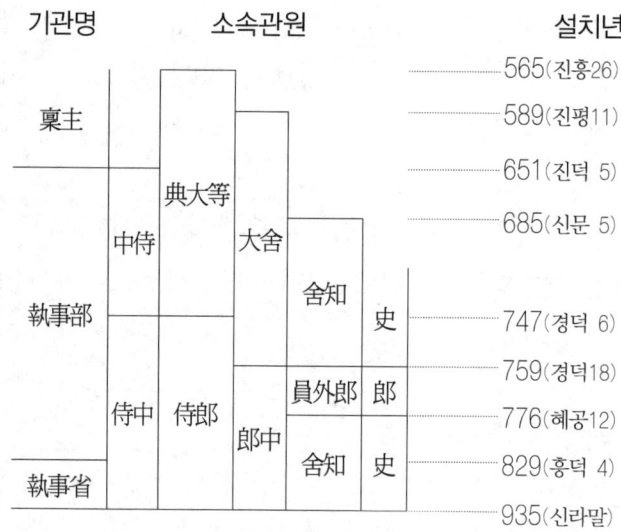

집사부 기구의 변천[이기백 p.139의 표를 일부수정 인용]

주지하는 바와 같이 중고기 신라는 大等이 정치를 주도하는 사회였다. 4세기 후반에 유력호족층인 대등에 의한 합의체 和白이 성립하였다. 5세기 초두에서 6세기 초두에 걸치는 시기에 대등을 대표하고 또 국왕과 일체가 되어 화백회의를 통솔하는 지위로서 上大等이 성립하였다. 다시 6세기 중엽 국왕을 侍奉하는 稟主가 대등에 그 직장을 分掌하여 典大等을 둔 것이었다.

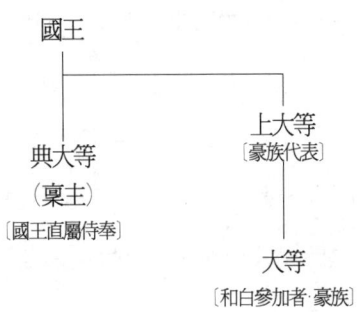

전대등은 중고기 국왕의 家臣적 기구인 稟主의 정점이었다. 위 『삼국사기』에 의하면 전대등은 565년에 설치되어 747년 侍郞으로 이름이 바뀔 때까지 존재하였다.

이 같은 전대등의 위치는 651년 稟主가 執事部로 개편되면서 그 위상에 변화를 갖게 된다. 즉 제5위 대아찬에서 제6위 아찬이 맡는 中侍직이 신설됨으로써 전대등은 그 때까지 차지했던 기구장의 자리에서 물러서게 되었다.[12] 그런데 금석문에서 전대등과 그 후신인 侍郞에 대해 다음과 같이 보인다.

典大木 永川菁堤碑 貞元銘(798)
執事侍郞 甘山寺阿彌陀造像記(719)

---

12) 典大等과 稟主에 관해서는 李基白, 「稟主考」(『신라정치사회사연구』, 2004, 원재 1963)의 고전적인 훌륭한 연구가 있다.

『삼국사기』에서와 달리, 侍郞으로 개명이 된 뒤에도 지방사회에서는 여전히 典大等으로 불리기도 하였으며, 중앙사회에서는 『삼국사기』에서 이르는 748년 侍郞으로 개명하기 이전에 이미 侍郞으로 불리고 있었음을 알 수 있다.13) 통일기에 들어가면 等과 ホ은 그 용법에 구분되어 사용되기 시작한다.14) 예로 淨土寺五層石塔造成形止記(1031)에 이르면, 이미 等과 ホ가 구분되어 사용되는 현상을 목격하게 되며 영천 청제비 정원명(798)에서는 다음과 같이

"此中典大ホ角助役切火押喙二郡各□人ホ"
　　이 가운데서 전대등이 부린 조역으로 切火·押喙 2郡의 각 □인씩15)

'典大ホ'으로 표기되고 있다. 12호 목간에서 '典大等'로 표기된 것은 그 이전시기라는 것을 반증한다.

천자의 명령을 「詔」나 「勅」이라 하고 諸侯의 명령을 「敎」라 하였다. 신라에서는 고구려와 마찬가지로 국왕의 명령을 「敎」라 하였다. 敎와 관련하여 비문에 다음과 같이 보인다.

「敎」　　　　　　　　　　　　　　　〔광개토왕비(414)〕
「二王敎」「七王等共論敎」　　　　　〔냉수비(503)〕

---

13) 永川菁堤碑 貞元銘 판독은 河日植(「新羅 統一期의 王室 直轄地와 郡縣制」, 『東方學志』 69, 1992) 참조.
14) 차자표기에서는 ホ가 본격적으로 사용되기 시작하는 것은 신라촌락문서(695년 혹은 815년), 영태2년명 비로자나불 조상기(755) 무렵부터이다. 河日植, 앞의 논문 참조.
15) 청제비 정원명의 이 부분 해석과 판독은 河日植, 앞의 논문 참조.

「寐錦王·葛文王…等所教事」「別教令」　　　〔봉평비(524)〕
「…㪍…月中王教事」「別教」　　　　　　　　〔적성비(6세기 중엽)〕
「罪教事爲聞」「教令誓事之」　　　　　　　　〔남산신성비 제1·2·3·5비(591)〕
「奉教撰」　　　　　　　　　　　　　　　　　〔문무왕릉비(682)〕

 이로 보아「敎事」가 6세기 신라왕의 명령의 정형적 표현이었다는 지적은 정당하다.16) 특히 봉평비·적성비와 남산신성비에「敎事」가 보인다.「敎事」는 "事를 敎하다"란 의미가 아니라 "敎한 바의 事" 즉 "敎한 것(일)"이란 의미다. 보다 구체적인 표기 혹 원형적인 표기는 봉평비에 보이는「所敎事」가 아닐까 한다.17) 위에 보이는 신라에서의 敎事의 용법 가운데 15호 목간의 그것과 유사해 보이는 것은 봉평비와 적성비의 그것이다. 신라에서 敎의 주체는 시기에 따라 변화를 보인다. 503년의 냉수비는 葛文王을 비롯해 4개 부의 7인 즉 이른바 '7王', 524년의 봉평비에서는 寐錦王·葛文王을 비롯하여 4개 부의 14인에서, 6세기 중엽의 적성비부터는 王으로 바뀌고 있다. 國王의 명령인 '敎'가 國王 1인에게서 나오도록 안착되는 것은 비로소 6세기 중엽에 와서다. 고로 국왕의 侍奉인 典大等을 통해서 국왕의 敎가 발동되는 것은 그 이후가 되어야 할 것이다.

 이와 관련하여, 이 12호 목간의 연대문제이다. 먼저 典大等의 존

---

16) 敎事에 관해서는 李成市,「新羅と百濟の木簡」(鈴木靖民·平野邦雄 편,『木簡が語る古代史(上)』, 吉川弘文館, 1996)를 참조함.
17) 남풍현은 敎事가 능동이고, 所敎事가 수동이라고 구분하였다.(「울진봉평신라비명」,『吏讀研究』, 2000)

재기간이 565년에서 747년 사이이므로 크게는 이 시기에서 고려해야 한다. 다음으로 典大等이 敎를 발동한 것은 국왕을 侍奉하는 家臣의 자격으로서 국왕의 대변인이었기 때문일 것이다. 즉 전대등이 국왕의 명령을 발동한 것은 국왕이 자신의 가신기관 혹 秘書기관인 전대등을 통해 명령을 발동한 것으로 보인다. 이에 어울리는 典大等의 지위는 국왕의 가신기구인 稟主(執事部)의 長이다. 전대등은 651년 稟主가 執事部로 조직 개편되면서 侍郎이 설치되면서 조직의 長의 지위를 상실하게 된다. 그러므로 목간의 연대는 565년을 올라가지 않고 651년을 내려오지 않는 시기로 좁혀 볼 수 있다. 한편 6세기 중엽에 아래와 같이 [언제 +누가 +敎事(敎한 일)]의 문서서식이 확립된 것으로 보인다.

「四月一日.　　典太等　　敎事.」　　(월성해자 12호 목간)
「…月中.　　　王　　　　敎事.」　　(적성비)

이와 같이 보면, 12호 목간의 제1면은 바로 「四月一日.…」로 시작되는 면이 될 것이다.

2. 왕경 리이름이 나열된 목간 -9호 목간-

9 Ⅰ·「■習比部上里^{今受}　ㄱ 南罡上里^{今受}　阿今里^不　岸上里^不　　　　」
　Ⅱ·「□□^受 □上^受 尤祝^受 除冊^受 開洒^受 赤里^受 □□^受 □□ □里^{不有} □□□□」

Ⅲ·「□□南川^受 東里禺^受 □□ □□北伐^受 多比刀^{不有} □□ □□川岸^{□受代土□}　」
Ⅳ·「□□^不伐□里^受 赤居伐^受 麻支^受 ㅓ牟喙 仲里^受 新里^受 上里^受 下里[□]　」

　　　　　　　　　　　　　　　　　　　　　25×1.2×1

　　월성해자 9호 목간은 완형의 4면체 棒形목간 즉 이른바 觚다. Ⅳ면 중간부분의 「ㅣ」는 구분을 나타내는 일종의 경계표시인 듯하며, Ⅰ면 맨 앞과 Ⅳ면 중간의 「■」은 단위군의 시작을 나타내는 표시로 추정된다. 牟喙의 「牟」는 「厶+干」의 이체자인데, 이는 6세기 중엽의 함안성산산성 목간(1-12, 2-32)과 591년에 세워진 남산신성비 제2비(5행 7열)에 보인다. 아울러, 仲里에서 보이는 바와 같이, 上中下를 표기할 때, 中이 아니라 仲을 사용하고 있는 것은 황남동 376번지 출토 목간 등의 용법과 일치한다. 즉 신라의 用者에서 위·아래·가운데의 가운데를 표기할 때는 中이 아니라 반드시 仲이 쓰였으며, 中은 '어디에', '어느 때에'의 '에'에 해당하는 경우에 쓰였다.[18] Ⅳ면 중간의 「■」 다음에 보이는 牟喙은 신라 왕경 6부의 이른바 牟梁(漸梁)部 바로 그것이다. 牟喙 아래는 里들이 나열되고 있는데, 이는 아마도 部 예하의 행정단위 里로 보인다. 또 각 행정단위 다음에 割註와도 같이 대체로 한 자 혹 두 자의 작은 글이 붙어 있다. 즉 하부 행정단위별로 다음과 같은 글자가 보인다. 이에 번호를 붙이면 다음과 같다.

Ⅰ·「■習比部上里^{今受(1)}　ㅓ南罡上里^{今受(2)} 阿今里^{不(3)} 岸上里^{不(4)}　」

---

18) 졸고, 「황남동 376번지 출토 목간의 형식과 복원」, 『신라문화』 53, 1999.

Ⅱ·「□□(5)□上受(6) 尤祝受(7) 除丗受(8) 開池受(9) 赤里受(10)□受(11)□□□(12)□里不有(13)
□□□(14)」

Ⅲ·「□南川受(15) 罣里禺(16)□□□ 北伐受(17) 多比刀不有(18)□□□川岸□
受代土□(19)」

Ⅳ·「□□不(20) 伐□罣受(21) 赤居伐受(22) 麻支受(23) ㅓ 牟喙 仲里受(24) 新里受(25) 上里受(26) 下
里□(27)」

Ⅰ·Ⅱ·Ⅲ·Ⅳ면은 Ⅰ을 기준으로 하여 목간 상부에서 볼 때, 시계
바늘 진행방향 순으로 부친 편의상의 구분이다. 어느 면을 제1면으
로 보느냐에 따라 Ⅰ·Ⅱ·Ⅲ·Ⅳ, Ⅱ·Ⅲ·Ⅳ·Ⅰ, Ⅲ·Ⅳ·Ⅰ·Ⅱ, Ⅳ·Ⅰ·
Ⅱ·Ⅲ의 네 가지 조합이 가능하다. 먼저 목간의 내용을 다음과 정리
해 볼 수 있다.

面	구분선·점	部名	里名 등 지역명19) 結記
Ⅰ.	■ ㅓ	習比部	今受(1) 上里 今受(2) 南罡上里 阿今里不(3) 岸上里不(4) 」(목간의 끝부분)
Ⅱ.			□□受(5) □上受(6) 尤祝受(7) 除丗受(8) 開池受(9) 赤里受(10)

			□□^受(11) □□□□□(12) □里^{不有}(13) 〔　〕□(14)
Ⅲ.			□□南川^受(15) 柬里禺^受(16) 〔　〕北伐^受(17) 多比刀^{不有}(18) 〔　〕川岸□□^{受代土}□□(19)
Ⅳ.	■	牟喙	□□^不(20) 伐□里^受(21) 赤居伐^受(22) 麻支^受(23) 仲里^受(24) 新里^受(25) 上里^受(26) 下里[□](27)

ⅠⅡⅢⅣ :

    習比 (⇒ 미상) ⇒   牟喙
   (ⅠⅡⅢ과 Ⅳ전반)〔완결〕 (Ⅳ후반)〔완결인지 미결인지 미상〕

ⅡⅢⅣⅠ :

    미상 ⇒ 牟喙 ⇒ 習比 (⇒ 미상)
   (ⅡⅢ과 Ⅳ전반)〔머리 미완〕 (Ⅳ후반)〔완결〕 (Ⅰ)〔완결인지는 불명〕

ⅢⅣⅠⅡ :

    미상 ⇒ 牟喙 ⇒ 習比 (⇒ 미상)
   (Ⅲ과 Ⅳ전반)〔머리 미완〕 (Ⅳ후반)〔완결〕 (ⅠⅡ)〔완결인지는 불명〕

ⅣⅠⅡⅢ :

    미상 ⇒ 牟喙 ⇒ 習比 (⇒ 미상)
   (Ⅳ전반)〔머리 미완〕 (Ⅳ후반)〔완결〕 (ⅠⅡⅢ)〔완결인지는 불명〕

---

19) 미상지명 포함.

목간은 지명이 나열되어 있고 割紸부분에 「受」·「不」 등의 紸記가 있다. 習比나 牟喙은 신라6부의 이름이다. Ⅳ면 하단부는 부 이름인 牟喙 아래 仲里와 新里 등 「-里」가 나열되고 있다. 신라 금석문·문자자료에 보이는 「-里」에는, 크게 귀족여인의 이름어미[20]와 지방행정단위의 두 가지로 대분된다. 여기서는 「上」·「仲」·「下」로 보아 지방행정구역명으로 보아 마땅하다. 紸記가 里에는 보이는 반면에 「牟喙」에는 보이지 않는 것으로 보아, 이들은 牟喙 아래의 지명들은 牟喙部 산하의 里들인 것으로 보인다.

Ⅰ면과 Ⅵ면에 보이는 「■|」의 앞과 뒤에 里 레벨의 지명이 보이는 것, 즉 목간 같은 면의 중간부분에 「■|」가 있는 것, 「■|」 다음에 里名에 앞서 맨 앞에 部名이 오는 것으로 보아 「■|」는 部 단위별 기록의 경계선으로 보인다. Ⅵ면 「■|」 아래에 부명 牟喙은 맨 한 차례만 등장하고 이어 다음부터는 생략되고 있는데, 이는 중고기 신라의 비문에 보이는 전형적인 6부 표기원칙과 일치한다. Ⅰ면의 「ㅓ」은 먹의 농담이나 크기로 보아 글자가 아니라 기호로 보인다. 이는 「■|」와 같이 부와 부 사이의 경계로 보이지는 않는다. 「ㅓ」 앞에 제법 빈칸이 있는 것으로 보아 1차 메모와 2차 메모가 착종된 면으로 보인다. 즉, 메모용 목간으로 이것이 나중에 정식문서에 옮겨졌을 것이며, 옮겨진 뒤에는 재이용되었을 것으로 생각된다. 이상을 염두에 두고, 가능한 조합을 상정해 보면 다음과 같다.

---

20) 南豊鉉, 「新羅禪林院鐘銘」, 『吏讀研究』, 2000(원제 「新羅 禪林院鐘銘의 吏讀文 考察」, 『돌메서재 극선생회갑기념논총』, 계명대출판부, 1991), p.321.

ⅠⅡⅢⅣ :

    習比 ㅓ 미상 ⇒   牟喙
  (ⅠⅡⅢ과 Ⅳ전반)[완결]   (Ⅳ후반)[완결인지 미결인지 미상]

ⅡⅢⅣⅠ :

  미상 ⇒ 牟喙 ⇒ 習比 ㅓ 미상
 (ⅡⅢ과 Ⅳ전반)[머리 미완] (Ⅳ후반)[완결]   (Ⅰ)[완결인지는 불명]

ⅢⅣⅠⅡ :

  미상 ⇒ 牟喙 ⇒ 習比 ㅓ 미상
 (Ⅲ과 Ⅳ전반)[머리 미완] (Ⅳ후반)[완결]   (ⅠⅡ)[완결인지는 불명]

ⅣⅠⅡⅢ :

  미상 ⇒ 牟喙 ⇒ 習比 ㅓ 미상
 (Ⅳ전반)[머리 미완] (Ⅳ후반)[완결]   (ⅠⅡⅢ)[완결인지는 불명]

또 네 면 목간의 방향이 시계바늘 방향이 아니라 반대방향일 수도 있다면 몇 가지 가능성을 더 상정할 수 도 있을 것이다. 어떤 경우든 이 목간은 牟喙·習比 2부에 관한 것이거나, 혹은 牟喙·習比의 2부와 喙·沙喙·本波나 漢只의 4부중의 1부의 3부에 관한 것으로 추정될 수 있다. 여기서 「受」와 「不」(=不受)를 기록함에 있어서 部와 里의 기록순서는 살펴볼 대목이다. 일반적으로 중고기 6부의 우월차에 따른 서열은 喙-沙喙-本彼-牟喙(岑喙)-漢祇-習比의 순이었다.[21]

위의 어떤 경우의 수를 대입하더라도 6부의 서열순과는 일치하지 않는다. 이 같은 현상은 部간의 기재순에서 뿐만 아니라 部 안의 里의 기재순에서도 마찬가지이다. 牟喙部 안에 仲里^受[24]－新里^受[25]－

---

21) 末松保和, 「新羅六部考」, 『新羅史の諸問題』, 東洋文庫, 1954.

上里受(26) - 下里□(27)의 순으로 되어 있다. 설치순 등을 생각하면 이름으로 보아 上仲下의 里가 먼저 보이고 新里가 나중에 보여야 할 법한데, 그러한 순서로는 되어 있지 않은 듯하다. 部 또 里의 기재순서의 불규칙성은 목간의 용도와도 관련 있는 것이 아닐까 한다. 王京 6부과 그 예하의 里 단위별로 力役 수행상황을 점검할 때 점검자가 돌았던 순서였을 것으로 보인다.22) 점검을 위해 순행할 때 종이문서보다는 목간 쪽이 휴대하며 기록하기가 편하였을 것이다. 이 자체가 기록으로 쓰이기도 했을 테지만 이를테면 정식문서(아마도 종이문서)에 移記될 때 6부의 格, 部內의 里의 상호관계 등에 따라 원칙성 있게 정선되었을 공산이 크다. 이 목간 자체는 상단과 하단에 파손이 없는 완결된 형태의 것으로 이 목간 하나로 내용적으로도 완결된 기록으로 볼 수도 있다. 아울러 이 자체로 완결된 기록이 아니라 이와 같은 규격의 4면체 막대형 목간이 몇 개 더 있었을 가능성도 있다.

다음에 牟喙 등 部名의 표기에 대해서이다. 「習比部上里」는 「習比+部上里」와 「習比部 +上里」의 석독이 가능하다. 「牟喙」에는 「部」가 붙지 않은 것을 강조하여 이 목간에 전체적으로 部명 표기에 있어서는 「△△部」가 아니라 「部」가 생략된 「△△」의 형태가 관철되었다고 보면, 「習比(部)의 部上里」가 될 것이다. 또 「習比部의 上里」라고 읽고, 「△△部」와 「△△」의 두 형태가 무원칙하게 혼용되었다고 볼 수도 있을 것이

---

22) 이것이 만약 남산신성비에 보이는 것과 같은 축성작업에서의 작업완료 여부의 체크라고 할 것 같으면, 「受는 작업이 완수(완료)되었다는 의미가 될 것이며, 「不」은 아직 작업이 완수(완료)되지 못하였다는 의미가 될 것이다. 「今受」는 지금 막 완료되었다는 의미일 것이다.

다. 단 중고기 신라의 碑文에서는 碑에 따라 각각 「△△部」 계열이든 「△△(部)」이든, 碑마다 일관성이 관철되고 있다.

이같이 같은 문서나 기록 안에서 일관성이 관철되었다고 본다면, 본 목간에서는 「牟喙」의 예를 중시하여 「習比의 部上里」로 보아야 할 것이다. 또 일관성이 관철되지 않았다고 본다면, 「習比部의 上里」로 볼 수 있을 것이다. 후자의 경우 역시 이 목간이 정식문서가 아니라는 방증이 된다.

한편 里 등 지명 아래 割註와 같이 붙어 있는 글자 가운데 □□受代土□□(19)를 제외하고 나머지를 나열하면 다음과 같다.

今受(1) 今受(2) 不(3) 不(4)　　　　　　　　　　　　　〔Ⅰ면〕
受(5) 受(6) 受(7) 受(8) 受(9) 受(10) 受(11) □□□(12) 不有(13) □(14) 〔Ⅱ면〕
受(15) 燮(16) 燮(17) 不有(18)　　　　　　　　　　　　〔Ⅲ면〕
不(20) 受(21) 受(22) 受(23) 受(24) 受(25) 受(26) □(27)　〔Ⅳ면〕

이 가운데 읽을 수 없는 것 (12)(14)(27)를 제외하고, 읽을 수 있는 것들은 다시 다음과 같이 세 가지로 정리할 수 있다.

- 受　17회 (1)(2)(5)(6)(7)(8)(9)(10)(11)(15)(21)(22)(23)(24)(25)(26)
　　　　(이 가운데 (1)(2)는 今受, (16)(17)는 燮)
- 不　2회 (3)(4)(20)
- 不有　2회 (13)(18)

결국 이는 대다수 受와 不류로 대분되고, 일부 今受와 不有가 있는 것으로 정리할 수 있다. 읽을 수 없는 (12)(14)(27)도 1자 내지 2자이고, 전후 상황으로 보아 읽을 수 있는 것 안의 어느 부류에 해당될 것이다. 한편 (19)은 이러한 것들과 달리 글자가 더 길며, 다른 것과 성격이 다른 듯하다. 「不」은 「受」에 대응되는 듯하다. 즉 「不」은 「受」의 반대개념인 「不受」의 생략형일 것이다. 이와 관련하여 신라의 문자자료에서 「受」를 살펴보면 다음과 같은 용례가 보인다.

① 匠人比智休波日幷工人抽兮下干支徒作受長四步五尺一寸 〔명활 a〕(551년)
② 小石捉上辱テ次□□受十一步三尺八寸   〔신성 1〕(591년)
③ 烟受有畓九□□結二.負四束   〔촌락문서〕(695년 혹 815년)
④ 天寶四載乙酉思仁大角干爲賜夫只山村无盡寺鍾成敎受內成記 〔무진사동종〕(745년)
⑤ 氷忽知乃末受丑二石上米十五斗七刀. 〔가반부속문서(뒷면)〕(8세기전반)

이들은 우선 모두 "받는다"는 의미인데,[23] 세부적으로는 내용을 달리한다. ①·②는 村의 책임자들이 공사거리 즉 책임량을 받았다는 것이다. ③은 烟이 받아 소유한 畓이란 의미이므로, 烟 즉 戶가 畓을 받았다는 것이 된다. ④는 金思仁 대각간이 절의 종을 만들라는 敎를 받아 만들고 기록하였다는 의미다. ⑤는 관인이 丑과 上米 일정액을 받았다는 것이다. 授受관계를 정리하면 다음과 같다.

---

23) 남풍현은 이를 上授下受 즉 위에서 주는 것을 아래서 받는 경우라고 특정하였다.(앞의 책, p.149)

	授	受	대상
①	국가	村	축성공사의 임무
②	국가	村	축성공사의 임무
③	국가	烟	畓
④	국가	大角干	鍾을 만들라는 敎
⑤	국가	乃末	봉급으로서 곡식

受란 단순히 받는 것이 아니라 국가로부터 관료·관인·재지사회로의 授受관계 속에서의 그것이다. 주고받는 내용은 축성공사·명령(종을 만드는 일)과 같은 노력동원, 혹은 畓과 같은 토지나 곡식 등이다. 즉 受는 토지나 곡물의 受納이나 공사 같은 임무나 명령의 受領을 의미한다. 이를 염두에 두면서 주목해야할 것은 본 목간에서「受」「不」의 행위가 왕경의 部와 그 하부 행정단위인 里의 단위로 이루어지고 있는 점이다. 직접적으로는「受」「不」의 기본단위는 里이며, 이 里는 部의 틀에서 이해되고 있다.

이와 관련하여 남산신성비를 주목할 필요가 있다. 주지하는 바와 같이 591년에 세워진 여러 개의 남산신성비에 의하면, 국가적인 築城사업에 지역의 행정단위를 기준으로 한 課役이 이루어지고 있었다. 즉 지방에서는 郡을 매개로 하여 城 단위로, 중앙에서는 部를 매개로 하여 里 단위로 課役이 이루어지고 있었다. 591년 王都인 경주 남산에 새로운 성 즉 新城을 쌓으면서 함께 비를 세웠다. 축성사업이 완료된 이후, 3년간 하자가 발생할 경우 공사담당 구역이 이를 보수할 것을 맹세케 한 비이다. 공사는 분담된 구간별 다시 말하면

담당 구간별로 이루어지고 있다. 여기서 경주 남산신성비 가운데 제3비에 대해 주목하고자 한다.

제1행 辛亥年二月卄六日南山新城作節如法以作」
제2행 後三年崩破者罪敎事爲聞敎令誓事之喙」
제3행 部主刀里受作卄一步一寸部監□□□次大舍」
제4행 仇生次大舍文尺仇□□小舍里作上人只冬大舍□文知」
제5행 小舍文尺久匠□面石捉上人□□□□□」
제6행 大烏□石捉人□下次大烏小石捉上人□□小烏」

신해년 2월 26일. 남산신성을 지을 적에 법대로 지은 지 3년 만에 무너져 쓰러지면 죄 주실 것을 알려 맹서케 하시다.

喙부의 主刀里가 받아 지은 것은 21보 1촌이다.

部監은　　　□□ 次大舍〔경위 12위〕, 仇生 次大舍〔경위 12위〕이다.
文尺은　　　仇□□ 小舍〔경위 13위〕이다.
里作上人은　只冬 大舍〔경위 12위〕와 □文知 小舍〔경위 13위〕이다.
文尺은　　　久匠□〔경위 14위〕이다.
面石捉上人은 □□□□□□大烏〔경위 15위〕이다.
□石捉人은　□下次 大烏〔경위 15위〕이다.
小石捉上人은　□□ 小烏〔경위 16위〕이다.

-慶州南山新城碑 제3비-

이 가운데 3행의 앞부분의 主刀里에 대해서는 처음 사람 이름으로 보는 견해가 제기되기도 하였으나[24], 里 이름으로 보는 데 그다

---
24) 진홍섭, 앞의 논문, 1960.

지 문제가 없을 듯하다[25]. 里作上人이 등장하는 등 里가 공사의 중심이 되고 있다는 점, 남산신성비 제9비에서도 「受作」의 주체가 郡 아래 城이라는 점에서 里 이름으로 보아야 할 것임에도 의문의 여지가 없다. 특히 部와 里의 두 단위로 이루어지고 있다는 점에 착목하여야 할 것이다.

세부를 살펴보면 課役의 기본단위는 里이고 이 里에 대해 상부 행정단위인 部가 관여하고 있다. 課稅 혹 課役의 기본단위가 里였던 점, 각각의 里는 상급 행정구역 단위인 部별로 묶여 있다는 점에 주목해야 할 것이다. 더불어 남산신성비에 보이는 受의 용법을 이해함에 있어 다음 자료들이 참고가 된다.

匠人比智休波日幷工人抽兮下干支徒作受長四步五尺一寸　〔명활 a〕(551년 건립)
文叱兮一伐徒作受長四步五尺一寸　　　　　　　　　　　〔명활 b〕
□尖利波日徒受長四步五尺一寸　　　　　　　　　　　　〔명활 c〕
小石捉上䚶テ次□□受十一步三尺八寸　　　　　　　　　〔신성 1〕(591년 건립)
小石捉人丁利之彼受作七步四尺　　　　　　　　　　　　〔신성 2〕(591년건립)
喙部主刀里受作卄一步一寸　　　　　　　　　　　　　　〔신성 3〕(591년건립)
伋伐郡中伊同城徒受六步　　　　　　　　　　　　　　　〔신성 9〕(591년건립)

위의 구문은 공사를 짓는 주체가 등장하고, 공사량이 마지막에 나온다. 공사량은 수치로 표시된다. 이를 다시 표기하면 다음과 같다.

---

25) 진홍섭, 앞의 논문, 1965; 이종욱, 앞의 논문, 1974; 주보돈, 「남산신성의 축조와 남산신성비: 제9비를 중심으로」, 『신라문화』 15, 1994.

공사주체 직역/이름/관등 혹 행정구역명	受계열	공사량	금석문
…工人/抽兮/下干支/徒	作受	長 四步五尺一寸	〔명활 a〕
文叱兮/一伐/徒	作受	長 四步五尺一寸	〔명활 b〕
□尖利/波日/徒	受	長 四步五尺一寸	〔명활 c〕
小石捉上/辱ヂ次/□□	受	十一步三尺八寸	〔신성 1〕
小石捉人/丁利之彼	受作	七步四尺	〔신성 2〕
喙部/主刀里	受作	卄一步 一寸	〔신성 3〕
伋伐郡/中/伊同城/徒	受	六步	〔신성 9〕

즉 공사주체와 공사량 사이에는 다음과 같이 3가지 유형이 보인다.

作受　　　　명활a, 명활b　　　　551년
受　　　　명활c, 신성1, 신성9　　551년·591년
受作　　　　신성2, 신성3　　　　591년

이들은

"(누가) 짓도록 받은 것이 (얼마)"

　　　　　　혹은 "(누가) (얼마를) 짓도록 받았다"

"(누구에게) 지어 받은 것이 (얼마)"

　　　　　　혹은 "(누구에게) (얼마를) 지어 받았다"

"(누가) 받아 지은 것이 (얼마)"

　　　　　　혹은 "(누가) (얼마를) 받아 지었다"

등으로 풀이할 수 있다. 즉 여기서 受의 실상은 일정구간에 대한 축성 명령을 받고 책임지고 수행한 것을 말하는데, 즉 築城 노력동원 명령에 대한 의무와 그 실행이다.

이들은 같은 명활산성비(551) 안에서 作受와 受가 같이 쓰이고 있는 점에서, 또 같은 계열의 남산신성비(591)에서 제1비·제9비와 제2비·제3비에서 受와 受作이 함께 쓰이고 있는 점에서, 551년에서 591년 사이에는 作受와 受作은 통용되었고, 그의 생략형 혹은 異形으로 受가 쓰였다고 할 수 있다. 요컨대 作受와 受作과 受는 통용되었다. 단, 作受와 受作이 단순한 통용관계였는데, 551년에서 591년 사이에 作受에서 受作으로 構文의 변화가 일어난 것으로 보인다. 즉 7세기 말의 자료를 보면 다음과 같다.

骨古南界 居七山北界 <u>受地七步一尺</u>　관문성 제1석(7세기 말)
熊南界 骨古北界 <u>受地四步一尺八寸</u>　관문성 제2석(7세기 말)
金京元千毛主作 北界 <u>受作五步五尺</u>　관문성 제5석(7세기 말)
金京道□作 北界 <u>五尺五寸</u>　관문성 제6석(7세기 말)
切火郡北界 <u>受地十步二尺七寸</u>　관문성 제7석(7세기 말)

「受+地+거리」와 「受作+거리」, 「(생략)+거리」는 보이지만, 「作受+거리」는 자취를 감추고 있기 때문이다. 또한 상기 남산신성비의 해석에 있어 밑줄친 "…것이 (얼마)" 혹은 "(누가) (얼마를)…"은 관문성의 단계에서는 "… 땅이 (얼마)" 혹은 "(누가) (얼마의 땅을)…"로도 환치되어 이해되고 있었다고 볼 수 있다. 이와 같이 6세기 후반 신라에서 국가의 課役과 관련된 석비에서 受가 作受와 受作의 생략형으로도 쓰였다는 점은 9호 목간의 「受」를 이해하는 데 시사적이다.

9호 목간에 보이는 「△△里 受」는 결국, 「(국가가) △△里에게 受함」 혹은 「△△里가 (국가로부터) 受함」이 될 것이다. 여기서 受한 내용은 토지나 곡물의 受給 혹은 축성이나 공사 등 勞力徵發의 명령과 그 수행이다. 里를 단위로 국가가 부여한 「受」는 토지나 곡물 등의 분배가 있을 수 있으나 드러난 사료를 바탕으로 고려하면 노력동원같은 課役의 「受」가 가장 근접하다고 하겠다. 이와 같이 9호 목간의 受의 실상은 국가공사 등 노동력의 동원 즉 課役과 관련된 것이라고 할 수 있다.

「今受」와 「受」의 관계를 단언하기는 어려운데, 통용관계에 있었다면, 「受」는 「今受」의 생략형이라 할 것이다. 여러 가지 경우의 수 가운데, 「受」가 축성공사와 관련된 것이라고 전제할 경우, 「今受」는 "지금 受함[지금 받음(맡음)]"이고, 「受」는 "受함[받음(맡음)]"이며, 「不」은 "不受함, 受하지 않음[받지 않음(맡지 않음)]"이란 의미가 될 것이다. 「受」는 축성 같은 의무가 이행되었음을 의미하며, 「不」은 그것이 이행되지 못하였음을 의미할 것이다.

주지하는 바와 같이, 신라 왕경에는 6부가 있었다. 『삼국사기』나 『삼국유사』에 의하면 이들은 梁(及梁)·沙梁·漸梁(牟梁)과 本彼·漢祇·習比로 표기되고 있다. 이들 표기 가운데 梁은 6세기 신라 금석문에서는 예외 없이 모두 喙으로 표기되고 있으며, 603년으로 추정되는 울주 천전리 서석에까지 보인다. 또 720년에 편찬된 『일본서기』에서도 喙계열이 쓰이고 있다. 따라서 6세기에서 적어도 8세기 제1

사분기까지는 喙계열의 표기가 쓰였다고 볼 수 있다. 梁계열의 표기
는 확실히 후대의 표현인데, 이것이 고려시대적인 표현은 확실하나,
언제까지 소급할 수 있는지 확실치 않다. 적어도 신라의 금석문 가
운데, 6부 관련 금석문은 6세기에 거의 집중되고 있어서, 여기에 보
이는 현상을 이후 어느 시대까지 내려볼 수 있는가 역시 확언할 수
없는 한계가 있다. 즉 喙에서 梁으로의 표기 변화에 시대차를 인정
할 수 있는데, 이 계선을 긋기는 어렵고 막연히 8세기 제2사분기에
서 10세기 초 사이의 언젠가로 설정할 도리 밖에 없다. 아울러 그
8~10세기 안에서 정황론을 갖고 설명할 수밖에는 없다. 먼저 牟喙과
관련해서는 금석문에 봉평비와 남산신성비의 단 2개의 사례가 보일
뿐이다.

  岑喙(잠탁) ⇒ 牟喙(모탁) ⇒ 漸梁·牟梁
  봉평비(524년)   남산신성비(591년)   『삼국사기』·『삼국유사』

  『삼국사기』과 『삼국유사』에 漸梁과 牟梁의 두 표기가 보이는데,
이는 6세기 금석문에서 각각 岑喙과 牟喙을 잇는 표기일 것이다. 즉
喙에서 梁으로 표기가 이행되었는데, 喙이란 표기가 언제까지 쓰였
는지 확언할 수 없는데, 梁이 확인되는 것은 문헌자료이며, 이는 고
려시대의 용어법이다. 다만 이와 같은 용자법이 언제까지 소급되는
것인지 역시 현재로서는 확언할 수가 없다. 8세기 후반 경덕왕대 관
공서와 지명에 대한 전면적인 중국풍 글자로의 개정을 하나의 기점
으로 상정할 수도 있겠다. 다만 확언할 수는 없다. 즉 폭넓게 보면

喙이란 표기는 신라시대 혹은 통일신라시대에 혹은 8세기 중엽경까지 쓰였다고 할 수도 있을 것이다.

다음으로 岑喙과 牟喙과 같은 6부명에 관한 표기가 또 하나의 판단기준이 될 수 있다. 이것을 동시대에 병존한 異稱으로 볼 수도 있겠지만, 시대성을 반영한 용어의 변화, 혹은 용어개정의 반영으로 보아둔다면, 牟喙이란 용어의 등장은 524년 이후, 591년 이전 사이의 어느 시기가 될 것이다. 한편 또 習比라는 표기도 보인다. 이와 관련하여서도, 금석문에서는 냉수리비와 안압지 기와의 단 두 가지 예에 불과하다.

斯波(사파)　⇒　習(府)　⇒　習　　／　習比(습비)
냉수비(503년)　안압지瓦(681년?)　『일본서기』(720)　　『삼국사기』·『삼국유사』

안압지 瓦에 보이는 習府는 習部의 다른 표기 혹 잘못된 표기라기보다는 習比의 다른 표기로 판단된다. [사-파]에서 [습-부]로, 다시 이들 2자표기에서 1자표기 [습]으로 간략화되었다고 볼 수 있다. 다만 習과 習比와의 사이에는 시기차를 두기는 어려울 듯하다. 오히려 斯波에서 習 혹 習比로의 변화에는 표기상의 현격한 단차를 찾아볼 수 있다. 이상의 두 가지 6부 부명표기로 보아, 9호 목간은 아무리 연대가 올라가도 6세기 1/4분기 이전으로 올려볼 수는 없다. 아울러 牟喙이 보이는 남산신성비 제2비에 준거하여 신성비의 건립연대인 591년 전후를 중심연대로 잡아둔다. 대체적으로 즉 6세기 말을 상한으로 하고, 7세기 말 8세기 초를 중심연대로 잡아둘 수 있을 것이다.

9호 목간에는 6부 아래 여러 里가 보인다. 왕경의 坊里制(혹 里坊制)의 양상은 목간의 연대추정에 도움이 된다. 坊里制에 있어서는 근년 왕경연구가 진전됨에 따라 연구가 축적되고 있다. 먼저 里와 坊은 언제 생긴 것인가에 대해서 몇 가지 논의가 있다. 이와 관련하여 의 다음 기사가 일찍부터 주목되었다.

京都의 坊里 이름을 定하였다.[『삼국사기』 신라본기 자비왕 12년(469)조]

이에 대해서

【A】문면 그대로 인정하여 이 시기에 坊과 里를 두었다고 보는 견해[26]
【B】그처럼 이른 시기에 坊里制가 설치되었다고 보기 어렵다는 견해[27]
【C】坊里名의 설정이 6부 모두에 일제히 획일적으로 이루어진 것이 아니라, 유력 部였던 喙部와 沙喙部에 대해서만 제한적으로 이루어진 것이라는 견해[28]
【D】자비왕대의 坊里制 설정은 실제 里만 설치된 것이며, 당시 坊은 설치되지 않았고, 坊이 설치되는 것은 늦어도 통일신라시대 초엽이라는 견해[29]

가 제시되고 있다. 이 같은 주장은 충분하지 못한 단편적 문헌사료에 의거한 정황론에 근거를 둔다. 이는 관련사료가 불충분한 구조적

---

26) 이종욱, 「新羅 上古時代의 六村・六部」, 『震檀學報』 49, 1980; 주보돈, 『新羅 地方統治體制의 整備過程과 村落』, 신서원, 1998 등이 대표적이다.
27) 이문기, 「新羅 中古의 六部와 王統」, 『新羅社會의 新硏究』(신라문화제 학술발표회논문집 8), 1987.
28) 선석열, 『『三國史記』 新羅本紀 初期記錄 問題와 新羅國家의 成立』, 혜안, 2000.
29) 신형석, 「新羅 慈悲王代 坊里名의 設定과 그 意味」, 『慶北史學』 23, 2000.

환경에 기인한다. 한편 경주 왕경지구에 대한 발굴조사에 의하면 대체로 7세기 후반에 坊이 조성되었다고 추정되고 있다. 선덕여왕 14년(654)의 황룡사 9층탑을 건립한 이후에 坊制를 전면적으로 실시하였을 것으로 보이고 있다.[30]

한편 坊과 里의 상호관계에 대해서는, 坊과 里가 서로 혼용되었다는 견해[31], 坊을 里의 하부 행정단위로 보는 견해[32], 坊의 하부에 里가 설치되었다고 보는 견해[33], 坊은 왕도지역의 지역구분이며, 里는 왕기지역의 6부를 행정구획으로 보는 견해[34]가 있다. 또한 里制의 설치는 기존취락에 단순히 里名을 부여한 것이 아니라, 국가권력에 의해 인위적 혹 행정적 재편이 이루어졌을 것이라고 추정되었다.[35] 이상에서 본 기존연구의 성과를 정리하면 대체로 다음과 같다.

① 신라 왕경의 행정구역으로 里가 먼저 설치되고, 후에 坊이 설치되었다.
② 里가 설치되는 것은 자비왕대 "京都의 坊里이름을 정"할 무렵이다.
③ 里制의 설치는 기존 취락에 단순히 里名을 부여한 것이 아니라, 국가 권력에 의해 인위적 혹 행정적 재편이 이루어졌을 것이다.
④ 坊이 설치되는 것은 7세기 후반 무렵이다.
⑤ 坊과 里의 관계는 서로 혼용되었는지, 상호 상하관계에 있었는지, 상하관계에 있었다면, 坊〉里였는지, 坊〈里였는지 의견이 갈리고 있다.

---

30) 국립경주문화재연구소, 『新羅王京-발굴조사보고서 I -』, 2002.
31) 윤무병, 앞의 논문, 1988.
32) 민덕식, 「신라왕경의 도시계획에 관한 시고: 제 도성과의 비교연구를 중심으로」, 『사총』 46, 1986.
33) 신형석, 위의 논문, 2000.
34) 이종욱, 「신라하대의 골품제와 왕경인의 주거」, 『신라문화』 7, 1990.
35) 신형석, 앞의 논문, 2000.

신라 王都에는

　　35里와 6部가 있음[36]
　　1360坊과 55里가 있음[37]
　　360坊이 있음[38]

이 있었다고 전해진다. 이 같은 坊(360 혹은 1360)·里(33 혹 55)·部(6)는 각각 그 수로 보아, 坊이 가장 작은 단위이고, 다음에 里가, 또 그 위에 部가 있었다고 할 것이다.[39] 이는 구체적으로 部 아래 里가 있었음이 확실하며[40], "坊은 아마도 里 아래 있었을 것이다"[41]와 같이 里가 坊의 상위에 있다는 점에서 『삼국사기』의 용어 '坊里' 말고 '里坊'制라고 불러야 한다는 의견도 제시되고 있다.[42]

이 같은 신라 왕경의 里坊을 고찰함에 있어 이 9호 목간은 매우 중요한 사료가 된다. 이상과 같은 기존의 입장들을 염두에 두면서 다시 한번 9호 목간의 里관련 표기를 살펴보자. 部名 아래 地名과 관련된 것이다. 대체로 「里」가 붙은 것과 붙지 않은 것으로 나뉜다.

---

36) 『삼국사기』 志, 地理.
37) 『삼국유사』 권1, 紀異1, 辰韓조.
38) 『삼국유사』 권5, 避隱8, 念佛師조.
39) 여호규, 「新羅 都城의 空間構成과 王京制의 성립과정」, 『서울학연구』 18, 2002.
40) 남산신성비(591년 건립) 제3비 「喙部의 主刀里」.
41) 『삼국유사』 권1, 紀異1, 辰韓조에 南維宅이 反香寺下坊에 있다고 표기하여, 宅의 위치를 표시할 때, 坊으로 표기하고 있다. 이는 신라전성기에 宅의 위치를 표기하는 데 坊이 里보다 좀더 미세적인 구분이었기 때문이었을 가능성이 크다. 즉 里의 하부에 坊이 있었다고 볼 수 있는 방증이 될 수 있다.
42) 신형석, 앞의 논문; 전덕재, 앞의 논문.

面	里가 붙는 것	붙지 않는 것	읽을 수 없는 것
I	習比部 上里 ^{今} $^{受(1)}$ 南罡上里 ^{今} $^{受(2)}$ 阿今里 $^{不(3)}$ 岸上里 $^{不(4)}$		*」= 목간의 끝부분 」
II	赤里 $^{受(10)}$ □里 $^{不有(13)}$	□上 $^{受(6)}$ 尤祝 $^{受(7)}$ 除丑 $^{受(8)}$ 開池 $^{受(9)}$	□□ $^{受(5)}$ □□ $^{受(11)}$ □□□□ $^{(12)}$ □□□□ $^{(14)}$ 」
III	東里禺 $^{受(16)}$	□□南川 $^{受(15)}$ □□ □□北伐 $^{受(17)}$ 多比刀 $^{不有(18)}$ □□ □□川岸 $^{□受代士□□(19)}$	」
IV	伐□里 $^{受(21)}$ 牟喙 仲里 $^{受(24)}$ 　　新里 $^{受(25)}$ 　　上里 $^{受(26)}$ 　　下里 $^{□(27)}$	赤居伐 $^{受(22)}$ 麻支 $^{受(23)}$	□□ $^{不(20)}$ 」

먼저 지명에는 阿今里·赤里·仲里·東里禺 등 里가 들어 있는 것이 있고, 赤居伐·麻支·尤祝와 같이 里가 들어 있지 않은 것이 있다. 이들은 물론「受」혹「不」이 붙는 것으로 보아 徵稅나 課役의 대상이었으며, 그런 점에서 모두 수취나 부과의 행정단위 즉 행정구역으로 보인다. 里가 들어 있는 지명은 다시 阿今里·赤里·仲里와 같이 里로 끝나는 것과 東里禺·山南罒上里와 같이 里 다음에 禺나 叴·□가 붙는 것이 있다. 이들에 대해 이제 정확히 알 수는 없다. 다만 禺가 隅 (모퉁이·구석)와 통하는 것, 里가 붙지 않는 것 가운데 □□ □□川岸(□□川 기슭)와 같은 것이 있어서, 지명과 관련된 것으로 추정해 둔다. 里가 붙지 않는 것들은 □上受(6)·尤祝受(7)·除丑受(8)·開池受(9)·□□南川受(15)·□□ □□北伐受(17)·□□ □□川岸□□受代土□□(19)·赤居伐受(22)·麻支受(23)와 多比刀不有(18)가 있다. 이들 가운데 □□北伐·赤居伐은 지명어미 伐이 보이는 것, 또 □□南川·□□ □□川岸은 南川·川岸과 같이 강이나 강기슭과 같은 것이며, 除丑·開池에서도 丑·池와 같이 우물이나 못과 같은 것이 지명과 관련이 있는 것으로 보이는 것, 즉 里가 붙은 것과 마찬가지로 里가 붙지 않은 것들도 그 이름으로 보아 지명일 가능성이 짙다. 또한 里가 붙지 않은 것이 里가 붙은 것과 마찬가지로「受」나「不」이 붙어 있는 것으로 보아, 국가에게 賦課이나 收取의 지역 기본단위라고 할 수 있겠다.

里가 붙는 것

(部)上里受(1)　　南罒上里受(2)　　阿今里不(3)　　岸上里不不(4)

赤里^{受(10)}　　□里不^{有(13)}　　東里禹^{受(16)}　　伐□里^{受(21)}
仲里^{受(24)}　　新里^{受(25)}　　上里^{受(26)}　　下里^{□(27)}

붙지 않는 것

□南川^{受(15)}　　□□ □比伐^{受(17)}　　多比刀^{不有(18)}
□□□□川岸^{□受代土□(19)}　　赤居伐^{受(22)}　　庶支^{受(23)}
尤祝^{受(7)}　　除冊^{受(8)}　　開廻^{受(9)}

읽을 수 없는 것 혹 어느 쪽에 속하는 지 알 수 없는 것

□□^{受(5)}　　□□^{受(11)}　　□□□□□(12)
□□□□(14)　　□□^{不(20)}　　□上^{受(6)}

南罡上里은 南이 하나의 기준이요, 東里禹도 東이라는 방위가 기준이다. 岸上里는 岸의 上, 즉 岸이 기준이 된다. (部)上里는 두 번째라는 순서가 중시되었다. 물론 이는 첫 번째가 전제가 될 것이다. 南罡上里에도 이와 같은 성격이 보인다. 이에 비해 上里·仲里·下里·新里는 상호 연결성이 뚜렷하다. 이들은 모두 牟喙部 소속이다. 上仲下는 지리상 위치에 따른 구분이다. 신라의 州 命名에도 上·下와 新이 있는데, 牟喙部의 그것 역시 同工이다. 上·下州 명명을 중시하면, 牟喙部의 里에서 「上」「仲」「下」 및 「新」의 命名의 상한은 6세기 중엽경으로 볼 수 있다. 이렇게 보면 이 목간의 상한 역시 그 무렵으로 잡을 수 있다.

아울러 앞서 말한 남산신성비와의 비교를 통해서도 이 목간은 6세기 후반으로 볼 수 있다. 기존의 연구에 입각해서 9호 목간의 연대를 고찰하면, 9호 목간에 里名은 보이되 坊은 보이지 않으므로, 상한은 5세기 후반이, 하한은 7세기 중엽이 될 것이다.

3. 「奈生城」 목간 : 1호 목간

4면체 봉형 목간 觚인 제1호 목간에는 네 면에서 모두 묵흔이 확인되는데, 그 가운데 글자가 읽히는 한 면에서 다음과 같은 내용이 확인된다.

□流石奈生城上此本宜城今受不受郡土

지방제도와 관련된 用字 즉 城과 郡이 각각 2회와 1회 나타난다. 이에 대한 해독은 용이하지 않다. "…流石奈生城上此本宜城今受不受郡土…"에서 무엇을 고유명사로 보는가에 따라 끊어읽기와 해석의 방향이 정해진다. 奈生城은 확실한 성 이름으로 보이는데, 또 하나의 城을 관칭하는 本宜城은 고유명사인지 아닌지 불분명하다. 한편 今受와 不受의 용법은 제9호 목간에도 보인다. 「流石」에 대해서는 ① 흘러내린 돌, ② 流石城이란 고유명사, 의 두 가지를 생각할 수 있다. 「奈生城上」은 '奈生城'에 혹은 '奈生城 위'로 풀이할 수 있다. 「上」은 남산신성비 제1비에 보이는 「郡上村主」의 「郡上」의 그것과 같은 용법으로 생각된다. 「此本宜城」에 대해서는 다음 세 가지 해석이 가능하다.

① 이는 본래 마땅히 城(이다).
② 이는 본래 의성[宜城]43)(이다).
③ 이 本宜城.

이 가운데 어느 쪽을 채택해야 할지 결정하기 어렵다. 여기서 此와 같은 용법은 신라시대에 자주 보이며 한문의 어순이라기보다는 우리말의 어순으로 풀이된다.

"…此處華嚴經說此大因緣由[故]…(…이곳에서 화엄경을 說하고 이 큰 인연으로 말미암아…)" 동해시 三和寺鐵佛造像銘(860년대)

此如爲 이와 같이 하여 / 此間中 이 사이에 / 此中 이에, 영천 청제비 정원명(798)

此願起在 이 願望을 일으킨 것은, 窺興寺鐘銘(856)

此善業造 이 先業을 만들었다. 甘山寺 阿彌陀如來 造像銘(720)

의 용법과 유사한 것으로 보인다. 「今受不受」에 있어서는 '지금 受한 것, 不受한 것' 혹은 '지금 受하였는지 不受하였는지'로 풀이할 수 있을까. 「受」는 남산신성비에 보이는 용자법이다. 이에 대해서는 앞서 [4장 나. 왕경 里 이름이 나열된 목간]항에서 서술한 바와 같다. 즉

---

43) 『고려사』 58권, 지12, 지리3에 보면 宜州는 고구려 때 泉井郡으로 일명 於乙買였으며 일명 宜城 혹 宜春이라 하였다. 고로 반드시 의주가 아니라도 지명으로서 〈宜城〉의 예는 있다.

「受」는 남산신성비와 명활산성비에 보이는 바와 같이, 「受作」「作受」와 같은 표현으로 "받았다(받았음)"·"맡았다(맡았음)"는 의미이다. 딱 떨어지는 해석을 하기는 어려운데, 일단 다음과 같은 시안들을 제시해둔다.

"…流石. 奈生城上 此本宜城 今受不受 郡土…"

"流石을…. 奈生城에 이 本宜城이 지금 郡土를 받았는지 받지 않았는지…

"…流石奈生城上 此本宜城 今受不受 郡土…"

"…. 流石奈生城에 이 本宜城이 지금 郡土를 받았는지 받지 않았는지 …

"…流石. 奈生城上 此本宜城 今受不受. 郡土…"

"流石을…. 奈生城에 이 本宜城이 지금 받았는지 받지않았는지. 郡土…

"…流石奈生城上 此本宜城 今受不受. 郡土…"

"…. 流石奈生城에 이 本宜城이 지금 받았는지 받지않았는지. 郡土…

물론 여기서 '本宜城'은 위의 세 가지 경우가 모두 가능하다.

奈生城의 奈生에 대해서는 『삼국사기』와 금석문에서도 찾아볼 수 있다. 먼저 『삼국사기』志, 地理에 의하면

奈城郡, 本高句麗奈生郡, 景德王改名, 今寧越郡. 領縣三: 子春縣, 本高句麗乙

阿旦縣, 景德王改名, 今永春縣; 白烏縣, 本高句麗郁烏縣, 景德王改名, 今平昌縣; 酒泉縣, 本高句麗酒淵縣, 景德王改名, 今因之.(『삼국사기』 지. 지리의 溟州항의 奈城郡조)

와 같이, 奈生은 지금의 강원도 영월이다. 경덕왕 때 奈城郡으로 개명되기 이전의 명칭은 고구려 시대부터 사용되던 奈生郡이었다. 이 奈生郡 혹 奈城郡은 子春縣(乙阿旦縣) 등 3개의 領縣을 갖고 있었다. 즉

| 奈生郡 | ⇒ | 奈城郡 | ⇒ | 寧越郡 |
| 고구려·신라 | | 신라 경덕왕대 | | 고려시대 |

로 불렸던 것이 된다. 한편 신라 말의 奈生 즉 奈城은 또 『삼국사기』, 열전에도 그 모습이 보인다.

景福元年壬子投北原賊梁吉. 吉善遇之委任以事. 遂分兵使東略地. 於是出宿雉岳山石南寺行襲酒泉·奈城·欝烏·御珍等縣皆降之.
〔궁예는〕 경복 원년 임자에 북원의 반란군 양길의 휘하로 들어갔다. 양 길은 그를 우대하고 일을 맡겼으며, 군사를 주어 동쪽으로 신라의 영토를 공략하게 하였다. 이에 선종은 치악산 석남사에 묵으면서 주천·나성·울오·어진 등의 고을을 습격하여 모두 항복시켰다.(『삼국사기』 열전. 弓裔전)

한편 영월 흥령사 징효대사 보인탑비의 陰記에 수많은 탑비건립 후원자 명단 중에 다음과 같이 보인다.

世達村主 奈生郡(세달 촌주, 나생군 출신)

 징효대사탑비는 944년(고려 혜종 원년)에 건립되었으나, 실질적인 작업은 이미 신라시대에 추진되고 있었다. 주인공은 대사에게 澄曉大師라는 시호를 내리고, 탑비 이름을 '寶印之塔'을 하사한 것은 신라 효공왕대였다. 그 비문은 924년(신라 경명왕 8년)에 최언위가 찬술하였다. 즉 세달촌주의 출신으로서 '奈生'은 924년에 쓰인 표기면서, 이는 944년에도 통용되었던 것이다. 공식적으로 경덕왕대를 경계로 '奈生'이 '奈城'으로 바뀌었는데, 영월 재지사회에서는 구래의 낯익은 명칭 '奈生'도 병용되고 있었음을 알 수 있다. 「奈生」은 실은 무술오작비(578: 신라 진지왕 3년)와 남산신성비(591)에도 보인다. 사람이름으로서 무술오작비에는 「奈生」이, 남산신성비 제1비에서는 「沒奈生」이 보인다. 즉 6세기 후반 신라의 고유명사에 대한 用字법으로서 「奈生」이 확인되는 셈이다. 여기서 유념해야 하는 것은, 첫째로 『삼국사기』 지리지('지, 지리'편을 이하 이와 같이 약칭함)에서 奈生은 郡으로 되어 있는데, 당해 1호 목간에서는 城으로서 보인다는 점, 둘째로 당해 1호 목간에서는 城외에 '郡'이란 표기가 보인다는 점이다.

 먼저 奈生城과 郡土의 郡과의 관계가 어떠한 것인가이다. 즉 郡土의 郡이 奈生郡을 일컫는지 아닌지이다. 결문이 많아서 어느 쪽인지 단정하기 어렵다. 먼저 (a) 郡土의 郡이 奈生郡을 가리키는 것일 경우이다. 奈生郡이 이미 형성되어 있었다. 奈生城이란 넓은 의미의 奈生郡 속에서 奈生郡(뒤의 奈城郡) 고유의 지역을 일컫는 것으로 볼 수 있다. 『삼국사기』 지리지의 편제로 이야기한다면, 奈生영속되어 있는 乙阿旦(뒤의 子春·永春)·郁烏(뒤의 白烏·平昌)·酒淵(뒤의 酒泉)城 혹 村(훗날의 縣)과 별도의 奈生城이 되는 것이다. 다음 (b) 郡土의 郡이 奈生郡을 가리키는 것이 아닐 경우이다. 당시 奈生은 城으로서 존재하였으며, 郡의 지위에는 있지 않았던 것으로 해석할 수 있다.

   신라의 지방제에서 주·군·현·소경은 각각 독자적 영역을 보유하고 있었으며, 그런 의미에서 실태로서는 동일한 것이었다. 따라서 영역이 중복되는 일은 없었다. 주군현의 명칭은 정치적·군사적 중요도에 비추어 그 지역에 부여된 것이었으며, 승격되기도 강격되기도 하였다. 6세기 신라에 주와 군은 설치되어 있었지만, 현은 아직 설치되지 않았다. 군 아래에 城과 村이 있어 주-군-성촌의 지배체제가 형성되어 있었다. 성촌 혹 현은 주와 군의 영속 하에서 행정 및 경제적 지휘명령 계통에 있었다.[44] 이와 같은 州郡制에 대한 일반적인 이해에, 1호 목간 자료는 반하지 않는다. (a)의 경우나 (b)의 경우 모두 남산신성비와 『삼국사기』 등 관련자료를 토대로 한 기존의 연구와 배치되지 않는다. 왕경에서 쓰인 「奈生」이란 표기를 중시할 경우, 「奈城」으로 변경되기 이전이란 점에서 신라 경덕왕대 즉 8세기 중반이전이 될 것이다. 1호 목간에 판독불가한 부분이 있긴 하지만, 우선은 「郡」과 「城」이 존재하고 「縣」이 존재하지 않는 양상을 중시한다면, 「縣」이 형성되는 것은 통일기부터 이므로 1호 목간의 대체적

---

44) 이상 신라 군현제에 대한 연구 성과는 木村誠,「新羅郡縣制の確立過程と村主制」(『古代朝鮮の國家と社會』, 吉川弘文館, 1976/2004)를 참조.

인 연대는 우선 7세기 중엽 이전이 된다. 이와 같은 전제에서 1호 목간은 그 연대하한을 우선 경덕왕대로 잡을 수 있다. 아울러 (b)와 같이 郡이 되기 이전 단계라고 한다면, 郡으로 정착되는 경덕왕 대보다는 이전의 시기가 될 것이다. 이 12호 목간은 奈生城과 관련된 혹은 奈生城을 포함하는 郡과 관련된 목간으로 보인다.

부언할 것은 「今受不受」의 「受」와 관련하여서는 앞서 월성해자 9호 목간에서 살펴본 바와 같이 남산신성비에 보이는 「受」의 용법과 관계가 깊을 것이다. 본 12호 목간에 보이는 「今受」와 「不受」는 의 용법은 앞서 같은 그 용례를 살펴본 바 있다. 12호 목간과 9호 목간의 용법이 같은 선상의 것이라면 「今受」=「受」, 「不受」=「不」의 관계가 성립한다고 볼 수 있다.

4. 종이구입 목간 : 2호 목간

제2호 목간은 4면체의 봉형 목간 즉 觚이다. 이와 관련해서는 국립경주박물관에 개최된 "문자로 본 신라"(2002)에 전시된 적도 있으며 적외선사진을 빌리지 않아도 컬러사진을 통해서 혹은 육안으로도 관찰이 용이할 정도로 양호한 상태여서 보고서가 나오기 이전부터 일찍이 주목의 대상이 되었다. 지금까지 대략 몇 가지 석독과 견해가 제시되었다.

1) 여러 견해

▽ 李成市의 첫 번째 석독이다.

Ⅰ·使內
Ⅱ·牒垂賜敎在之後事者命盡
Ⅲ·經中入用思買白不雖紙一二斤
Ⅳ·大烏知郞足下萬引白了

李成市는

'使內'는 조선시대의 문서 중에 종종 보이는 이두로 사용하다, 처리하다 등의 의미가 있다. 사면으로 일단 완결된 문서로 보이며 그 내용은 반드시 명확하지는 않지만, '牒'으로 시작하는 文言 등으로 보아, 관부 간에 '經中入用'의 '白不雖紙'의 구입과 관련하여 쓰인 공적 문서인 것만은 틀림없을 것이다. 그들은 명확히 관청간에 사용된 문서라 보아 좋을 것이다.

고 하였다. 李成市의 견해는 2호 목간에 대한 최초의 연구로, 목간의 판독이나 용도에 대해 연구방향을 제시하였다. 이 점에서 연구사상 의의가 크다.

국립경주박물관에서 발행한 『문자로 본 신라』(2002)에서 박방룡 등에 의해 제시된 석문이다. 그것을 그대로 적으면 다음과 같다.

Ⅰ·使內
Ⅱ·牒垂賜敎在之後事者命盡
Ⅲ·經中入用思買白不雖紙一二斤
Ⅳ·大烏知郞足下万引白了

판독은 李成市의 것과 대체적으로 같다. Ⅲ-11을 「二」라고만 읽은 것은 오자거나 탈자인 듯하다.

▽ 윤선태의 견해이다.

Ⅰ·大烏知郞足下万拜白
Ⅱ·經中入用思買白不雖紙一二个
Ⅲ·牒垂賜敎在之後事若命盡
Ⅳ·使內

Ⅰ-8을 「拜」로 읽을 수도 있다고 추정한 점, Ⅱ의 마지막 자를 「个」로 해독한 점, Ⅲ-9를 「若」으로 본 것이 새롭다. 이를 바탕으로 윤선태는 다음과 같이 해석하였다. 여타 견해와 달리 시계바늘 방향으로 읽은 점이 주목된다.

Ⅰ 大烏知郞 足下에 万拜 아룁니다.
Ⅱ 經에 들여쓸 걸 생각하여, '白不雖紙' 한두 개를 사라는,
Ⅲ Ⅳ牒을 내리신 명령(敎)이 있었습니다. 後에 일을 命과 같이 다 시켰습니다.

▽ 孫煥一의 석독이다.

「大鳥矩郞足下萬行白之」
「經中入用思買白不雖紙一二个(ケ・旅)」
「(阝+葉)垂賜敎在之後事者命書」
「使內卜」

새로운 석독들이 주목할 만하다.
▽ 李成市의 두 번째 석독이다.

Ⅰ・牒垂賜敎在之後事者命盡
Ⅱ・經中入用思買白不雖紙一二斤
Ⅲ・大鳥知郞足下萬引白了
Ⅳ・使內

  Ⅰ・牒함. 내리신 敎가 있었다. 後事는 命한 대로 다하도록.
  Ⅱ・經中에 入用하려고 생각하여 산다고 사뢰다. 그렇지 않았더라도
   紙 一二斤
  Ⅲ・大鳥(관등 15위)知郞의 足下에 있는 萬引이 사뢰어 마치다.
  Ⅳ・使內(內는 다른 글자일 가능성이 있다)

"使內가 의미 불명이긴 하지만, 그 앞 3면의 내용으로 보아 관사간에 교환된 牒이다. 아마도 내용으로 보아 종이 구입청구를 위한 사경소 관계 문서로 추정된다"고 했다. 문서 전체를 牒으로 보았다.

▽ 使內를 使官으로 보는 深津行德의 견해이다.

Ⅰ·使官
Ⅱ·牒垂賜教在之後事者命盡
Ⅲ·經中入用思買白不雖紙一二斗
Ⅳ·大烏知郎足下万引白了

Ⅰ-2를 종래 「內」로들 많이 읽어왔던 것과 달리 「官」으로 읽었으며, Ⅲ의 마지막 자를 종래 「斤」으로들 많이 읽어왔던 것과는 달리 「斗」로 읽었다. 또 다음과 같이 해석하였다.

Ⅰ·官에 使하였다〔官에 사신을 보내었다〕
Ⅱ·(官이) 牒을 내리시어 教한 적이 있었는데. 다음과 같은 것을 명령하였다.
Ⅲ·經에 필요한 종이를 一二斗 사도록 하라.
Ⅳ·大烏知郎이 (처치를 끝내었음을?) 보고하였다.

▽ 三上喜孝는 李成市와 같이 읽었다.
다만 白不雖를 "희지 않지만"으로 읽힐 가능성도 제시했다. 아울러, 萬引을 牒을 낸 사람, 大烏知郎을 牒을 받은 사람으로 해석했다.

Ⅰ·牒함. 내리신 教가 있었다. 後事는 命한 대로 다하도록.
Ⅱ·經中에 入用하려고 생각하여 산다고 사뢰다. 그렇지 않았더라도 紙 一二斤

Ⅲ · 大烏(관등 15위)知郞 足下께 萬引이 사뢰었다.
Ⅳ · 使內(內는 다른 글자일 가능성이 있다)

▽ 犬飼隆는 국어학적 측면을 고려하여 "牒을 드리우시어 敎 있으시다. 뒤 일은 命을 다하여…"로 해석하였다.45)

2) 석독과 석문

문장을 어떻게 볼 것인가에 앞서, 글자를 어떻게 읽을 것인가를 결정할 필요가 있다. 대체적으로 묵흔이 확실하여서, 판독에 크게 논란이 되는 것은 없다. 단지 어떻게 읽을 것인가 하는 판단의 문제이다. 판독에 두세 가지 갈리는 점은 있으나 전체적으로 크게 문제가 되는 곳은 보이지 않는다. 앞서 제시한 다음과 같은 석독문을 면별로 순서대로 검토해 보자. 여기서 '제Ⅰ면~제Ⅳ면'의 표기는 논지 전개상 편의상의 것이다. 어느 면이 시작이며 어떤 방향으로 읽어야 하는가는 논증해 가면서 뒤에 밝히고자 한다.

【Ⅰ】使□

두 번째 글자는 불확실하다. 기존에 內·官으로 읽어왔다. 이를 확정하기는 어려운데 글자로 보아서는 官에 가깝다.

▽ 이두설(「使內」)의 문제점

이를 「使內」으로 읽고 이두로 해석하는 견해가 있다.

---

45) 이상 전거논문들은 제1장 열거논문 참조.

李成市는 이를 "사용하다, 처리하다"는 의미라는 점을 지적하여 이것이 이두라고 주장하였다. 이두로 보는 관점은 윤선태에게 계승되었다. 윤선태는 이를 발전시켜 다른 면 즉 Ⅲ면의 문장 後事若命盡에 연계시켜 "後事若命盡使內"로 보고, 이를 "뒷일은 명령과 같이 시키었다"고 해석하였다. 이를 이두로 보는 견해는 다음과 같은 문제가 있다.

1. Ⅰ면의 제2자를 '內'로 읽어야만 성립하지만, '內'로 읽지 않는다면 성립하지 않는다.

석문의 문제이지만, 內로 확정할 수 있을지 여부에 불안한 면이 있다.

다음은 설령 內로 읽는다고 하더라도 생기는 문제이다.

2. Ⅰ면의 2글자(使內이든 使官이든)는 자체 독립적 문장이다.

한 면에 단독으로 쓰이고 있으며, 이 면의 왼쪽 면(Ⅳ·牒垂賜教在之後事者命盡)이든 오른쪽 면(Ⅱ·大烏知郞足下万引白了)이든 각각 독립형의 문장이다. 공간구성상 이를 "後事者命盡"와 연결짓기는 어렵다.

3. 이두 '使內'가 종결형으로 쓰인 용례를 찾을 수 없다.

'-使內-'는 15세기의 '브리-'에 해당하며, 복합동사에서 사동의 의미를 갖거나, 단독으로 "시키-, 부리-"다는 의미로 사용된다. 지금까지

알려진 신라와 고려시대의 이두자료를 살펴보면 '-使內-'가 그 자체로 종결형으로 쓰인 예는 없다.46)

이 같은 점에서 본 본고서에서는 선뜻 이를 이두로 취하기가 주저된다.

▽ 使官(혹 使內)의 의미

使는 여러 가지 의미가 있겠다.

1. 使用하다. 부리다.
2. 使臣가다. 使臣보내다.47)

등이 있는데, 여기서는 사신가다는 의미가 적절해 보인다.

「使官」이란 관용적인 사전적 의미는 "임무나 역할을 갖고 使臣가는 것"을 일컬으며, 구체적으로 다음과 같은 용례가 있다.

仲尼之世, 王國爲君, 隨制飮酒, 揚波使官, 『魏武帝, 善哉行』

「使官」이든 「使內」이든, 이는 모두 「官에 使하다」, 「內에 使하다」고 해석될 수 있으며, 官이나 內에 使臣이 오고 가는 것을 일컫는 것이라고 풀이해 두고자 한다.

---

46) 한편 이와 같은 약점을 보완하기 위해 윤선태는 자체 종결형의 사례가 있다고 하고 그 증거로「선림원종명(804)」의 '此以本爲內'을 들고 있다. 그런데 이는 '이를 本으로 하다'라기보다는 '이를 本으로 삼아' 혹은 '이를 本으로 삼고'란 연용형으로 해석되어야 할 것으로 보인다.
47) 이와 같은 대표적 용례로는 "使于四方(『論語』子路) / 嘗使于楚矣(『莊子』德充符)"을 들 수 있다.

官에 使臣하다(함)

【Ⅱ】大烏知郎足下万引白□)

▽ 논란이 되는 글자의 판독

❶ 烏

제2자는 「烏」설과 「鳥」설이 제기되었는데, 「烏」로 판단된다. 「大烏」(Ⅰ-1·2)는 신라 경위에서 제15위에 해당한다. 「大烏知」는 「大烏」에 접미사 「知」(Ⅰ-3)가 붙은 형태이다. 금석문에서는 「大烏」 혹 「大烏之」가 보인다. 「郎」(Ⅰ-4)은 남성에게 붙는 칭호 혹 접미사이다. 이것은 관등명을 가리키는 것인지 혹은 자체가 인명인지는 알 수 없다.

❷ 引

제8자는 「引」 「拜」 「行」설이 있는데, 정하기 어렵다. 다만 拜보다는 引에 가까운 듯하다.

❸ 白□

마지막의 제9자와 제10자는 「白了」 「白之」 등 2자로 보는 견해와 「白」 1자로 보는 견해가 제시되고 있다. "사뢰어 마치었다" 혹은 "사뢰기를 마치었다"가 될 것인가.

▽ 문장판독

大烏知郎足下万引白了에 대한 풀이는 万引을 어떻게 볼 것인가에 따라 달라진다. 이에 따라 大烏知郎의 위치에 대한 이해도 결정된다. 白了는 "사뢰어 마치었다" "사뢰었다"로 해석해서 틀림이 없을 것이며, 이 문장의 동사가 된다. 万引에 대해서는 다음과 같이 몇 가지로 생각할 수 있다. 万引을 ① 보통명사로 본아, 글자대로는 "만번 이끌어/당기어" 등으로 보거나 ② 고유명사로 보아 사람이름으로 볼 수 있다. 보통명사로 볼 경우 "만번 이끌어/당기어"가 될 것인데 유사용례는 찾기 어렵다.48) 이 경우 大鳥知郞足下에 대해서는

  大鳥知郞 足下   대오지랑 족하〔님〕
  大鳥知郞과 足下   대오지랑과 족하

의 두 가지가 상정가능하며, 그 格에 대해서도 主格 [-이, -께서]과 對格(目的格) [-에게, -께]이 상정가능하다.

  대오지랑 족하〔님〕께서   만인하여 백료하다. ㉠
  대오지랑 족하〔님〕께   … (위와 같음). ㉡
  대오지랑과 족하〔각하〕께서 … (위와 같음). ㉢
  대오지랑과 족하〔각하〕께서 … (위와 같음). ㉣

大鳥知郞足下 + 万引에 대해서는, 万引을 인명으로 볼 경우 白了의 주어가 되는 것은 万引이 된다.

  대오지랑 족하〔님〕께   만인이 백료하다. ㉤
  대오지랑과 족하〔각하〕께   … (위와 같음). ㉥
  대오지랑 족하〔님〕의   … (위와 같음). ㉦

이 가능하다. 이상은 다음과 같이 정리된다.

---

48) 같은 한자를 써서 일본에서는 "万引き" 즉 "물건을 몰래 집어가는 행위"를 나타낸다. 여기서 이를 적용하기란 어려우므로 고려하지 않는다.

주격(누가)	대격(누구에게)	예
대오지랑·족하	-	ㄷ
-	대오지랑·족하	ㄹ
만인	대오지랑·족하	ㅂ
대오지랑	-	ㄱ
-	대오지랑	ㄴ
만인	대오지랑	ㅁ
만인	-	ㅅ

그런데 대오지랑과 족하를 분리하여 2인으로 보는 것은 그 확률이 매우 적어보인다.49) 고로 ㄷㄹㅂ은 일단 고려의 대상에서는 제외하기로 한다. 나머지 ㄱㄴㅁㅅ 중에서 어디가 맞는지 그 우열을 정하기란 어렵다. 즉 大烏知郞足下万引白了는

大烏知郞 足下〔님〕께서 万引하여 白了하다. ㄱ
大烏知郞 足下〔님〕께 万引하여 白了하다. ㄴ
大烏知郞 足下〔님〕께　万引이 白了하다. ㅁ50)
大烏知郞 足下〔예하〕의 万引이 白了하다. ㅅ51)

---

49) 大烏知郞보다 높아 보이는 足下가 大烏知郞 다음에 오는 점이 부자연스럽다.
50) 기존견해 중에는 윤선태의 견해가 여기에 가깝다. 단 윤선태설에서는 足下를 "누구 앞"의 앞을 나타내는 前과 같다고 보고 이를 그와 같은 논거로 삼고 있으나 足下=前이 성립되어야만 할 필요는 없다.
51) 李成市의 두 번째 설이 여기에 해당한다.

足下는 상대방을 높이는 존칭으로 '님'(혹은 '각하' '합하' 등)에 해당한다. 이를 편지의 서식에 보이는 착신처의 받는 사람에 대한 존칭으로 취급할 수 도 있다.52)

【Ⅲ】經中入用思買白不雖紙一二斤

▽ 판독정리

석문에 이론이 있는 곳은 제일 마지막 자 즉 제13자이다. 이에 대해서는「斤」「斗」「个」「ヶ(ケ)」가 제기되었다.53) 자형상 가능성이 짙은 것은「斤」으로 보여 이를 채택한다.

▽ 해석과 문장의 단락

❶ 첫번째 부분「經中 入用思」의 해석

中은 이두로 '-에'를 뜻한다.

  經中 入用思

  經에 넣어 쓰려고 생각하여(생각하다)

여기까지는 해석에 별 이론이 없어 보인다.

❷ 두번째 부분「買白不雖紙一二斤」의 해석

이 부분은 몇 가지가 가능해 보인다.

---

52) 三上喜孝,「文書樣式牒の受容をめぐる一考察」,『山形大學歷史・地理・人類學論集』7, 2006.
53)「ケ」는 이두에서 '마'로 쓰이는데, 수량사로서의 용례를 찾을 수 없다.「ケ」가 용례가 발견되기 전까지 신중을 기할 수밖에 없다. 보통 종이의 단위는 張・部・枚 등의 경우가 일반적이긴 하나, 주지하는 바와 같이 唐에서 布・油・酒・粉・곡물 등을 石斗升合이란 단위로 표기하는 일이 있다. 그 점에서 고대한국에서 米 등 곡물 이외에 石斗의 계량단위를 썼을 개연성이 있으며, 바로 이 경우가 그 예가 될 것이다.「个」은 의미상 매력적이기는 하나 자형상은 물론 선례상 취하기가 쉽지 않다. 안압지목간에 같은「斤」이 보인다.

먼저 白不雖紙 부분이다.

白의 일반적인 의미에는 "a 희다. b 사뢰다"는 두 가지 의미가 있다. 買에 대해서는 1 "…하여 산(구입한)/…하여 사서(구입해서)…", 2 "…을 사다(구입하다)"와 같은 두 가지 해석이 가능하다.

買白不雖紙一二斤
   a1 산(살) 희지 아니한 종이 1~2근(임, 이다)
   a2 희지 아니한 종이 1~2근을 사다(사라)54)
   b1 산다고 사뢰지는 못했지만 종이 1~2근(임, 이다)55)
   b2 사뢰지 못한 종이 1~2근을 사다(사라)

삼국 및 통일신라시대의 자료 중에서 白은 "사뢰다, 삷다"의 의미로 쓰인 경우만 보일 뿐이다. 그 같은 이유에서 a보다는 b의 쪽에 비중을 두고 싶다. 다만, 그 경우에도 a의 가능성을 배제해둘 필요는 없을 듯하다. 이 부분은 자료의 확충과 발굴을 기다린다.

【Ⅳ】牒垂賜教在之 後事者命盡
  ▽ 두 개의 문장
「之」는 종결사로 문장이 종료됨을 나타낸다.「之」와「後」사이에

---

54) 기존의 해석 중에 이와 같은 해석은 三上喜孝이다. 한편 윤선태는 "白不雖紙" 자체를 종이의 이름으로 취급하였다.
55) b의 해석은 단순해 보이지 않다. 다음 두 가지로 생각할 수 있는데, 첫째로 "經(안)에 넣어 쓰려고 생각하여 샀다. 그렇게 보고하지 못했지만 [결국 산] 종이가 1~2근이다." 둘째로 "經(안)에 넣어 쓰려고 생각하였다. 산다고 보고하지는 못했지만 [결국 산] 종이가 1~2근이다." 어느 쪽이거나 결국은 經(안)에 넣어 쓸 목적의 종이 1~2근을 샀다는 내용이 된다.

는 다른 글자들과는 달리 사이가 떠어 있다. 이 공격은 의식적인 것이라 할 수 있다. 이 문장은 제9자의 「之」를 경계로 하여 「之」까지와 그 다음으로 두 문장으로 나누어 볼 수 있다.

▽ 첫 번째 문장

❶ 牒

첫 번째 문장 牒垂賜敎在之에서 「牒」은 唐을 중심으로 동아시아에서 널리 통용되었던 공문서 형식이다. 중국의 문서양식에 의하면 牒은 기관 사이에 병행문서 혹은 상급기관에서 하급기관으로의 상명하달시에 쓰이는 문서형식이다.

❷ 垂賜

「垂賜」(Ⅲ-2·3)는 [동사+賜]의 구조의 이두문이다. 賜는 동사 다음에 붙는 존칭어미 즉 존대법의 선어말어미 '-시-'에 해당한다. 「垂賜」는 "垂하시다" 즉 "드리우시다, 내리시다"는 뜻이 된다.

❸ 敎

敎에 대해서는

1 敎命
2 令·使

의 두 가지가 의미가 있다. 敎命이란 본시 국왕의 명령을 가리키는데, 전화되어 위에서 내려오는 명령일반을 가리키기도 한다.

❹ 在之

在는 이두에서는 '겨-'로 읽히고 시간의 완료나 지속을 나타내는 표현에 쓰인다.56) 在는 '있다'란 의미를 나타내는 敬語로 '계시다' '있으시다'의 의미이다.

❺ 첫번째 문장의 해석

a 牒垂賜　　　教在之.
　　　　　　牒을 내리시어 명령(혹은 敎)하시었다.
b　　　　　牒垂賜敎在之.
　　　　　　牒을 내리시었다.
c　　　　　牒.　　垂賜 敎在之. 57)
　　　　　　牒함.　드리우신 명령(혹은 敎)이 계시다.

의 세 가지 해석이 가능할 것이다.

a·b와 같이 보면, 牒은 하달된 것이 된다. c처럼 보게 되면, 이 문서 자체가 牒文이 된다.

▽ 두 번째 문장

두 번째 문장의 판독에 이론의 여지가 없어 보인다.58)

「者」는 語氣詞로 국어의 '은, 는'에 해당한다.

後事　者　　命　　　盡
뒤에 일 은　명령을　다하다.〔다하라/다하도록〕
뒷일　　　　명령대로

---

56) 여러 예 가운데 하나만 들어둔다. "成造爲內臥乎亦在之"(鳴鳳寺慈寂禪師碑陰記, 941)
57) 이것이 李成市의 두 번째 논문에서 주장된 끊어읽기이다.
58) 「者」는 「若」자설(손환일)이 제기되기도 하였으나 者를 취한다.

3) 판독의 순서와 목간의 용도

이상에서 살펴본 네 면은 어떤 순서로 조합되어 있는 것일까. 이는 각 면이 독립적인 문장인가, 아니면 연동된 일련의 문장이라고 볼 것인가에 따라 해석이 달라질 것이다.

▽ 네 면이 연속된 일련의 문장일 경우

네 면이 연속된 일련의 문장이라고 볼 경우이다. 네 면 가운데 어느 한 면이 시작이고, 어느 한 면이 끝면이 될 것이다. 목간을 위에서 내려다 볼 때, 시계바늘 방향이나 그 역방향이나 어느 쪽으로 일관된 방향으로 문장이 진행될 것이라는 점을 전제로 한다.[59] 이 같은 경우, 어느 면을 시작으로 볼 것인가, 혹은 어느 면을 끝 면으로 볼 것인가가 정해지면, 문장의 순서를 정할 수 있다.

위에서 보았을 때, 각 면의 첫 자

〔시계바늘 진행방향〕   〔시계바늘 진행 역방향〕

조합할 수 있는 경우의 수는 다음과 같이 8가지가 있다.

使大經牒   大經牒使   經牒使大   牒使大經   (이상 시계바늘 진행방향)

---

59) 즉 大→使→經→牒이나 大→牒→使→經와 같이, 일관되지 않은 문장의 조합은 성립하지 않는다고 본다.

使牒經大   牒經大使   經大使牒   大使牒經 (이상 시계바늘 진행 역방향)

네 면 가운데 어느 면을 첫 면으로 보는가에 달려 있다. 막대목간의 위쪽에서 내려다보았을 때, 문장의 전개가 시계바늘 방향인가 아니면 시계바늘 역방향인가에 따라 모두 8가지의 조합을 상정할 수 있다. 시계바늘 방향이란 다면체의 막대를 위에서 내려다 볼 때, 시계바늘이 진행하는 방향을 일컫는다.

「使」면은 다른 면과 달리 2자뿐으로 아래는 빈 칸으로 비어 있다. 이는 다른 세 면이 아래 면까지 채워져 있는 것과는 다르다. 이 같은 외형적인 요소를 기준으로 「使」면이 네 면의 시작이거나, 아니면 마지막 면이 될 것이라고 가정하기로 한다. 이 경우 8가지 경우의 수는 4가지로 좁혀진다. 그것은 위 8가지 가운데 밑줄친 4가지다.

한편 「使」를 시작으로 보고, 시계바늘 진행 역방향으로 생각할 때, 使牒經大의 순으로 볼 수 있다.

▽ 목간 자체가 牒양식 문서일 가능성

이 목간 자체가 牒 그 자체라고 볼 경우, 위의 8가지 경우 중 牒이 가장 먼저 오는 2가지 즉 牒使大經(시계바늘 진행 방향)과 使經大牒(시계바늘 진행 역방향)의 조합이 가능할 것이다.

牒使大經의 순

제I면   牒垂賜敎在之 後事者命盡
제II면   使官

제Ⅲ면 大鳥知郞足下万引白了
제Ⅳ면 經中入用思買白不雖紙一二斤

牒經大使의 순60)

제Ⅰ면 牒垂賜敎在之 後事者命盡
제Ⅱ면 經中入用思買白不雖紙一二斤
제Ⅲ면 大鳥知郞足下万引白了
제Ⅳ면 使官

이들은 다음과 같이 풀이할 수 있다.

牒使大經의 순

첩을 드리우심 : 敎하시다. 다음 일은 명령대로 다하라.
사신을 보냄
대오지랑 님께. 만인이 사룀./대오지랑 예하의 만인이 사룀
經 안에 쓸 종이 1~2근을 살 것.

牒經大使의 순
첩을 드리우심 : 敎하시다. 다음 일은 명령대로 다하라.
經안에 쓸 종이 1~2근을 살 것.
대오지랑님께. 만인이 사룀./대오지랑 예하의 만인이 사룀
사신을 보냄

위의 풀이는 적확한 해석은 아니며, 순전히 논의 전개를 위한 개

---

60) 李成市의 두 번째 논고에서 제시된 안이기도 하다.

략적 해설에 불과하다. 어느 쪽으로 보거나, 牒의 내용은 ① 종이 1~2근을 사는 것을 명령한 것이며, ② 이를 쓴 것은 '만인'이란 사람이며, ③ 使에 의해 첩이 배달되었다는 것이다.

▽ 中國·日本의 牒문서 양식과의 비교

牒이란 전형을 이루고 있는 중국에서는 기관 간에 주고받는 문서로서, 상급기관에서 하급기관으로의 상명하달시에 쓰이는 문서 형식이었다. 唐의 公式令에 규정된 官司문서는 官司間문서와 官司內문서로 구성되어 있으며, 관사내에서 本局에서 別局으로 下達에는 '牒', 별국에서 본국으로의 상신은 '刺', 별국간 互通문서는 '關'이 사용되었다.61) 당 공식령을 복원하여 도식화한 첩의 형식은 다음과 같다.

唐 公式令 복구 제9조 九 牒式	
尚書都省 爲某事 某司云云. 案主姓名. 故牒. 年月日 主事姓名	尚書都省이 어떤 일을 하였다 어떤 관사가……. 案主의 이름, 故로 牒. 年月日 主事의 이름

다음으로 이 같은 첩 가운데, 관부관인의 작은 일에 관한 奏請에 대해 황제가 지시하는 것으로 勅牒이란 것이 있다. 지시는 산하기관 즉 중서문하(재상부)가 「奉勅. …」의 형식으로 회답하고, 그 회답문서 양식은 「牒」양식으로 이루어진다. 칙첩의 前文은 臣僚의 奏請이 들어

---

61) 中村裕一, 『唐代公文書硏究』, 汲古書院, 1996.

있는 경우도 있다. 이를 비롯한 牒의 양식을 거칠게 도식화한 것이 다음과 같다.

爲某事 某奏 … 〔甲〕官司 牒〔乙〕官司	어떤 일에 대해 누가 奏함… 〔갑〕기관에서 〔을〕기관에 牒을 보냄
牒. 奉 A. … 牒至准 A. 故牒. 年月日牒. 姓名 姓名…	牒. A(명령)를 받들어… 牒이 이르면 A에 따른다. 故로 牒함. 언제 牒함 누구 누구…

이외에도 관련 예들이 있다.[62]

본 2호 목간이 牒이라고 전제하여 가장 유사한 勅牒과 대응시켜 보면 다음과 같다.

              2호 목간   칙첩의 예

    【Ⅰ】牒. 垂賜敎在之. 後事者命盡   〔4〕牒. 奉勅. 운운(宜依·依奏·余依).

---

62) (가)…
        中書門下　牒國子監
        牒. 奉 勅. 宜依. 牒至准 勅. 故牒.
            開成二年八月十二日牒.
              工部侍郞平章事　陳夷行 …
(나)…
        陜東道大行台尙書省　牒少林寺
        牒. 今得京省秦王府牒. 奉 敎連寫如右. 此已准
        敎. 下洛州幷牒秦府留後國司. 准 敎. 牒至准 敎. 故牒.
           武德八年卅二月二日　令史胥威幹牒
              主事
            膳部郞中判屯田 君胤 …

(가)는 황제의 칙을 받들어 중서문하성이 국자감에 첩한 것이다. 칙을 받들어 이행할 것을 하달하고 있다. (나)는 섬동도 대행대 상서성이 소림사에 첩한 것으로 진왕부의 敎를 받든 것이다.

牒至准勅. 故牒.
【Ⅱ】經中入用思買白不雖紙一二斤　　〔1〕 어떤 일
【Ⅲ】大烏知郎足下萬引白了　　　　　〔2〕 右. 모奏. 운운
　　　　　　　　　　　　　　　　　〔3〕 中書門下牒모
【Ⅳ】使官(혹은 使內)

　　　　　　　　　　　　　　　　　〔5〕 연월일牒.
　　　　　　　　　　　　　　　　　〔6〕 宰相 具官姓名

　　직접 대응되는 듯 보이는 것이 비교적 확실해 보이는 곳은 【Ⅰ】과 〔4〕인 듯하다. 【Ⅲ】은 〔2〕나 〔3〕이 대응될 듯도 하나 잘 알 수 없다. 나머지도 역시 서로간의 관계를 잘 알 수 없다.

　　한편 일본의 경우 관사내 別局이 발달하지 못하였던 연유도 있어서 중국의 이 같은 제도가 계수되지 못하고, 필요에 따라 '牒'이 관사내문서로서 상신·하달 양쪽에 사용되었다.[63] 養老公式令에서 정한 牒에는 내외의 관인이 관사에 상신하는 문서와 관사 간에 연락을 취하는 병행 互通문서가 있다. 이외에도 관인이나 승려 개인이 발급하여 하달하는 경우 등 그 종류는 다양하며, 이 같은 양상은 목간에서도 그대로 나타난다.[64] 이에 힘입어 일본의 牒목간을 참조하여 월성해자 2호 목간은 개인이 발행한 牒이라는 견해가 제출되었다.[65] 그런데 일본의 牒 목간과 비교해도 당해목간이 자체가 牒인지

---

63) 吉岡眞司, 「奈良時代の宣」, 『律令官僚制の研究』, 塙書房, 1998.
64) 『日本古代木簡集成』, 木簡學會, pp.64~65.
65) 李成市의 두 번째 견해: 三上嘉孝, 「文書樣式「牒」の受容をめぐる一考察」, 『山形大學歷史·地理·人類學論集』 7, 2006.

단정하기 어렵다. 단, 목간의 한정된 공간에 쓰인 牒 양식의 문장은 약식일 수 있다는 점을 감안하면 상정할 수 있는 것 들이다.

4) 목간기록에 보이는 문서 수수과정

위와 같이 고찰을 염두에 두면서 앞서 도출된 두 가지 순서의 문장은, 어느 쪽을 선택하든 다음과 같이 정리할 수 있다.

A : 〔어떤 관서〕에서 〔가〕에게 牒을 내려보냈다.
B : 牒의 내용은 經에 쓸 종이를 구입하라 명령〔敎〕이었다.
C : 〔나〕는 일을 모두 실행하였다.
D : 실행의 내용은 敎에서 명령한 대로, 經에 쓸 희지 않은 종이 一二斤을 산 것이었다.
E : 〔나〕는 官에 사신을 보내어, 복명하였다.
F : 복명내용은 "牒의 敎 즉 「命」대로 이행하였음"이다.

여기서 해석의 전제는 使官을 "복명함에 있어 官에 사신을 보내다"는 의미로 보는 것이다. 이는 使內로 읽더라도 앞서 언급한 바와 같이 이두가 되기 어려우므로 內에 사신을 보내다는 의미가 된다. 내부시행문이 되는 것이다.

해석의 열쇠는 大烏知郞足下万引白了를 어떻게 보는가에 있다. ① 大烏知郞을 수신처, 万引을 송신처로 보는 경우, ② 大烏知郞의 아래 万引이 있는 것으로 보는 경우, ③ 万引을 인명으로 보지 않는 경우이다. ①의 경우는 위의 〔가〕와 〔나〕는 모두 만인이 된다. 牒을 내려보낸 官의 담당자는 大烏知郎이 된다. ②의 경우는, [가]는 大烏知郎, [나]는 万引, [나]가 복명한 상대는 大烏知郎이 된다. ③의 경우는 [가]와 [나]가 모두 大烏知郎이 된다. 이 문장을 기록한 사람 즉 [다]는 어느 경우거나 牒을 내린 주체는 아니다. 첩을 받았거나, 첩의 수수 과정과 관련 있는 제3자측이 된다. [다]는 ①이나 ②의 경우는 万引(万引 측)된다. ③의 경우는 첩을 내린 官도 아니고 大烏知郎 측도 아닌 제3자 측이며, 양쪽에 대해 모두 존경어를 사용하고 있으므로 大烏知郎보다 아래의 문필서리일 것이다.

목간에 위와 같은 문장이 기재된 것은, 명령의 내용이행을 완수한 시점이거나 완수하였음을 보고하거나 보고를 종료한 시점이었을 것이다.

제1단계   〔어떤 기관〕———〔牒/敎〕———→〔가〕
           (1 大烏知郎)   (1 万引)
           (2 官)   (2 大烏知郎)
           (3 官)   (3 大烏知郎)

           | 牒을 垂賜함 | 위에서 |
           | 敎가 계심〔在〕 | 아래로 |

제2단계   〔나〕가 명령을 이행
           (1 万引, 2 万引, 3 大烏知郎)

           | 命 盡 |
           | 大烏知郎이 명령〔=敎〕을 수행 |

제3단계   〔나〕──〔使官〕──〔어떤 기관〕
              (1 万引)   (1 大烏知郎)
              (2 万引)   (2 大烏知郎)
              (3 大烏知郎)   (3 官)

              | 使官(사신을 보냄) |
              | 白了(아룀) |

제4단계   〔다〕에서 목간을 기록
              (1 万引, 2 万引, 3 제3자측)

5) 經과 紙

  李成市는 이 목간에 대해서 "寫經에 쓰이는 종이의 구입과 관련하여, 官府간에 쓰였다고 추정되는 문서"라고 하였다. 이와 같이 보아 대과가 없을 것이다. 大烏知郎 혹 万引은 官의 教에 따라 經에 쓸 종이를 구입하였다. 널리 알려진 바와 같이 고대 동아시아에서는 불교가 왕성하였으며, 佛經에 대한 寫經이 왕성하게 이루어지고 있었다. 이미 寫經과 관련해서는 신라의 경우, 『신라화엄경 사경조성기』(755)란 자료가 남아 있다. 여기에서 보이는 寫經은 불교의식 속에서 수행의 일환으로서 이루어지고 있다. 紙作伯士 혹 紙作人 즉 종이를 만드는 전문가, 經寫筆師 혹 經筆師 즉 불경을 베껴쓰는 전문가, 經心匠 즉 두루마리 맨 끝에 붙이는 軸을 만드는 전문가, 佛菩薩像筆師 즉 經文 앞에 붙이는 불보살상 그림을 그리는 전문가, 經題筆師 즉 사경의 맨 마지막에 經의 제목을 써넣는 전문가 등에 의해 분업으로 이루어지고 있다.66) 이는 신라 왕경에 사는 平人인 所白의 檀越에 의해, 緣起法師가 돌아간 자신의 아버지를 위해 제작되었다. 여기서 종이를 만드는 작업과 경문을 베껴쓰는 일은 지방인들이 행하고, 두루마리를 완성하기는 나머지 작업은 왕경인들에 의해 이루어졌다.

관련문서가 많이 남아 있는 동시대 일본의 예를 보면 다음과 같다. 먼저 사경사업은 寫經기관에 대해 寫經의 지시가 이루어지게 됨에 따라 시작된다. 보통은 發願主의 요청이나 지시 즉 宣에 의해 이루어진다. 이어 사경기관은 紙筆墨 등 필요한 물자의 견적서를 작성하여 상급관청에 제출한다. 상급관청은 이것을 받아 그 내용을 寫經의 發願主에게 청구한다. 발원주로부터 物資 혹은 그 代金이 상급관청을 통해 사경기관에 보내진다. 이들 여러 물자 가운데, 종이에 대해 비교적 상세한 자료가 남아 있다. 사경과 관련된 종이는 經紙(寫經用 종이)와 凡紙(기타 여러 용도에 쓰이는 종이)로 나뉜다. 백만범망경의 경우 7월 25일에 色紙 336장, 穀紙 3,905장과 凡紙 309장이 內裏로부터

---

66) 經을 만드는 법은, 닥나무 뿌리에 향수를 뿌려 자라게 하고, 그러한 연후에 닥나무 껍질을 벗기고, 벗겨낸 껍질을 연마한다. 紙作伯士나 經寫筆師나 佛菩薩像筆師나 走使人이나 [모두] 보살계를 받게 하고 齋食하며, 이 사람들이 만약 大小便을 보거나 누워 자거나 식사를 하거나 한 경우에는 향수로 목욕을 하게 한 후에 寫經하는 곳에 들어가게 한다. 經을 쓸 때에는 모두 淸淨하게 한 깨끗한 淨衣・褌・水衣・臂衣・冠・天冠 등으로 莊嚴하게 한 자에, 靑衣童子가 灌頂針을 받들고 또 靑衣童子가 나타나면 네 명의 伎樂人이 일제히 伎樂을 하고, 또 한 사람은 향수를 가는 길에 뿌리고, 또 한 사람은 꽃을 받들어 가는 길에 뿌리고, 또 한 명의 法師는 香爐를 받들어 인도하고, 또 한 명의 法師는 梵唄를 부르며 인도하고, 經寫筆師들은 각각 향과 꽃을 받들고, 염불하면서 길을 가 寫經하는 곳에 이르면 三寶에 귀의하고 세 번의 큰 절을 하고 불보살에게 화엄경 등을 공양한 후에 자리에 올라 經을 필사한다. 經心을 만들고 佛菩薩像을 그릴 때 靑衣童子와 伎樂人을 제외한 다른 淸淨한 法은 위와 같다. 經心 안에 舍利를 한 알 넣는다. 〈경덕왕 때『화엄경』사경발문〉에서.

寫經所에 納入되었다.

　색지와 곡지는 經紙이다. 이 가운데 가장 많은 곡지란 닥 섬유로 만든 종이 즉 楮紙이다. 經紙는 黃紙가 쓰이는 경우도 있는데, 이 사경사업에서는 白紙로 보이므로 이 곡지는 無色이었다. 이에 대해 이 사경사업에는 色紙도 經紙로 사용되었다. 색지에는 縹色(藍色계통)·靑褐色의 2종류가 있다. 표색은 가는 금박을 뿌린 것(敷金한다고 함: 金字)과 가는 은박을 뿌린 것(敷銀: 銀字)이 있다. 이에 의하면 백만범망경 200권 가운데 7부14권은 매우 아름다운 경권이었다.

　사경소에 운반되어 들어온 經紙 아직 낱장에 불과하다. 이를 案主별로 표구사에게 할당한다. 표구사는 낱장의 종이를 이어 긴 두루마리로 만들고, 또 두들겨 단단하게 하고, 괘선을 그었다. 經師가 書寫를 시작함에 앞서 서사용 두루마리와 함께 중요시되는 것이 옮겨 적어야 하는 범망경 텍스트이다. 이를 本經이라 불렀다. 案主는 사경 작업에 있어 經師의 수, 각각의 종사 예정기간 등을 계산하고 이를 바탕으로 필요한 本經 수를 파악하여 준비하였다. 부족할 경우, 보유하고 있는 각 처에 차용을 의뢰하였다. 본경이 준비되면, 안주는 경사들에게 필·묵·서사용 두루마리와 본경을 건네었다.[67]

　중국에서는 육조시대에 寫經의 정형이 생겼고 隋唐대에 최성기를 맞이하였으며, 宋代에도 一切經 등의 改版이 몇 번 있었으나, 그 뒤 점차 쇠퇴하였다. 신라시대에는 경덕왕대부터 목판인쇄가 이루

---

67) 國立歷史民俗博物館, 『文字のある古代日本の風景』, 1999.

어지기 시작하였으므로, 이 무렵 이후에는 寫經 말고 印刷에 의한 불경이고 紙는 그와 관련된 종이다. 寫經 혹은 印刷를 위한 종이였을 것이다. 물론 7세기 이전이므로 인쇄보다는 사경의 확률이 매우 높다. 白不雖紙가 희지 않은 종이로 풀이된다면, 白紙가 아니라 이를테면 黃紙나 紺紙 등에 해당할 듯하다. 또 '사뢰지 않았지만'으로 풀이된다면, 紙는 실체를 알기는 어렵지만 당시의 寫經 일반에 쓰이던 종이를 가리켰을 것이다.

6) 기능

이미 여러 사람에 의해 상정된 바와 같이, 본 목간은 牒일 수도 있으며, 관서간 혹 관서내 내부시행문서 혹 연락문서·서신일 수도 있다. 자체가 牒형식의 문서라면, 牒으로 시작되는 면에서 시작하여 위에서 볼 때 시계방향으로 돌아 갈 것이다. 즉 즉 Ⅳ→Ⅰ→Ⅲ→Ⅱ이 될 것이다. 관서간 혹 관서내의 내부시행 문서나 연락문서·서신과 같은 것이라면 大烏知郞이 나오는 면에서 시작되는 것이 자연스럽다. 즉 Ⅱ→Ⅲ→Ⅳ→Ⅰ이 된다. 비록 牒으로 시작되지는 않더라도 넓은 의미에서는 이것 역시 牒의 범주에 넣을 수 있다.

이상은 목간 자체가 하나의 완결된 기능의 문서이며, 그 서사의 순서가 시계방향이라는 것을 전제로 하였을 경우였다. 반면 각 면이 연동된 일련의 문장이 아닐 경우도 상정할 수 있다. 大烏知郞이 구체적인 이름이 결여되어 관등명으로 대치되어 있다거나 이름으로 본다고 하더라도 문서행정에서 중시해야할 구체적인 관등이 빠져 있는 점 등이 그 근거가 될 수 있다. 이와 같은 시각에서 보면 점에서 네 면이 순서에 의한 조합이 아니라 각각의 고립된 문장이라고 볼 수도 있다. 각각의 문장은 面 마다 독립적이고 완결적이다. 분절적 시각에서 볼 경우, 행정실무 서리들이 손맡에 두고 쓰거나 휴대하는 서식 例文集일 가능성도 충분히 상정할 수 있다.

5. 약물이름이 보이는 목간 - 11·23호 목간 -

23호와 11호 목간에서는 약물을 읽어낼 수 있다.

23 • 「天雄二兩」 圖=□+萬×   -a
    • 「□□二兩 □   ×   -b
    • 「□□□□□   ×   -c
    • 「□□□□□   ×   -d

▽ 낱말에 대한 고찰

목간에 등장하는 天雄·萬·兩에 대해 살펴보자.

⑴ 天雄

天雄은 烏頭의 홑뿌리를 한방에서 이르는 말이다. 가늘고 긴 풀로, 附子 즉 트리카프트의 일종이며, 藥으로 쓰인다. 독성과 약효가

附子보다 강하다. 다음과 같은 자료들이 참고가 된다.

天雄 味辛溫. 主治大風, 寒濕痺, 曆節痛, 拘攣緩急, 破積聚, 邪氣, 金創, 强筋骨, 輕身健行. 一名白幕. 生山谷.

天雄은 맛이 맵고 따끈하다. 주로 大風을 치료한다. 寒濕痺·曆節痛·拘攣緩急. 積聚·邪氣·金創을 격파한다. 筋骨을 강하게 하고, 가볍게 하여 건강하게 한다. 일명 白幕이라고도 한다. 山谷에서 자란다.(『神農本草經』草部下品 天雄 : 弘景曰,「天雄 似附子, 細而長, 乃至三四寸)

천웅 : 弘景에 이르기를, "天雄은 附子와 비슷하다. 가늘고 길어서, 3~4촌에 이른다"고 하였다.(『本草』附子)

天雄·烏喙, 藥之凶毒也. 良醫以活人

天雄과 烏喙는 매우 독한 藥이다. 좋은 의사는 이 약을 써서 사람을 살린다.(『淮南子』繆稱訓)

烏喙·天雄·附子 一物, 春秋冬夏採, 各異也.

烏喙과 天雄과 附子는 모두 같은 것이다. 봄가을과 겨울과 여름에 채취함이 각기 다르다.(『博物志』藥物)

烏頭 卽川烏也　天雄附子毒. 烏頭烏喙. 天雄附子側子. 皆一物也. 形似烏頭者. 爲烏頭. 兩歧者. 爲烏喙. 細長至三四寸者. 爲天雄. 根傍如芋散生者. 爲附子. 傍連生者. 爲側子. 中者. 心煩燥悶. 甚則頭岑岑然. 遍身皆黑. 必死. 甘草黑豆濃煎服. 入口卽定. 又菉豆黑豆煮汁. 冷服之. 又乾薑 煮汁. 冷飮之. 又多飮冷水. 大吐瀉卽愈.

烏頭 川烏이다. ·天雄·附子의 毒 오두(烏頭)·오훼(烏喙)·천웅(天雄)·부자(附子)·측자(側子)는 모두 같은 것이다. 형상이 오두와 같은 것을 오두라 하고, 두 가지[兩歧]가 난 것을 오훼라 하며, 가늘고 길어서 3~4치에 이르는 것을 천웅(天雄)이라 한다. 또 뿌리 곁에 장대(芋)처럼 흩어져 난 것을 부자(附子)라 하고, 그 곁에 난 것을 측자(側子)라 한다 에 중독된 자는 가슴이 번열하고 답답하며, 심하면 머리가 아프

고 온몸이 다 검어져서, 반드시 죽게 된다. 감초·흑두를 진하게 달여 먹이면 입에 들어가는 즉시 안정된다. 또 綠豆·黑豆 달인 즙을 식혀 서 먹이거나 乾薑을 달인 즙을 식혀 먹인다. 또는 冷水를 많이 먹여 크게 吐瀉시키면 즉시 낫는다.(『東醫寶鑑』救急 諸藥毒)

又方烏頭天雄附子毒。大豆汁 遠志 防風棗肉 飴糖並解之.
또 오두와 천웅와 부자를 먹고 오른 독은 콩의 즙과 원지와 방풍과 대추와 고기와 엿으로 다 고친다.(『향약구급방언해』中砒礵毒 제29)

(2) 萵

「萵」 다음에 파손되어 원래 표기를 알 수 없으나, 「萵…」로 생각할 수 있는 원래의 표기로서는 萵(와)·萵苣(와거)·萵菜(와채) 혹은 萵螺菜(와라채) 등이 있다. 萵螺菜는 풀의 일종으로 紫草科에 속하는 2년생 풀이다. 봄 7草 가운데 하나이다. 萵는 萵苣를 일컬으며 蔬菜의 이름이다. 萵 혹 萵苣는 상추를 일컫는다. 잎이 타원형으로 크고 표면은 좁고 광택이 있으며 식용으로 사용되는 상치를 일컫는다. 황색의 頭狀花를 피운다.

釋名, 時珍曰, 按膨乘墨客揮犀云, 萵菜自萵國來, 故名. 時珍曰, 萵苣 正二月下種, 最宜肥地. 葉似白萵而尖. 色稍靑, 折之有白汁黏手, 四月抽薹, 高三四尺, 剝皮生食, 味如胡瓜, 粗食亦良, 江東人鹽曬堅實, 以備方物, 謂之萵筍也, 花子並如白萵同.

釋名 : 時珍에 이르기를 "고찰컨대 膨乘墨客揮犀에서 萵菜는 萵國에서 왔기 때문에 붙여진 이름이다"라 하였다. 時珍에 다음과 같이 이른다.

"萵苣는 正2월에 씨 뿌리며, 비옥한 땅에 가장 적합하다. 잎은 白萵와 같이 뾰족하며, 빛은 조금 푸르다. 꺾으면 흰즙이 손을 적신다. 4월에 유채를 뽑으면 높이 3~4척이 되는데 껍질을 벗겨 날로 먹을 수 있다. 맛은 胡瓜와 같으며, 으깨 먹어도 좋다. 江東사람들은 절여 말려 단단하게 하여 특산물을 만든다. 이를 萵筍이라 한다. 꽃은 모두 白萵와 같다."(『本草』萵苣)

萵苣。白莖者佳。紫者劣。六月耕。纂要。二三月間。與芥子同種。至六月收子。更種於七月。俗方。八月。下種待長。治畦分栽。來年摘取隨澆。中心肥大。卽萵笋。閑情錄。

【와거(상치)】: 줄기가 흰 것이 좋고 보랏빛인 것이 떨어지는 것이다. 6월에 간다. 〈찬요〉: 2~3월 사이에 개자와 함께 씨 뿌리며 6월에 거둔다. 다시 7월에 씨 뿌린다. 〈속방〉: 8월에 씨 뿌려 자라기를 기다리며 밭을 일궈 나누어 기른다. 내년에 따고 물대기에 따라, 중심이 비대해 진다. 곧 상치순이다. 〈한정록〉(『山林經濟』卷之一, 治圃, 種萵苣)

(3) 兩

兩(량)은 무게의 단위로 귀금속이나 한약재 등의 무게를 잴 때 많이 사용된다. 1兩은 귀금속의 경우는 1돈의 10배이고, 한약재일 때는 1근의 16분의 1이며, 1銖의 24배로 37.3~37.5g에 해당한다. 24銖로, 37.3g에 해당한다. 『東醫寶鑑』에 보면, 丸이나 湯·散 등 약을 제조함에, 약재의 용량으로 兩은 分·錢·粒·枚 등과 함께 사용되는 단위이다. 즉 23호 목간의 내용 가운데 일부에는 적어도 약재관련 명부가 들어 있다.

경주 월성해자 23호(사진집167호) 목간

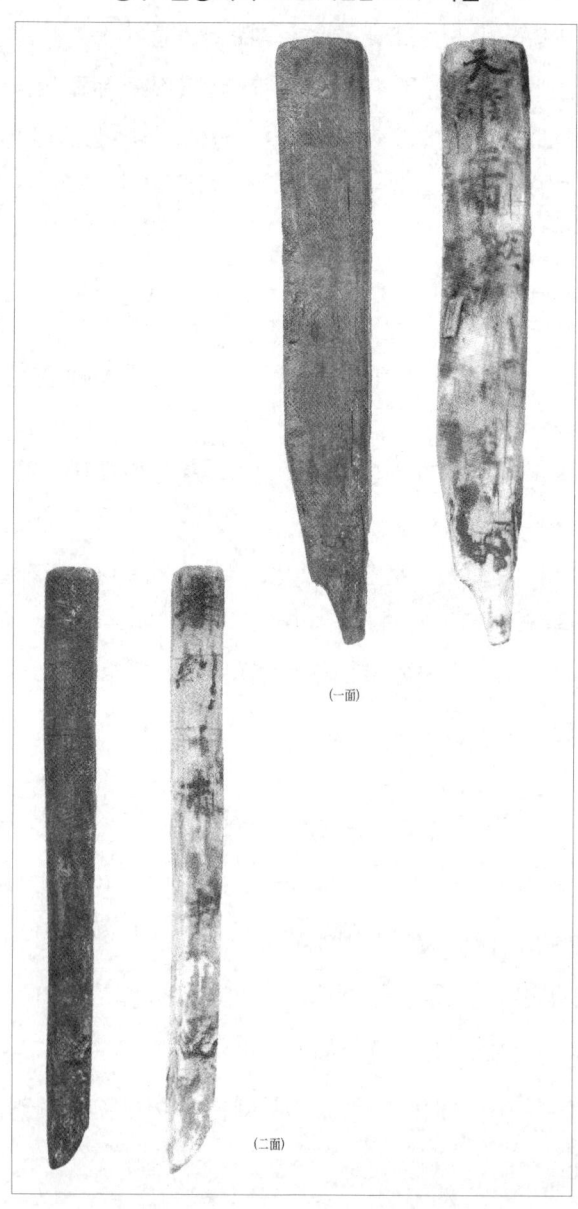

(一面)

(二面)

경주 월성해자 목간 179

(三面)

(四面)

▽ 약재관련 목간 -고대 일본의 경우-

이 같은 약재관련 목간의 예는 고대 일본의 경우에서 많이 찾아볼 수 있다. 藤原宮跡에서는 약물을 기재한 목간이 다수 출토되었다. 여기에는 고대 일본의 藥物을 관장하는 관청인 典藥寮에 보관하고 있던 藥物의 付札, 여러 지방에서 약물이 공납되었을 무렵의 荷札, 여러 관사에서 전약료에 약물을 청구할 때의 문서목간, 약이나 탕약의 처방기록 등이 있다.

먼저 약물의 부찰 목간들이 있다.

概報(九) 10면上 「∨當歸十斤」
縣報告69   105 「∨商陸柒斤」

다음 약물하찰이 있다.

概報(九)　9면下 「∨无耶志國藥桔梗卅斤」
縣報告68 ・「∨高井郡大黃∨」
         ・「∨十五斤」

또 처방을 기록한 목간이 보인다.

縣報告69 ・「漏盧湯方漏盧二兩 升麻二兩 黃芩二兩 大黃二兩 枳實二兩
          白斂二兩 白微二兩 芍藥二兩 甘草二兩   」
        ・「麻黃二兩 漏盧
          新家親王　湯方兎絲子□   」

다음은 약물 청구목간이다.

縣報告75 ・ 「　　　　車前子一升　西辛一兩
　　　　　　受被給藥
　　　　　　　　　　久參四兩　右三種　　　　　」
　　　　　　・ 「多治庥內親王宮政人正八位下陽戶甥　　」

약물 부찰목간과 하찰목간은 각각

　　약물이름 + 분량
　　지역이름 + 약물이름 + 분량

의 서식을 갖는다. 현보고69 목간은 漏盧湯方의 처방을 기록한 것이다. 陶弘景의『本草經集注』권3에 漏盧湯에 대해「可作浴湯」이라 되어 있다. 新家親王이란 인물을 대상으로 한 漏盧 처방이다. 현보고75 목간은 多治庥 內親王의 宮政人이었던 陽戶甥이 3종류의 草藥을 典藥寮에 청구한 것이다. 이는 두 조각으로 발견된 것인데 한 조각은 SD105에서 다른 한 조각은 SD145에서 출토되었다. 위 두 목간의 서식

　　처 방 명 + 약물목록 + 피처방자
　　지급청구 + 약물목록 + 피청구자

의 구조를 하고 있다.

　　〔약재 처방기록 목간〕=縣報告69
　　　(가) 처 방 명 - 漏盧湯方
　　　(나) 약물목록 - 漏盧^{二兩} 升麻^{二兩} 黃芩^{二兩} 大黃^{二兩} 枳實^{二兩} 白斂^{二兩} 白微^{二兩}
　　　　　　　　　　夕藥^{二兩} 甘草^{二兩} 麻黃^{二兩}

    (다) 피처방자 - 漏盧 新家親王 湯方 兎糸子□

  〔약물 청구목간〕=縣報告75
    (가) 수급청구 - 受被給藥
    (나) 약물목록 - 車前子 一升 西辛 一兩 久參 四兩   右三種
    (다) 청 구 자 - 多治㴱內親王宮政人 正八位下 陽戶甥

  즉 서식에 따르면 하찰이나 부찰의 경우는 품목이 1개인데 비해 처방기록이나 청구목간에서는 품목이 여러 개임을 알 수 있다. 또 서식에서는 드러나지 않았지만, 하찰이나 부찰의 경우 약재의 양이 7斤·10斤·15斤·30斤으로 斤단위인데 비하여, 처방이나 수급청구목간에는 1兩·2兩, 1升의 兩 혹 升 단위여서, 하찰이나 부찰 쪽이 처방이나 수급 청구목간 쪽보다 품목당 약의 양 혹 무게가 더 많음을 알 수 있다. 위의 자료에 한정하여 목간 종류별로 목간에 내용 즉 약재품목수, 약재단위와 목간의 외양 즉 형상을 비교해 정리하면 다음과 같다.

목간종류	약재품목수	약재단위	목간 형상
부찰	1	斤	상단 혹 하단을 V자로 파 들어간 것
하찰	1	斤	상단 혹 하단을 V자로 파 들어간 것
처방기록	10	兩	홀형
수급청구	3	兩, 升	홀형

  ▽ 23호 목간의 용도
  여기에서 23호 목간의 형상을 다시 한번 짚어보자.

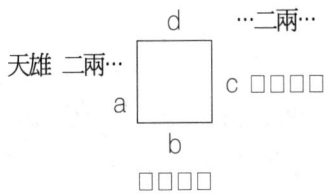

　판독되는 a·b면을 중심으로 내용을 복원하면, 적어도 3~4개 이상의 여러 약물 혹 잡물이 등장하는 점, 또 형태가 봉형이다. 이처럼 내용으로 보나 외양으로 보나 당해 23호 목간이 부찰이나 하찰이 될 공산은 매우 적어보인다.

　여기서 a·b·c·d면의 어느 면이 시작되는 면인지는 정하기 어렵다. 「天雄 二兩」으로 시작되는 a면이 제1면이 될 수도 있으며, 그렇지 않을 수도 있다. 이와 같은 경우의 수를 모두 고려하면서 내용에 대해 다음과 같은 상정이 가능하다.

　　〔가〕목록의 내용이 天雄, 蒿…〔蔄萓인가〕와 같이 약재만으로 구성되었을 경우
　　〔나〕목록의 내용이 약재를 비롯하여 그 외의 雜物들로 구성되었을 경우

　[가]의 경우는 이의 없이 약물 처방기록 혹 약물 수급목간일 가능성이 짙다. [나]의 경우라면, 잡물수급 청구목간일 가능성이 크다. 물론 이 경우 잡물 안에는 적어도 天雄과 같은 약재가 포함되어 있었던 것이다.

　이해를 돕기 위해 『東醫寶鑑』에 보이는 수많은 처방 가운데 하나

의 예를 들어보자.

　　滋陰大補丸. 治虛勞補心腎. <u>熟地黃 二兩, 牛膝·山藥 各 一兩半, 杜沖·巴戟·山茱·萸肉·蓯蓉·五味子·白茯笭·茴香·遠志 各 一兩, 石菖蒲·枸杞子 各 五錢</u>. 右爲末, 蒸棗肉 和蜜爲丸, 梧子大. 鹽湯或溫酒下七九十丸.
　　자음대보환. 虛勞를 고치고 心腎을 보강해 준다. 숙지황 2량, 우슬·산약 각 1량반, 두충·파극·산수·수육·총용·오미자·백복령·면향·원지 각 1량. 석창포·구기자 각 5전. 위의 것을 가루로 만들어 대추를 쪄서 벌꿀을 섞어 벽오동 크기의 丸으로 만든다. 따뜻한 소금물 혹은 따끈한 술과 함께 70~90丸 복용한다.

　　위의 밑줄친 부분 즉 처방약을 만드는 데 들어가는 목록을 약재와 그 분량으로 정리 나열해 보면 다음과 같다.

　　熟地黃 二兩. 牛膝 一兩半. 山藥 一兩半. 杜沖 一兩. 巴戟 一兩.
　　山茱 一兩. 萸肉 一兩. 蓯蓉 一兩. 五味子 一兩. 白茯笭 一兩.
　　茴香 一兩. 遠志 一兩. 石菖蒲 五錢. 枸杞子 五錢.

　　상정한 [개]의 경우, 즉 약재의 목록만으로 이루어졌다면, 天雄 二兩을 비롯하여 위와 같은 분위기의 약재 및 그 분량을 기록한 약재목록이었을 것이다.
　　다음에 [나]의 경우, 즉 약재목록만으로 이루어진 것인지, 약재목록에 더하여 처방명·피처방자 혹 수급·청구·청구자와 같은 내용 등 다른 기재도 함께 포함되어 있었을 가능성도 충분히 고려되어야 한다. 아울러 목록의 내용이 天雄 같은 약재만으로 구성된 것이라는 상정 이외에, 약재를 포함하여 약재 이외의 기타 여러 가지 물건과 함께 구성되어 있었을 가능성에 대해서도 배제해서는 안될 것이다.68) 이와 같은 고려에 입각하면 23호 목간의 완전한 내용에 대해서는 다음과 같은 몇 가지 가능성이 상정가능하다.

1. 처방 약재목록
2. 약재수급 및 청구
3. 잡물(약재도 포함)수급 및 청구

다음 약물은 11호 목간에도 보인다.

```
11    •  「       卜芍    」       -a. 창연목 2면
      •  「 □□□葛席二 」       -b. 창연목 3면
      •  「        □□   」       -c. 창연목 4면
      •  「        □□酉 」       -d. 창연목 1면
```
20.4×4.4

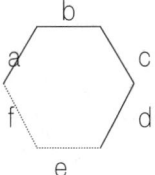   위에서 보았을 때의 대체적인 단면

---

68) 正倉院 문서 가운데 「雜物出入繼文」이 참조가 된다. 약재를 비롯하여 다른 잡물을 청구한 고대일본의 문서가 참고가 될 것이다. 『第五十四會正倉院展』(奈良國立博物館, 2002)의 p.114 사진 참조.

6각으로 구성되어 있는데, 이 가운데 네 면에 묵서가 확인되고 있다.

卜芍은 검은 쇠귀나물이다. 『驗方新編』에 보면 「匏四 : 治血結不散。更因身重尋匏四, 血結疹宜白蒺藜。蘇寄桃紅青獨活, 略加烏藥助排擠。白蒺(去刺搗)錢二分, 蘇木·寄奴·桃仁·紅花各錢·青皮八分, 獨活六分, 烏藥 四, 匏 五 : 治疹因食積血滯, 傷寒匏五療兼疹, 卜芍檳翹銀與楂。桔梗防烏延枳殼, 先疏積 滯法無差。卜子二錢, 赤芍·檳榔·連翹·銀花·山楂各錢·桔梗·防風·烏藥·延胡·枳殼各七分。(『驗方新編』六十四方第十六 疹症의 加總歌)」으로 되어 있어, 피가 굳고 잘 돌지 않는 증세를 치료하는 데 쓰이는 약재의 일종이다. 전체를 판독할 수 없는데, 읽을 수 있는 부분에 이처럼 약재가 보인다. 그 성격은 23호 목간에서 유추할 수 있다.

▽ 신라의 醫藥 관리

고대 국가에 있어, 의술과 약재는 주요기술로서 국가에 의해 관리 통제되고 있었던 것으로 보인다. 일찍이 진흥왕의 석비 가운데 마운령비와 황초령비에는 藥師가 보인다.

藥師 沙喙部 篤兄 小舍 　　황초령비(568년 건립)
藥師 　　　篤支次 小舍 　　마운령비(568년 건립)

이로 보아 이미 568년에 신라국가에서는 醫藥관련 업무에 관한 경위 제14위의 전담부서를 두고 있었음이 확인된다.『삼국사기』職官편은 신라에 다음과 같은 의약관련 기관이 있었음을 전하고 있다.

○ 藥典, 景德王改爲保命司, 後復故. 舍知二人, 史六人, 從舍知二人.
　藥典 : 景德王때 保命司로 고쳤다. 뒤에 다시 옛 이름으로 돌아갔다. 舍知가 2인, 史가 6인, 從舍知가 2인이다.
○ 醫學, 孝昭王(孝照王)元年初置. 敎授學生, 以『本草經』·『甲乙經』·『素問經』·『針經』·『脈經』·『明堂經』·『難經』爲之業. 博士二人.
　醫學 : 孝昭王(孝照王)元年에 처음 설치하였다. 敎授學生은 『本草經』·『甲乙經』·『素問經』·『針經』·『脈經』·『明堂經』·『難經』을 業으로 삼았다. 博士는 2인이다.
○ 供奉醫師, 無定數.
　공봉의사 : 정해진 수가 없다.

이에 따르면 '醫學'은 학생을 교수하는 기관으로 박사가 있었다. 이곳은 『본초경』 등 의술관련 서적을 가르쳐 관계전문가를 양성하는 기관이었다. 한편 왕실이나 왕궁 내에는 供奉醫師와 같은 전문의가 있었다. 藥典(혹은 保命司)은 藥物을 관장하는 신라의 관청이었던 것으로 보인다. 『삼국사기』 職官편에 따르면, 의학은 효소왕 1년에 설치된 것이나, 약전이나 봉공의사에 대해서는 그 初設연대에 대해 명기되어 있지 않다. 그 기원 혹 그 선행형태의 기관의 기원은 적어도 진흥왕비 단계인 늦어도 568년 단계에까지 소급할 수 있다. 藥典은 宮內의료를 담당하고, 供奉醫師는 국왕의 御醫였던 것으로 추정된다. 진흥왕비의 藥師는 바로 약전과 봉공의사의 업무를 담당하던 기관 혹 관리였던 것으로 보인다. 藥師·藥典은 진맥 등 시술진료뿐만 아니라 제약제조 및 약재관리 및 수급도 관장하였던 것으로 보인다.

고대사회에서 의약은 오늘날과 같이 일반화되어 있지 않았으며 그 향유는 특권지배층의 전유물이었다. 국가 특히 왕경 혹 왕궁 내에서의 약재의 관리와 수급 유통은 국가의 관리 하에 이루어졌던 것으로 보이며, 그러한 기능의 중추적 역할을 담당하는 것이 바로 이 藥典에 다름아니었을 것이다.

6. 제작과 관련된 목간 : 17·19·20호 목간

다음에는 '作'자가 들어가는 제작과 관련된 목간들이 있다.

17   「 呋字差作之   ∨
                 ∧ 」

14.95×2.65×0.85

형태나 내용으로 보아 물품부찰이다. 呋는 和의 이체자이다. 呋字差는 제작자, 제작처 혹 제작물의 이름으로 추정된다. 목간은 제작된 물품에 매달려 있었을 것이다.

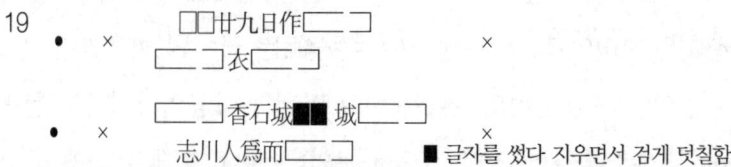

「…月廿九日作…衣 …香石城■■城…志川人爲而…」의 내용구성이다.

'月' 앞의 '□'는 남은 획으로 보아 '六' 혹 '八'일 가능성이 크다. "……월 29일에 만들었다.…"로 읽을 수 있을 것이며, '…月'의 '…'은 예를 들면 "甲子年六"이나 "天寶二年八"과 같이 간지년이나 연호 몇 년 몇 월이 있었을 것이다. 잘못 쓴 부분을 ■■로 지운 것이 특징적이다. 작은 붓으로 두 줄로 썼다. 내용구성이나 너비·폭의 재원으로 보아 20호 목간과 그 재원이 매우 흡사하다.

```
20    •      × 子年十月    ×
      •      × 作次和內    ×
```
                                (9.3+a)×2.7×0.65

「…子年十月…作次和內…」의 내용구성으로 보인다. 19호 목간과 20호 목간을 종합하면 "몇 년 몇 월 며칠 만듦[作]"의 문장형식일 가능성이 크다. 이와 같은 형식의 목간은 안압지 출토 목간 중에 여럿 보인다.[69]

「…………月廿九日作…」   19호 목간
「…子年十月………作次和內…」 20호 목간

이와 같다면, 20호 목간의 원형도 다음과 같은 내용구성으로 복원할 수 있다.

---

69) 예를 들어 다음과 같은 목간들이 있다.

목간번호	연대	연월일	작	물품 관리·조리	그릇·수량	
211	775(乙)787(丁)?	□卯年正月十一日	作	□䉭 助史	百十瓮	□
189	790	庚午年□月廿七日	作	巴□□□□□□		
195		朔三日	作	□䀋 (혹은 䀋)	瓮百	×
222		三月十一日	作	獐 助史	缶	□ ×

190 한국목간 기초연구

- 「□子年十月□」
- 「□作次和內□」

다시 다음과 같이 추정할 수 있고,

- 「□子年十月□」
- 「日作次和內□」

길이도 9cm(4자)에서 적어도 13.5cm(6자)로 추정할 수 있다. 부찰일 가능성도 있을 것이다.

7. 습서목간 : 6·7·13·26호 목간

글자나 문장을 연습한 목간이 있다.

```
6  •「  朔 朔朔朔朔朔朔       ×        -a
   •「  朔朔朔   朔朔□□朔□    ×        -c
   •「  朔一三日朔一三朔□□□□  ×        -b
                          (15.5+α)×(1.4+α)×(1.5+α)
```

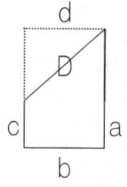

(위에서 내려다본 너비단면)

b면은 완형이며, a면도 완형에 가깝다. c면은 반파된 것으로 보인

다. 원래의 면 d가 깎여나가면서 새로 D면이 생겨났다. 원래는 4면체 봉형 목간이었을 것으로 보인다. 朔과 一三日이 연속되는 것으로 보아 습서 목간으로 보인다. 朔은 曆과 밀접한 관련이 있다. 曆은 인간의 사회생활에 필요한 시간의 척도로서 기능하였다. 曆을 공유하는 것으로 그 사회는 공통의 시간축을 갖고 생활을 운영하였다. 중국에서 曆의 반포는 천자의 시간과 공간의 지배를 상징하는 것이었다.[70] 신라는 중국의 역법을 수용하면서 이를 내부에 보급함으로써 국왕을 중심으로 하는 국가를 조성하여 갔다고 보인다. 『삼국사기』 문무왕 14년(684)조에 보면

春正月, 入唐宿衛大奈麻德福傳, 學曆術還, 改用新曆法.

라 하여 신라가 새롭게 중국의 역법을 도입하여 신라에 적용했다고 보인다. 이를 인정한다면, 목간의 상한은 684년이 될 것이므로, 7세기 말이 된다. 본 목간은 書吏가 曆쓰기를 연습한 목간으로 보인다.

  　　　　　　　　英?
7　　　　　× □□茂茂□□ ×

(12.4+α)×(1.2+α)×(0.6+α)

茂茂 앞의 □는 '英'과 같은 艸(艹)변의 글자로 보인다. 각 문자는 흘림체로 쓰여 있으며 등간격의 배열을 보인다. 비록 세 글자가 보일 뿐이나, 艸(艹)변의 글자가 연속되는 것을 보면, 자전의 艸(艹)변의 글자를 습서한 목간인 것으로 보인다. 혹은 詩文의 일부인 듯한 인

---

70) 大日方克己, 「曆と生活」, 『文字と古代日本 4(神仏と文字)』, 吉川弘文館, 2005, p.298.

상도 있다.

13   「乙忽☐乙忽☐☐☐☐   ×·
         鴻乎鳴
                                              (28.55+a)×2.1

'乙忽'의 忽은 마을을 나타내는 고구려 계통의 말이다.

26   •   ×   ☐遺稱稱毛道道使答般般☐ ☐   ×
     •   ×   ☐   ☐   ×
                                    (34.0+a)×2.1×0.6 18.72g

「稱」·「道使」·「般」 등을 연습한 습서목간으로 보인다. 道使는 신라의 지방관직으로 왕경인이 임명되었으며, 중앙과 지방을 연결하는 역할을 하였다. 道使의 자료는 상한이 영일냉수비(503)이고, 하한이 이성산성 출토 戊辰 墨書목간(608년 혹은 668년)이다. 道使용법은 대체로 6세기 초에서 7세기 후반이므로, 목간은 대체로 이 시기에 해당한다고 볼 수 있다.

8. 經과 관련된 목간 -22호 목간-

22   •   「第八卷第卄三大夳新五衣節草宮   ×   夳=奈의 이체자로 보임
     •   「☐食常☐ ☐☐☐☐第一卷第☐七大夳𠂇☐☐   ×
                                              (26.8+a)×2.4×1.1

第八卷第卄三大奈麻新五衣節草宮…□食常□□□□第一卷第□七大奈麻□□… 의 문장이 된다. 여기에는 다음과 같이 공통의 문서서식이 보인다.

권수	품수	관등	이름	기타
第八卷	第卄三	大奈麻	新五衣節草宮…□食常□□□□	
第一卷	第□七	大奈麻	□□…	

제8권 제23이나 제1권 제□7은 경전의 이름으로 보이며, 유교경전 보다는 불경으로 보인다. 第□七의 □는 十·卄·卅 심지어는 40까지도 가능할 것이다. 그런데 제8권과 제1권 두 권의 경전이 같은 것이라면, 8권 23품이 확인되는 합부금광명경이 유력하다. 수나라 대흥선사 도안의 수제자 보귀가 담무참의 번역을 재편집하게 된다. 개황 17년(597) 진평 19년이다. 이 같은 경전은 중국에서 가져왔거나 진평왕대의 원광 혹은 선덕대의 자장이 도입한다. 원광은 개황 9(589)에 수나라에 유학하고 600년(진평왕대)에 귀국하였다가 640년에 입적한다. 태종대 이외에 진평 건복 42년(620) 안홍법사가 귀국하여 천축 승려와 함께 경전 번역하였다.

단 23이라는 숫자가 지금 우리가 생각하는 종이면의 장수(8권 전체가 23장) 혹은 쪽을 가리키는 것으로 보면 8권 이상으로 편집된 모든 경전이 대상이 될 수 있다.[71] 大奈麻는 신라 중앙관등 17등 가운

---

71) 불교경전과 관련해서는 곽승훈 선생님의 교시를 받았다.

데 10위로 5두품이 오를 수 있는 가장 높은 관등이었다. 大奈麻가 보이는 것은 황룡사 9층목탑찰주본기(872)이다. 大奈末 등의 다른 표기도 있는데, 大奈末로서는 진흥왕 창녕척경비(561)에서 처음 보이는 것을 시작으로 창림사 무구정탑지(855)에도 보인다. 末과 麻는 6세기 초부터 혼용되고 있으므로 표기 자체가 편년의 기준으로 삼기는 어렵다. 일단 대나마가 처음 등장하는 것은 561년이므로, 이 무렵을 이 목간의 상한으로 잡아둔다. 불경이라 가정할 때 600년이 상한일 수 있다. 대체로 6세기 후반 내지 7세기 초를 이 목간의 상한으로 볼 수 있다. 「불경권수(=권수+품수)+관등+…」는 불경 권수·품별로 寫經者를 기록한 것일 가능성이 있다. 「食」이 보이는 것으로 보아, 사경에 관련된 담당자들에게 식료를 지급하거나 청구한 목간일 가능성이 있다.72)

9. 使관련 목간

「使」가 보이는 목간들이 있다.

3 • × 使行還去□土此昜石□二□   ×
   • × □□□此□ ×

                              (19.8+α)×2.3×0.85

---

72) 졸저, 「황남동 376번지 출토 목간의 형식과 복원」, 앞의 논문, 1999.

파손된 데다가 글자 사이에 판독에 불투명한 것들이 많아 내용의 전모를 알기 어렵다. 行還去와 같이 「동사+去」의 용법은 촌락문서(695·815)에 보인다.

亡廻去 도망하여 돌아가다. 도망해가 버리다.
列廻去 줄(=대열)에서 돌아가다.(=돌아가 버리다)

去는 동사로도 볼 수 있으며, 어미로도 볼 수 있다.[73] 이를 적용하면 使行還去는 「使行하여 돌아가다(돌아가 버리다)」 혹은 「使가 갔다 돌아가다」 정도로 해석될 것이다. 유구와 같이 이 목간도 하한이 7세기말이므로, 「동사+去」 용법의 7세기 확인예가 될 것이다. 使는 신라의 지방제도와 관련된다. 7세기 이전 신라 지방통치의 일면을 담은 내용이 들어 있었을 것으로 추정된다. 문서목간일 듯하다.

4 • × □□□伐□使內生耶死耶 ×
  • × □─────────□ ×

(16.95+α)×2.35×0.8

파손되어서 그 내용의 전모를 알 수 없다. …伐은 신라에 자주 보이는 지명어미이며, □使는 道使를 비롯하여 신라 지방제도와 관련된 관료이다. 반면 □使內에서 使內는 이두로 보면 □가 동사가 되어

---

73) 남풍현, 『이두연구』, 태학사, 2000, p.264.

"□케 하고/하여/하며"가 될 것이고, 이두가 아니라면 "內에 사신 가서"의 의미가 될 것이다. 「生耶死耶」와 같은 용법은 단양적성비에도 보인다.

　　如此白者　大人耶小人耶　단양적성비(6세기 중엽)
　　　…使內　　生耶死耶　당해목간

「A耶B耶」는 「A이며 B이며」 혹은 「A나 B나」, 「A인가 B인가」 등이 될 수 있다. 즉 6세기 중엽에 확인되는 문장구조이다.

9. 大宮목간 -10호 목간-

10　　•　「□素□小□□□□時四　　」　-a / 창연목의 1면
　　　•　「田□此□□□□□日□　　」　-b / 창연목의 2면
　　　•　「□還不后斤□　　　　　　」　-c / 창연목의 3면
　　　•　「　　走□□□　　　　　　」　-d / 창연목의 4면
　　　•　「寺□大宮士等敬白范典利老　」　-e / 창연목의 5면
　　　•　「大□女寺□可□□□七^場□　」　-f / 창연목의 6면
　　　　　　　　　　　　　　　　　　　　20.8×2.6-3.35

어느 쪽이 제1면인지 알 수 없다. 大宮士等 敬白의 敬白은 「삼가 아뢰다」는 의미이다. 白은 아랫사람이 윗사람에게 "보고한다, 말씀

드린다"는 의미이다.

　　大宮은 梁宮·沙梁宮과 함께 신라 주요 3궁이다.『삼국사기』신라 본기 진평왕 44년조(622)「二月, 以伊飡龍樹爲內省私臣. 初, 王七年, 大宮·梁宮·沙梁宮三所, 各置私臣, 至是置內省私臣一人, 兼掌三宮」로 되어 있고,『삼국사기』직관지에는「內省, 景德王十八年, 改爲殿中省, 後復故. 私臣一人, 眞平王七年, 三宮, 各置私臣. 大宮, 和文大阿飡; 梁宮, 首肹夫阿飡; 沙梁宮, 弩知伊飡. 至四十四年, 以一員兼掌三宮, 位自衿荷至太大角干, 惟其人則授之, 亦無年限. 景德王又改爲殿中令, 後復稱私臣. 卿二人, 位自奈麻至阿飡爲之. 監二人, 位自奈麻至沙飡爲之. 大舍一人, 舍知一人」라고 되어 있어, 대궁·양궁·사량궁에 사신을 각각 두는 것은 진평왕 7년(585)이다. 즉 늦어도 585년에는 대궁은 양궁·사량궁과 함께 존재하고 있었으며, 진평왕 44년(622)부터는 세 궁을 1인의 사신이 통할하게 되었다. 관원으로는 私臣이 1명, 卿이 2명, 監이 2명, 大舍와 舍知가 각각 1명이었다. 본 목간에 보이는「大宮士」는「大宮의 士」로 보이는데, 이 士가 위 관원들을 가리키거나, 아니면 人士 즉 대궁 거주인을 가리키는 것으로 보인다. 이로 보아 이 목간의 상한은 대체로 585년 부근인 6세기 말로 볼 수 있다. 즉 이 목간은 6세기 3/4분기에서 7세기말 사이의 것이다. 大宮士 들이 사뢴 말의 내용에는「范典利老」가 들어 있는데, 이는「范典은 老가 利하다」 즉「거푸집과 법전은 오랜 것이 편리하다」는 문구로 해석된다.

10. 횡재(가로쓸) 목간 -16호 목간-

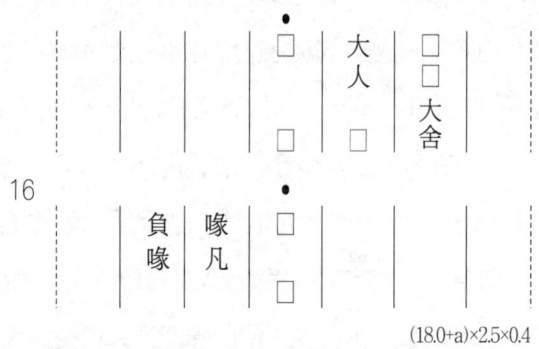

(18.0+a)×2.5×0.4

홀형 목간이되 가로로 긴 장방형의 목간이다. 좌와 우의 가장자리는 모두 파손되었다. 세로로 행마다 선이 내리 그어져 있다. 앞면은 6개의 계선이 있으며 모두 7행이 확인된다. 뒷면은 모두 7개의 계선이 확인되며, 8행이 확인된다. 선과 선사이의 간격은 앞면의 경우 오른쪽에서부터 31·29·30·31·30mm이다. 즉 30±1mm 폭의 행을 갖는다. 뒷면의 경우 오른쪽에서부터 24·22·22·25·25·27mm이다. 즉 24.5±2.5mm 폭의 행을 갖는다. 행은 일정간격을 갖고 있으나, 행 안에 쓰인 글자는 열이 맞추어져 쓰이지는 않은 듯하다. 상하부가 파손되어 있는 상태인데, 원래의 모습은 계선을 상하로 연장하여 복원해볼 수 있다. 종이를 완전히 대용하여 얇은 나무판에 문서를 쓴 것으로 보인다. 단편적인 몇 글자를 읽어낼 수 있을 뿐인데, 「凡」은 총합계를 나타내거나 문장의 시작부분에 오는 용자이다. 「負」는 곡식 등의 계량의 단위이며, "지다, 진다" 즉 부과에 대해 의무를 이행한다는 의미를 갖는 용자이다. 함안 성산산성 목간에도 보인다. 「喙」이 두 번 보이고 있어, 이는 신라 6부 가운데 喙이나 沙喙 혹은 岑喙部와 관련이 있다. 「六」은 혹 六部의 그것일지도 모르며, 「負」와 같은 수량의 단위와 관련이 있을 수도 있다. 大人은 신라적성비에도 보인다.

신라에서는 직역과 관련하여 -人이란 용법이 있다. 大舍는 신라 중앙관등 17등 가운데 제12등이며, 관직으로 쓰이기도 했다. 여기서 보이는 [大舍]는 合字와 같이 連書하였는데 大舍를 이같이 쓴 것은 남산신성비 제3비(591)[74]에서부터 충남 연기에서 발견된 계유명 삼존천불비상(673)에까지 보인다. 안압지 목간이나 정창원 신라문서 등 8세기 이후 자료에서는 韓舍로 쓰였다. 전체적으로 문서목간으로 추정된다.

내용은 신라 왕경 6부의 이를테면 課徵과 관련되는 장부류일 가능성을 점쳐둔다. 금석문에서 喙계열의 표기는 503년(영일 냉수리비)에서 603년(울진 천전리 서석 계해명) 사이에 보인다. 大舍가 연서된 것은 6세기 후반에서 7세기 후반 사이로 볼 수 있다. 고로 전체적으로 6세기 후반에서 7세기 초 사이의 것으로 보인다.

II. 그밖에 목간

5   「   問干板卅五   ∨ 」
          14.4×3×2.2

---

74) 반면 남산신성비 제1비나 제4비(591)에서는 [一尺]이나 [上干]은 연서한 반면 大舍는 연서하고 있지 않다.

問은「청하다, 묻다」등의 의미가 있다. 일본목간에는 이와 유사한 것이 보이지 않는다. 중국에서는 한나라 시대 니야목간 가운데 墓의 副葬에 사용된 목간의 어미가「~致問」으로 된 것이 있어「問安을 드림」이란 의미로 보인다.[75] 여기서의 問은은 그와 같은 용법이라고는 보이지 않으며,「청구·요구」의 의미로 보인다. 干板 35개를 청구하는 내용을 담은 付札목간으로 보인다. 부찰에 붙은 것이 간판 35개라면 (갑)이라는 곳에서 (을)이란 곳으로 간판 35개를 청구하고 이에 (을)이 이에 응하는 과정에서 간판 35개에 붙인 부찰일 수 있다. 이 경우라면 목간은「청구한 간판 35개」란 의미가 될 것이다.

```
15    •  ×   沙喙巴多屯       」
       •  ×   □文吉□廻□□    」
              (19.9+a)×2.0×0.8
```

…沙喙巴多屯…□□吉□廻□□의 구성을 갖는다. 沙喙은 신라 6부 가운데 하나이다. 巴多屯은 인명이나 지명 같은 고유명사로 보인다. 사탁부와 관련된 목간이다. 구체적인 것을 알 수 없다.

```
18    •  ×   □□元耳女    ×      -a. 창연목의 1면
       •  ×   石兮□仁不□   ×      -b. 창연목의 2면
       •  ×   □        □  ×     -c. 창연목의 3면
       •  ×              ×      -d
              (15.3+a)×2.3×1.4
```

---

75) 大庭脩,『木簡』, 學生社, 1979.

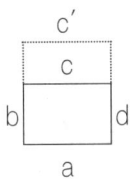

묵서는 a·b면에 남아 있다. 원래 각재에서 c′부분을 깎아내고 묵서한 것으로 보인다.
(위에서 내려다본 너비단면)

「…□□元耳。 女…/…石兮□仁不□…」이나 「…石兮□仁不□…/…□□元耳. 女…」의 구문으로 추정할 수 있다. 「仁不」은 법구경 자인품(仁조殺)이나 『논어』 공야장편(子張又問, 若如此文子之行, 則可謂爲仁不乎) 등 유교나 불교경전에 보이는 자구들이다.

IV. 연 대

월성의 연못형 해자는 5세기 말에서 7세기 말까지 존재하였으며, 수로 및 교지는 연못형 해자를 폐쇄한 7세기 말경에 축조된 것으로 보인다. 해자부분의 선후관계는

1기. 선대(3~4세기)유구
2기. 연못형 해자의 축조와 폐쇄
3기. 석축해자와 수로의 축조

의 3단계에 걸친다. 즉 안압지 조성 이전, 월성 동편에 연못형 해자가 있었으며, 동문지 주변의 연못형 해자를 개축하여 안압지와 같은 스타일의 석축해자를 만들고, 나머지는 연못형 해자를 매몰하고 그 위에 수로를 내어 석축해자를 축조하였다. 토층분석을 참고로 하면 해자가 축조되기 이전의 유구는 주혈과 고식토기를 표식으로 하는 3~4세기대의 것이다.

출토유물의 다수를 차지하는 막새류가 안압지 및 월성동편 석축해자 출토품과 같은 동범으로 제작된 것으로 보아 안압지 조성과 함께 월성 성벽에 대한 대대적 보수가 이루어졌다고 추정된다. 『삼국사기』 월지 즉 안압지 조성과 중수기사를 존중하면, 월지와 마찬가지 조성 연대는 674년에서 679년 사이이며, 석축해자의 조성연대도 이에 준한다. 또 연못형 해자 내부 출토 투창고배의 편년은 이희준 편년에 의하면 5세기 후반에 해당한다.[76] 또 『삼국사기』에 487년 월성을 수리하였다는 기사는 흔히 왕경 조방제의 설치시기로 보고 있다. 고로 해자는 5세기 후반에서 7세기에 걸쳐 존재하였던 것으로 판단할 수 있다.

목간이 출토된 유구의 연대는 크게 이와 같이, 5세기 후반에서 7세기 말로 잡을 수 있다. 전체적으로 보아서 앞서 추정한 목간출토 유구의 하한과 마찬가지로 7세기 말을 하한으로 볼 수 있다. 상한에 있어서는 유구의 상한은 5세기 말이나, 신라 문자구사의 흐름으로 보아, 이르게 잡아도 6세기 1/4분기로 봐야 할 것 같다. 『양서』 신라

---

76) 이상준, 『월성해자 발굴조사보고서 Ⅱ(본문편)』, 2004. pp.222-225.

전에 신라가 문자가 없다고 하였는데, 이는 신라가 문자를 구사할 줄 몰랐다는 것이 아니라 신라가 백제를 통한 중국 양에 사신을 보냈을 때에 말하며 대화할 수 없었다는 의미이다. 이미 503년의 냉수비와 524년 봉평비의 건립으로 보아 6세기 초 신라에 문자가 없었다고 할 수 없다. 역으로 지금까지 확인된 신라의 문자자료의 상한은 냉수비의 503년이다. 신라가 '율령'을 반포하고 관료의 관복을 제정한 것은 520년이다. 늦어도 이 무렵에는 문서행정이 이루어지기 시작하였을 것으로 추정되며 더불어 행정일반에서 목간이 널리 사용되었을 공산이 크다.77)

목간은 발굴 당시 공반상황에 대한 정확한 자료가 불비되어, 내용과 서법으로 연대를 추정하는 방법을 취하기로 한다. 12호는 565년에서 651년 사이, 22호(경전목간)·16호(횡재목간)는 6세기 후반에서 7세기 초, 10호 목간(대궁목간)은 6세기 3/4분기에서 7세기 말, 26호는 6세기 초에서 7세기 말로 보인다. 1호(나생성 목간)는 7세기 중엽경, 4호는 6세기 중엽, 3호와 6호는 7세기 말과 관련이 있다. 26호는 대략 7세기대로 잡아둘 수 있다. 약물관련 23호 목간은 그와 유사한 것이 안압지에서도 출토되고 있다. 각각의 목간은 일괄로 보아지지는 않으며, 6세기 초에서 7세기 말까지 2세기 사이의 시대폭을 갖는데, 6세기 후반과 7세기 후반이 중심인 것으로 보인다.

---

77) 6세기 중엽으로 추정되는 함안 성산산성 목간은 6세기 전반의 이러한 흐름과 관련이 있다.

V. 이두

월성해자 목간 중에는 속한문과 같은 일종의 이두용법이 보인다.
1호 목간 "…流石奈生城上此本宜城今受不受郡土…"은 앞서 몇 가지 해석의 가능성을 제시하였다. 앞뒤 결락이 있어 정확하게 떨어지지는 않지만 어순에서, 또 上·此의 용자법에서 이두적 분위기가 흐른다.

가장 두드러지는 것은 2호 목간이다. Ⅱ면의 白은 "사뢰다"는 의미다. 즉 아래 사람이 윗사람에게 보고할 때 쓰이는 말이다. 이와 같은 용법은 신라 문자자료에서는

    如此白者 大人耶 小人耶 이와 같이 사뢴 자는 대인이나 소인이나…(단양
      적성비: 6세기 중엽)
    死白牛四 죽었다고 사뢴 소가 네 마리…(촌락문서: 695년 혹 895년)
    成造爲內臥乎亦在之 白賜 이뤄 만드시온져 사뢰시어…(명봉사 자적선사비
      음기(941년)

와 같이 6세기 중엽부터 등장한다.
    賜는 중국에서는 상위자가 하위자에게 물건을 준다는 의미의 동사를 나타내는데, 한국에서는 동사 뒤에 붙여 윗사람의 동작을 존경하는 용법으로 쓴다.

Ⅲ면의 經中의 中과 같은 용법은 중국 고래 한문용법에서 보이는데, 한반도에서 처격이나 시격으로 자주 애용되었다. 역시 고구려 중원고구려비(5세기)에 보이면서 신라에서도 단양적성비에 '-月中'에서부터 보이기 시작한다.

다음 Ⅳ면의 牒垂賜敎在之는 "牒을 드리우시어 명령(敎) 계셨다"로 해석할 수 있다. 之는 문장의 종결사로 고구려 광개토왕비(414)에 보이는 이래, 신라에서도 일찍이 6세기 비문들에서 보인다. 在는 존경을 나타내는 선어말 어미로 '겨'이다. '동사+在之'로 쓰이는 용법들은 지금까지의 자료로는 다음과 같이 8세기 중·후엽의 것들이다.

作處中 進在之 지은 곳에 나가셨다(신라화엄경 사경 조성기: 755)
二塔 天寶十七年 戊戌中 立在之 두 탑은 천보17년 무술에 세우셨다(갈항사 석탑기: 8세기 말)

따라서 敎在之가 '동사+在之'의 용법이라면, 7세기 이전의 용법으로는 예가 된다.

Ⅳ면의 後事者命盡의 者은 '은, 는'에 해당하는 주격조사로 많이 쓰였다. 신라에서는 남산신성비(6세기 중엽)에서 "如此白者 大人耶 小人耶"과 무술오작비(578)에서 "此成在□人者(이를 이룬 □人은)"에서와 같이 6세기 중엽 무렵부터 보인다.[78]

또 전체의 어순이 한문식의 S+V+O가 아니라 S+O+V식의 우리말 식으로 되어 있다. 이른바 "壬申誓記石(552)[79]體"이다. 漢字로 우리 고

---

78) 이승재, 「古代 吏讀의 尊敬法 '-在[겨]-'에 대하여」, 『語文硏究』 29-4, 2001.

유의 말을 표현하려던 초기의 모습으로 보인다.

Ⅵ. 형상과 재원

 우선 형상과 재원분석의 대상은 묵서가 확인되는 25점과 묵서는 확인되지 않으나 형태로 보아 목간이 확실한 8호 목간 1점, 즉 26점으로 한다. 이들 월성해자 목간의 형태로 보아서는 크게 막대와 같은 다면체의 봉형, 두께가 얇은 2면체의 홀형의 둘로 나눌 수 있다. 봉형은 단면이 원형에 가까운 것, 또 단면이 4각형인 것으로 나눌 수 있다. 전자를 원형 봉형목간(둥근막대 목간), 후자를 4면체 봉형목간(사각막대 목간)이라 불러둔다. 다음 홀형(홀 모양 목간)은 대부분 가로 즉 폭이 짧고, 세로 즉 길이가 길다. 외형은 홀형과 같되, 가로가 길고, 세로 쪽이 짧은 것을 횡재목간(가로형 목간)이라 한다.

1. 원형 봉형 목간

 원형봉형 목간은 5·10·12·13호와 88·105호의 6점이다. 이 가운

---

79) 612년설·672년설·732년설도 있다.

데 88·105호는 글자가 잘 안 보인다. 5·13호는 묵서가 1행으로만 구성된 것으로 보인다. 한편 10·11·12호는 6행에 걸쳐 묵서가 보인다. 5호와 13호는 나뭇가지의 껍질을 벗긴 상태로 거의 원형에 가깝다. 10·11·12는 옹이가 있어 도톰한 부분을 아래로 하고, 윗부분을 뾰족하게 깎아올린 형태를 하고 있다. 길이는 완형이 144·204·208·244mm여서, 200mm 전후를 기본으로 하여 ±50mm 가량의 폭을 갖는다. 지름은 30~45mm 가량이다. 이 지름은 사용한 나무줄기의 크기를 반영하는 것으로 보인다. 한편 길이부분이 파손된 88호와 105호의 경우 너비가 11,22mm이다.

원형 막대형 목간

목간번호	길이	너비	두께	특징 1	특징 2
105	51.5+a	22	21	막대형	잘 안 보임
88	107+a	11	8	막대형	잘 안 보임
5	144	31	22	막대형	원형(1행)
11	204	44		막대형	원형(6면)
10	208	34		막대형	원형(6면)
12	244	51		막대형	원형(6면)
13	286+a	21		막대형	원형(1행)

2. 4면체 봉형 목간

완형 3점(1·2·9호)의 경우 길이는 190·205·251mm로 대체로 190~250

mm의 폭을 갖는다. 각 너비(두께)도 12~18mm의 폭을 갖는다. 파손된 3점(6·18·23호)의 경우 잔존길이는 152·153·155mm로 150mm을 조금 넘으며, 너비는 장폭이 15·23·24mm를 보이고 있어 오히려 완형보다 넓다. 파손된 형태의 경우 예외없이 장방형 4각형이며 다른 용도의 목제품을 재활용된 것들이다.

4면체 막대형 목간

목간번호	길이	너비	두께	특징1	특징2	
23	152+a	24	13.5	막대형	4면체	재활용·약재
18	153+a	23	14	막대형	4면체	재활용
6	155+a	14+a	15+a	막대형	4면체	습서·재활용
2	190	12	12	막대형	4면체	
1	205	17	18	막대형	4면체	
9	251	14	13	막대형	4면체	6부의 리명

3. 홀형 목간

홀형(단책형) 목간 중 완형의 경우(4·14·17호), 길이는 150·170·318mm다. 즉 길이는 대체로 160mm 전후이며 긴 것은 300mm가 넘는 곳도 있다. 너비 역시 25mm 전후이며, 두께는 9mm 전후이다.

홀형 목간 중 파손된 것을 보면, 너비는 20~27mm로 대체로 24mm 전후이다. 두께는 6~11mm의 폭을 갖는데, 11mm 예외도 있지만, 대체로 7mm 전후이다. 잔존길이는 93~340mm의 폭을 갖는다.

홈형 목간(파손)

목간번호	길이	너비	두께	특징
7	124+a	12+a	6+a	홈형
15	199+a	20	8	홈형
26	340+a	21	6	홈형
3	198+a	23	8.5	홈형
22	268+a	24	11	홈형
19	109+a	26	6	홈형
20	93+a	27	6.5	홈형
21	217+a	27	7.5	홈형

홈형 목간(완형)

목간번호	길이	너비	두께	특징
17	150	27	8.5	홈형
4	170	24	8	홈형
14	318	27	9.5	홈형

4. 가로형 목간

가로가 긴 장방형의 홈형 목간이다. 상하와 좌우가 모두 파손된 상태이다. 세로로 행마다 계선이 이어져 있어 행에 맞추어 글자를 써넣었다. 문서목간으로 추정된다.

가로형(횡재) 목간

목간번호	세로	가로	두께	특징
16	25+a	180	4	가로형

Ⅶ. 수 종

강애경의 수종분석에 의하면(본보고서 수록), 월성해자 목간 가운데 27점에 대해 조사하여 다음과 같은 수종이 검출되었다. 먼저 묵서가 보이는 것 중에서는

소나무:- 1·2·3·4·5·6·7·9·10·11·12·15·16·17·18·19·20·21·22·23·26호
감나무:- 13호

가 있다. 다음 묵서가 보이지 않는 것 중에서는

소나무:- 8·25호
주목:- 27호

이다. 전체 27점 중 소나무 25점, 감나무 1점, 주목이 1점이다. 소나무가 압도적 비율을 차지한다. 목간에서의 이 같은 수종의 분포는 월성해자의 다른 목재유물의 수종분석에서의 양상과 일치한다. 목간 이외의 77점의 목제유물의 수종분석 결과 소나무 72점, 주목·버드나무·밤나무·상수리나무·물푸레나무가 각각 1점씩 나왔다. 기존에 출토된 목간 가운데 수종분석이 이루어진 함안 성산산성 목간의 데이터가 참고가 된다. 조사대상 총 65점 가운데, 소나무가 53점, 그 이외의 것이 12점이다. 즉 전나무 3점, 굴피나무 1점, 버드나무류 4점, 밤나무 3점, 느티나무 류 1점이다.[80]

함안 성산산성 출토 목간이나 본 보고의 경주 월성해자 목간은 신라의 목간이며, 그 연대는 전자가 6세기 중엽, 후자가 6세기에서 7세기 중엽에 걸치는 것이다. 전자는 경북북부나 충북남부 즉 낙동강 중상류에 인접한 중부지방 내륙부를 포함하여 일부 함안 등 신라의 지방에서 만들어진 것으로 보이며, 후자는 왕경인 경주에서 만들어진 것으로 보인다. 즉 6세기에서 7세기대 신라의 목간은 왕경이나 지방 가릴 것 없이 소나무가 대부분을 차지하고 있다. 즉 현재 알려진 신라 목간의 수종은 소나무가 압도적인 경향을 보이는데, 당해 월성해자 목간에서도 그와 같은 경향은 예외가 아니다.

---

80) 박상진, 「성산산성 출토 목간의 수종」, 『韓國의 古代木簡』, 국립창원문화재연구소, 2004.

[부록] 석 문

1(150) • ×　□流石奈生城上此本宜城今受不受郡土　　」
　　　 • ×　□受□□□主□□□□□□□□□□□□□□□　」
　　　 • ×　　　　　　　　　　　　　　　　　　　　 」
　　　 • ×　□□□㔀是 仁道□□□与道□　　　　 」
　　　　　　　　　　 20.5×1.8×1.5 (길이×폭×두께cm) 29.42(무게g)

2(149) •「大鳥知郞足下万引白了　　」
　　　 •「經中入用思買白不雖紙一二斤　　　　　紙는 紙+巾
　　　 •「牒垂賜敎在之 * 後事者命盡　　　　* 의도적 空格
　　　 •「使□(官?)　　　　　　」
　　　　　　　　　　　　　　　　19.1×1.1×1.2 13.86

3(163) • × 使行還去□土此昜石□二□ ×
　　　 • × □□□□□此〔 〕 ×
　　　　　　　　　　　　　 (19.7+α)×2.5×0.9　26.05

4(156) • × □□□伐□使內生耶死耶 ×
　　　 • × □□□□□ ×
　　　　　　　　　　　　　 (17+α)×2.2×0.7　15.53

5(173) •「　問干板卅五　　Ｖ 」
　　　　　　　　　　　　　 19.4×2.5×2.1　39.21

6(154) •「 □□朔朔朔朔 ×

- 「朔□□ ×
- 「朔一三日朔一三□□□ ×
- 「 □□朔朔 ×

(15.5+a)×(1.3+a)×(1.3+a) 13.43

7(175) • × □受□茂□ ×

(12.4+a)×(1.2+a)×(0.7+a) 5.05

8(178) • 「∨ □□ □□ 」

9.9×1.9×0.3 23.66

9(151)
- 「■習比部二里^{今受}   ⊣南罡二里^{今受} 阿今里^不 岸二里^受   」
- 「□□^受 □上^受 尤祝^受 除冊^受 開冊^壘 赤里^受 □□^受□^不 □里^受□ 」
- 「□南川^受□里隅^受 □□□北^受□ 多比刀^{不有} □□受代土□□   」
- 「□□里□里^受 赤居波^受 麻支^受■| 牟喙 仲里^受 新里^受 上里^受 下里^受 」

(25+a)×1.2×1 23.66

11(152) • 「   卜芍   」
- 「 □□葛席二   」
- 「   □□ 」
- 「   □□□酉 」

20.4×4.4 159.47

　　　　　　　　頌? 先훅老
10(148) • 「寺□大宮士水敬白□典利□   」   水은 等의 이체자
- 「□女水□□□賜此□   」

```
                          業?              此? 四?
          •「□□□□□□□□時□□            」

          •「中□□□□□□□水□   □」
                                               20.8×2.3×2.1  126.22

                                 □
12(153)  •「四 月 一 日 典 太 等 敎 事」

          •「爲 舌 日 故 爲 □ 敎 事 □       」
                  業?
          •「 □ □ □ □ □     □           」

          •「□            □            □           」

          •「□            □            □           」

          •「□            □            □           」
                                               24.4×4.0~5.1  159.47

                  鴻亨鳴
13(161)  •「乙 忽 □ 乙 忽 □ □ □          ×·
                                               (28.55+α)×2.1  64.11

14(180)  • ×  □               □           ×
                                               (31.8+α)×2.7×0.95  52.77

15(160)  • ×   皿沙喙巴多屯       」

          • ×  □文吉□廻□□□          」
                                               (19.9+α)×2×0.8  16.38


16(157)              │     │     •     │     │
                     │ 負 │ 喙 │ □   │     │
                     │ 喙 │ 凡 │     │     │
                     │     │     │ □   │     │
```

경주 월성해자 목간 215

```
                          •
                    □    □
                    大    □
                    人    大
                    □    舍
                    □
```
(18.1+α)×2.5×0.4cm 7.88

17(174) • 「 吠字茗作之 ᵛ   」
                          ᴀ

14.95×2.65×0.85 16.74

18(155) • × □□□□□ ×
        • × 石兮永□ ×
        • × □□□□□ ×
        • × □□□□□ ×

(15.3+α)×2.3×1.4 22.73

19(168)
        • × □□廿九日作□□   ×
             □□衣□□
          × □□□香石城■■城□□ ×
             志川人爲而□□□
             ■ 글자를 썼다가 지우면서 검게 덧칠함

(10.6+α)×2.6×0.6 9.18

20(169) • × 子年十月 ×
        • × 作次和內 ×

(9.3+α)×2.7×0.65 7.08

21(159) • × □□□□□ ×
        • × □□□□□ □□ ×

                                              21.7+a)×2.7×7.5 20.81

22(158) • 「第八卷第廿三大夲廝新五衣節草宮 ×   夲는 奈의 이체자로 보임
         • 「□食常□□□第一卷第□七大夲廝□□   ×
                                              26.8+a)×2.4×1.1 27.38

23(167) • 「 天雄 二兩   萬 ×
         • 「 □□ 二兩   □ ×
         • 「   ×
         • 「   ×
                                              (15.2+a)×2.4×1.35 17.17

24(162) • ×   ×
         • ×   ×
         • ×   ×
         • ×   ×
                                              29.45×2.1×0.9 25.21

26(164) • × □遺稱稱毛道道使答般般□□□□ ×
         • ×   ×
                                              (34.0+a)×2.1×0.6 18.72

제2편
경주 안압지 목간

☐쉼터

경주 안압지[月池] 출토 목간의 기초적 검토
: 보고서 분석과 넘버링을 중심으로

I. 머리말

안압지는 경주의 왕궁 추정지인 月城의 동북쪽에 위치한 苑池이다. 『三國史記』에 의하면, 674년(문무왕 14년)에 苑池가 조성되었다고 전하고 있다. 이는 통일신라시대의 宮苑池로 여겨지고 있다. 흔히들 雁鴨池라고 불리는 이 苑池는 신라시대에는 「月池」라고 불리었던 것으로 추정되고 있다. 원칙적으로는 이를 「월지」로 불러두는 편이 옳을 듯싶은데, 본고에서는 통상 불려온 「안압지」가 「월지」보다 아직까지는 관습적으로 많이 불려와서 일반에게 널리 알려져 있다는 점도 있어서, 본고에서는 단순한 편의상의 이유로 「안압지」로 부르기로 한다. 이 곳에서 다양한 문자자료가 출토되었으며, 그 가운데 木

簡 52점이 수습되었다. 안압지는 한국최초로 목간이 발견된 곳이요, 이를 통해 한국최초로 본격적인 목간연구가 이루어지게 되었다. 이러한 점에서 목간연구에서 안압지 유적과 유물은 중대한 의미를 갖고 있다.

본시 문화재관리국(현재 문화재청 혹 문화재연구소의 모태)의 주관 아래 1975년 3월부터 1976년 12월까지 2년여에 걸쳐 경주시 인왕동 소재 안압지 및 동궁터에 대한 대대적인 발굴이 이루어졌다. 관련유적과 유물에 대해 19개 분야로 나누어 각각의 전문가 혹 기관이 보고서를 집필하여, 1978년에 본문이 실린 보고서 1책과 사진과 도판을 합한 도판편 1책의 도합 2책으로 출간을 보게 된다.[1]

먼저 본문 보고서(이하 문화재관리국 『안압지』, 1978을 본고에서는 보고서라 약칭함)에서는 유적의 역사적 배경·발굴경과·유구조사 및 유물의 출토상태, 그리고 종류별 유물해설 및 미술사·조경학·민속학·지질학·보존과학 등 여러 분야에서 연구와 보고가 이루어졌다. 이 가운데 목간은 이기동 선생에 의해 판독과 해설을 중심으로 집필되었다.(보고서 pp.285~296) 또 보존과학적 처리에 관해서는 김유선에 의해 집필되었는데, 이 부분에서는 목간도 짧게 언급되고 있다.(pp.433~434) 또 발굴경과가 언급되면서, 목간이 언제 출토되고 어느 지점에서 출토되었는지에 관한 기록도 산견된다.

도판편에서는 각각 앞뒷면을 위주로 한 2컷씩의 34점의 목간의

---

1) 『雁鴨池』(발굴조사보고서), 문화공보부 문화재관리국, 1978.12.

사진, 1컷씩인 것 13점의 목간사진, 도합 47점에 관한 81컷의 사진이 실려있다.(도판 185~193) 도면은 그려지지 않았다.

　이상이 목간에 관한 최초의 연구였다. 여기서 문자가 판독되어 공표된 것은 모두 31점이었다. 이 가운데 이기동의 특별논고는 같은 해인 1978년에 학술잡지에 별도로 간행되었다.[2] 보고서와 잡지의 이 선생의 관련논고는 그 대요와 내용에는 거의 변함이 없다. 다만 목간번호와 석독에 약간의 변동이 있었다. 이기동의 연구는 대단히 탁월한 것으로, 이후 안압지의 성격규명은 물론이려니와, 한국 목간연구의 효시가 되는 역사적 의미를 지니는 매우 중요한 것이었다. 이기동은 목간에 대한 석독을 시도하고, 이를 바탕으로 목간의 年代를 정밀하게 고찰하고, 목간내용 중 특히 「洗宅」을 심층분석하여 太子近侍기관에 대해 규명하였다.

　이기동의 연구에 의해 안압지 목간의 연대폭의 가닥이 잡혔으며, 國王과 東宮에 속하여 侍從 및 秘書·文筆 담당기관인 「洗宅」관계의 목간이 東宮이 조영된 月池=안압지와 관련있음이 밝혀지게 되었다. 이 후 목간연구는 주로 문자판독을 중심으로 이루어지게 되었다.

　그 뒤 高敬姬는 안압지 출토 문자자료를 모두 종합적으로 정리하는 훌륭한 논문을 발표하였다. 그 가운데서 이기동가 판독한 31점 이외에 새롭게 2점의 목간석문을 추가하였다.[3]

---

2) 이기동, 「안압지에서 출토된 신라목간에 대하여」, 『慶北史學』 1, 1979(재록 『新羅骨品制社會와 花郎徒』, 一潮閣, 1984).
3) 高敬姬, 「新羅月池出土在銘遺物에 대한 銘文研究」, 동아대학교 석사학위논문, 1993.

이어 李成市에 의해 이들 목간에 대한 전면적인 재검토가 이루어 졌다. 종래 석문에 몇 가지를 새로운 석독을 보태고, 일본목간 등과 의 비교를 통해서 안압지 목간의 성격을 확실히 밝혀내었다.[4] 李成 市의 연구에 의해 목간 연구는 크게 진일보하였다고 할 수 있다.

이를 토대로 해서, 목간에 대한 미시적인 연구가 진행되기 시작 하였는데, 필자의 연구가 그것이다.[5] 필자는 안압지 목간 가운데 제 15호 목간에 주목하여, 「走」로 끝나는 <檢>형식을 추출하고, 왕도 경 주와 北海通 북변의 高城 사이의 驛제도 등 전달체계에 대해 논하였 다. 이로써 연구는 전체적으로 보아, 안압지목간의 연구는 바야흐로, 전체 총체적 혹 거시적 연구에서 세부적 혹 미시적인 부분으로 그 연구방향이 옮아가고 있다고 할 수 있다. 15호 목간과 관련해서는 최근 윤선태도 「走」를 「一疋」로 판독한 신설을 내놓았다.[6]

아울러 국립경주박물관에서는 2002년 여름 특별전『문자로 본 신 라』를 개최하였으며, 오픈과 함께 제작된 도록에서 33점의 목간사진 과 석독문을 실었다.(pp.138~142) 이로써 연구환경면에서 새로운 국면 에 접어들었다고 할 수 있다. 목간의 경우 각급 국공사립 소장기관 에서 유물보존과 관리가 이유가 되어서 연구자들이 조사하거나 좋 은 사진을 얻기 힘들었었다. 더군다나 보고서의 사진은 문자중심으 로 간행되어서 전체 외형을 알기에는 어려운 부분이 있으며, 흑백사

---

4) 李成市,「韓國出土の木簡について」,『木簡硏究』19, 木簡學會, 1997.12;「韓國木簡의 현황과 咸安城 山山城출토의 木簡」,『韓國古代史硏究』19, 한국고대사학회, 2000.9.
5) 李鎔賢,「統一新羅の伝達体系と〈北海通〉」,『朝鮮學報』171, 朝鮮學會, 1999.4.
6) 윤선태,「新羅의 文書行政과 木簡-牒式문서를 중심으로-」,『강좌 한국고대사』, 2002.12.

진 또 인화 및 출력상의 문제등도 있고 해서, 명료하게 알아보기 어려운 부분들이 많았다.『문자로 본 신라』도록(이하 도록이라 약칭함)의 사진들은 바로 이러한 연구상의 약점을 상당부분 해결해 주는 중요한 도구가 된다.

안압지 목간출토 및 보고 이후 근 30년 가량이 흘렀다. 그 사이의 학계의 신라사 연구 및 목간연구도 미력하나마 발전해 왔다. 특히 직접 관찰이나 조사가 어려운 목간자료에 대해, 이들 성과를 바탕으로 기존연구를 보완·拾遺할 필요가 있다고 생각된다. 본고는 기왕의 석독 중심의 연구를 계승 발전시키고, 보고서 출간 이후 전혀 주목되지 않았던, 목간 특별논고 이외에, 보고서 그 자체의 문면을 철저히 읽어내어 목간 출토지점을 복원하기로 한다. 또한 각각 분산 집필되어 고립적인 체재를 갖고 있는 보고서와 고경희의 연구를 종합 정리하여 안압지 목간실사를 위한 기초연구를 가다듬고자 한다. 아울러 목간의 외형상의 특성에 대해서도 간략히 일별해 보고자 한다.

II. 목간 출토 정황과 출토 범위

이미 당시 문화재관리국에 발간된 보고서,[7] 또 이와 관련된 몇

---

7) 『雁鴨池』(발굴조사보고서), 문화공보부 문화재관리국, 1978.12.

가지 지침서들이 있다.8) 이들 문헌을 바탕으로 유적개황을 일별해 보기로 하겠다.

雁鴨池 즉 月池의 전체면적은 1만 5,658평방미터이다. 3개의 섬을 포함한 護岸石築의 길이는 1,285미터이다. 출토된 유물은 瓦塼류를 포함하여 3만여 점에 달한다. 연못 서쪽과 남쪽의 건물지 확인결과, 건물지는 모두 26동, 담장터 8개소, 배수구 시설 2개소, 입수구 시설 1개소 등이 조사되었다. 月池의 전체규모는 동서 200미터, 남북 180미터로, 형태는 거의 方形이다.

연못은 원래 자연지형을 이용하여 직선과 곡선의 다양한 변화로 이루어진 護岸石築으로 만들어졌다. 동쪽 호안 석축에는 서쪽으로 돌출된 2개의 반도를 곡선으로 축조하였으며, 서쪽 호안은 동쪽으로 돌출된 5개소의 건물기단을 겸한 직선형태로 축조되어 조화를 이룬다. 좁은 공간에서 넓은 바다를 연상할 수 있게 꾸며져 있으며, 어느 한 이 연못을 다 볼 수 없게 만들어져 있다.

入水口 시설은 동쪽 호안의 南東 모서리에 있다. 出水口는 북쪽 호안의 동남쪽에 있다. 호안은 동·서·남·북의 네 군데에 있다. 출토유물은 모두 3만여 점으로, 왕과 군신이 향연할 때 못 안에 빠진 것과, 935년 멸망과 함께 宮이 폐허가 되면서 홍수등 天災로 인해 못 안으로 쓸려들어 간 것, 멸망당시 高麗軍에 의해 의도적으로 쓸어넣어 버려진 것으로 추정된다.

---

8) 韓炳三,「雁鴨池」,『韓國古代文化展』, 中日新聞社, 1983, 名古屋.

조사된 유물 가운데 木簡은 모두 51점으로 보고되었다. 그 가운데 完形에 가까운 것이 40점, 절반정도가 떨어져 나간 것이 7점, 복원불가능한 파편덩어리가 4편이었다. 보고서에 의하면 묵서된 면의 수에 따라 다음과 같이 셋으로 분류하였다.

1. 앞뒤 양면에 묵서-대부분
2. 3면에 묵서-두께가 넓은 2개의 목간
3. 6면이 묵서-어떤 원통형 목간

또 이 가운데

1. 한 글자라도 읽을 수 있는 것-「30여」점
2. 묵흔은 인정되나 전혀 판독이 불가능한 것-15점
3. 전혀 묵흔을 인정할 수 없는 것-4점

이라 하였다. 글자를 읽을 수 있는 「30여」점 중에 보고서에 판독문을 실은 것은 31점이었다. 앞서 말한 바와 같이, 고경희에 의해 2점이 추가되었으므로 「30여」는 현재로서는 33점인 셈이다.

목간의 출토정황은 목간의 연구에 있어 대단히 중요하다. 보고서 출간 이래 지금에 이르기까지 목간 출토지점에 관해서는 거의 주목을 받지 못하였다. 유일하게 이를 의식한 것은 李成市였다.[9] 그에

---

9) 논문에서 李成市는 "안압지에서 출토된 목간은 2 혹 3점을 제외하고는, 雁鴨池 서북의 臨海殿터, 제4건물터에서 제5건물터에 걸치는 부근에서 출토되었다. 이곳은 二重으로 護岸石築이 둘러쳐져 있있는데, 목간이 발견된 곳은 바로 이 石築 아래의 뻘층에서였다"고 하였다.

따르면 목간은 안압지 서북의 臨海殿터, 제4건물터에서 제5건물터에 걸치는 부근에서 집중적으로 출토되었다고 한다.

이와 관련하여 출토지점에 관해서는 두 가지 계통이 기록이 보인다. 하나는 보고서의 발굴경과 기록이고, 하나는 보존처리와 관련된 기록이다. 이들은 보고서 출간 이래 전혀 주목된 적이 없다. 먼저 전자에 의하면 다음 네 군데서 출토된 것으로 기록하고 있다.

- 探索坑 N18區   (5월 3일)
- 東便 探索坑(R17區探索坑인가)   (5월 13일)
- Q22區 探索坑   (5월 16일)
- 西便의 E18區 探索坑의 갯벌 遺物層   (5월 30일)

즉 N18·R17·Q22·E18이 되는 셈이다. 각각의 출토지점에서 어떤 목간이 몇 점 출토되었는가에 관한 기술을 찾아볼 수 없다.[10] 다

---

10) 보고서의 관련기록을 발췌하여 옮겨 적으면 다음과 같다.
▽ 1976년 5월 3일 흐림 : 探索坑 N18區는 護岸石築이 완전 노출된 가운데 바다 갯벌층을 제거중 머리빗과 木簡·난간木·土器片 다수가 출토되었다. 서편과 남편 코너에 J17구 探索坑을 신설하여 表土層을 제거작업을 하였고 다른 探索坑은 우천으로 인해 물이 고인 관계로 작업을 중지하고 물을 떠내는 作業만 하였다. ▽5월 13일 흐림 : 총 11개 探索坑 중 동편의 R17區探索坑의 작업이 완료되었는데 유물은 별로 출토되지 않고 있다. 서편의 J17區探索坑은 腐蝕層의 토양 제거작업과 그밖에 9개 探索坑은 갯벌층인 유물층에서 작업을 하였는데 瓦塼類와 硯片 및 緣釉鬼面 등이 출토되고 동편 探索坑에서는 목간 및 토기류가 출토되었다. ▽5월 14일 맑음 : 동편 2개, 남편 1개 探索坑에서 작업을 하던 중 서편 探索坑 J17區에서 水晶片 및 금동제 佛具類片이 瓦당 片과 함께 출토하고 있으며 동편 탐색갱 Q13區에서는 砂質層 작업중 길이 39cm, 폭 4cm의 목간 1점이 출토되고 그밖에 5개의 探索坑에서는 瓦塼類가 주로 출토되었다. ▽5월 16일 맑음 : 동편 探索坑 Q13區와 북편 探索坑 Q22區의 護岸石의 노출작업과 유물 수습작업이 완료되었다. 探索坑 Q13區는 木質類 및 木片과 土器片이 다량 출토되고 Q22區 탐색갱에서는 漆器片·金銅접시·瓦당 및 木簡類들이 출토한다. 탐색갱 E20·E21區의 2개를 신설하였는데 이 곳은 서편 호안에 위치한다. 남편에서제일면적이 큰 K7·K8區 유물층 작업중 "儀鳳四年" 銘文 平瓦片과 금동제 透

음 후자의 경우는 좀더 많은 12개 지점이 제시되고 있다. 이와 관련하여 보고서에서는 다음과 같은 표가 제시되고 있다.

<표> 목간 처리내용 및 물리적 性狀 105

출토위치	명 칭	일련번호	부피(㎤)	건조후무게(g)	型	문자	비고
N23 Q13	3도P 바닥유물 호안석에서 서북으로 550 3토 갯벌	750530 750512	23.76 68.11 33.51	10.45 24.5 16.48	平板 〃 〃	裏表 表裏 有 7× 〃 12.3 〃 10	
Q13 K7	4토사질 3토제 1 유물 P	750515 750515	52.92 15.79	20.5 12.43	〃 〃 〃 〃	〃 13.6 〃 보이지 않음 〃 〃	
Q22	3토	750516	33.75 51 165	- - -	筒形 〃 〃	〃 無 有	
K7 E19 N23	3토 3층갯벌 3토P	750517 750521 750527	4.32 187.2 12.6 8.37 9.75 7.0	2.5 100.9 5.35 5.4 4.75 2.45	平板 筒形 平板 〃 〃 〃	〃11보이지 않음 〃 3 그림 〃 4 無 〃 3 × 〃 4 × 無 0 ×	

彫板과 길이 18cm, 폭 1.5cm의 목간이 출토되고 북편의 Q27區 탐색갱에서는 길이 237cm, 넓이 30cm의 "木製槽"가 출토되었다. ▽6월 30일 맑음 : 서편의 E18區 탐색갱은 계속하여 갯벌 유물층 제거중 목간이 다수 노출되고 中島의 I24區 탐색갱의 잡초를 제거 후 신설하여 제토작업과 I23區 탐색갱의 表土 제거작업을 계속 하였다. ▽1977년 1월 14일 맑음 : 약품처리를 위하여 木船을 해체하여 나무상자를 만들어서 해체한 목선을 약물 속에 담가넣었는데 목재탱크 속에 60포의 카보왁스를 투입하였다. 출토유물을 토층별·지구별로 정리하고 보존 처리한 목간을 촬영하였다.

E21			2.3	1.05	〃	〃 0 ×
	바닥유물(4土)	750528	154.7	36.3	筒形	有3 보이지 않음
K7			165.23	33.85	〃	〃 2
	바닥토P(4土)	750604	34.2	18.15	平板	無 0
E18			19.2	10.23	〃	〃 0
	4토P	750627	17.1	11.05	〃	有 7
E18			9.4	4.0	〃	〃 보이지 않음
	제3토(제1유물P)	750627	24.75	-	筒形	〃
			17.43	-	〃	〃 7
			14.7	-	〃	無
			14.28	-	〃	〃
E18		750627	59.4	10.2	〃	有 사항에 2~4개
E22	4토	750710	63.8	34.2	〃	〃 6
R22	3토층	750716	108	40.25	平板	〃 8 4
J23	3토층		6.36	3.85	〃	無 0
		750729	30.24	10.4	〃	有 7 다수
M15	3토	750729	25.2	10.3	〃	〃 그림 8
N15	3토	750705	64.51	23	筒形	〃 사항에 2~4개
M14	3토	750804	19.5	10.45	平板	〃 보이지 않음
N14	3토		5.85	4.45	〃	
E22	4층 바닥	750809	3.58	1.85	〃	〃 3→보이지 않음

이를 분석하면,

-E18(7점), E19(1점), E21(2점), E22(6점)

-J23(1점)

-K7(7점)

-Q13(3점), Q22(3점)

-R22(1점)

-M14N14(1점), M15N15(1점), N23(6점)

에서 출토된 것으로 이해된다.[11] 단 위의 표로는 어떤 목간이 어느 지점에서 나왔는지를 결정짓기는 불가능에 가깝다.

한편 도판편에 출토지점을 명기한 사진들이 있다. 도판 220에서 224가 그것이다. 이 가운데, 외형상으로 목간을 식별할 수 있는 것들이 있다. 먼저 도220은 적어도 36.8cm는 되는 듯한데, 번호가 붙여진 33개 중에 유사한 것을 특정하기는 어려운 듯하다. 도221은 고경희씨가 추가한 제32호에 해당한다. 도222의 목간은 도 427 즉 제15호 목간이다. 도223의 목간은 도403 즉 제3호 목간이다. 도224 목간은 도424 즉 제14호 목간이다. 도225 목간은 위에 V자홈이 들어간 긴 형상으로, 도458의 목간인데, 불행하게, 해당목간의 유물번호는 보고서와 고경희가 추가한 것까지 합쳐 33개의 목간 안에서는 찾을 수 없는 듯하다. 이에 따르면,

▲ 32호 목간(도221), 3호 목간(도223) ← E18
▲ 15호 목간(도222) ← R22
▲ 14호 목간(도224) ← O8

에서 각각 출토된 것임을 추적할 수 있다.

이렇듯 출토지점에 관한 세 가지 계통의 기록은 상호 완전일치

---

11) 목간들의 일련번호와 현재의 유물번호와의 상관관계를 추적할 수 없으며, 결국 형태와 판독문자의 유무 및 수를 가지고 추정할 수밖에 없는 듯하다. 그러나 이 또한 기준이 모호하여 추적하기 어렵다. 마지막으로 기대할 수 있는 것은 건조 후 무게 및 부피인데, 이에 대해서 목간자료에 대한 접근이 쉽지 않은 현재로서, 목간의 측량을 전제로 하기 때문에, 차후의 작업으로 돌릴 수밖에 없다.

하지는 않는다. 각각의 기록에 누락은 있을지언정, 잘못된 기록은 없다고 한다면, 다음과 같이 정리할 수 있다.

1. 목간출토 일기는 매우 갖추어지지 못한 부실한 기록이다. N18·R17·Q22·E18 네 곳만을 기록하고 있다.
2. 보존처리 기록은 목간각각의 출토지점을 기록하고 있어, 출토일기를 크게 보완해 준다. 다만 구체적인 해당 목간을 특정해낼 수 없는 한계점이 있으며, 출토상태 사진과 비교하면 빠뜨린 부분도 있는 듯하다
3. 출토상태 사진은 비록 6장의 사진만을 싣고 있지만, 특정목간의 특정 출토지점을 알 수 있어 가장 구체적이다.
4. 출토상태 사진을 보존처리 기록에 대입시켜 보면, E18에서 출토되었다는 7점 중에는 3호와 32호 목간이 들어 있다. 또 R22에서 출토된 한 점은 바로 15호 목간이며, 보존처리 기록이나 일지에 없는 O8에서도 1점이 출토된 것을 알 수 있다.

그런데 발굴기록과 보존처리기록·출토상태사진과의 사이에 세 계통이 중복되는 구역은 E18과 Q22뿐이다. 전자에 보이는 N18과 R17에 관해 후자에는 보이지 않는다. 기록의 不備에서 오는 이와 같은 자료의 한계 앞에서 판단하기 매우 어렵다. 일단은 양자를 모두 취할 수밖에 없는 듯하다. 그것을 전제로 정리한다면 다음과 같이 정리할 수 있겠다.

▽ E18(7점, 그 가운데 3호·23호 목간이 들어 있음)·E19(1점)·E21(2점)·E22(6점)
▽ J23(1점)

▽ K7(7점)

▽ O8(1+a점, 14호 목간)

▽ Q13(3점)・Q22(3점)

▽ R17(1+a점)・R22(1점, 15호 목간)

▽ M14N14(1점)・M15N15(1점)・N23(6점)

▽ N18(1+a점)

　　1+a점 : 모두 몇 점인지는 모름. 적어도 1점

　14개 지점 혹 구역에서 적어도 41점의 출토가 확인된다. 즉 연못 동북쪽 출수구 호안에서 4점, 연못의 서북편 中島 서남쪽에 호안을 따라 16점, 中島 동쪽의 호안 두 곳에서 7점, 연못 한 가운데의 小島 주변에서 2점, 小島 동쪽 호안구석에서 적어도 1점, 小島 북쪽 호안에서 적어도 1점, 小島 동남쪽 大島 동북쪽의 호안에서 3점, 大島 남쪽 호안 사이에서 적어도 1점, 연못 남쪽 호안의 서쪽편에서 7점의 출토가 확인된다고 정리할 수 있다.

III. 목간의 석문과 넘버링 조정

　발굴보고서의 번호에 따라 열거하면서 설명해 보기로 한다. 지금까지의 석독은 이기동에 의한 보고서의 석독, 이를 극히 일부 수정한 이기동의 논문,[12] 그리고 보고서를 거의 그대로 따르면서 2개의 새로운 목간을 추가 석독한 고경희의 석독,[13] 『목간연구』와 『한국고대사연구』에 실린 李成市의 석독, 국립경주박물관이 개최한 특별전 『문자로 본 신라』에서 박방룡의 석독,[14] 국립중앙박물관에서 열린 특별전 『통일신라』에서 극히 일부 목간에 대한 필자의 석독 등이 있으며, 익히 알려지지 않은 보고서 보존처리 부분에 제시된 표의 지건길의 석독도 있다.

필자는 안압지 목간 중 일부를 육안으로 관찰한 적이 있다. 아울러 몇 점의 적외선사진을 갖고 있다. 상기 사진자료와 관찰을 바탕으로 석독은 기본적으로 보고서의 도판사진을 참고하여 시도하였다. 먼저 순서에 따라 보고서에서 제시한 석독을 먼저 그대로 제시하고, 다음 석문을 수정 제시하기로 한다.

1) 1호 목간

가. 보고서

圖版 185(398·399) 1.「洗宅呈二輿四像(?)一頭□□□□木(等?)松(?)□」
「十一月廿七日典(其?)壹(臺?)思林」　　(길이 31.8cm, 너비 2.8cm, 두께 1.5cm)

나. 이기동

1. (A) 洗宅 呈二輿□四像(?)一頭(이하 5字 未詳)木(等?)松(?)

　　(B) 十一月廿七日典(其?)壹(臺?) 思林　　　　　(31.8.2.8.1.5cm)

---

12) 이기동, 앞의 주2 논문.
13) 고경희, 앞의 주3 논문.
14) 박방룡, 『문자로 본 신라』, 국립경주박물관, 2002.8.

다. 고경희

1. 「洗宅呈二興四像?一頭□□□□木(等?)宋15)(?)□」

　「十一月廿七日典(其?)壹(臺?)思林」　　墨書

 * 고경희 논고에서는 원래는 □가 ○로 되어있으나, 본고에서는 이하 모두 □로 해둠

라. 박방룡(통일신라)

　洗宅呈二興四像(?)一頭□□□□木(等?)松(?)□　　　　　(도록139면 318-1)

　　　　　　　　　　　　　　1은 좌로부터 서열순번임

　□□十一月廿七日典(其?)壹 思林　　　(도록139면 318의 후면-1)

 * 박방룡 도록에서는 원래는 □가 △으로 되어 있으나, 본고에서는 이하 모두 □로 해둠

▽ 사안

1 ・×ㄱ田日月廿七日　典臺　思林ㄷ×　　　(보고서16)399, 도록318-1)
　・×洗宅□二興四田一頭□□□□木□□×　(보고서398,17) 도록318의 후면-1)

　　　　　　　　　　　　　　　　　　　(31.8+α)×2.8×1.5

2) 2호 목간

가. 보고서

　圖版 185 (400·401) 2. 「□寓(?)洗宅(?)」「□審(寫?)洗宅□」

　　　　　　　　(길이16.5cm 너비1.7cm 두께1cm, 但 상단부와 하단부가 떨어져 나갔음)

나. 이기동

　2. (A)寓(?)洗宅實(?)　(B)寫(?)洗宅□

---

15) 松의 오타인 듯하다.
16) 이하 보고서는 보고서 도판편의 도면을 가리키며, 도록이란 특별전 『통일신라』 도록을 가리킨다. 즉 보고서399란 보고서 도면399를, 도록318-1이란 『통일신라』 도록의 도318의 첫째 사진이란 의미이다.
17) 도판사진은 필자의 관찰에 의하면, 天地가 거꾸로 되어있다.

(16.5×1.5×1cm, 但 상단부와 하단부가 각각 떨어져 나감)

다. 고경희

　2.「□寓(?)洗宅(?)」「□審(寫?)洗宅□」墨書

라. 박방룡

　　寓(?)洗宅(?)寶(?)　　　　　　　　(도록139면 도318-2)

　　寫(?)洗宅□　　　　　　　　　　　(도록139면 도318의 후면-2)

▽ 사안

　목간2　·× □洗宅□ ×　　　　　　(보고서400, 도록318-2)

　　　　·× □洗宅 ×　　　　　　　(보고서401.18) 도록318 후면-2)

　　　　　　　　　　　　　　　　　　(16.5+α)×1.5(?)×1

3) 3호 목간

가. 보고서

　圖版 186 (402·403) 3.「天寶十載□十一月」「韓舍」

　　　　　　　　　　　　(길이 23.5cm, 너비 3cm, 두께는 일정치 않음)

나. 이기동

　3. (A)天寶十載□十一月 (B)韓舍　　(23.5cm, 너비 3cm, 두께는 일정치 않음)

다. 고경희

　3.「天寶十載□十一月」「韓舍」墨書

라. 박방룡

　　　韓舍韓舍韓舍韓舍韓舍　□十一月天寶
　　　韓舍　　　　韓舍　　天寶十載　　(도록139면 318-3)

---

18) 사진은 天地가 거꾸로 되어 있음.

韓舍文定(?)　　　　　　　　　　　　(도록139면 318의 후면-3)

▽ 사안

　목간3·×天宝十載□十一月 韓舍文之〔코·얼굴·눈의 그림〕×

　　　　　　　　　　　　　　　　　(보고서403, 도록318의 후면-3)

　　　　　　舍　舍舍舍舍　　　天寶十一載□□十□
　·×韓舍韓舍韓舍韓舍　韓舍 天寶寶缶差□　×(보고서402, 도록318-3)

　　　　　　　　　　　　　　　　　　(18+α×4.5×0.5)[19]

4) 4호 목간

가. 보고서

　圖版 186 (404, 405) 4.「寶應四年」「策事」「壹貳□□□」　　(7cm×3cm×3cm)

나. 이기동

　4. (A) 寶應四年　(B) 策事　(C) 壹貳□□□

　　　　　　　　(17×3×3cm, 단 直四面體이며 3면에 글씨가 쓰여 있음)

다. 고경희

　4.「寶應四年」「策事」「壹貳」墨書

라. 박방룡

　寶應四年　　　　　　　　　　　　(도록138면 도317-1 정면)

　榮(策?)事　　　　　　　　　　　 (도록138면 도317-1 측면)

　壹貳　　　　　　　　　　　　　　(도록138면 도317-1 후면)

▽ 사안

　4·寶應四年　　　　　　　　　　　(보고서405, 도록317-1정면)

---

19) 재원은 李成市 논고에 따름.

・策事　　　　　　　　　　　　(보고서404, 도록317-1측면)

・伍肆參貳壹　(글자는 다른 면과 달리 거꾸로 쓰여 있음)(도록317-1후면)

・□　　　　　　　　　　　　　　　　　(17×3×3)

5) 5호 목간

가. 보고서

圖版 186 (406·407) 5.「庚子年五月十六日」「原(?)□□史 (武?)」

(9.35cm×2.65cm×0.3cm)

나. 이기동

5. (A) 庚子年五月十六日　(B) 原(?)□□史疋(武?)　疋는 武의 7획이 없는 자

(9.35cm×2.65cm×0.3cm)

다. 고경희

5.「庚子年五月十六日」「原(?)□□史 (武?)」墨書

라. 박방룡

原(?)□□史疋　疋는 武의 7획이 없는 자　　(도록 139면 도318-3)

庚子年五月十六日　　　　　　　　　　(도록 139면 도318의 후면-3)

▽ 사안

5 ・「∨ 庚子年五月十六日」　(보고서406, 도록318의 후면-3)

　・「∨ 本□□史走」　　　(보고서407, 도록318-3)

(9.35×2.65×0.3)

6) 6호 목간

가. 보고서 석독

圖版 187 (408·409) 6.「甲辰年□(夏?)五月(?)」　　　(15.3cm×2.75cm×0.8cm)

나. 이기동 석독

  6. 甲辰年□(夏?)五月(?)　　　(15.3cm×2.75cm×0.8cm)

다. 고경희

  6.「甲辰年□(夏?)五月(?)」　墨書

  33. 甲辰年三月三日右□立成　(33호로 간주한 것. 도록 139면 도318-5)

라. 박방룡

  甲辰年□(夏?)五月(?)　　　(도록 139면 도318-4)

  元一　　　(도록 139면 도318의 후면-4)

▽ 사안

  6·「∨ 甲辰年三月三日□□□□ ×　(보고서408, 도록318-4)

  ·「∨ □□ 」　(보고서409, 도록318의 후면-4)

                            (15.3×2.75×0.8)

7) 7호 목간

가. 보고서

  圖版 187 (410·411) 7.「乙巳年正月十九日□日宋(?)」　　(11.3cm×4.2cm×0.75cm)

나. 이기동

  7. 乙巳年正月十九日□日宋(?)　　　(11.3cm×4.2cm×0.75cm)

다. 고경희

  7.「乙巳年正月十九日□日宋(?)」墨書

라. 박방룡

  乙巳年正月十九日　　　(도록142면 도321-1)

▽ 사안

  7・「∨己巳年正月十九日仲日□」　　　(보고서410, 도록321-1)

  ・「∨熟皿十八□」　　　(보고서411)

                                  (11.3×4.2×0.75)

8) 8호 목간

가. 보고서

  圖版 187 (412·413) 8.「甲寅年壹(?)八九月□□□□」　　　(12.5cm×1.4cm×0.5cm)

나. 이기동

  8. 甲寅年壹(?)八九月　　　(12.5cm×1.4cm×0.5cm)

다. 고경희

  8　甲寅年壹(?)八九月□□□□　　　墨書　(8호)

▽ 사안

  8 ・× 甲寅每□□□□□ ×　　　(12.5+α×1.4×0.5)

9) 9호 목간

가. 보고서 석독

  圖版 187 (414·415) 9.「□□年二月八日□永造(?)」　　　(12.8cm×1.4cm×0.6cm)

나. 이기동

  10.□□年二月八日□永造(?)」　　　(12.8cm×1.4cm×0.6cm)

다. 고경희

  9.「□□年二月八日□永造(?)」墨書

라. 박방룡

　甲寅年壹(?)八九月20)　　　　　　　　　(도록 142면 도321-2)

▽ 사안

　9・「□□年二月八日□永造 ×　　　　　　(보고서412, 도록321-2)
　　　　　　　　　　　　　　　　　　　　　　　(12.8+α×1.4×0.6)

10) 10호 목간

가. 보고서

　圖版 187 (416,417) 10.「二月□日作」「階(?)盤」　(13cm×2.6cm)

나. 이기동

　11. (A)二月□日作 (B)階(?)盤　　　　　　(13cm×2.6cm)

다. 고경희

　10.「二月□日作」「階(?)盤」墨書

▽ 사안

　10・× □盤 ×　　　　　　　　　　　　　(보고서416)
　　・× 二月□日昨 ×　　　　　　　　　　(보고서416)
　　　　　　　　　　　　　　　　　　　　　　(13+α×2.6×?)

11) 11호 목간

가. 보고서

　圖版 188 (418・419) 11.「三月卄一日 □□□□」　(14.5cm×2.6cm×0.6cm)

---

20) 사진은 9호 목간임에 틀림없으나, 판독은 8호 목간에 관한 것인 듯하다. 단순미스인 듯하다.

나. 이기동

   12. 三月廿一日(이하 5자 미상)　　　　　　(14.5cm×2.6cm×0.6cm)

다. 고경희

   11.「三月廿一日 □□□□」 墨書

▽ 사안

   11 · × 三月廿一日□□ ×　　　　　　(보고서418)

                                     (14.5+α×2.6×0.6)

12) 12호 목간

가. 보고서

   圖版 188 (420,421) 12.「十一日廿一日(?)□□」「單□史□□」(9.4cm×2.15cm)

나. 이기동

   13. (A)十一月廿一日□□ (B)單□史□□　　　(9.4cm×2.15cm)

다. 고경희

   12.「十一日 一日(?)□□」「單□史□□」墨書

라. 박방룡

   三月廿一日□□　　　　　　(도록139면 도318-6)

   單□史□□　　　　　　　(도록139면 도318의 후면-6)

▽ 사안

   12 ·「∨十一月廿一日□□×　　　(도록420)

     ·「∨單□史□□×　　　　(도록421)

                                   (9.4+α×2.15×?)

13) 13호 목간

가. 보고서

　　圖版 188 (422·423) 13.「策事門恩(思?)□□金」「策事門□□□金」

　　　　　　　　　　　　　　　　　　　　　　　　(8.8cm×1.45cm×0.45cm)

나. 이기동

　　14. (A)策(?)事門恩□□金 (B)策事門果(?)□金　(8.8cm×1.45cm×0.45cm, 단 (B)는 草書임)

다. 고경희

　　13.「策事門恩(思?)□□金」「策事門□□□金」 墨書

라. 박방룡

　　榮(策?)事門恩(思?)魚(?)金　　　(도록139면 도318-7)
　　榮(策?)事門□□□金　　　　　　(도록139면 도318의 후면-7)

▽ 사안

　　13 ·「∨策事門恩□□金」　　　　(보고서422, 도록318-7)
　　　·「∨策事門□□□金」　　　　(보고서423, 도록318의 후면-7)

　　　　　　　　　　　　　　　　　　　　　　　(8.8×1.45×0.45)

14) 14호 목간

가. 보고서

　　圖販 188 (424·425) 14.「□榮(?)抱相耕(?)慰 璧 (?)琴現榮(?)」(14.5cm×4.2cm×1cm)

나. 이기동

　　15 · 華(?)抱相耕(?)慰 璧糝(?)琴現(?)榮(?)　　(14.5cm×4.2cm×1cm)

다. 고경희

　14.「□榮(?)抱相耕(?)慰　璧　(?)琴現榮(?)」　墨書

라. 박방룡

　□榮(?)抱相耕(?)慰

　璧慘(?)琴現(?)榮(?)　　　　　　　(도록140면 도319-1)

　글자없음　　　　　　　　　　　　(도록140면 도319의 후면-1)

▽ 사안

　14・「□□抱相耕慰□琴現□　　×　(보고서424, 도록319-1)

　　・「□□□　　　　　　　×　　(보고서425, 도록319의 후면-1)

　　　　　　　　　　　　　　　　　　　　(14.5+α×4.2×1)

15) 15호 목간

가. 보고서

　圖版 188 (426·427) 15.「□立迷急得附(?)高城墟(?) (武?)」16.2cm×4.2cm)

나. 이기동

　16. 立(?)迷急得(?)隋(?)高城□壬(武?)」　　　(16.2cm×4.2cm)

다. 고경희

　15.「□立迷急得附(?)高城墟(?)　(武?)」墨書

라. 李成市

　□送急使牒高城墟走

마. 이용현[21]

―――――――――

21) 졸고, 앞의 주5 논문.

- 「∨□遣急使牒高城壅(혹은 繼)走」
- 「∨□□ □」

바. 박방룡

□迷急得(借?)條高城□疋   疋는 武에서 7획이 없는 글자 (도록140면 도319-1)

辛□□□□□□   (도록140면 도319의 후면-2)

사. 윤선태[22]

(앞) 辛[丑]□□□□□

(뒤) □迷急使牒高城[驢]一疋   (16.2×4.2cm)

▽ 개정사안

15・「∨□遣急使牒高城䭾走」   (보고서426, 도록319-2)

・「∨辛審院宅□□□一品仲上」 (보고서427, 도록319의 후면-2)

(16.2×4.2×1.0)

16) 16호 목간

가. 보고서

圖版 189 (428·429) 16. 「□席長十尺細(?)次我三件法次(?)北七□□□」

(28.5cm×2.5cm×0.5cm)

나. 이기동

17・郞席長十尺細(?)次我三件法次(?)北七□□□   (28.5cm×2.5cm×0.5cm)

다. 고경희

16・「□席長十尺細(?)次我三件法次(?)北七□□□」 墨書

라. 李成市

---

22) 윤선태, 앞의 주6 논문.

郎席長十尺紬次代三件法次代七☐☐(이하결손)

마. 박방룡

郎席長十尺紬次我三件法次代七　　　　(도록142면 도322-3))

▽ 사안

16 · × 郎席長十尺紬次代三件法次代七☐☐ ×　　(보고서428, 도록322-3)

(28.5+α×2.5×0.5)

17) 17호 목간

가. 보고서

　　　☐☐　　　　☐☐
圖版 189 (430·431) 17.「☐隅宮北文迷　　四當 ☐☐☐
　　☐者　　　　☐☐」

　　　　　☐☐　　小☐☐
「長(?)門　　☐義」
　　　　　☐☐　　金老右」　　　　　(18cm×4.5cm×0.5cm)

나. 이기동

　　　　　　☐☐　　　　　☐☐
18.「☐隅宮北文迷　　四當 ☐☐☐
　　　　　　　☐者　　　　☐☐」　(18cm×4.5cm×0.5cm)

다. 고경희

　　　　　　☐☐　　　　☐☐　　　　☐☐　　小☐☐
17 ·「☐隅宮北文迷　　四當 ☐☐☐　　「長(?)門　　☐義

라. 李成市

☐者   ☐」   ☐☐ 金老右」墨書

·☐隅宮北文廷   閤宮門廷   ×

☐☐   ☐☐
☐☐   小邑友永
·大門   開義門廷
☐☐   金差☐

마. 박방룡

長(?)門☐☐☐☐義☐ 小☐☐金老右   (도록140면 도319-3)
☐隅宮北文迷 ☐☐☐者 四當☐☐☐ ☐☐☐☐ (도록140면 도319의 후면-3)

▽ 사안

17   ☐☐   ☐☐
·× ☐隅宮北門廷   ☐☐ 閤宮門廷   ☐☐ × (보고서430, 도록319-3)
         ☐☐   小邑友永
·× 大門☐☐   開義門廷金差☐   (보고서431, 도록319의 후면-3)

(18+α×4.5×0.5)

18) 18호 목간

가. 보고서

圖版 189 (432·433) 18·「是錯(?)處道☐歲之 我飛☐☐者家宣宮處宮」
「☐☐☐門宮(?)電(?)☐」   (30cm×5.6cm×0.65cm)

나. 이기동

19・是錯(?)處道□歲之 我飛□□者家宣宮處宮 □□□門宮(?)黿(?)□

(30cm×5.6cm×0.65cm)

다. 고경희

18・「是錯(?)處道□歲之 我飛□□者家宣宮處宮」「□□□門宮(?)黿(?)□」墨書

▽ 사안

18・「是□處道□歲之 我飛□□者家宣宮處宮」　　(보고서432)

・「□□□門宮□□」　　　　　　　　　　　(보고서433)

(30×5.6×0.65)

19) 19호 목간

가. 보고서

圖版 189 (434·435) 19.「重豫(?)木(等?)處」

(길이 9cm. 너비는 일정치 않으며 지름이 2.7cm)

나. 이기동

20. 重予木(等?)處　　　　　　(길이 9cm이나. 너비와 두께는 일정치 않음)

다. 고경희

19.「重豫(?)木(等?)處」墨書

라. 박방룡

重亇ホ□處□　　　　　　　(도록142면 도322-4)

▽ 사안

19・「重分ホ□□」　　　　　　(보고서434)

・「□□土□□」　　　　　　　(보고서434·435)

・「六□□□」　　　　　　　　(보고서435)

· 「□□」

· 「□□」

· 「□□」   (9×2.7×2.7)

20) 20호 목간

가. 보고서

　20·「二藥十」　（형태는 不明）

나. 이기동

　25. 二藥十　（필자는 未見으로 유물조사 카드에 의함）

다. 고경희

　「二藥十」 墨書

▽ 사안

　20·二藥十

21) 21호 목간

가. 보고서

　21·「(坎?)短山徒」   (길이 4.3cm, 너비 1.8cm)

나. 이기동

　21. 枕(?)短山徒　　　坎는 坎의 土가 木인 자

                                                 (길이 4.3cm, 너비 1.8cm)

다. 고경희

　「(坎?)短山徒」 墨書

▽ 사안

21 · □矩山徒　　　　　　　　　　　　　　　　(4.3×1.8)

22) 22호 목간

가. 보고서

圖版 189 (436·437) 22 ·「僧門金□□」「金金□□□」　(11.5cm×3.8cm×1.5cm)

나. 이기동

22. 僧門金□□ 金金□□□　　　　　　　　(11.5cm×3.8cm×1.5cm)

다. 고경희

22 ·「僧門金□□」「金金□□□」墨書

▽ 사안

22 · ?　僧門金□□ ?　(보고서436)

　· ?　金金□□□ ?　(보고서437)　　　? 형태 알 수 없음

　　　　　　　　　　　　　　　　　　　　　　(11.5×3.8×1.5)

23) 23호 목간

가. 보고서

圖版 190 (438·439) 23.「門□□寫(?)若赴(?)」「木(等?)水□使用次省寸□」

　　　　　　　　　　　　　　　　　　　　　(13cm×2cm×0.8cm)

나. 이기동

23. (A)門□□寫(?)若赴(?) (B)木(等?)水□使用次省寸(?)□　(13cm×2cm×0.8cm)

다. 고경희

　　23·「門□□寫(?)若赴(?)」「木(等?)水□使用次省寸□」　墨書

라. 박방룡

　　門□卄□寫(?)若赴(?)　　　　　　　　(도록141면 도320-1)

　　朩水□使用以(?)省朩□　　　　　　　(도록141면 도320의 후면-1)

▽ 사안

　　23·「門□□□若□　×　　　　　　　(보고서439)

　　　·「木朩水□使用次省寸□　×　　　(보고서438)

　　　　　　　　　　　　　　　　　　　　　(13×2×0.8)

24) 24호 목간

가. 보고서

　　圖版 190 (440·441) 24.「□二百(三日?)□□□百」　(17cm×1.5cm×1cm)

나. 이기동

　　24.「□二百(三日?)□□□百」　　　　(17cm×1.5cm×1cm)

다. 고경희

　　24.「□二百(三日?)□□□百　墨書

라. 박방룡

　　□二(三?)百(日?)　　　百　　　　　　(도록142면 도321-4)

▽ 사안

　　24·「V□三石□□監及阿×　　　　　(보고서440, 도록321-4)

　　　·「V□　　□×　　　　　　　　　(보고서441)

　　　　　　　　　　　　　　　　　　　　(17+α×1.5×1)

25) 25호 목간

가. 보고서

圖版 190 (442,443) 25.「□火魚□史□」「□(丙?)午年四月」　　(15.4cm×3.3cm×0.6cm)

나. 이기동

9. (A)丙午年四月 (B)□火魚□史□　　　　(15.4cm×3.3cm×0.6cm)

다. 고경희

25.「□火魚□史□」「□(丙?)午年四月」墨書

라. 박방룡

丙(?)午年四月　　　　(도록141면 도320-2)

□火魚□史□　　　　(도록141면 도320의 후면-2)

▽ 사안

25 ・「∨□午年四月 」　　(보고서443, 도록320-2)

　・「∨□火魚□史□ 」　　(보고서442, 도록320의 후면-2)

(15.4×3.3×0.6)

26) 26호 목간

가. 보고서

圖版 190(444) 26.「□□宋(?)第二汁□□」

(13.2cm×2.5cm×0.3cm. 단 상단부과 하단부가 떨어져 나갔음)

나. 이기동

26. (A)□□宋(?)第(?)二汁□□ (B)(5자미상)洗(?)宅(?)□

(13.2cm×2.5cm×0.3cm. 단 상단부과 하단부가 각각 떨어져 나감)

다. 고경희

　　26.「□□宋(?)第二汁□□」墨書

▽ 사안

　　26 · ×□□□二汁□□×　　　　　　(보고서444)

　　　· ×□□□□洗宅□×　　　　　　　　　　　(13.2+α×2.5×0.3)

27) 27호 목간

가. 보고서

　　圖版 190 (445·446) 27.「九十二」「八(?)買」

　　　　　　　　　　　(4cm×2.5cm×0.22cm, 단 하단부가 떨어져 나갔음)

나. 이기동

　　27 · (A) 九十二 (B)□買　　　(4cm×2.5cm×0.22cm, 단 하단부가 떨어져 나감)

다. 고경희

　　27 ·「九十二」「八(?)買」墨書

라. 박방룡

　　九十二　　　　　　　　　(도록141면 도320-3)

　　□買　　　　　　　　　　(도록141면 도320의 후면-3)

▽ 사안

　　27 · × 囚買」　　　　　　(보고서446, 도록320의 후면-3)

　　　· × 九十二」　　　　　　(보고서445, 도록320-3)

　　　　　　　　　　　　　　　　　　　　(4+α×2.5×0.22)

28) 28호 목간

가. 보고서

圖版 190 (447·448) 28.「□□□歲(?)十三口」   (18.2cm×1.9cm×1.2cm)

나. 이기동

28·□公(?)□□歲(?)十三千(?)   (18.2cm×1.9cm×1.2cm)

다. 고경희

28.「□□□歲(?)十三口」墨書

라. 李成市

28·「∨南公是又上冊三4」   (자료447)   (18.2×1.9×1.2)

마. 박방룡

南公　勢十三4   (도록 142면 도321-6)

▽ 사안

28·「∨南厶是反上冊三4   ×　厶＝公, 4＝斗   (보고서447, 도록321-6)

(18.2+α×1.9×1.2)

29) 29호 목간

가. 보고서

圖版 190 (449·450) 29.「□坪棒 百卄□」「庠」

(11cm×1.3cm×0.7cm, 단 상단부가 떨어져 나갔음)

나. 이기동

29. (A) 坪棒キ百卄□　(B)庠   (11cm×1.3cm×0.7cm, 단 상단부가 떨어져 나감)

다. 고경희

29.「□坪棒　百卄□」「庠　陰刻

라. 李成市

・「□坪捧キ百卄一品□」

・「□坪捧キ百卄一品上」

마. 윤선태23)

〔앞면〕 1. （上缺）□坪捧キ 百卄一品□（下缺）

　　　　　 1.　　　九月五日□□知□□（以下餘白）

　　　　　　　（上缺）　　　　　　　　　（下缺）

〔뒷면〕 2.　　　□辛（以下餘白）　　　　　〔11×3.6×0.5cm〕

바. 박방룡

□坪棒キ百卄品□　　　　　（도록141면 도320-4）

九月五□□和□

辛　　　　　　　　　　　　（도록141면 도320의 후면-4）

▽ 사안

29 ・×□坪捧キ百卄一□□×　　（보고서449, 도록320-4）

　　　『九月五□□□』

　・×□辛　　×　　　　　　（보고서450, 도록320의 후면-4）

刻書됨, 『 』는 추기·이필, 묵서　　　　　（11+α×3.7×0.7）

30) 30호 목간

가. 보고서

---

23) 윤선태, 『新羅 統一期 王室의 村落支配-新羅 古文書와 木簡의 分析을 中心으로-』, 서울대학교 박사학위논문, 2000.2.

圖版 190 (451) 30.「丙」　　　　　(길이 11cm 너비 3.6cm 폭0.5cm)

나. 이기동

　30・丙

　　　　(11cm×3.6cm×0.5cm, 단 하단부가 떨어져 나갔으며, 「丙」자는 음각된 것임)

다. 고경희

　30.「丙」 墨書

▽ 사안

　30・「∨ 丙 ×　　　　　　　　　(보고서451)

　　　　　　　　　　　　　　　　(11+α×3.6×0.5)

31) 31호 목간

가. 보고서

　圖版 191 (452·453) 31.「□(丁?)四□□(作?)」

　　　　　　(길이 8.5cm 너비 3cm 폭 0.6cm, 단 상단부가 떨어져 나갔음)

나. 이기동

　31. □(丁?)四□□(作?)

　　　　　　　　　　　(8.5cm×3cm×0.6cm, 단 상단부가 떨어져 나감)

다. 고경희

　31.「□(丁?)四□□(作?)」 墨書

▽ 사안

　31・×□四□□」

　　・×□□□」　　　　　　　　　(8.5+α×3×0.6)

다음 두 점은 보고서에서 다루지 않은 것을 高敬姬가 새로이 석독했다고 알려진 목간이다. 본고에서는 고경희의 넘버링에 따라 기존보고서의 목간번호에 이어 이를 각각 32·33호로 명명해 두기로 한다.

32) 32호 목간

가. 고경희

   32「奉 太子君」　　　墨書

나. 박방룡

   3奉太子　　　　　　　　　　(도록141면 도320-5)

   3(없음)　　　　　　　　　　(도록141면 도320의 후면-5)

▽ 사안

   32·「奉太子 ∨」　　　　　　　　　　　(5.9×1.0×1.0) 棒形목간

33) 33호 목간 = 8호 목간

가. 고경희

   33.「甲辰年三月三日右□立成」墨書

당해목간에 대해서 필자의 조사에 의하면, 새로 발견된 목간이 아니라, 종래 보고서의 8호 목간임이 판명되었다.[24] 따라서 목간번

---

24) 유물번호도 양자 안1293-5(안1293 (6-5))로 일치하였으며, 제시된 사진도 일치함을 확인하였다.

호는 그대로 놓아두고, 8호 목간에 대한 새로운 석독으로서 취급해야 할 것 같다. 마지막으로 이상의 32개 목간 이외에 박방룡는 한 개의 목간에서 묵서를 더 발견해냈다. 이를 34호 목간으로 불러두기로 한다. 이는 보고서에 그 내용에 대한 기록은 없으나 사진이 실린 도판편 도판191면의 도456·도457이 이에 해당한다고 판단된다.

34) 34호 목간

가. 박방룡

   -확인 안됨　　　　　　　　　(도록138면 도317-정면)

   -□水□□□□□入　　　　(도록138면 도317-측면)

   -五十五．　　　　　　　　　(도록138면 도317-후면)

▽ 사안

   34·「∨□□□□□□□ ×　(도록138면 도317-측면)

    ·「∨五十五×　　　　　　(도록138면 도317-후면)

$$(8.7 + a \times 1)$$

위의 경우와 같이 보고서에 사진은 게재되었으나 그 내용에 대한 기록이 없는 목간들이 있다. 도판편 도판191에서 도판193면에 있는 도454에서 도478이 그것이다. 아울러 도록에 실린 목간들도 있으니 도록 142면의 도 322의 것들이 그것이다.[25] 이는 상호 대조되는 것들도 보

재원비교에서도 양자는 근사하다.
25) 도록 142면의 도322의 목간들은 왼쪽에서 오른쪽으로 1번에서 8번까지 명명하고, 가로로 놓인 하단부의 세 점을 위에서부터 아래까지 9·10·11로 이름 해두기로 한다.

인다. 이들 가운데 사진상으로 묵흔이 인정되거나 외형상 확실히 목간이라고 판단되는 것들에 대해 목간번호를 붙여두고자 한다.

먼저 도458과 도459를 35호 목간으로, 도460과 도461을 36호 목간으로 해둔다. 도462와 도463을 37호 목간으로 해두는데, 이는 도록 142면 도322의 3의 것에 해당한다. 도464와 도465은 도록 142면 도322의 8에 해당되는데 이를 38호 목간으로 해둔다. 도469를 39호 목간으로 해둔다. 또 도470은 도록 142면 도322의 11에 해당하며 이를 40호 목간으로, 도472은 도록 142면 도322의 1에 해당하는데 이를 41호 목간으로, 도473은 도록 142면 도322의 7에 해당하며 이를 42호 목간으로 이름 한다. 도록 도322의 2,4,6은 각각 상부는 V자홈이 들어가 있고 하단은 파손된 형태로 이들을 각각 43호·44호·45호 목간으로 이름 한다. 이들을 일괄적으로 정리하면 다음과 같다.

35·「V□□監」　　　　　　　(보고서 도458·459)

36·「V□　□」　　　　　　　(보고서 도460·461)

37·× □ ×　　　　　　　(보고서 도462·463)

38·「V□　□」　　　　　　　(도록 도322의 8. 보고서 도465)

　　　　　　　　　　　　　　(15.7×2.8×?)

39·「□　□
　　　□　□十七　×　　　(보고서 도469)

40·「V□　□V」　　　　　　(도록 도322의 11. 보고서 도470)

　　　　　　　　　　　　　　(37.2×4.2×?)

41·「V□　□ ×　　　　　　(도록 도322의 1. 보고서 도472)

　　　　　　　　　　　　　　(19.5+α×2.9×?)

42・「○□ □ ×　　　　（도록 도322의 7, 보고서 도473）

(14.6+α×4.75×?)

43・「∨□ □ ×　　　　（도록 도322의 2）

(8.5+α×2.9×?)

44・「∨□ □ ×　　　　（도록 도322의 4）

(11.7+α×3.1×?)

45・「∨□ □ ×　　　　（도록 도322의 6）

(6.5+α×2.4×?)

이상과 같이 결번이 되는 32호를 제외하고 1호에서 45호까지 모두 44점에 대해 정리할 수 있다. 덧붙여 또 하나의 판독이 존재한다. 목간의 경화처리 이전인 1975년 시점에 지건길의 메모가 있는데, 이는 사계에 그다지 알려져 있지 않다. 참고로 소개 해둔다.

지건길 씨의 판독메모

出土番號	9	3	16-A	19			8
文字	代○(?)一兩	課門守	開義金登	韓(?)合巨友(?)※7句	天寶寶土	③細次代三行(?)	②(?)次代七	①○席去十

出土番號	1	16	13	15	2	11		17
文字	三日○○}	月寶(?)	重	迷急供○○高城瀘	(?)	"己巳年正月十九日卯(?)日出	南○(?)○○十三升	○(?)榮貳	寶應四年

Ⅳ. 목간의 내용개괄

이 장에서는 목간의 내용에 대해 개략적으로 살펴보기로 하자.

목간1 ・×ㄱ田日月廿七日　典臺　思林ㄷ×　　(보고서399. 도록318-1)
　　　・×洗宅□二興四田一頭□□□□木□□×　(보고서398. 도록318의 후면-1)
　　　　　　　　　　　　　　　　　　　　　　(31.8+α)×2.8×1.5

양면에 묵서로 글자가 쓰여 있다. 상단과 하단은 비스듬하게 잘려 나갔다. [洗宅]관련 목간이다. 洗宅은 국왕 혹 東宮 직속의 비서문필 담당기관인데, 이에 대해서는 이기동의 치밀한 연구가 있다.[26] 이에 따르면,

① [洗宅]은 內省에 직속된 비서・문필 담당기관으로, 국왕직속의 것과 東宮직속의 것, 두 계통이 있었음.
② 洗宅은 中事省으로 개명된 적이 있으므로, 洗宅이라고 불리었던 시기를 한정할 수 있음.

을 알 수 있다. 그러므로 특히 ②에 의해 목간연대를 限定할 수 있다. 이에 관해서는 후술하겠다.

---

26) 이기동, 앞의 주2 논문.

「頭」는 가축을 세는 수량사이므로, 어떤 가축 「四十一頭」와 관련된 것임을 추정할 수 있다. 다른 면에 月日字가 있는데, 이것으로 보아 洗宅의 調達과 관련된 것으로 추정되고 있다.[27] 思林은 인명이 아닐까 한다.

 목간2　·× □洗宅□　×　　　　　(보고서400, 도록318-2)
   　·× □洗宅 ×　　　　　　(보고서401, 도록318의 후면-2)

             (16.5+α)×1.5(?)×1

상단과 하단이 모두 파손되어 원형을 잃었다. [洗宅]관련 목간이다. 「審」에 관련해서는 윤선태의 연구가 있는데,[28] 제사나 의례관련이 있는 것으로 추정된다. 안압지에서는 「龍王辛審」 혹 「辛審龍王」이 쓰인 토기편 여러 점이 출토되고 있으며, 이로써 東宮관하의 龍王典과 관계 깊은 목간으로 여겨진다.[29]

 목간3　·×天宝十載□十一月 韓舍文 [코·얼굴·눈의 그림]×

           (보고서403, 도록318 후면-3)

   舍　舍舍舍舍　　　天寶十一載□□十□
  ·×韓舍韓舍韓舍韓舍　韓舍 天寶寶缶差□　　×

           (보고서402, 도록318-3)

           (18+α×4.5×0.5)

상기목간은 당초 보고서에서는 이와 같이 읽혀지고 있었는데,

---

27) 李成市, 앞의 주4 논문.
28) 안압지 목간과 관련유물의 「辛」자 관련연구는 윤선태, 앞의 논문(2000.2)의 구체적인 연구가 있다.
29) 李成市, 「韓國の木簡」, 『しにか』 2-5(14), 大修館書店, 1991.5, 東京.

적외선 판독 및 사진 재촬영을 통해, 선명한 문자를 얻을 수 있었다. 필자의 석문은 이를 바탕으로 하였다.

한 면은 「韓舍」 그리고 「舍」(아마도 韓舍의 舍)를 習書하고 있다. 또 이와 다른 면은 韓舍를 연속으로 習書하다가 文·辶를 잇달아 쓰고 다음에는 사람의 코·얼굴·눈을 樂書하였다. 天宝十載는 751년, 天宝十一載는 752년에 해당한다. 天宝十一載의 「十一」은 「士」로 連書되어 있다. 안압지 출토 목간에서는 연대를 표기할 때, 干支年을 표기하는 것과 唐의 연호를 사용하는 두 가지 패턴이 보이는데 여기서는 唐 연호를 채택하고 있다.

중국에서는 당나라 玄宗이 天寶 3년(744)부터 「年」을 「載」로 고쳐 다음 肅宗 至德 2載(757)까지 「載」를 사용하였다. 日本에서도 天平勝宝 7년(755)에 「年」을 「歲」로 바꿔 天平勝宝 8歲(757)까지 이를 사용했다. 이는 중국의 영향을 받아 바꾼 것으로 여겨지고 있다. 다만 중국과 같은 「載」가 아니라 「歲」를 사용한 것은 의도적인 것이었다고 생각되고 있다. 즉 한자문화권의 동아시아에서 8세기 중엽에 「年」 대신 「載」 혹 그 변형으로 「歲」를 쓴 것이 확인되는데, 위 3호 목간에서도 신라에서 그 사용 예를 본다. 즉 신라에도 당연 당에서의 「載」용법이 유입되어 사용되었음을 알 수 있다. 韓舍는 大舍로도 쓰이며 신라경위 12위이다. 당해 3호 목간은 習書·洛書 목간으로, 그 연대의 상한은 天宝十載 및 天宝十一載 즉 751년 752년이 될 것이다.

종래 4호 목간은 위와 같이 두 면과 한 면의 일부에서 문자가 검출되었었다. 이 목간은 크게 보아서 직사면체이나, 면과 면 사이를 모지지 않게 다듬은 형적이 보인다. 즉 목간으로 이른바 觚에 해당한다. 적외선사진에 의해, 두 자만 검출되었던 한 면의 나머지 문자를 확인할 수 있었으며, 나머지 한 면에서도 묵흔을 확인하였다. 이를 바탕으로 석독을 제시하면 다음과 같다.

목간4 · 寶應四年   (보고서405, 도록317-1정면)
 · 策事   (보고서404, 도록317-1측면)
 · 伍肆參貳壹 (글자는 다른 면과 달리 거꾸로 쓰여 있음)(도록317-1후면)
 · □   (17×3×3)

이기동의 (A)면에 보이는 연호 「寶應」은 원래 당나라 代宗朝의 연호로 그 즉위년인 762년에 「寶應元年」으로 끝났다. 이듬해부터는 「廣寶」라는 새 연호가 사용되었다. 따라서 「寶應二年」이후는 존재하지 않는다. 본 목간에 쓰인 「寶應四年」은 환산하면 765년이 되지만 당연히 중국에서는 존재하지 않는 연호가 되며, 제대로 쓰여야 한다면, 「永泰元年」이 되어야 한다. 다음 이기동의 (C)면은 숫자로 「壹貳參肆伍」가 쓰여 있다. 이 숫자는 주지하는 바와 같이 관문서 등에서 쓰이는 「一二三四五」의 代用字이다. 이는 문서의 내용으로 보기는 어려우며, 習書된 것으로 보아두어야 할 듯하다.

(B)면에 「策事」라고 보인다. 이에 관해서는 이미 李成市의 개략적인 언급이 있다. 「策」은 국가행정기관의 명령이다. 6세기 신라비문에는 「敎事」란 용어가 보인다. 「敎」는 중국에서는 漢代 이래로 南朝期에 이르기까지 諸侯나 郡太守가 관할내에서 발포하는 명령을 일컫

는다. 그러한 敎에 事가 부가된 형식이 6세기대에 신라에 보인다. 본 목간의「策事」도 이미 지적된 바와 같이 신라식 표기의 전통의 연장선상에 위치하며, 王命 혹은 太子의 命과 관련이 있을 것으로 보인다.30) 즉 본 4호 목간은 策事 및 문서에 사용하는 대용숫자에 관한 습서목간이며, 이를 통해 당대 연호표기·왕명관련문서의 서식·문서에 사용된 숫자표기의 일면을 살펴볼 수 있다.

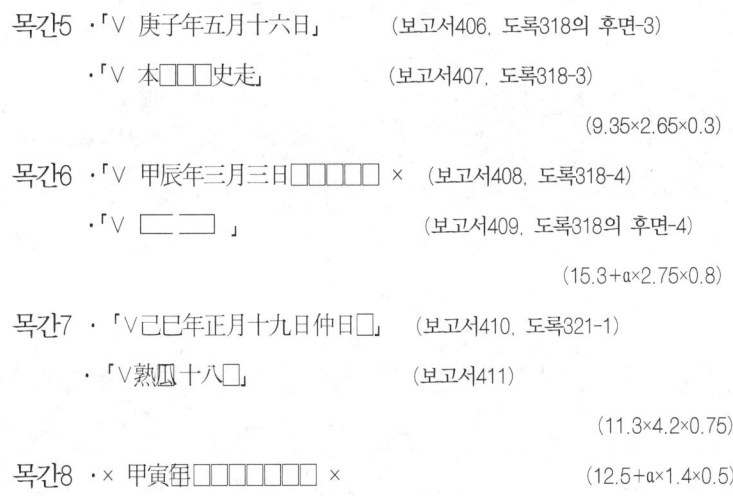

목간5의 庚子年, 목간6의 甲辰年, 목간7의 己巳年, 목간8의 甲寅年은, 이기동의 연관에 바탕으로 두면 각각 760년·764년·789년·774년에 해당시킬 수 있다.

목간5는 문서전달에 쓰이는 檢으로 보인다. 이와 같은 형식으로

---

30) 李成市, 앞의 주4 논문들.

전형적인 예는 제15호에서 찾아볼 수 있다.31) 목간8의 경우 「□□月」
로 두 자리의 漢字가 오는 月이 상정되는데, 「十一」과 「十二」가 그 후
보가 되겠다.

    목간 9·「□□年二月八日□永造 ×   (보고서412, 도록321-2)

                                                                  (12.8+α×1.4×0.6)

    목간10·× □盤 ×   (보고서416)
        ·× 二月□日作 ×   (보고서417)

                                                               (13+α×2.6×?)

    목간11·× 三月卄一日□□ ×   (보고서418)

                                                         (14.5+α×2.6×0.6)

    목간12·「Ⅴ十一月卄一日□□×   (도록420)
        ·「Ⅴ單□史□×   (도록421)

                                                        (9.4+α×2.15×?)

목간 9의 앞의 두자는 간지일 것이다. 「造」로 보아 造營·제작 관
련 목간인 듯하다. 따라서 □永는 제작자이거나 조영 혹 제작된 대상
이 될 것이다. 목간 10은 □盤 혹 盤의 제작관련 목간인 듯하다. 「□日
」로 日字는 한자리이므로, 「一」에서 「十」까지의 수와 「卄」가 그 후보
가 되겠다. 목간 11·12는 모두 年干支는 없고 月日만 보인다. 세 가지
목간이 같은 해에 작성된 일괄품이었을 공산이 높다.

    목간13·「Ⅴ策事門恩□□金」   (보고서422, 도록318-7)

---

31) 자세한 것은 졸고, 앞의 주5 논문.

・「∨策事門□□□金」　　　　　(보고서423, 도록318의 후면-7)

(8.8×1.45×0.45)

목간14 ・「□□抱相翻慰
　　　　　□琴現□　×　　　　(보고서424, 도록319-1)

・「□ □　　　×　　　　(보고서425, 도록319의 후면-1)

(14.5×4.2×1)

　　목간13은 상단에 ∨자홈이 들어간 부찰형 목간이다. 양면의 내용이 유사하며, 「策事」로 시작된다. 「策事」는 4호 목간에서도 그 용례를 볼 수 있었다. 「策事」이하는 석독이 불충분하여 정확한 내용을 알 수는 없다. 다만 「門」이 나오는 것으로 보아 王宮 혹은 東宮 내의 門에 관련된 명령이 아닐까 한다. 목간14는 잘 알 수 없다. 한 면은 2행으로 묵서되어 있다.

목간15 ・「∨□遣急使牒高城罷走」　　(보고서426, 도록319-2)

・「∨辛審院宅□□□一品仲上」　(보고서427, 도록319의 후면-2)

(16.2×4.2×1.0)

　　왕도 경주와 高城을 오가는 牒과 관련된 檢이다. 이에 대해서는 이미 별고로 통해 상술한 바 있다.[32] 이는 李成市의 판독에 힘입은 바 큰 것이었다. 필자는 종래 주목되지 않았던 「高城」에 주목하여 이것이 목간편년의 기준이 될 수 있음을 지적하였다. 아울러 「走」를 중

---

32) 졸고, 앞의 주5 논문.

시하여 고성과 경주간의 전달체계를 논하면서, 牒문서를 보내는 것과 관련하여 작성된 것임을 지적하였다. 앞서 판독에서는 다른 한 면에 대해 전혀 판독이 불가능하였으며, 5호 목간 등의 구조로 보아 연대가 올 것으로 추정했다. 금번에 적외선사진에 의하면 그와 같은 추론은 수정되어야 할 듯하다.[33] 辛審院宅의 공물상신과 관련지어 설명되어야 할 것으로 보인다.

목간16 · × 郞席長十尺紬次代三件法次代七□□ ×   (보고서428, 도록322-3)
(28.5×2.5×0.5)

문중에 이두가 섞여 있고 그에 대한 해독이 쉽지 않아 전체적인 뜻을 정확히 파악하기는 어렵다. 그러나 「郞席長十尺」은 上質의 敷物로 보여 內廷의 席典(奉座局)과 관련된다는 추정이 있다.[34]

목간17 · □隅宮北門廷□□ 閤宮門廷□□ ×   (보고서430, 도록319-3)

· 大門□□   開義門廷 小邑友永金涾□   (보고서431, 도록319의 후면-3)
(18×4.5×0.5)

「□隅宮北門」·「閤宮門」·「大門」·「開義門」의 문의 명칭이 보인다. 일본 목간자료에 의하면, 門이름이 나오고 분주로 守門兵衛하는 사람

---

33) 윤선태는 독특한 판독을 통해 나귀 한 필[驢一疋]을 읽어내고, 이를 바탕으로 논지를 전개하고 있다. 아울러 필자의 추론에 입각하여 이를 바탕으로 다른 면에서 辛丑年을 읽어내었다. 추독에 의한 그 같은 판독에는 동의하기 어렵다. 이 문제에 대해서는 추후 별고에서 상론할 예정이다.
34) 李成市, 앞의 주4 논문들.

의 氏가 병기되고 있다. 이들 목간은 이들 兵衛의 식료청구와 관련 있는 것으로 보이는데,35) 이에 대한 비교를 통해 李成市는 당해목간도 그와 같은 용도였으며, 신라에도 兵衛와 門의 경비에 상세한 규정이 있었음을 예찰하고 있다.36)

문의 명칭뿐만 아니라 「□隅宮」·「閤宮」의 宮의 이름도 추출해낼 수 있다. 8세기 왕도의 도성 운영체계와 구조에 있어 어디에서도 볼 수 없던 중요한 자료가 된다.

「小邑友永金□□」는 「開義門」의 廷을 담당하고 거기서 식료를 받는 守門兵衛들의 이름이었을 것이므로 「小邑」·「友永」·「金□□」의 3인으로 볼 수도 있을 것이다. 다른 문의 兵衛도 석독은 불가능하나, 모두 4자로 되어 있어, 2字 1人名으로 각기 2人을 명기한 것이 아닐까 한다. 그 경우 「小邑」·「友永」과 같이 姓이 아니라 이름으로 볼 수도 있을 것이다.

大門을 제외하고는 나머지가 모두 무슨 門廷 즉 무슨 門의 뜰이란 패턴을 보이고 있어, 守門兵衛의 개념이 대문은 문중심이고, 다른 것은 門과 廷이었음을 추정할 수 있다.

목간18 ·「是□處道□歲之 我飛□□者家宣宮處宮」 (보고서432)
　　　 ·「□□□門宮□□」　　　　　　　　　　(보고서433)

(30×5.6×0.65)

---

35) 森公章, 「二條大路木簡と門の警備」, 『文化財論叢』 Ⅱ(奈良國立文化財硏究所創立40周年記念論文集), 1995.
36) 李成市, 앞의 주31 논문.

이두가 섞여 있다. 정확한 뜻은 알기 어렵다. 특정인의 居處가 되는 宮관련 목간인 듯하다.

목간19 · 「重兮木□□」　　　　　　(보고서434)
　　　 · 「□□十□□」　　　　　　(보고서434·435)
　　　 · 「六□□□」　　　　　　　(보고서435)
　　　 · 「□　□」
　　　 · 「□　□」
　　　 · 「□　□」　　　　　　　　(9×2.7×2.7)

6면체로 이루어져 있는 棒形의 독특한 목간으로, 간독의 중국식 분류법에 의하면 觚에 해당한다. 나머지 5면은 묵흔은 확인되나 석독이 어렵다. 보고서 사진434의 면 두 번째 글자는 兮의 이체자이다. 세 째자는 「木」는 木자 혹은 等의 이체자로 보아둘 수 있다. 18호 목간에서도 보인다. 세 면의 묵흔으로 보아 1면에 각각 5자씩 쓰였을 것으로 추정된다.

목간20 · 二藥十
목간21 · □矩山徒　　　　　　　　(4.3×1.8)

목간22 · ? 僧門金□□ ?　　　　　(보고서436)
　　　 · ? 金金□□ ?　　　　　　(보고서437)
　　　　　　　　　　　　(11.5×3.8×1.5) ? 형태 알 수 없음

목간23 · 「門□□□若□　×　　　　(보고서439)

　　　　・「木朩水□使用次省寸□　×　　（보고서438）

　　　　　　　　　　　　　　　　　　　　　　　　　　（13×2×0.8）

　목간24・「∨□三石□□監及阿×　　（보고서440, 도록321-4）
　　　　・「∨□　□×　　　　　　　（보고서441）

　　　　　　　　　　　　　　　　　　　　　　　　　（17+α×1.5×1）

　목간25・「∨□午年四月」　　　　　（보고서443, 도록320-2）
　　　　・「∨□火魚□史□」　　　　（보고서442, 도록320의 후면-2）

　　　　　　　　　　　　　　　　　　　　　　　　　（15.4×3.3×0.6）

　목간26・×□□□二汁□□×　　　 （보고서444）
　　　　・×□□□□洗宅□×

　　　　　　　　　　　　　　　　　　　　　　　　（13.2+α×2.5×0.3）

　목간27・× 囚買」　　　　　　　　（보고서446, 도록320의 후면-3）
　　　　・× 九十二」　　　　　　　 （보고서445, 도록320-3）

　　　　　　　　　　　　　　　　　　　　　　　　（4+α×2.5×0.22）

　목간28・「∨南厶是反上冊三4　×　（보고서447, 도록321-6）

　　　　　　　　（18.2+α×1.9×1.2）　　　厶=公, 4=斗

　목간20은 잘 알 수 없다. 이기동은 **藥典**과 관련성을 추정하고 있다. 목간21 역시 잘 알 수 없다. 목간22에서 **僧門**은 승려를 지칭하는 것이다. 다음에 오는 **金**□□는 이름인지 아닌지 불명확하다. **僧房典**과의 관련성을 점칠 수도 있다.37) 목간23의 「朩」는 비문 등의 용법을 중시하면 「等」의 異體字이다. 「次」는 16호 목간에서도 나온 바 있는데, 이두가 아닐까 싶다.

---

37) 이기동, 앞의 주4의 논문.

「寸」이 길이의 단위라고 한다면 「木」과 「水」의 사용과 관련된 조달의 재정관계 목간으로 추정될 수 있을 것이다. 목간24는 三石으로 읽을 수 있다면, 이는 石의 제1획을 생략하고 돌의 의미의 石과는 구분하여 쓰는 섬이란 의미의 신라특유의 용자가 된다. 아래쪽의 阿×은 인명과 관련있을 것으로 보인다. 조달과 관련있을 것으로 추정된다.

목간25의 丙午年은 766년에 해당한다. 목간26은 판독이 불충분하여 잘 알 수 없다. 목간27의 첫 자를 入으로 추정할 수 있다면, 수량과 「入賣」라는 용어로 보아 官司가 쓸 調達品의 買入과 관련되는 것이 아닐까 한다. 또 숫자는 매입품의 수량일 가능성이 있을 것이다.

목간28의 두번째 글자 ㅿ은 公자의 이체자이다. 「4」는 正倉院 소장의 佐波理加盤文書, 「四斗五刀」가 각서된 매병모양의 토기(경주박물관 소장, 유물번호=안922), 「□瓶二斗□」각서 토기편 등에도 보이는 바와 같이 쌀과 콩 등 곡물의 계량단위인 「斗」의 異体字이다.[38] 이와 같은 점도 있고 해서 28호 목간은 곡물의 수송 혹 출납기록일 가능성이 제시되고 있다.[39] 필자의 관찰에 따르면 28호 목간의 상단에 V자홈이 切入된 점이 확인된다. 이 점을 중시하면 본 목간은 곡물, 좀더 구체적 예를 들자면 곡물의 자루나 부대 등에 매여진 付札·荷札이라고 여겨진다. 그렇다고 할 때 「卌三4」는 곡물의 수량이고, 그 위에 오는 「南公是反上」는 곡물의 출입과 관련된 기관 혹 개인과 관련된

---

38) 이에 대한 해독은 제일 처음 鈴木靖民, 「正倉院佐波理加盤附屬文書의 解讀」(『古代對外關係史의 研究』, 吉川弘文館, 1985)에 의해 이루어졌다.
39) 李成市, 앞의 주31 논문.

내용이 포함되어 있을 것이다. 그 가운데 「上」은 29호 목간에도 보이는데, 이것을 [바친다]는 의미로 읽을 수 있다면 공진물의 진상행위와 관련있는 용자일 것으로 보인다.

목간29 · ×□坪捧キ百廿一品上×　　　(보고서449, 도록320-4)

・×□辛 「九月五□□□」 ×　　　(보고서450, 도록320의 후면-4)

(11+α×3.7×0.7) 刻書됨. 「」는 추기·이필. 묵서

　글자를 보면 □는 글자의 하단이라고 여겨지는 부분이 보이나 확실히 어떤 글자라고 정하기는 어렵다. 제2자는 우변의 「平」자의 상단이 잘려 있지만 전체적으로 「坪」으로 보아 무리가 없다. 제3자는 좌변은 「木」이 아니라 「扌」로 보이므로 「捧」으로 보아야 할 것이다. 제6자는 「廾」가 아니라 「廿」로 보아야 할 것이다. 그 다음 글자는 「品」·「上」로도 읽히고 있는 종래설이 옳다고 생각한다.

　상기면과는 다른 면에서 종래 「庠」의 1자가 읽혀지고 있었다. 이 목간에 대해서는 윤선태의 연구가 있다. 윤씨는 「辛」로 고쳐 읽고 나아가 그 위에 몇 글자가 추기되어 있음을 지적하였는데,[40] 올바르다고 본다.

　보고서에는 상단부만이 파손된 것으로 기록하고 있으나, 외형을 관찰해 보면 하단부도 파손되었음을 알 수 있다. 아울러 특징적인 것은 문자가 먹으로 쓰인 것이 아니라 칼 같은 것에 의해 새겨졌다

---

40) 윤선태, 앞의 주23 논문.

는 점이다. 「□辛」이 새겨진 면의 「辛」자 아래에는 몇 자를 새길 수 공간이 남아 있음에도 비워두고 있으며, 이를 중시하면 이 면은 「辛」자로 종료되고 있다고 판단할 수가 있다.[41] 이렇게 볼 때 양면이 연속하여 관련되는 기록을 새기고 있다고 한다면, 바로 「辛」자가 오는 면이 뒷면, 이와는 다른 면이 앞면이 된다는 윤선태의 주장에 동감한다.

「扌」에 대해서는 역시 正倉院佐波理加盤文書에서 보이는 바와 같이 개사슴록변(犭)으로 읽어 「猫」・「狸」・「猿」・「狐」 등의 작은 가축으로 추정하는 견해[42]가 유력하다. 즉 「扌」는 畜産物과 관련이 있다. 「百卄一」은 이는 역시 内廷의 재정관사와 관련있을 것이다. 윤선태는 이 「辛」이 税目이라고 추정하였는데, 이 점에 대해서는 추후 검토를 요한다.

　　　　목간30・「∨ 丙 ×　　　　　　　　　(보고서451)
　　　　　　　　　　　　　　　　　　　　　　(11+α×3.6×0.5)
　　　　목간31・×□四□□」
　　　　　　　・×□□□」　　　　　　　　　　(8.5+α×3×0.6)

목간30・목간31은 판독이 불충분하여 깊게 고찰하기 어렵다.

　　　　목간32　・「奉太子 ∨」　　　　　(5.9×1.0×1.0) 棒形목간

---
41) 이 점은 윤선태도 위의 책에서 이미 상세히 지적하고 있다.
42) 鈴木靖民, 앞의 주35 책.

안압지와 관련되는 東宮은 바로 太子의 宮에 다름 아니다. 32호 목간에 보이는 太子는 차기 왕위계승권자를 일컫는다. 신라에서 立太子는 『삼국사기』에 따르면, 566년(진흥왕 27년)에 첫 예를 본다(太子 銅輪). 다음 655년(태종무열왕 2년)에 왕자 法敏(나중에 文武王)의 「立太子」 가 보인다. 7세기 중반 이후에는 政明(665년, 문무왕 5년, 뒤에 神文王)·理洪(뒤에 효소왕)·重慶(715년, 성덕왕 15년, 일찍 죽음)·勝慶(724년, 성덕왕 23년, 뒤의 효성왕)·憲英(739년, 효성왕 3년, 뒤의 경덕왕)·乾運(760년, 경덕왕 19년, 뒤의 혜공왕)의 「立太子」가 보인다. 이기동의 목간 편년연구에 따르면 751년에서 774년 사이에 해당한다고 보이므로, 이를 인정할 경우 당해 32호 목간의 「太子」는 바로 차기에 惠恭王이 되는 「乾運」태자에 해당된다. 따라서 이 32호 목간의 연대인데, 乾運이 「立太子」하는 760년 7월 이후, 王位에 오르는 765년 정월 이전 즉 760년 7월에서 764년의 사이로 볼 수 있다. 34호에서 45호까지의 목간은 문자판독이 어려운 실정이다. 내용에 대해 고찰하기는 어려우며, 다음 장에서 다루기로 한다.

이상 출토목간 중에서 문자 1자라도 판독할 수 있는 것은 30여 점이 된다. 이들 서체를 대단히 성글게 평가하자면 대체로 예서가 주종을 이루며, 때로 草書도 들어 있다고 할 수 있다. 대부분이 묵서인데 반해, 29호 목간은 刻書로 되어 있다. 지금까지 출토된 한국 고대의 목간 중에 각서는 부여 능산리에서 주술적 성격을 가진 목간 1점이 확인되고 있다. 당해 29호 목간이 왜 글이 먹이 아니라 칼로 새겨졌는지에 대해서는 금후 천착해야 할 바이다.

V. 목간의 형상과 규격

안압지 목간은 그 형상에 따라 크게 V자홈이 들어간 것, 구멍이 뚫린 것, 板형 같은 이른바 短冊形, 그리고 직사면체와 직육면체의 봉형 이른바 觚로 나눌 수 있다. 이 같은 분류에 앞서 우선 완형인 것과 파손된 것을 골라내어야 할 것이다. 이에 따르면 완형인 것은 13점이고, 약간이라도 파손된 것은 28점, 그 형태를 확인할 수 없는 것이 3점이다.

1. 완형인 것

1) 봉형인 것[觚]

목간4 · 寶應四年　　　　　　　　(보고서405, 도록317-1정면)
　　　· 策事　　　　　　　　　　(보고서404, 도록317-1측면)
　　　· 伍肆參貳壹　(글자는 다른 면과 달리 거꾸로 쓰여 있음)(도록317-1후면)
　　　· □

　　　　　　　　　　　　　　　　　　　　　　　　(17×3×3)

목간19 ·「重兮水□□」　　　　　(보고서434)
　　　 ·「□□十□□」　　　　　(보고서434·435)

・「六□□□」　　　　　　(보고서435)
・「□□」
・「□□」
・「□□」　　　　　　　　　　　　　　　　(9×2.7×2.7)

2) 위에 V자형 홈이 파인 것

목간5　・「V 庚子年五月十六日」　(보고서406, 도록318의 후면-3)
　　　・「V 本□□□史走」　　(보고서407, 도록318-3)
　　　　　　　　　　　　　　　　　　(9.35×2.65×0.3)

목간7　・「V己巳年正月十九日仲日□」(보고서410, 도록321-1)
　　　・「V熟瓜十八□」　　　(보고서411)
　　　　　　　　　　　　　　　　　　(11.3×4.2×0.75)

목간13　・「V策事門恩□□金」　(보고서422, 도록318-7)
　　　　・「V策事門□□□金」　(보고서423, 도록318의 후면-7)
　　　　　　　　　　　　　　　　　　(8.8×1.45×0.45)

목간15　・「V□遣急使牒高城醯走」(보고서426, 도록319-2)
　　　　・「V辛審院宅□□□一品仲上」(보고서427, 도록319의 후면-2)
　　　　　　　　　　　　　　　　　　(16.2×4.2×1.0)

목간25　・「V□午年四月 」　　(보고서443, 도록320-2)
　　　　・「V□火魚□史□ 」　(보고서442, 도록320의 후면-2)
　　　　　　　　　　　　　　　　　　(15.4×3.3×0.6)

목간35　・「V□□鹽」　　　　(보고서 도458·459)
목간36　・「V□□」　　　　　(보고서 도460·461)
목간38　・「V□□」　　　　　(도록 도322의 8, 보고서 도465)
　　　　　　　　　　　　　　　　　　(15.7×2.8×?)

3) 위아래 모두 V자홈이 파인 것

목간40 ·「V□□V」   (도록 도322의 11, 보고서 도470)

(37.2×4.2×?)

4) 아래에 V자홈이 파지고, 봉형인 것
   (봉형으로 아래에 홈을 돌려 집어넣은 것)

목간32 ·「奉太子 V」   (5.9×1.0×1.0)

5) 위아래가 圭頭형인 것

목간18 ·「是□處道□歲之 我飛□□者家宣宮處宮」 (보고서432)
      ·「□□□門宮□□」   (보고서433)

(30×5.6×0.65)

2. 일부 파손된 것

1) 위아래 모두 파손된 것

목간1 ·×⊐田日月廿七日 典臺 思林匚×   (보고서399, 도록318-1)
     ·×洗宅□二興四田一頭□□□□木□□× (보고서398, 도록318의 후면-1)

(31.8+α)×2.8×1.5

목간2 ·× □洗宅□ ×   (보고서400, 도록318-2)
     ·× □洗宅 ×   (보고서401, 도록318의 후면-2)

                                            (16.5+α)×1.5(?)×1
목간3 ·×天宝十載□十一月 韓舍文辶〔코·얼굴·눈의 그림〕× (보고서403, 도록 318의 후면-3)

     舍 舍舍舍舍 天寶十一載□□十□
  ·×韓舍韓舍韓舍韓舍 韓舍 天寶寶缶差□ × (보고서402, 도록318-3)

                                            (18+α×4.5×0.5)
목간8 ·× 甲寅毋□□□□□□ ×   (12.5+α×1.4×0.5)
목간10 ·× □盤 ×   (보고서416)
       ·× 二月□日作 ×   (보고서417)

                                            (13+α×2.6×?)
목간11 ·× 三月廿一日□□ × (보고서418)

                                            (14.5+α×2.6×0.6)
목간16 ·× 郎席長十尺紬次代三件法次代七□□ × (보고서428, 도록322-3)

                                            (28.5×2.5×0.5)
목간17
       ·× □隅宮北門廷□□ 閣宮門廷□□ × (보고서430, 도록319-3)
       ·× 大門□□ 開義門廷_{小邑友永
金差□} × (보고서431, 도록319의 후면-3)

                                            (18×4.5×0.5)
목간26 ·× □□□二汁□□ × (보고서444)
       ·×□□□□洗宅□×

                                            (13.2+α×2.5×0.3)
목간29 ·×□坪捧キ百廿一品上× (보고서449, 도록320-4)
              『九月五□□□□』
       ·×□辛 × (보고서450, 도록320의 후면-4)

                                    (11+α×3.7×0.7)刻書됨. 『』는 추기·이필. 묵서
목간37 · × □ ×   (보고서 도462·463)

2) 위(한쪽)에 V자홈이 들어간 것

목간6 ・「V 甲辰年三月三日□□□□ ×   (보고서408, 도록318-4)
　　　・「V □□ 」　　　　　　　　(보고서409, 도록318의 후면-4)

　　　　　　　　　　　　　　　　　　　　　　(15.3×2.75×0.8)

목간12 ・「V十一月廿一日□□×   (도록420)
　　　・「V單□史□□×   (도록421)

　　　　　　　　　　　　　　　　　　　　　　(9.4+α×2.15×?)

목간41 ・「V ×   (도록 도322의 1, 보고서 도472)

　　　　　　　　　　　　　　　　　　　　　　(19.5+α×2.9×?)

목간43 ・「V□ □ ×   (도록 도322의 2)

　　　　　　　　　　　　　　　　　　　　　　(8.5+α×2.9×?)

목간44 ・「V□ □ ×   (도록 도322의 4)

　　　　　　　　　　　　　　　　　　　　　　(11.7+α×3.1×?)

목간45 ・「V□ □ ×   (도록 도322의 6)

　　　　　　　　　　　　　　　　　　　　　　(6.5+α×2.4×?)

　　　(목간41・43・44・45는 V자형 홈이 들어간 부분이 아래가 될 수도 있다)

목간28 ・「V南么是反上冊三4 × (보고서447, 도록321-6)

　　　　　　　　　　　　　　　　　　　　　　(18.2+α×1.9×1.2)

목간30 ・「V 丙 ×   (보고서451)

　　　　　　　　　　　　　　　　　　　　　　(11+α×3.6×0.5)

목간34 ・「V□□□□□□□ ×   (도록138면, 도317-측면)
　　　・「V五十五×   (도록138면 도317-후면)

　　　　　　　　　　　　　　　　　　　　　　(8.7+α×1)

3) 한쪽에 구멍이 뚫린 것

목간42 ·「O□□□ ×   (도록 도322의 7, 보고서 도473)

(14.6+α×4.75×?)

4) 위가 규두형인 것

목간 9 ·「□□年二月八日□永造 ×   (보고서412, 도록321-2)

(12.8×1.4×0.6)

5) 한쪽이 판형(단책형)인 것

목간14 ·「□□抱相翻慰
　　　　　□琴現□   ×   (보고서424, 도록319-1)
　　　·「□□ □   ×   (보고서425, 도록319의 후면-1)

(14.5+α×4.2×1)

목간23 ·「門□□□若□ ×   (보고서439)
　　　·「木朩水□使用次省寸□ ×   (보고서438)

(13+α×2×0.8)

목간24 ·「V□三石□□監及阿×   (보고서440, 도록321-4)
　　　·「V□□ □×   (보고서441)

(17+α×1.5×1)

목간27 ·× 囚買」   (보고서446, 도록320의 후면-3)
　　　·× 九十二」   (보고서445)

(4+α×2.5×0.22)

목간31 ·×□四□□」

280　한국목간 기초연구

　　　　　　・×☐☐☐」　　　　　　　　　　　(8.5+α×3×0.6)
　목간39　・「☐☐
　　　　　☐☐十七 ×　　　　　　(보고서 도469)

3. 완형인지 파손인지 알 수 없음

　목간20　・? 二藥十 ?
　목간21　・? ☐矩山徒 ?　　　　　　　　　　(4.3×1.8)
　목간22　・? 僧門金☐☐ ?　　　　(보고서436)
　　　　　・? 金金☐☐ ?　　? 형태 알 수 없음　(보고서437)
　　　　　　　　　　　　　　　　　　　　(11.5×3.8×1.5)

　　출토된 목간의 형상은 길이와 폭이 다양하며, 그 길이는 대체로 9cm에서 23cm의 사이의 것이 대부분이다. 가장 큰 것으로는 길이 7.5cm, 너비 4.5cm 정도의 것도 있다. 完形의 목간의 경우는, 대부분 상단부의 양측에 V字形의 홈이 파여 있다.
　　먼저 완형 중에서는 봉형 즉 觚인 것이 2점이며, 직사면체와 직육면체가 각각 하나씩이다. 이들은 지름이 대체적으로 3cm 전후로 유사하다. 또 상부에 V자홈이 파인 것이 8점이고, 위아래 양쪽에 모두 V자홈이 파인 것이 1점이다. 아래에 V자홈이 들어간 것이 1점 있는데, 이는 외형상 봉형이기도 하다. 이는 오히려 봉형에 아래에 홈을 돌려 집어넣은 것이라고 볼 수 있을 것이다. 아래 위가 모두 규두인 것이 1점 있다.43) 완형에 있어서 대체적으로 위에 V자홈이 파인 것이 수적으로 대종을 이룬다.

봉형은 길이가 9~17cm이고, V자홈이 들어간 목간들은 길이 16cm 전후의 것이 3점, 길이 10cm 전후의 것이 3점이다. 상단부에 V자홈이 파인 목간의 너비는 3cm 전후가 3점, 4cm 전후가 2점, 1.5cm 전후가 1점으로, 대체로 3~4cm의 너비가 많다.

위아래 모두 V자홈이 들어간 40호 목간은 길이가 37cm가 넘어 돌출적이다. 太子가 새겨진 V자홈이 들어간 봉형 목간도 길이가 6cm로 작은 편에 속한다.

위아래 모두 파손된 것이 11점, 한쪽만 파손된 것이 17점이다. 한쪽만 파손된 것 중에서, 한쪽에 V자홈이 들어간 것이 9점이다. 이들은 아마도 거의가 위쪽에 V자홈이 들어간 것으로 판단된다. 한쪽에 구멍이 뚫린 것도 1점, 위쪽이 규두인 것도 1점이다. 한쪽이 판형(단책형)인 것도 6점이 되는데, 위쪽이 판형(단책형)인 것이 4점, 아래쪽이 판형(단책형)인 것이 2점이다.

V자홈이 들어간 목간들의 길이는 8.7cm에서 19.5cm까지 있다. 이들의 너비는 2cm 전후의 것이 2점, 3cm 전후의 것이 3점, 1cm의 것이 1점 있다. 이들은 완형의 V자형 홈목간의 너비가 3~4cm인 것과 중복되면서, 약간 넓은 양상을 가진다.

길이는 최소치가 9・10・11의 것, 15인 것, 19・20인 것으로 완형V자 홈목간에서의 10cm 이하의 것은 적고, 대체적으로 20cm 전후의

---

43) 이런 형태의 18호 목간은 마모되어 규두형이 되었을 가능성도 완전히 배제할 수는 없다.

긴 것들이 보인다. 상부가 판형(단책형)인 것들은 최소치가 13·15·17cm인 것들이다. 또 판형(단책형)인 것들의 폭은 대체로 2cm 전후인데, 예외로 14호 목간은 4.2cm나 가는데, 다른 목간과는 달리 2행으로 쓰여 있는 데서 기인하는 것으로 보인다. 한편 한쪽에 구멍이 뚫린 42호 목간은 폭이 4.75cm로 돌출적으로 넓은 편이다. 아직까지 묵흔이 확인되고 있지 않은데, 경우에 따라서는 목간이 아닐 가능성도 배제할 수 없다.

이들 안압지 목간을 동일·기존에 보고된 신라목간과 비교해 볼 수 있다. 자료가 많은 6세기 중엽으로 편년되는 함안 성산산성 출토 1차 보고된 24점과 비교할 수 있다.[44] 성산산성 목간의 경우 V자형 홈이 들어간 목간은 대체적으로 아래쪽에 홈이 들어간 것이 많다. 또 이들의 길이는 15~20cm 전후, 너비는 1~3cm의 것이 대종을 이룬다. 반면 완형에 한정하여 같은 유형의 안압지 목간의 경우는 길이는 10~15cm의 것, 너비는 1.5~4cm의 것이 대종을 이룬다. V자홈이 들어 있는 목간에 한해서 비교하면, 안압지의 것이 성산산성 것보다. 길이는 짧고, 너비는 약간 넓다. 이러한 것이 중앙과 지방의 차이에서 오는 것인지, 6세기와 8세기라는 시기적인 차이에서 오는 것인지, 혹은 기능상의 차이에서 비롯되는 것인지 속단하기는 어렵다. 이 점에서 하남 이성산성 목간은 좋은 비교대상이 된다.

7~8세기로 여겨지는 이성산성 목간 가운데 문제가 되는 제8차

---

44) 졸고, 「함안 성산산성출토목간과 6세기 신라의 지방경영」, 『동원학술논문집』 5, 한국고고미술연구소, 2003.11.

발굴에서 출토된 이른바 고구려 목간을 고려대상에서 제외하고, 7차 발굴까지 출토된 목간 중 V자형 홈이 들어간 목간의 재원을 비교대상으로 삼을 수 있다. 3차 발굴분은 대체로 길이 10~15cm의 것과 5cm 이하의 것들, 너비는 모두 2cm 이내이다. 4차 발굴분은 대체로 7~9cm길이에 1.5~2cm의 너비를 갖고 있다.

안압지 목간은 성산산성 목간보다는 짧고, 이성산성 목간 쪽과 가깝다고 할 수 있다. V자홈이 들어가 있는 것은 대체로 付札의 성격을 지니는 것으로 기능상 공통점을 갖고 있다고 할 수 있다. 따라서 아직 비교 데이터가 적은 가운데서 한계가 있긴 한데, 신라목간은 시기가 내려갈수록 부찰의 경우 그 길이가 짧아지는 경향을 가진다고 시론적으로 이야기할 수 있다. 이 점과 아울러 양자의 나무재질에 대해서도 금후로 판단을 돌린다.

안압지 목간은 40여 점 가운데 상단부에 홈이 파인 것이 대종을 이루며, 완형이거나 완형에 가까운 것들이 많다. 대체로 表·裏 양면에 墨書가 확인된다. 독특한 봉형 목간이 2점(각각 직사면체와 직육면체)이 있어 앞뒤 양면뿐만 아니라 3면 이상에 먹으로 글자를 썼던 것이 확인된다. 특히 봉형 목간은 성산산성 목간에서는 보이지 않는 것이며, 이성산성에서 유명한 戊辰年 목간은 직사면체 봉형 목간이다. 또한 위와 아래 양쪽에 V자홈이 들어간 40호 목간은 특징적이다.

이와 같은 형태의 것으로 지금까지 출토된 한국목간 중에서는 이성산성 출토 목간에서 1점 확인되고 있다. 3차발굴에서 조사된 이성산성의 것은 길이 32cm에 너비 3cm이다. 길이 27cm, 너비 4cm, 전후의 안압지 40호 목간은 재원에서 매우 근사치를 갖는다. 그 용도에 대해서는 향후 자료의 축적을 기다린다.

Ⅵ. 목간의 연대와 폐기

안압지 목간의 연대에 대해서는 이미 이기동 선생의 주옥과 같은 연구가 있다. 이기동 선생은 간지가 쓰인 목간 「天寶十載(751年)」(자료402)·「寶應四年(765年)」(자료405)·「庚子年」(자료407)·「甲辰年」(자료408)·「乙巳年」(자료410)·「甲寅年」(자료412)들과 당나라의 연호 「天寶」와 「寶應」가 들어 있는 목간과 안압지 조영과정을 검토하여 이들 목간이 景德王 10년(751)부터 惠恭王 9년(774)의 23년간에 들어가는 것이라고 추정하였다.[45] 여기에는 그다지 이의가 없다.

雁鴨池 출토목간이 어떤 특정시대에 집중되는 배경은 景德王 19년(760)에 있어서의 雁鴨池(月池)의 重修·擴張工事가 있었을 무렵에 목간이 사용되고, 그 폐기의 장소와 시기는 이 공사와 관련되어 있었기 때문일 것으로 추측되고 있다. 고로 이 목간은 이러한 안압지의 개수공사에 관련된 일괄자료로 추측되고 있다.

---

45) 이기동, 앞의 주2 논문.

즉 洗宅이라고 불리던 시기는 759년(경덕왕 18년 정월) 이전, 그리고 776년(혜공왕 12년 정월)에서 9세기 중엽(855년에서 872년의 사이) 사이의 두 차례였다는 점은 중요한 착안점이다. 다만 본고에서처럼 종전에 「乙巳年」으로 읽었던 것을 「己巳年」으로 고쳐 읽는다면, 연대 또한 751년에서 789년 사이로 조정해 두어야 할 것이다.

한편 그리고 일정기간에 목간이 일괄출토된 배경에 관해서, 리성시는 760년(景德王 19년)의 月池의 중수 및 확장공사와 관련짓고 있다.46) 즉 목간들은 이 무렵 사용된 것이고 폐기의 장소와 시기는 실로 이 공사와 관련된 것이라는 것이다. 필자는 15호 목간의 분석에서 「高城」의 연혁변천과47) 앞서의 <추1>호 목간의 「太子」분석과 관련해서, 안압지 목간이 景德王代와 밀접한 관련을 갖고 있다고 생각하며, 그런 면에서 상기의 지적들에 대해 동의한다. 안압지 출토목간은 출토지점 및 목간의 정황으로 볼 때, 의도적으로 폐기된 것인지, 기능 도중에 분실된 것인지 확언하기 어렵다. 이 같은 종합적 정황으로 보아 종전과 같이 안압지 목간은 대체적으로 8세기 후반기로 보아 좋을 것이다.

---

46) 李成市, 앞의 주4의 논문들.
47) 졸고, 앞의 주5 논문.

Ⅷ. 맺음말에 대신하여

　목간 한점 한점의 내용에 대한 미시적인 분석은 본고의 목적이 아니다. 본고에서는 안압지 목간 전체를 거시적으로 조망하는 데 그 목적을 조준하였다. 방법론적으로 종래 꼼꼼하게 읽혀오지 않은 보고서를 심층분석하여 목간 출토지점에 대해 종래 4건물지와 5건물지 주변에서 집중적으로 출토되었다는 서술이 정당하지 않음을 밝혔다.

　목간들은 안압지 연못 속 여러 곳에서 분산적으로 출토되었다. 그 가운데 일부 목간에 대한 평면적 출토지점을 추적하였다. 다만 토층위나 공반유물과의 관계를 밝혀내지 못한 것은 순전히 원래 보고서상의 원천적인 한계에서 비롯되는 것이다. 아울러 그간 32개의 목간 이외에 고경희에 의해서 2점이 추가된 것으로 알려져 왔는데, 본고에서는 이를 검증하고, 그 가운데 한 점은 기존의 32점 가운데 한 점과 중복되는 것임을 찾아내었다. 또한 보고서상의 여러 갈레의 사진, 서술과 도록, 및 고경희 논문간의 상관관계를 명료하게 정리해냈다. 금후 본격적인 연구의 기초작업이라 할 수 있겠다.

　금후과제로서 안압지 목간의 무게 및 재원의 재측정이 남아 있다. 물론 전망은 대단히 불투명하지만, 무게의 측정을 통해 혹시 출토지점을 밝혀낼 수 있을지도 모르겠다. 한편 안압지 목간의 일부는 적외선 촬영이 이루어진 적이 있으나, 40여 점이 모두 촬영된 적은 없다. 출토된 지 30여 년이 지난 현재, 적외선 촬영은 시급하다.

안압지 목간은 1973년에 보고서 출간과 함께 보고되었다. 목간에 대해 안타까운 것은, 당시 목간에 대한 인식결여에서 이에 관한 적합한 기능적 사진이 남겨져 있지 않았다는 점이다. 이 같은 제반조건을 재정비하는 것은 안압지 목간에 대한 새로운 본격적 연구 즉 서체분석·형식분류 등의 첫걸음이 되리라 생각된다.

雁鴨池 목간의 역사적 의의로서 특필되는 것은 國王과 東宮에 속하여 侍從 및 秘書·文筆 담당기관인 「洗宅」관계의 목간이 東宮이 조영된 苑池유지로부터 출토된 것이었다. 목간출토 이후 이기동의 안압지 출토 목간의 분석에 의해 洗宅이 주목되어 검토되었다. 이후 李成市 등에 의해, 내용분석이 심화되었다. 본고에서 일별한 안압지 목간에는 洗宅 그밖에도 東宮管下의 諸官司에서 쓰였다고 추정되는 목간이 적지 않다. 미시적인 연구는 금후의 과제로 삼는다.

[부기]
① 본고는 원래 안압지 목간의 전체 적외선 촬영과 그 데이터베이스 구축을 목적으로 하였다. 진행과정에서 유물의 관리 등 제반여건의 불비, 교섭 등 절차상의 난점에 봉착하였으며, 구조적 연구환경인 면에서 목적지까지는 험난한 여러 고개를 넘어야 함을 새삼 통감하였다. 이 점은 차후 장기과제로 남겨둔다.
② 진행과정에서 이용희·김경수·김수철(이상 국립중앙박물관 보존과학실), 박방룡·김현희·임재완(이상 국립경주박물관), 고성훈(국사편찬위원회) 선생으로부터 여러 편의를 제공받았다. 특기하여 감사드린다.

[부록] 안압지 목간 석독

목간1 ・×ㄱ田日月卄七日 典臺 思林ㄷ×　　(보고서399, 도록318-1)
　　　・×洗宅□二興四田一頭□□□□木□□×　(보고서398, 도록318의 후면-1)
　　　　　　　　　　　　　　　　　　(31.8+α)×2.8×1.5

목간2 ・× □洗宅□ ×　　　　(보고서400, 도록318-2)
　　　・× □洗宅 ×　　　　　(보고서401, 도록318의 후면-2)
　　　　　　　　　　　　　　　(16.5+α)×1.5(?)×1

목간3 ・×天宝十載□十一月 韓舍文_[코·얼굴·눈의 그림]× (보고서403, 도록318의 후면-3)
　　　　　舍　舍舍舍舍　　　天寶十一載□□十□
　　　・×韓舍韓舍韓舍韓舍　韓舍 天寶寶缶差□　× (보고서402, 도록318-3)
　　　　　　　　　　　　　　　　　　(18+α×4.5×0.5)

목간4 ・寶應四年　　　　　　(보고서405, 도록317-1정면)
　　　・策事　　　　　　　(보고서404, 도록317-1측면)
　　　・伍肆參貳壹　(글자는 다른 면과 달리 거꾸로 쓰여 있음)(도록317-1후면)
　　　・□　　　　　　　　　　　　　(17×3×3)

목간5 ・「∨ 庚子年五月十六日」　(보고서406, 도록318의 후면-3)
　　　・「∨ 本□□□史走」　　(보고서407, 도록318-3)
　　　　　　　　　　　　　　(9.35×2.65×0.3)

목간6 ・「∨ 甲辰年三月三日□□□□ ×(보고서408, 도록318-4)
　　　・「∨ □ □ 」　　　　(보고서409, 도록318의 후면-4)

(15.3×2.75×0.8)

목간7 ・「∨己巳年正月十九日仲日□」 (보고서410, 도록321-1)

・「∨熟□十八□」 (보고서411, 도록

(11.3×4.2×0.75)

목간8 ・× 甲寅每□□□□□ × (12.5+α×1.4×0.5)

목간9 ・「□□年二月八日□永造 × (보고서412, 도록321-2)

(12.8+α×1.4×0.6)

목간10 ・× □盤 × (보고서416)

・× 二月□日作 × (보고서417)

(13+α×2.6×?)

목간11 ・× 三月廿一日□□ × (보고서418)

(14.5+α×2.6×0.6)

목간12 ・「∨十一月廿一日□□× (도록420)

・「∨單□史□□× (도록421)

(9.4+α×2.15×?)

목간13 ・「∨策事門恩□□金」 (보고서422, 도록318-7)

・「∨策事門□□□金」 (보고서423, 도록318의 후면-7)

(8.8×1.45×0.45)

목간14 ・「□□抱相翻慰

□琴現□   × (보고서424, 도록319-1)

・「□□□   × (보고서425, 도록319의 후면-1)

(14.5+α×4.2×1)

목간15 ・「∨□遣急使牒高城醴走」 (보고서426, 도록319-2)

・「∨辛審院宅□□□一品仲上」 (보고서427, 도록319의 후면-2)

(16.2×4.2×1.0)

목간16 ・× 郎席長十尺紬次代三件法次代七□□ × (보고서428, 도록322-3)

(28.5×2.5×0.5)

목간17
・× □隅宮北門廷□□　間宮門廷□□　× (보고서430, 도록319-3)

・× 大門□□　　開義門廷 小邑友永／金港□ (보고서431, 도록319의 후면-3)

(18×4.5×0.5)

목간18 ・「是□處道□歳之 我飛□□者家宣宮處宮」 (보고서432)

・「□□□門宮□□」　　(보고서433)

(30×5.6×0.65)

목간19 ・「重分朩□□」　　(보고서434)

・「□□土□□」　　(보고서434·435)

・「六□□□」　　(보고서435)

・「□　□」

・「□　□」

・「□　□」　　　　　　　　　(9×2.7×2.7)

목간20 ・二藥十

목간21 ・□矩山徒　　　　　　　(4.3×1.8)

목간22 ・? 僧門金□□ ?　　(보고서436)

・? 金金□□ ?　 ? 형태 알 수 없음　(보고서437)

(11.5×3.8×1.5)

목간23 ・「門□□□若□　×　(보고서439)

・「木朩水□使用次省寸□　×　(보고서438)

(13+α×2×0.8)

목간24 ・「∨□三石□□藍及阿× (보고서440, 도록321-4)

・「∨□　□×　　(보고서441)

                                                    (17+α×1.5×1)
목간25 ·「∨□午年四月   」   (보고서443, 도록320-2)
       ·「∨□火魚□史□ 」   (보고서442, 도록320의 후면-2)
                                                    (15.4×3.3×0.6)
목간26 ·× □□□二汁□□ ×   (보고서444)
       ·× □□□□洗宅□ ×   (13.2+α×2.5×0.3)
목간27 ·× 囚買」   (보고서446, 도록320의 후면-3)
       ·× 九十二」   (보고서445, 도록320-3)
                                                    (4+α×2.5×0.22)
목간28 ·「∨南厶是反上冊三4 ×   (보고서447, 도록321-6)
       厶=公, 4=斗   (18.2+α×1.9×1.2)
목간29 ·×□坪捧キ百廿一品上×   (보고서449, 도록320-4)
              『九月五□□□□』
       ·×□辛   ×   (보고서450, 도록320의 후면-4)
                   刻書됨.『 』는 추기·이필. 묵서 (11+α×3.7×0.7)
목간30 ·「∨ 丙 ×   (보고서451)
                                                    (11+α×3.6×0.5)
목간31 ·×□四□□」
       ·×□□□」   (8.5+α×3×0.6)
목간32 ·「奉太子 ∨」   (5.9×1.0×1.0)
목간33   (결번)
목간34 ·「∨□□□□□□□ ×   (도록138면 도317-측면)
       ·「∨五十五×   (도록138면 도317-후면)
                                                    (8.7+α×1)
목간35 ·「∨□□監」   (보고서 도459·459)

목간36 ·「∨☐ ☐」   (보고서 도460·461)
목간37 · × ☐ ×   (보고서 도462·463)
목간38 ·「∨☐ ☐」   (도록 도322의 8, 보고서 도465)
                                              (15.7×2.8×?)

목간39 ·「☐ ☐
           ☐ ☐十七 ×   (보고서 도469)

목간40 ·「∨☐ ☐∨」   (도록 도322의 11, 보고서 도470)
                                              (37.2×4.2×?)

목간41 ·「∨☐ ☐ ×   (도록 도322의 1, 보고서 도472)
                                              (19.5+α×2.9×?)

목간42 ·「o☐ ☐ ×   (도록 도322의 7, 보고서 도473)
                                              (14.6+α×4.75×?)

목간43 ·「∨☐ ☐ ×   (도록 도322의 2)   (8.5+α×2.9×?)
목간44 ·「∨☐ ☐ ×   (도록 도322의 4)   (11.7+α×3.1×?)
목간45 ·「∨☐ ☐ ×   (도록 도322의 6)   (6.5+α×2.4×?)

안압지 발굴구획과 목간 출토지점

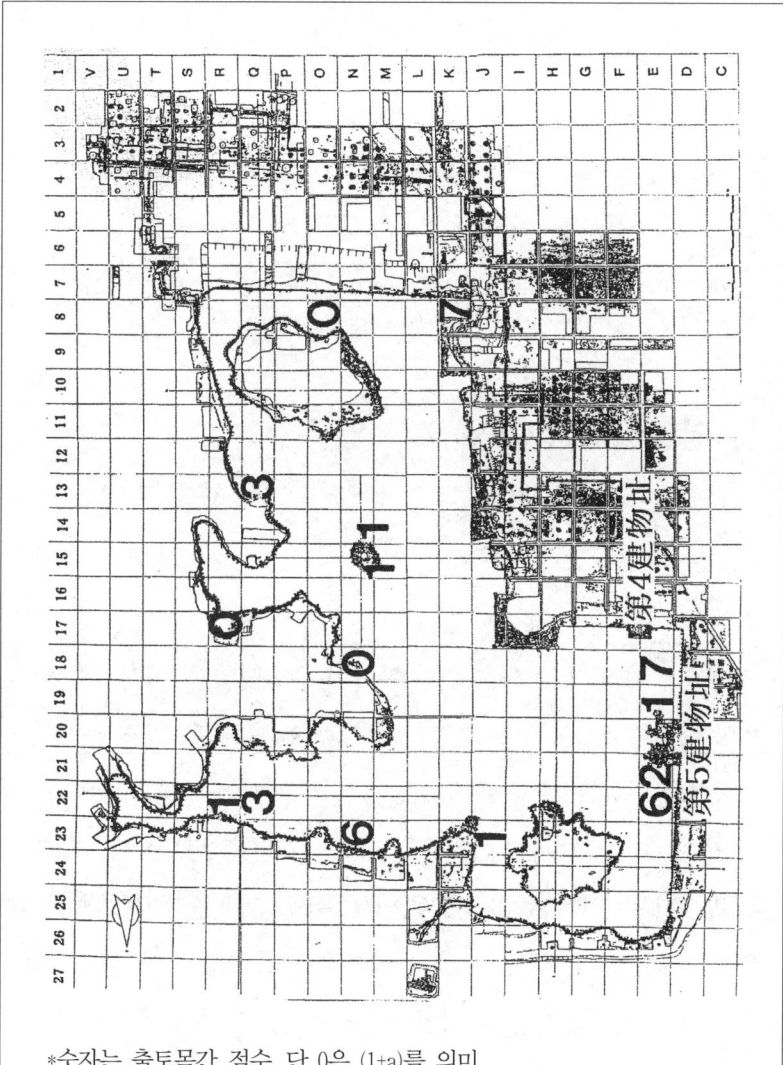

*숫자는 출토목간 점수, 단 0은 (1+a)를 의미.

통일신라의 전달체계와 '북해통'
: 안압지 15호 목간의 해석

I. 안압지 목간의 출토와 연구

　　안압지는 지금 경주에 있는 신라 王都 金城의 宮苑池인데, 1975년 2월부터의 발굴에 의해 다수의 목간이 수집되었다. 이것은 한국 최초의 목간발굴이었는데, 다양한 형상과 長短廣狹의 규격의 목간 52점이 출토되었고, 그 가운데 完形에 가까운 것이 40점, 반 정도가 남아 있는 것이 7점, 복원 불가능한 파편이 4편이었다. 그 가운데 문자를 판독할 수 있는 것 31점에 관해서는 1978년에 간행된 『雁鴨池發掘調査報告書』(文化財管理局, 1978.12) (이하 『보고서』로 약칭) 안에 공표되었다.
　　원래 발굴담당자의 한 사람이었던 윤근일이 黑化되기 전의 발견 당초의 단계에 목간의 문자를 메모해 두었다. 이기동은 실견과 그 윤근일 메모를 바탕으로 석독과 해석을 진행하였는데, 그것이 『보고

15호 목간

서』의 「목간」부분이다.1) 이는 거의 같은 시기에 거의 같은 내용으로 논문으로도 보고되었다.(이하『논문』으로 약칭)2) 취지와 내용은 주 1)의 『보고서』와 대동소이한데, 목간번호와 석독의 변동이 있다. 이것이 오랫동안 세간에 널리 소개되게 되었다.3) 이기동의 연구는 주로 연대와 「洗宅」중심의 것이었다. 그 각론적인 면에서는 고찰의 여지가 남아 있었다. 그래서 본고에서는 안압지 목간 52점 중에서 15호 목간(번호는『보고서』를 따른다)을 들어 고찰해 보고자 한다.

II. 보고서 석독의 문제점

15호 목간(유물번호 : 안1484 /『논문』에서는 목간번호도 16으로 하고 있는데 『보고서』를 따른다)은 보고당초에는 다음과 같이 석독되었다.[(『보고서』의 도판188(사진426·427)(이하의 도판·사진의 번호는『보고서』에 의한다)]

```
          1 2 3 4 5 6 7 8 9 10
                 ?       ? ?
   15   ·「□立迷急得附高城墟武」 (사진426)      (16.2×4.2×?cm)
           斜字體의 숫자는 필자의 편의적인 넘버링
```

---

1) 이기동,「木簡類」(『보고서』), pp.285~297.
2) 이기동,「雁鴨池에서 出土된 新羅木簡에 대해」,『慶北史學』1, 1979;『新羅骨品制社會와 花郞徒』, 一潮閣, 1982.
3) 이기백,「1雁鴨池出土木簡」,『韓國古代資料集成』1987.1; 李成市,「新羅と百濟の木簡」, 平野邦雄·鈴木靖民 편,『木簡が語る古代史(上)』, 吉川弘文館, 1996.6, pp.48~51·57~66.

대부분의 문자가 해독되어 있음에도 불구하고, 이것으로는 의미가 통하지 않아 연구를 진행시킬 수 없었다. 문제는 10의 「正」이다. 『보고서』에는 이 「正」를 결필 「武」로 읽고, 당의 측천무후의 「武」의 避諱・避缺로 볼 수 있다고 했다.

하지만 『삼국사기』에 따르면, 안압지가 조영된 것은 674년(신라 문무왕 14년)이다. 그 후의 역대 신라왕은 물론 신라와 밀접한 교류가 있었던 唐 천후의 이름에도 「武」는 전혀 보이지 않는다. 오히려 신라에 관한 기록 중에서 『삼국사기』와 『삼국유사』가 「武」의 避諱로서 「虎」를 사용한 사례가 있어, 그것이 보다 관련이 있는 것으로 보인다. 그러나 두 책이 집필된 것은 12・13세기(1123・1281)의 고려시대이고, 이것은 저자 김부식과 일연이 고려 제2대 惠宗(재위 943~945)의 이름인 武를 避諱한 것으로, 어디까지나 고려시대 한정되는 현실이어서 목간이 만들어지고 墨書되어, 사용되었던 것으로 보이는 신라시대과는 아무런 관련이 없을 것이다. 결국 『보고서』의 석독대로 하면, 기재내용을 이해할 수 없다. 따라서 墨書를 재확인할 필요가 생긴다.

Ⅲ. 석독의 재확인

여기에서 주목할 것은 최근에 제출된 李成市의 新釋이다[4].

15 ・「□送急使牒高城墶止」 (사진426)
　　　2 3 4 5 6 7 8 9 10

이 시안은 연구의 돌파구를 여는 석독으로 높이 평가되어야 하며, 필자는 李成市의 석문에 기본적으로 찬동한다. 이하 李成市의 석독를 염두에 두면서 두 가지를 첨가하고자 한다.

15호 목간은 1998년 5월 현재 국립중앙박물관의 상설전시실에 전시되어 있다. 앞면은 관찰할 수 있으나 뒷면은 볼 수 없다. 實見은 원칙적으로 금지되어 있다. 따라서 그 해석도 전시실에서 관찰할 수 있는 표면과 사진자료에 의존할 수밖에 없다.

사진에는 『보고서』의 사진, 1997년 2월 국립경주박물관에서의 관찰, 1998년 1월의 국립중앙박물관(상설전시장)에서의 관찰을 중심으로 새롭게 석독을 시도해 보고자 한다.

15호 목간의 2는 문자인 것은 분명하나 다른 字格보다 상당히 작아서, 「立」이라고 읽기는 힘들다. 또한 2의 위에는 묵흔 같은 것이 있는데, 그것이 글자인지 아닌지는 분명하지 않다. 3의 「迷」는 李成市의 안대로 「送」으로 읽어야 할 것이다. 4는 「急」으로 읽어도 하자가 없을 것이다. 5는 『보고서』에서는 「得」으로 읽었는데, 역시 이 또한 李成市의 안대로 「使」로 읽어야 할 것이다. 그 다음의 6은 『보고서』에서는 「附」로 되어 있으나, 『논문』에서는 「牒」로 고쳐져 있다. 漢簡의 예에도 있듯이 이것은 李成市의 안대로 「牒」으로 봐야 할 것이다.

---

4) 李成市, 「韓國の木簡について」, 『木簡硏究』 19, 1997. 11.

7과 8은 『보고서』대로 「高」・「城」으로 봐서 틀림이 없을 것이다. 9는 비교적 해독이 어려운데, 일단은 「雍」으로 읽을 수 있는 가능성도 있는데, 千葉縣 八千代市 白幡前 유적에서 출토된 墨書土器의 예[5]를 참고로 「繼」로 읽는 시안을 제시하고자 한다. 마지막의 「正」는 『보고서』의 「武」가 아니라 李成市의 안대로 「走」로 봐야 할 것이다.

또한 이 15호 목간의 9에서 10자 정도가 쓰여 있는 면의 뒷쪽에도 지금으로써는 정확한 해독은 불가능하나, 글자의 묵흔이 있는 것이 확인된다.

이상의 서술을 종합하면, 다음과 같은 두 가지의 釋讀案을 제시할 수 있다.

```
                    2 3 4 5 6 7 8 9 10
     A안       ・「V□遣急使牒高城雍走」         (사진426)

              ・「V□□ □□ 」                  (사진427)

                                             (16.2×4.2×?)032


                    2 3 4 5 6 7 8 9 10
     B안       ・「V□遣急使牒高城繼走」         (사진426)

              ・「V□□ □□ 」                  (사진427)

                                             (16.2×4.2×?)032
```

---

5) 千葉縣 八千代市의 白幡前유적 출토 墨書土器 중에 수십 점의 「繼」문자가 보이는 데, 그 중에 白幡의 7-75・180・195・196・200・201・205가 15호 목간 제9자와 닮아 있다.(千葉縣『千葉縣の歷史(資料編・古代)出土文字資料集成』, 1996, pp.230・p232) 제9자를 「繼」로 읽는 것은 平川南 선생의 교시에 의한다.

Ⅳ. 15호 목간의 해석

1. 주(走)

이 15호 목간의 기재내용에 대해서는 10「正」즉,「走」가 목간의 성격을 나타내는 결정적인 요소이다. 중국의 목간인 簡牘 중에는 편지류의 上札인「檢」이 있다. 이것은 表書를 말하는데, 목간을 이용해서 공·사의 문서를 만들어 상대방에게 보낼 때에, 보내는 곳을 쓰기 위한 것이다. 따라서 내용이 보이지 않도록 하는 작용도 겸하고 있다. 목간에 따라서는 문서의 수나 종류, 발신자와 수신자, 遞送의 제시·기록을 표기한 것도 있다. 예를 들면 檢의 表書에는「行者走」·「吏馬馳行」이나「以亭行」·「以郵行」이라고 써서 遞送과 運搬의 구체적인 방법을 지정하는 경우도 있다.6) 이에 입각하면 10「走」는 말 그대로 체송방법의 지정이겠다. B안처럼 제9자를「繼」로 읽으면, 9·10의「繼走」은 그야말로 연계해서 '달린다' 즉 릴레이식이라는 의미가 된다.

2. 쳐(牒)

6「牒」은 문서의 형식 내지 종류를 말하는데, 이 上札에 끼워서

---
6) 大庭脩,『木簡』, 學生社, 1979, pp.27-32.

전달된 문서를 나타낸다. 원래 「牒」이란 당나라에서 下達文書·竝行文書·上申文書의 세 종류에 사용되었다.7) 한편 일본의 경우는 公式令에서는 관인에서 官司로의 上申과 俗官官司와 僧綱·寺家三綱과의 授受文書에 사용되었다고 되어 있는데, 그것에 더하여 목간자료 중에는 下達文書도 확인되어 있다.8) 또한 正倉院文書 등에 그 실례가 보이는 외에 목간으로는 平城京跡9)·滋賀縣中主町의 湯ノ部遺跡10) 등에 그 출토 예가 다수 존재한다.

발해에서도 828년 일본의 太政官에게 보낸 中臺省牒의 모사가 전해진다.11) 이와 같이 고대 동아시아 제국에서 사용된 「牒」이 신라에서도 그 사용예가 처음으로 확인되는 것으로, 이것은 그 내용은 분명하지 않지만 신라의 율령제나 문서행정의 일단을 엿볼 수 있다는 점에서 의미가 깊다. 또한 후술하듯이 15호 목간에 동반된 牒은, 신라 왕도의 某官司에서 지방의 高城으로 보낸 하달 내지 平行文書였던 것으로 추정된다.

3. 견과 급사

3·4·5의 「遣急使」는 「急使」를 파「遣」한다는 의미이다. 「急使」는

---

7) 仁井田陞, 『唐宋法律文書の研究』, 東京大學出版會, 1983, p.836(초판 東方文化學院東京硏究所, 1937).
8) 早川庄八, 「公式樣文書と文書木簡」, 『木簡研究』 7, 1985.11, p.142.
9) 예를 들면 平城槪報(15)·平城木簡三-3178 등이 그 예이다.
10) 滋賀縣, 『古の渡り人と渡來文化』, 1996.1.
11) 酒寄雅志, 「渤海國中臺省牒の基礎的硏究」, 『日本古代の政治と制度』, 續群書類從完成會, 1985.

급히 파견하는 사신으로, 卜札에 끼워진 채 전달된 「牒」를 동반한 연락관에 관한 것이겠다. 「使」에 대해서는 통일신라에서는 感恩寺 成典과 奉德寺 典의 衿荷臣을 경덕왕대에 「檢校使」라고 부른 예가 있고(「삼국사기」 잡지 제7), 신라금석문에는 「道使」라는 예가 있는데, 「急使」는 이것들과는 별계통인 것으로 보인다. 삼국시대보다 넓어진 영토의 통치와 확대된 행정기구의 운영을 위해 신라국가는 기능적인 전달체계가 필요했을 것이고, 「使」란 중앙과 지방 혹은 지방간의 행정명령·문서의 왕래 등의 전달연락 계통의 일부로, 그 역할을 담당했던 역직이라 생각된다. 연락사안의 중요도나 긴급성 등에 따라 다양한 연락방식이 존재했을 터이고, 당해 「急使」란 문자 그대로 긴급연락을 요할 때의 사신이었다고 생각되는데, 그것은 후술할 高城의 군사적인 역할과도 부합한다.

한편 일본에서는 新潟縣 三島郡 和島村의 八幡林유적에서 출토된 郡符목간에 목간의 전달자인 「火急使」라는 표현이 보이는 것도 참고가 된다.[12]

4. 고성 또는 高城壅

1) 연혁과 입지

7·8의 「高城」은 신라 동북 변경지역에 있는데, 지금의 동해연변

---

12) 和島村, 『和島村史·通史編』, 1997.3, p.78.

에 있는 강원도 고성이 그것이다.『삼국사기』지리지의 溟州·高城項
에 의하면 ① 원래는 고구려의「達忽」. ② 신라 진흥왕 29년(568)에 州
로 되어 軍主가 설치되었다. ③ 신라 경덕왕대(742~765),「高城」으로 개
명되었다. ④ 領縣은 二라고 되어 있는데, 그 지명의 변천은

    達忽(고구려시대① : 경덕왕 이전의 신라시대②)
    →高城(경덕왕 이후의 신라시대③)

로 되어 있는데, 高城으로 불리기 시작한 것은 신라가 한반도를 통
일하고 나서 약 100년 후인 ③ 8세기 중엽 경덕왕대의 일이다. 지리
지에 개명되었다고 기술된 ② 단계인 경덕왕대는 新羅本紀의 관련기
사에 따르면, 아마도 전국지명의 개편작업이 이루어진 경덕왕 16년
(757)의 기사를 지칭하는 것이겠다. 이 점은 15호 목간의 연대와도 무
관하지 않는데, 목간은 빨라도 8세기 중엽, 아마도 757년을 거슬러
올라가지는 않을 것이다.

  이래로 高麗·朝鮮을 거쳐 현재까지도 그 이름은 고성이라 불리
고 있고, 강원도 고성군 고성읍이 그것에 해당한다. 신라가 이 지역
을 수중에 넣은 것은 磨雲嶺과 利源에 巡狩碑를 세운 진흥왕대였다
고 여겨진다. 이 지역은 진흥왕 29년(568)에 達忽을 州로 하고 軍主가
설치될 정도로 중요한 거점이기도 했다.

  고성의 입지는 통일신라시대에는 남북의 변경지역으로, 발해와
의 경계지역이기도 했다. 泥河 즉 지금의 龍川江을 경계로 신라는 발
해와 대치하고 있었다. 동해안에서의 양국의 국경은 발해에게 있어

서는 南京 南海府의 남부이고, 신라의 경우는 朔州의 북부였다. 고성이 속한 溟州는 직접 발해와 국경을 접한 최전선은 아니지만, 朔州와 함께 신라 동북의 변경지대였던 것은 분명하다. 신라 서북의 변경은 漢州 하나뿐인데 대해, 그 동북에 朔州와 溟州의 두 주가 分置된 것은 태백산맥이 양쪽을 나누는 지형상의 문제와, 거기에서 수도인 金城(지금의 慶州)까지의 연락 전달 루트 문제가 관련되어 있지 않을까 생각된다.

지명으로 보면 신라 동서북변의 三州의 전방에는 「△城」이라는 지역명이 보이는데, 이것들의 개명이 경덕왕대에 이루어진 시대적 배경을 생각하면, 그것은 신라의 발해에 대한 군사성책 시설에서 유래된 지명으로 판명된다. 朔州의 朔은 북쪽의 변방이라는 의미이고, 溟州의 溟도 북쪽의 끝이나 바다의 의미이므로, 州名에서도 兩州가 북 변경지대라는 것을 생생하게 느끼게 한다.

주·군의 개명은 명칭의 변경뿐 아니라, 주군제의 개편이기도 했다고 생각된다. 그 동북 변경에는, 북에서 남으로 내려오면서 朔州에서는 連城(지금의 准陽)—岐城(岐城)-益城(金城)으로 이어지고, 명주에서는 高城(高城)-守城(杆城)으로 이어진다. 당해 高城은 溟州의 초전방의 城名지역으로, 군사적 중요성은 두말 할 나위없는 요충지였다는 점을 상기할 필요가 있다. 일찍이 井上秀雄는 동해안 연변의 北海通인 「溟州街道」를 상정했다.13) 그것에 덧붙여 상술한 지형을 고려하여 朔州街道도 상정해야 할 것이다. 동시대의 신라에서도 방위시설로는

---

13) 井上秀雄, 「五通と五門驛(新羅王畿の構成)」, 『朝鮮學報』 49, 1968; 『新羅史研究基礎』 1974.2. p.400.

신라 서북변과 반도의 남서해 등에서는 제「鎭」의 존재가 잘 알려져 있는데, 동북변에도『삼국사기』신라본기 憲康王 12년(886)조에 있듯이, 北鎭이 설치되었던 것을 알 수 있다.14)

발해에는 唐·契丹·日本 및 新羅로 통하는「五道」가 있었다고 하는데(『新唐書』渤海傳), 신라의 동북에 접하는 발해의 남서부에「新羅道」가 통해 있고, 南京 南海府(지금의 함경남도 北靑)가 신라로 이어지는 교통의 중요거점이었던 것이 밝혀져 있다.15) 그 발해의「新羅道」와의 접점 또는 연장선상에 신라의 北海通(소위「溟州街道」)이 있다는 것은 중요하다. 신라와 발해는 서로 거의 교섭을 갖지 않고 시종 적대관계를 유지했는데16), 그러한 면에서「新羅道」는 발해의 대신라 방위 간선이기도 했다고 한다.17) 신라 憲德王 4년(812) 9월조에 신라의 遣渤海使가 보이는 것이 유일한 공식교섭이다. 이것이 해로를 사용했다면, 왕도가 있었던 慶州에서 동해안을 건너 발해의 南海府에 들어갔을 테지만, 육로를 통했다면, 이「北海通」-「新羅道」의 루트를 사용했을 것이다. 그러한 의미에서 北海通(「溟州街道」)은 신라의 '渤海道'이기도 했을 것이다.

평시의 교통도로는 긴장시의 군용로·침입로이기도 하기 때문에 동북변경은 동시에 발해를 막는 거점이기도 했다. 실제로 성덕왕

---

14) 「北鎭」이란 동북변을 말하는데, 소재지에 대해서는 이병도,『三國史記』國譯編(을유문화사, 1977.7, p.195) 참조.
15) 河上洋,「渤海の交通路と五京」,『史林』72-6, 1989.
16) 李成市,「八世紀新羅·渤海關係の一視角-『新唐書』新羅傳長人記事の再檢討-」,『國學院雜誌』92-4, 1991.
17) 河上洋, 앞의 주15 논문.

20년(721: 발해 仁安 2년) 신라는 何瑟羅(지금의 江陵)의 丁夫 천 명을 징발하여 「北邊」에 장성을 쌓았다고 되어 있는데, 동북의 후방에서 노동력을 동원한 것으로 보아 이 「北邊」이란 그 동북을 중심으로 한 성이었다고 보아 하자가 없을 것이다. 그렇다고 한다면 이 성은 발해에 대한 방어설비였음에 틀림없다.

A안에 따르면 「高城壅」이 되는데, 「壅」은 障·塞의 의미로 요새를 뜻한다. 상술한 高城의 군사적 입지로 보아 방어시설로 보이는 「壅」이 있었다고 해도 이상하지 않다. 지금까지 신라에서 군사·방어시설로 알려져 있는 것은 「停」·「鎭」·「城」 등인데, 확실하게 「壅」이라 읽을 수 있으면, 새로운 자료를 추가하는 것이 되는데, 이 점은 앞으로의 자료의 증가를 기대하는 수밖에 없다.

2) 송부처

문제는 이 목간의 「高城」 또는 「高城壅」을 발신지로 봐야 할지, 송부처로 봐야 할지인데, 「檢」에서 가장 중시되는 것은 수신자이다. 반대로 高城에서 王都인 金城으로 보냈다고 보기에는 송부처가 표시되어 있지 않은 것이 문제가 되기 때문에 高城에서 수도로 보냈다고 보기는 어렵다. 또한, 「牒」은 이 檢에 동반되어 보내졌는데, 檢 그 자체가 牒이 아니라는 것이 중요하다. 원래 「急使」를 派「遣」해서 전달하는 동안에, 疾「走」나 「繼走」하는 과정에서 驛이나 停에서 飛馬나 숙박시설의 편의를 제공받을 때에, 증명서나 신분증 등이 필요했을 것이고, 그것은 急使가 귀경할 때에도 필요했다고 생각된다. 그러한 점을 고려하면 牒은 急使에 의해 송부처인 高城 또는 高城壅에 전달되고, 檢은 중앙의 수도에 도로 가져가서, 복명할 때에 연락했음을 증명하는 것으로 사용되었다 해도 이상하지 않을 것이다.

V. 연대

이기동에 의하면, 안압지 출토 목간 중에서 연호 또는 간지가 있는 6점은 751년(신라 경덕왕 10년)부터 774년(신라 혜공왕 9년) 사이의 것으로, 간지가 없는 다른 목간도 760년의 雁鴨池 중수와 관계가 있어서, 6점과도 거의 동시기일 것으로 추정되고 있다[18]. 高城의 개명시기인 757년은 15호 목간의 연대의 상한이 되는데, 그것은 이기동의 추정과도 모순되지 않는다. 그렇다면 15호 목간의 연대는 대체로 8세기 Ⅲ사반기로 볼 수 있다.

VI. 안압지 목간의 「檢」과 그 서식

상기한 면의 뒷편에도 墨痕이 확인되지만, 그 내용은 알 수 없다.

---

18) 이기동, 앞의 주 2) 책, p.404.

하지만, 그것을 생각하는 데에 적절한 자료가 있다. 형태면에서 보면 15호 목간은 상부의 양측면에 홈이 파인 소위 032형 付札·荷札 계열인데, 안압지의 一括木簡 중에 이러한 032형으로 주목되는「檢」을 찾아보면, 5호 목간(圖版186)(寫眞406·407)이 있다. 『보고서』의 釋文을 들면 다음과 같다.

5 ·「庚子年五月十六日」   (사진406)
 ·「原□□史武」   (사진407)

寫眞407의 第五字도 『보고서』에서는 역시「武」로 읽었는데, 15호 목간과 같은 이유로「 」즉「走」로 읽어야 한다. 사진406의 날짜는 그「檢」의 발신일이다. 소위「檢」에서 遞送의 상황, 거리에 상응해서 정해진 소요시간은 관리관청에 의해 감찰의 대상이 되었다.[19] 그 점으로 보아 발신의 날짜는 관리의 대상이 되고, 漢簡에도 실제로 날짜가 기재되어 있다. 사진407의 제1자는「原」로 판독되어 있는데, 그것은 무리이고,「本」자에 겹쳐서「下」가 追筆되었다고 생각된다. 한편, 15호 목간과 동일하게 생각하면, 이 5호 목간은 407이 앞면, 408이 뒷면이 될 것이다. 그렇다면

5 ·「∨本□□史走」
 ·「∨庚子年五月十六日」   (9.35×2.65×0.3)032

---

19) 大庭脩, ①앞의 주7 책, pp.27~32: ②「中國の木簡と竹簡」(『木簡-古代からのメッセージ-』, 大修館書店, 1998.2, p.38.

로 정정될 것이다. 또한 「庚子」는 760년(신라 경덕왕 19년)으로 여겨지고 있다.[20]

그런데 15호 목간의 앞면은,

파견과 전달자	문서형식	송부처	전달방식
遣　急使	牒	高城壅 (高城)	走 (繼走)

의 형태를 취하고 있다. 5호 목간의 표면은

		송부처	전달방식
		□□史	走

의 형태로 보인다. 5호 목간의 「史」 위의 3자는 불분명한데, 그 중에 제1자는 『보고서』에서는 「原」으로 읽었는데, 그것은 무리가 있고, 「本」에 「下」가 追筆되었다고 보는 것이 좋다고 판단된다. 「史」는 집사생을 필두로 해서 諸部·府·典·署·官·宮·驛과 黑鎧監 등의 文官機構에 소속되어 있던 하급관직으로, 소속관청의 실무담당관이었던 것으로 여겨지는데, 4두품의 12등 大舍에서 17등 조위자가 취임할 수 있었다. 목간의 「史」가 그 諸司 중에 어디에 해당하는가를 특정하

---

20) 이기동, 앞의 주2 책, p.403.

는 것은 곤란하다. 「□□史」의 「□□」에는 그 「史」를 특정하는 官司名이 있었을 가능성이 있다.

그런데 그 「□□史」는 전달자나 수신자일 텐데, 檢에서 가장 중요시되는 것은 송부처이므로 역시 「□□史」는 수신처로 보는 것이 순리에 맞을 것이다. 또한, 그것은 15호 목간의 기재방식과도 위배되지 않는다. 5호 목간의 뒷면에 발신일이 쓰여 있는 것을 참조하면, 15호 목간의 뒷면에도 연월이 쓰였을 가능성이 높다. 그것을 형식화하면 뒷면에는 연월을 쓴

발신일
(△△년) △월 (△△일)

가 된다. 이 형식을 적용하면, 같은 032형 付札의 6호 목간도 동일한 상정이 가능해진다.

6 ・「∨□□ □□」
・「∨甲辰年□五月」 (15.3×2.75×0.8cm)032

甲辰年은 764년(경덕왕 23년)으로 추정되고 있는데,[21] 이 6호도 15호 및 5호 목간과 동일한 「檢」일 가능성이 있는 것을 상정해 두고자 한다.

---

21) 이기동, 앞의 주2 책, p.403.

Ⅶ. 역제와 「北海通」·「溟州」

15호 목간은 수도의 중앙행정관청에서 동북변경인 高城 또는 高城壅에 보낸 「檢」인데, 이것이 고성이 아니라 왕도의 안압지에서 발견된 것은 急使의 京都—高城間의 왕복뿐만 아니라 복명과도 관계가 있었던 것으로 판단된다.

高城-金城(경주)간은 상당한 거리여서, 漢의 簡牘으로 본다면 郵·驛이나 停에 의한 「以亭行」·「以郵行」이라든지 馬에 의한 「吏馬馳行」이 오히려 바람직한 듯하다. 그렇지만 15호 목간은 어디까지나 「走」 또는 「繼走」로 되어 있다. 「高城」을 수도 근방의 지명이나 일반명사로 보는 것은 무리이기 때문에 그것은 郵·驛·亭 등의 전달통신 시스템의 미숙·미완비라는 실상의 반영이거나, 혹은 「走」라는 지시 그 자체인지 漢簡의 「走」보다 넓은 의미를 가지고, 馬로 달리는 것까지 포괄하는 의미를 지니는 것일 테지만, 이하의 서술로 보아 후자의 가능성이 높아 보인다.

신라의 郵·驛·停등의 전달체계 구조의 존재나 그 방식은 확실하지 않다. 그래서 『삼국사기』의 이하의 史料에 주목하고자 한다.

① 【新羅本紀】新羅 文武王 8년(668) 10월조

「二十五日. 王還國. 次褥突驛. 國原仕臣龍長大阿湌私設筵.」

② 【雜志】地理의 有名未詳地分

「乾門驛. 坤門驛. 坎門驛. 艮門驛. 兌門驛」

③ 【雜志】職官下

「京都驛. 景德王改爲都亭驛. 後復故. 大舍二人. 位自舍知至奈末爲之. 史二人.」

④ 【雜志】地理所引『賈耽古今郡國志』

「渤海國南海. 鴨淥. 扶餘. 柵城四府. 並是高句麗舊地也. 自新羅泉井郡. 至桐城府. 凡三十九驛.」

⑤ 【雜志】地理의 高句麗項

「目錄云. 鴨淥以北已降城十一. 其一國內城. 從平壤至此十七驛.」

①은 문무왕이 고구려 정벌을 끝내고 귀국할 때까지의 사건이다. 褥突驛은 國原京과의 관련으로 미루어 國原(지금의 충청북도 충주)과 관련이 있는 땅일 것이다. ②에는 5개의 「△門驛」이 보인다. 乾은 서북, 坤은 서남, 坎은 정북, 艮은 동북, 兌은 서쪽을 가리킨다. 井上秀雄는 이 다섯 驛이, 각각 京都(지금의 慶州)에서 각 지방으로 난 도로인 五通(「街道」)과 관련이 있다고 추측했는데[22], 그 시점은 유효하다. ③은 京都驛의 관한 것이다. ④는 신라 변방에서 발해로의 여정을 나타낸 것 같다. ⑤는 高句麗 驛制의 존재를 보여준다. 이 일부는 통일 후 신라에 흡수되었을 가능성이 높다. 이제 통일신라기에 驛制가 존재했던 것은 인정해도 좋을 것이다.

---

22) 井上秀雄, 앞의 주3 책.

특히 京都驛은 京都驛→都亭驛→京都驛의 변혁을 거쳐, 大舍와 舍知가 둘씩 배속되었던 것을 알 수 있다. 京都란 신라의 왕도라는 것은 말할 필요도 없는데, 京都驛은 왕도의 驛이고, 그 소재지는 당연히 왕도이다. 京都驛은 경덕왕대에 都亭驛으로 바뀌는데, 그 성격을 고려할 때에, 당나라의 都停驛은 참고가 된다.

> 每驛皆置驛長. 量驛之閑要以定其馬數. 都亭七十五疋. 諸道之第一等減都停之十五. 第二第三皆以十五爲差. 第四減十二. 第五減六. 第六減四. 其馬官給.(尙書兵部 卷第五)

이 기사에 의하면, 唐制에서 驛은 사무량에 따라, 7등으로 나뉘고, 그 정점에 있는 것이 都亭이었다. 坂本太郞에 의하면, 이 都亭은 都亭驛을 말하며, 長安·洛陽에 설치되었는데, 장안에서는 朱雀街東의 第五街敦化坊東問의 북쪽, 낙양에서는 洛水의 북, 東城의 東第三街景行坊에 놓였다고 한다.23) 즉 이것은 도성의 亭·驛인 것이다.

신라의 都亭驛의 실태와 운영에 관한 사료는 엿볼 수 없다. 단지 京都驛 또는 都亭驛이 신라의 職官機構로 설치되어 있었던 것, 京都·都라는 이름에서 왕도에 놓였을 것으로 보이는 저 職官志에 보이는 유일한 역이라는 점, ①②와 같이 都亭驛 이외에도 諸驛의 존재가 散見하는 점으로 미루어 諸驛의 정점에 都亭驛(京都驛)이 있었던 것으로 보인다. 그리고 ③에 보이는 5개의 「△門驛」은 간선도로로 보이는 5

---

23) 坂本太郞,「上代交通史料雜考」,『古代の驛と道(坂本太郞著作集 8), 吉川弘文館, 1989. pp.313-314 (초출『歷史敎育』 5-9, 1930.11 :『日本古代史の基礎的硏究』 下, 東京大學出版會, 1964).

개의「通」의 諸驛 중에서도 중요한 驛으로 봐서 틀림이 없고, 이것들은, 都亭驛의 다음 등급의 驛으로 상정된다. 이렇게 보면 신라의 驛制는 적어도 3등급으로 나뉘어 있었다고 할 수 있다. 경덕왕대에 개명된 都亭驛이란 말 그대로 당나라의 그것과 일치하고, 신라의 驛制가 당나라의 영향을 받아서 성립했다는 것을 추측하게 한다.

都亭驛은 5개의「△門驛」으로 대표되는 전국의 諸驛을 통제하는 중앙관리국적인 역할을 담당했던 가능성이 높다. 일본에도 奈良시대에 都亭驛이 존재했는데, 그 실태는 상세하지 않지만 동·서·북 세 쪽에서 수도인 奈良에 이르는 간선도로의 咽喉에 두어진 요지에 위치해 있었다고 추정된다.[24] 이렇게 보면 당대의 동아시아에는 당나라의 都亭驛制가 주변의 신라와 일본에 영향을 주고, 그 내실은 편차가 있지만, 양국에서 시행된 것이 확인된다. 신라의 都亭驛은 왕도에 설치된 점에서는 일본과 다르고, 당나라에 보다 접근해 있었다고 할 수 있다.

전술한 대로 당 15호 목간의 연대는 8세기Ⅲ사반기로 보이고, 그 시기는 경덕왕대와 밀접한 관련이 있고, 都亭驛으로 개명된 시기였다고 보아 무방할 것이다. 15호 목간에 보이는「急使」가 왕도에서 高城을 왕복할 때 출발한 기점은 都亭驛이었을 것이고, 달린 길은 동해 안변의 北海通이었을 것이다. 실태는 상세하지 않지만 상기의 제반 상황으로 미루어 동북으로 이어진 北海通(「溟州街道」)에도 驛制에 상당하는 시스템이 기능하고 있었다고 상정해도 무방할 것이다.

---

24) 坂本太郞, 앞의 주23 책, p.314.

도로의 정비는 고대국가의 중앙권력의 재지지배에 대한 관철이라는 면이 중요하다. 더욱이 반도에서 신라에게 있어서 유일한 적대・교섭의 상대였던 발해과 관계 깊은 北海通(「溟州街道」)의 북변에 위치한 군사・교통상의 諸要衝에 있어서는 더한 전달체계를 필요로 했을 것이다.

왕도의 新羅人은 동북의 州를 「溟州」로 명명했는데, 주지하는 바와 같이 「溟」에는 바다라는 뜻도 있고, 「北溟」이라고 해서 북극의 뜻도 있다. 「北海通」의 「北海」란 말 그대로 그 「溟州」에 있는 바다 즉 북쪽에 있는 바다를 의미하다. 바로 다름아닌 지금의 동해안의 바다, 특히 동북부의 바다를 지칭했다고 하겠다. 「北海通」의 「通」은 주지하는 바와 같이 「至・達」의 뜻이고[25], 여러 방면으로 이어져서 물산과 인간이 폭주하는 결절점의 의미이기도 하여 말 그대로 사통팔달이 그것으로 신라인이 選字한 의도를 엿볼 수 있다.

Ⅷ. 맺음말을 대신하여

15호 목간은 수도의 중앙행정관청에서 동북변경인 高城의 요새

---

[25] 「剖笥通使」(『漢書』 陸賈):「四通五達」(『史記』 食其傳):「四通八達」(『子華子』 問党):「天下四平, 諸侯四通, 條達輻湊」(『戰國策』 魏策):「朱公以爲, 陶二天下之中一, 諸侯四通, 貨物所二交易一也.」(『史記』 貨殖)

에 보낸 檢으로 여겨진다. 통일신라, 특히 8세기 후반에 있어서의 중앙과 지방간의 전달행정·연락체계의 일면, 특히 驛制의 운용의 일면, 중앙에서 동북 변경지역에 대한 긴급연락과 그 때의 문서행정의 일단을 엿보게 한다. 또한 「走」 등의 檢관계 목간의 형상·규격, 驛制의 기능의 자세한 실태, 「通」을 비롯한 각종 도로 등에 관련해서 앞으로 더 많은 자료의 증가를 기다리지 않으면 안될 것이다.

【부기】
　본고 작성시에 즈음하여, 국립중앙박물관에서 사진을 제공받았으며, 金東宇·吳永讚 양씨가 편의를 봐주었다. 일본 國立歷史民俗博物館의 平川 南 선생님께 釋文에 대해 교시를 받았고, 淸武雄二·三上喜孝 양씨에게도 조언을 얻었다. 또한 鈴木靖民 선생님은 몇 번이나 원고를 읽어주셨다. 논문 집필의 최종단계에서 李成市 선생께 석독에 관한 교시를 받았다. 특기해서 예를 표한다.

제3편
함안 성산산성 목간

□쉼터

함안 성산산성 출토 목간

Ⅰ. 머리말 : 목간의 출토와 성산산성

국립창원문화재 연구소(이하 '창원연'으로 약칭)는 장기간에 걸쳐 경남 함안군 가야읍 광정리 산 832번지 즉 성산(일명 鳥南山, 혹 造南山이라고도 함)에 소재한 산성을 발굴하여 왔다. 이 성산산성에서는 1992년·1994년 및 2000년의 조사를 통해 28점의 목간이 출토되었다. 이 가운데 묵서가 확인된 것은 24점이었다.(이상 24점을 1차 보고분으로 부름 : 이들은 이미 창원연에 의해 보고되었다. 01의 보고서 : 이하 괄호안의 번호는 논문 말미의 참고문헌번호) 또 2002년에 81점의 목간이 출토되었다. 이 가운데 묵서가 확인된 것은 70점 전후에 달하였다. 또 2003년에도 묵서가 확인되는 목간 1점이 추가되었다.(이상 2002년 이후에 발견된 70여 점 전후를 2차 보고분이라 부름 : 이들은 금번 목간도록에 처음으로 공개)

이와 같이 2004년 3월 현재 함안 성산산성에서는 모두 약 109점 전후의 목간 혹 목간유사품이 출토된 것이며, 이 가운데 묵서가 확인되는 것은 94점 정도가 되는 셈이다. 이들은 일괄 목간으로 보이며, 묵서중에 신라의 外位가 보이는 점 등으로 보아 신라의 목간임에 이론이 없다.

함안은 고대 가야제국 중 安羅(『삼국유사』의 아라가야)가 자리잡고 있었던 곳이다. 삼한시대 이 곳은 弁辰 혹은 弁韓의 安邪國이 있었는데, 이 곳은 3세기 이후 김해의 狗邪國과 더불어 변진제국의 양축을 이루고 있었으며, 5세기 이래 가야시대에도 북부의 叛波 혹은 加羅(『삼국유사』에서는 고령가야) 및 南加羅(금관가야)와 함께 주축이 되는 나라였다.

6세기 1사분기 신라의 가야지역 진출이 시작되어 528년에서 532년 사이에 남가라가 신라의 손에 완전히 넘어가고, 이어 창원에 있던 卓淳도 신라에게 들어가고, 탁순과 안라의 사이의 久礼山을 사이에 두고 신라와 안라가 대치하게 되어 사태는 긴박을 더해 갔다.

『日本書紀』에 따르면 540년대에 안라는 가야제국 외교의 이니셔티브를 쥐고서, 백제와 왜 그리고 신라와 밀고 당기는 외교를 펼쳐나가고 있었다. 결국 늦어도 561년에는 안라도 신라에게 타도되어 흡수되어 버리게 된다. 즉 당해 신라목간들은 안라가 신라에 멸망되는 557년에서 561년을 그 상한으로 한다.(14)

함안은 가야의 옛 터로서 도항리와 말산리에 안라의 왕 및 왕족의 무덤으로 보이는 고분군(합칭하여 말이산고분군이라고도 함: 사적 제84호·제85호)이 군집되어 있고, 주변에 여러 개의 크고 작은 산성이 남아 있다.(21) 성산산성은 왕궁터와 인접한 읍내에서 남으로 말산리 고분군의 남쪽 자락에서 1km 남쪽에 위치한 해발 139.4m의 나지막한 산에 위치한 산성이다. 정상부를 둘러싼 테뫼식 挾築石城으로 둘레는 약 1,400m, 내부면적은 모두 31,497㎡이다.

애초에 가야의 성터로 상정하였었지만 발굴진행 결과 현재로서는 축성기법 등으로 보아 신라가 쌓은 성으로 밝혀지고 있다. 6세기 2사분기에 안라와 구례산 사이에 신라와 가야 혹은 신라와 백제 사이에 성들을 쌓고 서로 대치하며 긴박한 상황을 연출하였다. 6세기 3사분기 신라가 이들 지역을 제압하게 되는데, 이들 성들 역시 신라의 수중에 들어가 지역경영과 방어에 활용되었을 것으로 추정된다. 성산산성 또한 바로 그 시대의 성들 중의 하나로, 신라가 진주한 뒤에 개·보축 혹은 신축된 성으로 6세기 3사분기 신라에 의한 구안라 지역 경영에 중심적으로 기능한 성이 아니었을까 한다.

성산산성의 동쪽으로 경사지는 계곡이 있고, 이 곳에 동문터가 있다. 이 곳은 산성에서 가장 낮은 지형이자 계곡인 관계로 이 곳으로 배수처리가 이루어지고 있었던 것으로 보인다. 목간들은 2003년에 출토된 1점을 제외하고는 모두 동문터 남쪽에 접한 동쪽 성벽의 서쪽에 있는 저추지의 동쪽 끝 제일 아래 토층에 해당하는 흑갈색 유기질 층에서 집중적으로 발견되었다.(19)

이들 목간에 대해서 특히 공개된 24점을 토대로, 목간의 개황에 대한 깔끔한 정리가 이루어진 적이 있으므로(10), 다시금 정리하는 것은 옥상옥의 감이 있으나 새로이 보고되는 82점을 함께 묶어 다시

한번 정리할 필요가 있다.

II. 목간의 기능 : 荷札

지금까지 출토된 94점의 목간 가운데 1차 보고분 28점 정확하게는 24점의 성격에 대해서는 대체로 세 가지 견해가 제시되고 있다.

견해1) 하찰(짐의 꼬리표)　(05·06·13)
견해2) 명적(사람의 명부)　(02·03·04)
견해3) 일부는 하찰이고 일부는 명적 (09)

1차 보고분 24점의 기재내용을 분류하면 크게는 대체로 다음과 같다.

a) (지명+)인명
b) (지명+)인명+一伐
c) (지명+)인명+稗石류(稗石·稗·稗一··稗□)

모든 것은 이에 대한 분석의 차이에서 시작된다. 먼저 견해2에서는 a)·b)를 각각의 해당인물의 명부 즉 명적으로 취급한다. 다음으로 c)도 b)와 같은 유형, 즉 c)도 b)에 속하는 한 유형으로 간주한다. b)의 一伐은 신라외위이다. 이와 마찬가지로 그에 대응하는 c)의 稗石류도 또한 신라관등에 해당한다고 본다. 즉 견해2에서는 24점의 목간은 모두 a)와 b)의 두 가지 유형으로 양분되는 것이다. 다음 견해1에서는 a)·b)·c) 모두를 하찰 즉 짐의 꼬리표로 간주한다. 이에 따르면 원래 하찰에는

　가) 인명 + 공진하는 물품명 + 수량

이 원칙인데, 수량이 생략되거나 공진물이 생략되는 경우가 있어

　나) 인명 + 공진물품명
　다) 인명

이 되는 경우도 있다. 따라서 a)와 b)는 인명만 쓰인 다)의 경우이고, c)는 공진물 또는 수량까지 기재된 나) 혹 가)의 경우가 된다는 것이다. 여기서 稗은 곡물, 稗石과 稗一은 稗一石의 다른 표기가 된다. 마지막으로, 견해3에서는 c)는 하찰 즉 꼬리표로 간주하고, a)·b)는 명적으로 취급한다.

　2차 보고분 70점 중에 제첨축을 제외한 69점의 기재내용을 분석한 결과, 종래의 a)·b)·c)의 3종에 더하여 4종의 기재 패턴을 추출할 수 있다.

　d) (지명+)인명+麥石

e) (지명+)인명+負
f) (지명+)인명+一伐 +稗

c)의 경우 稗發의 예가 추가된다. 1차 보고분에는 보이지 않았던 이들 자료의 추가는 매우 중요하다. 먼저, d)는 인명 + 麥(공진물명) +一石(수량)을 표기한 것으로 稗石·稗一이 관등 彼日(波旦: 외위 제10등)의 이칭으로 보고 공진물명으로 보려하지 않는 견해(02·03·04·13)에 중대한 반증이 된다. 麥石이 신라관등의 어디에도 대응되지 않는다. 麥은 어디까지나 보리일 뿐이요, 이와 마찬가지로 稗도 어디까지나 피였던 것이다. 한편 f) 역시 稗가 외위가 될 수 없는 결정적 근거가 된다. 한 사람이 외위를 두 개 소지하는 예는 존재하지 않기 때문이다. 요컨대 稗류를 외위로 볼 근거는 소멸되었던 것으로 보인다.

다음에서 또 한번 주목해야 할 것은 f)다. 견해3)에서 a)·b)를 명적으로 보는 중요한 근거는 一伐(외위 제8등) 즉 외위소지자는 재지수장이고, 이들이 외위가 없는 일반인과 같이 공진물을 부담하지는 않았을 것이라는 정황론이다.(09·15) 그러나 f)의 용례로 보아 이 같은 주장은 성립하기 어려울 듯하다. 엄연히 외위 제8등의 소지자가 稗를 공진하고 있는 사실이 확인되기 때문이다.

한편 e)는 이번에 처음 알려진 사례이다. 이 <負>를 외위로 보기는 어려울 듯하며, 소출의 단위로서 주목하고자 한다. 즉 낟알 곡식(禾穀)의 한 줌을 1把라하고, 10把가 1束(다발), 10束이 1負(짐)이고, 100負가 1結이다. 즉 負는 잠정적으로 짐을 가리킨다고 보아두기로 한다.

Ⅲ. 하찰이 붙은 물품과 그 용도

　　荷札이 본시 짐에 붙은 꼬리표이므로, 이는 반드시 荷物 즉 짐을 공반하게 된다. 하찰에 기재된 물품은 피 혹 기장(「稗」)·보리(「麥」)의 곡식이 보인다. 또한, 1차 보고분의 23호 목간의 제11자를 「鹽」으로 읽을 수 있다면(05), 그 품목에 소금(「鹽」)도 추가할 수 있다. 다음에, 공진물이 쓰여 있지 않은 것은 물품을 명기하지 않아도, 함께 알 수 있었던 물품이었을 것으로 보인다. 적어도 하찰에서는 4개 종의 貢進物을 확인할 수 있게 된다.

　　이들은 곡식과 소금 등이다. 먼저 피와 보리는 고대사회에서 사람이 먹는 낟알곡식이다. 피는 냉해나 습해에 강하고 산성토양에서도 잘 자란다. 다른 잡곡보다 영양면에서도 우수하다. 7세기 단계에 일본열도에서는 피가 이미 식용으로서 의식되고 있었고, 실지로 유적에서도 재배의 흔적이 보일 뿐만 아니라, 그 한반도로부터의 이입 가능성이 타진되고 있는데(18), 본 목간의 「稗」는 실로 그 증거가 된다. 보리의 경우 『삼국사기』에 비교적 자주 보이고 있다.[1] 이들을 통해 6세기 중엽, 신라의 植生과 음식문화를 알 수 있다.

---

1) 신라본기의 파사이사금 5년 5월, 지마이사금 3년 3월, 내해이사금 27년 4월, 눌지마립간 41년 4월조. 이외 고구려본기에 1개소, 백제본기에 3개소.

또한 소금은 식용 및 조미료·부패방지·발효조절·탈수작용 등에 기능하는 것으로, 생산이 한정되었던 고대에서는 동서를 막론하고 고래로 주요 교역대상이었으며, 국가에서 전매되고 화폐로 대용될 정도로 중요한 물품이었다.『삼국사기』잡지 地理의 <有名未詳地分>에 등장하는 5개의 기간도로인 通 중에「鹽池通」의 방향과 관련하여서도 새삼 주목할 필요가 있다. 이들을 통해 신라국가의 지방통제와 공진물 징수의 일면을 엿볼 수 있다.

한편 피에 관해서는 그 기능이『高麗史』의 용례를 중시하여 말먹이로 한정하는 견해도 있다.(09) 그러나 이상의 전체적인 품목과 당시의 식량사정, 또 6세기 중엽의 함안 성산산성의 군사적 중요성을 감안한다면, 반드시 말먹이로만 한정지을 필요는 없을 것이다. 대체로 이들은 다른 곡식과 함께 성산산성을 중심으로 하는 구안라 지역에 주둔하는 군사 및 관리 또 노역동원자 들의 식량에도 충당되었을 것으로 보아(05·06·14) 대과 없을 것이다.

Ⅳ. 목간의 연대

먼저 이들 목간에 上干支·一伐·一尺 등 신라의 외위가 등장하고, 石碑 등 금석문에 보이는 신라인명과 공통되는 표기법이 인명에 보이는 점(이상 04), 또, 성산산성의 발굴결과 현재로서는 신라의 성임이라는 점, 아울러 목간출토 토층 역시 이와 위배되지 않는다는 점(01의 보고서, 12) 등으로 보아 이들이 신라목간임은 자명하다.

구체적으로 이들 목간의 연대에 관해서는, 기왕에 1차 보고분 24점을 토대로 해서는, 빠르게는 551년보다 이르다는 견해(02), 560년대(04), 561년이 상한이 되는 6세기 중엽(05·03), 신라에 「調府」가 설치되는 584년 이후(09) 등 몇 가지 견해가 제시되었는데, 여러 견해는 모두 6세기에 수렴된다.

2차 보고분의 석독 가능한 65점 역시 모두 그 형태 및 기재내용으로 보아 동일한 기능의 일괄 목간으로 여겨진다. 먼저 수취체제 시행을 기준으로 삼아, 調府설치를 기준으로 삼는 견해(09)는 설득력을 갖지 못한다. 다음 551년 하한설 역시 稗石류를 외위로 간주하는 것을 그 근거로 하고 있어서(02) 취하기 어렵다.

『일본서기』에서는 561년에 안라의 파사산에 신라가 성을 쌓고 있는 내용을 기록하고 있다. 『일본서기』의 안라 관계 기사를 고찰하면 대체로 안라의 멸망은 555년에서 561년 사이로 잡을 수 있다.(13) 따라서 이 시기가 상한이 된다. 더 나아가 파사산=성산산성으로 본다면 바로 561년 그 자체가 상한이 될 것이다.

다음으로 干支의 표기법 또한 유용하다. 목간에는 上干支란 外位가 보인다. 중고기 신라 금석문을 보면 上干支에서 支가 탈락하고 上干으로 표기되게 되는 것은 대체적으로 545년에서 561년 사이로 이해된다.(10) 다음에 목간에서는 甘文이 몇 개 지역의 중심으로서 기능하고 있는 듯한 모습을 보인다. 이와 관련지어 557년에 上州의 주치가 沙伐(지금의 상주)에서 남으로 甘文(지금의 개령)으로 이동 배치된 점이 주목된다. 557년 이후의 시기도 고려해 넣을 필요가 있다. 즉 6세기 중엽 좀더 구체적으로는 561년에서 앞뒤로 그다지 멀지 않은 시기가 성산산성 목간연대의 지표가 된다. 이는 후술할 바와 같이 荷札에 쓰인 지명들이 신라에 복속되어 영역화한 것은 대체로 5세기 후반에서 6세기 전반이었던 것과 무관하지 않다.

V. 꼬리표에 보이는 지명과 上州

하찰의 특성은 하물과 동반된 이동성에 있다. 하물이 담긴 나무 상자나 자루 혹은 벼나 곡식의 짚단에 새끼줄 등으로 동여매어지거나 끼워진 상태로 하물을 따라 이동하여, 대체로는 하물의 종착점에서 그 역할을 다하게 된다. 따라서 하찰에 보이는 지명들을 추적하면, 이들 하찰과 그에 수반된 하물이 어디에서 왔는가를 알 수 있다.

甘文城은 경북 김천시 개령면, 下幾는 경북 안동시 풍산, 本(=夲)波는 경북 성주군 성주, 及伐城은 경북 영주이다. 仇利伐은 충북 옥천이나, 경북 의성 방면에 비정할 수 있다. 鄒文은 신라 적성비에 보이는데, 죽령 이남의 경북북부 지역이다. 古阤는 경북 안동이다. 이들

목간관련 지명과 꼬리표의 이동경로

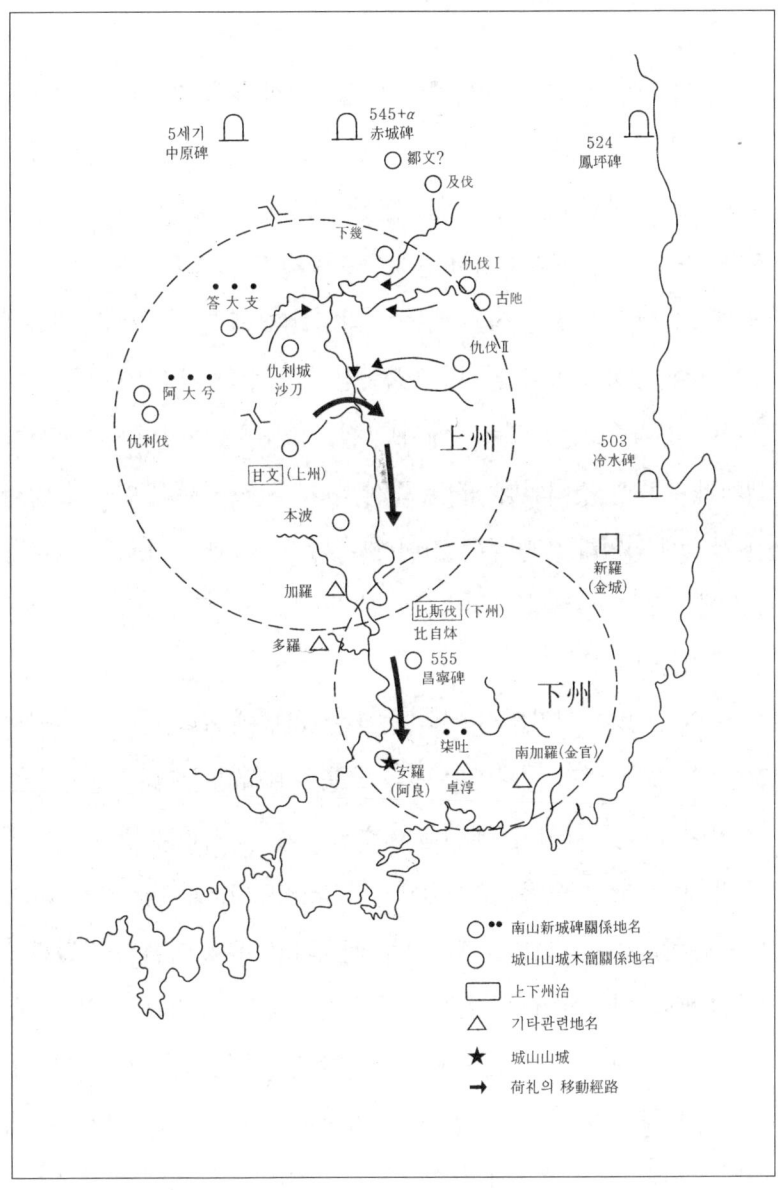

지역은 『삼국사기』 지리지에 보이는 신라의 상주지역의 범위 안으로 한정된다.

이 상주의 전신은 6세기 중엽의 上州에서 찾을 수 있다. 525년(법흥왕 12)에 사벌주 즉 上州(경북 상주)에 군주가 배치되는데, 이어 557년(진흥왕 18)에 사벌주가 폐지되고 대신 甘文州(경북 김천시 개령)가 두어진다. 즉 주치가 사벌주에서 감문주로 이동된 것이다. 주치의 이동과 개폐는 지방행정 중심의 이동을 의미한다. 또한 당대 지방행정은 주의 장관을 軍主라고 일컫고 있는 점이나, 주의 치소 가까운 곳에 군단이 자리잡고 있었던 점에서도 잘 드러나는 바와 같이, 군사적 색채가 농후한 것이었다. 군단 즉 停의 치폐 또한 주의 이동과 밀접한 관계에 있었다. 사벌주와 관련 있는 것은 上州停이다. 552년(진흥왕 13년)에 사벌주에는 상주정이 두어진다. 이는 5년 뒤인 557년에 감문주로 이동 배치된다.

이와 근접한 시기의 上州의 동향은 561년에 조영된 창녕비에서 찾을 수 있다. 먼저 비문에는 왕을 호종한 喙部와 沙喙部 출신의 중앙 및 지방 관료들이 길게 나열되고 있으며, 그 가운데 「四方」의 「軍主」가 보인다. 이들은 구체적으로 「比子伐」(지금의 창녕)·「漢城」(서울)·「碑利城」(안변)·「甘文」(개령)으로 摘記되고 있다. 아울러 감찰관인 行使大等을 언급하면서 「上州」와 「下州」(창녕)란 표기가 보인다. 즉, 은 신라가 6세기 영토적 확장을 이룩할 때, 주의 설치와 더불어 上州·下州·新州라는 관념적인 州의 명칭을 사용하였다. 新州에서 대비되는 바와 같이 상주와 하주는 신라 州제의 출발점이요 근간이었다. 上州는 그 州治가 사벌에서 557년에 감문으로 이동되고 있다.

이와 관련된 군단은 上州停이었다. 말하자면 561년 단계에서는 신라국가에는 상하와 사방이라는 경영구도가 존재하고, 관념적인 주의 이름과 「甘文」·「比子伐」·「漢城」과 같은 고유명사로서의 주 이름이 혼재하고 있었다. 특히 上州(甘文)와 下州(比子伐)에는 정치적 군사적인 상설지방관인 軍主에 더하여 중앙에서 임시로 파견되던 검찰 관격인 行使大等이 보여 창녕비 단계에서 상주와 하주가 중시되고 있었음을 보여준다. 성산산성목간의 하찰들이 물품과 함께 성산산성으로 운반되어 오는 데는, 上州(甘文)가 조직적으로 기능하고 있었던 것이다. 한편 州制의 성립과 운영 및 단위구분에는 지역간 또 중앙과 지방간의 연락과 물류의 루트가 되는 교통로가 주요 인자였음을 시사한다.(그림참조)

Ⅵ. 목간의 규격과 木質

목간의 넘버링에 있어 제1차 보고분과 제2차 보고분의 숫자가 중복되므로, 본고에서는 편의상 각각의 고유번호 앞에 1차 보고분은 1을, 2차 보고분은 2를 넣어 표기한다. 예를 들어 1차 보고분의 24호 목간은 124가 된다. 또 1차분의 넘버링은 보고서의 적외선사진 번호

를 기준으로 한다.(이 점에 대해서는 이미 정리한 바 있다. 14)

　1차 보고분과 2차 보고분 모두 합쳐서 완형은 모두 33점이고, 파손된 것은 54점이다. 완형 중에서는 아래에 양쪽으로 V자홈이 들어간 것이 27점, 아래에 구멍이 있는 것이 2점, 단책형인 것이 3점이며, 제첨축이 1점이다. 한편 파손된 것 중에서는 아래에 V자홈이 들어간 것이 17점이고, 아래 구멍이 있는 것이 1점이며, 그 밖의 것이 36점이다.

　완형에 초점을 맞추어 고찰해 보자. 글자를 석독하기 어려운 244호(2차 보고분 44호 목간을 이름, 이하 목간은 <몇 호>로 약칭)와 253호, 그리고 제첨축인 286 3점을 제외한 30점의 내용을 보면 다음과 같다. 하단부에 V자홈이 있는 26점 중에 稗류로 종결되는 것이 14점, 負로 종결되는 것이 2점, 인명으로 종결되는 것이 10점이다. 하단부에 구멍이 있는 것 2점은 모두 稗류로 종결되고 있다. 하단부가 단책형인 것 3점은 모두가 인명으로 끝나고 있다.

　2행으로 묵서된 것이 122·205·213·231·252(이상 모두 하단 V자홈), 111(단책형)의 6점이고, 나머지 26점은 1행으로 묵서되어 있다. 1행 묵서 목간 중에, 앞뒷면에 쓰인 것은 115·117·219·234(이상 모두 하단 V자홈), 233(하단 구멍), 111(단책형)의 6점이고, 나머지 20점은 모두 단면에 1행으로 묵서되어 있다. 2행으로 묵서된 목간은 폭이 최소 3.0cm, 최대 4.4cm이며, 대체로 3.5~3.8cm이다. 1행 묵서목간은 그 폭이 1.5~2.0cm의 것이 8점, 2.1~2.5cm의 것이 9점, 2.6~3.3cm의 것이 7점이다. 1.5cm를 최소치로 하고, 3.3cm을 최대치로 하면서 그 편차 안에서 폭넓게 골고루 분포되어 있다.

전체적으로 2행목간은 1행 목간보다 대체로 2배의 폭을 가진다. 2행 목간의 최소치와 1행 목간의 최대치는 대체로 3.0~3.3cm을 접점으로 하며, 이를 경계로 1행 목간과 2행 목간이 나뉜다. 대체로 1행의 폭이 정해져 있었음을 의미하며, 이는 종이문서 작성의 원칙에서 기인하는 것으로 여겨진다. 이와 같은 경향은 완형이 아닌 파손된 목간에서도 볼 수 있다. 54점 중에 2행 묵서목간은 203·236의 단 2점뿐이며 이들의 폭은 4.7cm·3.5cm이다. 1행 묵서는 대체로 1.5~3.5cm의 폭을 갖는다.

제1차 보고분 27점에서는 소나무가 24점, 밤나무가 2점, 특정할 수 없으나 활엽수가 1점이었다. 2차분 수종조사 65점 중에서는 소나무가 53점으로 가장 많고, 버드나무가 4점, 밤나무와 전나무가 각각 3점, 굴피나무와 느티나무가 각각 1점이다.(이상 서술은 19에 의존) 전체적으로 보아 소나무가 압도적으로 많으며, 이는 한국 목간재질의 특징이며, 아마도 당시의 식생을 반영하는 것으로 보인다.

Ⅶ. 제첨축과 紙木竝用

2차 보고분 목간 중에서 주목해야 할 것은 다름 아닌 題籤軸이다.

제첨축이란 두루마리의 종이문서의 가운데 부분에 꼽는 기다란 목편이다. 아래를 가늘고 얇게 길게 하고, 위쪽 머리는 대개는 직사각형의 단책형태를 갖는 것으로, 비근한 예를 들자면 파리채의 형상을 한 것이다. 일본에서는 그 출토 예가 많았지만, 한국에서는 아직 확실한 것은 출토되지 않았다. 기왕의 것으로는 백제 궁남지에서 출토된 목제품 중에 제첨축일 가능성이 있는 것이 1점 인지되기는 했으나, 확언할 수 있는 것은 아니었던 것이다. 금번 성산산성 출토의 것은 외형으로 보아 확실한 뿐만 아니라 적외선 투과결과 「利豆村」을 읽어낼 수 있어, 확실한 한국 최초의 제첨축이라 할 수 있다.(도6 참조)

제첨축의 발견의 의의는 심대하다. 종이문서의 사용을 그 전제로 하기 때문이다. 이미 6세기 중엽경 신라 지방행정에도 종이문서가 사용되고 있었음을 말해 준다. 그리고 그 문서의 내용은 아마도 「利豆村」에 관련된 문서였던 것으로 보인다. 신라의 촌락문서에 관해서는 통일기이후의 것으로 보이는 正倉院 소장 화엄경 논질 안에 붙어 있던 문서가 알려져 있다. 거기에는 신라 지방 村단위로, 성별 연령별 인구, 경작지 면적, 재배작물의 구체적인 수 등의 증감이 자세히 기재되고 있다. 이로써 「利豆村」 문서의 내용을 추측해 볼 수는 있을 것이나, 적어도 100년 이상의 시대차가 있으므로, 정창원 문서만큼 세세한 구분이 진전되었다고는 보기 어렵겠다. 다만 성별구분에 있어서는 동시대 石碑인 단양적성비에서 3등급의 연령구분이 이루어지고 있었다는 점이 참고가 될 것이다.

다음으로 두루마리 종이문서의 길이에 관해서는, 제첨축의 길이가 18.4cm이고, 윗편의 두터운 부분에서 3cm가 빠지면, 문서가 끼워졌던 부분은 (16.4+a)cm가 된다. 정창원 화엄경 논질 안에 붙어 있던 문서의 길이는 30cm이고, 같은 정창원의 사파리를 싸고 있던 문서의 세로 역시 30cm였다.

제첨축을 통해 6세기 중엽 종이와 나무가 병용되고 있었으며, 목간 역시 종이문서의 사용을 전제로 하여, 상호보완적 관계에서 기능하고 있었음을 알 수 있다. 또 이 시기 종이문서의 보관 및 관리행정의 일단도 살필 수 있다.

이와 관련하여 새삼 환기시키고 싶은 것은 520년에 반포된 신라의 律令의 운용의 문제이다. 성산산성 목간을 통하여 문서의 유통과 지방징세체제의 확립을 엿보게 되는데, 6세기 후반의 남산신성비에 보이는 원거리 노력 징발체제와 함께 고려할 때 이러한 사안들이 특히 村을 기본단위로 하는 지방호적 혹 계장의 작성 등을 전제로 하지 않으면 안 되었음을 생각하면, 520년에 반포된 신라 律令의 운영을 좀더 적극적으로 해석해도 좋지 않을까 한다.

Ⅷ. 전도부와 표기방법, 서체

성산산성 목간에서는 먹으로 쓰인(墨書) 관계로, 돌에 새겨진(刻字)

금석문 자료에서는 볼 수 없었던 몇 가지 사실도 관찰할 수 있다. 첫째로 顚倒符이다.

112 「竹尸□牟レ于支稗一 ∨ 」

이는 본래 竹尸□于牟支稗一로 써내려 가야 할 것을 잘못 써서 5번째 牟를 4번째 于보다 먼저 써버렸다. 이에 전도부 レ를 牟의 우측하단, 于의 우측상단에 작게 표시하여 수정하고 써내려 갔다. 나무를 다시 깎아 새로 쓰지 않고, 약식 수정하여 써내려 간 것은 업무상의 속도를 중시한 것이 아닐까 하며, 이 자체가 공식문서가 아님을 의미하기도 할 것이다. 잘못 써내려가다 수정한 사례로는 창녕비에서 沙尺干의 干자를 빼놓고 本彼를 이어 써버려 다시 尺자(16행11자)의 우측 하단, 즉 本자(16행12자)의 우측 상단에 작은 크기로 干자를 보입한 것 예가 있다. 보입 혹 수정시에는 우측하단에 하는 일정한 규칙 혹 관습이 존재했음을 보여준다.

101호에는 같은 목간안에서 仇利伐 上彡者村과 波婁가 다른 筆體를 띠고 있다. 즉 먼저 仇利伐 上彡者村이 쓰이고, 나중에 波婁가 부기되었던 것으로 보인다. 각각 다른 행정 레벨에서 쓰였을 가능성을 시사하는 대목이다. 이미 1차 보고분에 대한 연구에서 지적된 바와 같이, 목간은 전체적으로 동일한 필체를 갖고 있으며, 이들은 동시기 단양적성비의 서체와 대단히 흡사하다.(04·05) 이와 같은 점은 2차 보고분을 함께 놓고 볼 때도 이야기할 수 있다. 목간이 어느 단계에서 쓰였는가는 정하기 어려운 문제이므로 향후 숙고가 필요하다. 단지 묵서가 전체적으로 동일한 필체라는 점, 한 곳에서 쓰였다고 볼 수 있는 점을 인정할 수 있다면, 또 단양적성비와 혹사한 서체를 갖고 있는 점도 고려해 보면, 각 村단계에서 州나 郡같은 상급 지방행정단위에 집적되었을 단계에서 목간이 제작되어 묵서되었을 가능성을 점칠 수 있으며, 그 경우 당시 上州의 州治인 甘文을 후보로 꼽을 수 있을 것이다. 목간에서 甘文이 빈출되는 것은 그와 관련있을 수도 있다.

Ⅸ. 쌍둥이 목간과 奴人

2차 보고분으로 용례가 추가되면서, 1차분과 유사한 중복되는 듯한 목간이 발견되었다. 즉 101호와 213호, 106호와 216호는 완전히 같은 서식이다.

```
101 「    仇利伐   上彡者村『波婁』       」        (23.6+α)×4.4×0.7
                  上彡者村 波婁
213 「    仇利伐              ∨ 」            29.0×3.1×1.0
106 「上吟□村居利支稗     ∨ 」⇒「上谷乃村居利支稗    ∨ 」  17.5×1.6×0.5
```

216 「上谷乃居利支稗　∨ 」　　　　　　　15.8×2.4×0.7

먼저 106과 216은 서체가 거의 일치한다. 제2자와 제3자는 216쪽이 더 잘 보이는데, 이를 기준으로 한다면 종래 106의 제2자 吟은 谷으로 수정해야 할 것으로 보인다. 한편 101호는 전체가 단책형인 것으로 판단했었다. 추가 출토된 213호는 아래가 V자홈이 들어가 있다. 101호의 波婁와 213호의 波婁는 서체가 동일하다. 한편 213호는 전체가 같은 굵기로 쓰여 있다. 이들을 하찰로 보는 한 성산산성 자체에서 제작되었다고 보기는 어렵다. 따라서 하물의 공진 단위별로 하찰이 작성 첨부되었다고 한다면, 공진되는 자루나 상자 단위별로 복수의 하찰은 존재가능하다 할 수 있다.

목간에 기록된 내용 가운데 주목되는 것이, 2점의 목간에 보이는 奴人이다.

123　仇利伐　□德知一伐奴人 鹽 ×
208　內恩知奴人 居助知 負

이에 관해서는 123목간의 경우 □德知 一伐에 딸린 노복으로 보려던 견해도 제시된 적이 있으며(09), 奴人鹽으로 보아 奴人이 생산한 소금으로 보는 견해도 제시되었으나(16), 새롭게 208호 목간이 출토되게 됨에 따라 앞서 인명에 부수되는 것으로 판단하는 것(11)이 옳음을 알 수 있다. 123목간을 실제로 자세히 관찰하면 奴人과 鹽 사이에 빈 간격을 두고 있다. 이 점을 중시하고자 한다. 이는 一伐과 奴人

사이에 간격이 없는 것과 대조되며, 仇利伐과 □德知 사이에 간격이 두어지고 있는 것과 비교된다. 奴人은 524년에 건립된 鳳坪碑에 의하면, 당시 구고구려 영역이었다가 신라로 새롭게 편입된 지역의 「奴人」들의 「奴村」이 있고, 이들에 대해 「奴人法」이 시행되어 규제되고 있었다.(17) 이 같은 성과들을 중시하면 □德知 一伐 奴人이 속한 仇利伐은 창원이나 함안 근방보다는 옥천 쪽에서 찾는 것이 더 타당할 듯하다.

맺음말에 대신하여

: 낙동강을 이용한 물류와 교통, 그 정치적 의미

하찰이 이들은 대체로 지금의 경상북도 동부와 충청북도 남부에 걸쳐 분포된다. 이 곳은 다름 아닌 고대 신라시대 상주에 해당하며, 이들은 함안과는 원거리에 있었다. 이들 지역은 대체로 낙동강의 중상류에 집중하여 분포되고 있는 점이 중요하다.(09·10) 이것이 바로 원거리 하물 운송이 가능하였던 배경이었다. 지류에서 출발한 하물들이 본류의 거점지역에서 집적되고, 다시 그것이 상위의 집적단위 장소에 취합되어 함안의 성산산성으로 운송되었던 정황을 상정할 수 있다. 마침 상류에서 하류로의 운송은, 용이한 것이어서 실제물류에 소요되는 노력은 상당히 절약될 수 있었을 것이며, 운송속도 또한 빨랐을 것이므로 상류에서 하류로의 교통은 생각된다.

장부상에는 상주의 해당지역이 상급 지방행정 단위를 거쳐 중앙에 조용조를 납부되고, 또 이것이 다시 下州의 신편입 지역인 함안에 집중 세출된 것으로 기록되었을 것이다. 하물 즉 공진물은 상주지역에서 중앙으로 왔다가 다시 지방으로 배송되는 과정이 생략되고, 직접 지역에서 지역으로 직송하는 시스템을 운영하고 있었던 것으로 보인다.

요컨대 하찰목간이 기능하던 시기는 낙동강을 이용한 물류시스템이 신라국가에 의해 윤활하게 기능되고 있었던 것이다. 낙동강은 기실, 가야의 정치-경제적 기반이었으며, 아마도 제국통합과 교통의 주요배경이기도 하였다. 특히 중류와 하류는 가야가 3세기 이래로 장악하여 교역의 이를 얻고 있었다. 바로 가야가 국제무대에서 약진할 수 있었던 중요한 근거이기도 했었다. 낙동강 상류는 이미 빠르게는 5세기 후반, 늦더라도 6세기 초반에는 이미 신라에 편입되어 있었다. 낙동강 하류는 남가라(금관국) 및 卓淳이 신라에 완전 편입되면서 6세기 전반에 신라에 장악되었다. 중류 또한 比斯伐(比自烌)이 신라에 완전 제압되고부터는 가라나 다라의 낙동강 통제는 거의 유명무실화되었던 것으로 보인다. 540년대『日本書紀』에 의하면「大江水」아마도 낙동강을 둘러싸고 안라와 신라는 치열한 신경전을 벌이고 있었다. 이제 낙동강은 상류에서 하류에 이르기까지 신라가 장악하게 된 것이다. 안라지역에 이와 같이 낙동강 상류지역으로부터 원거리의 공진물 수송과 투입은 신라 국가체제의 하류를 이용한 효율적인 운영에 그치지 않고, 구가야의 유력국이며 말기 가야제국을 주도하였던 주축이었던 안라지역과 구 가야백성들에게, 낙동강이 이제 완전히 신라에 의해 장악되었음을 보여주는 상징적인 고도의 정치적 의미도 가지고 있었을 것이다.

이처럼 성산산성 목간 90여 점을 통해, 6세기 중엽 낙동강을 기축으로 하는 신라국가의 지방경영 및 지방의 人·物의 장악, 물류·통신, 징세와 역역, 「율령」운용의 단면, 호적작성, 문자를 사용한 문서행정 등을 구체적으로 엿볼 수 있다.

참고문헌목록

01 박종익, 「Ⅳ출토유물」; 「Ⅳ고찰」, 『함안성산산성』(학술조사보고 제5집), 국립창원문화재연구소, 1998.12.
02 김창호, 「함안 성산산성 출토 목간에 대하여」, 『함안성산산성』(학술조사보고 제5집), 국립창원문화재연구소, 1998.12.
03 박종익, 「咸安 城山山城 發掘調査와 木簡」, 『한국고대사연구』 19(특집 〈咸安 城山山城 出土 木簡〉), 2000.9.
04 주보돈, 「咸安 城山山城 出土木簡의 基礎的 檢討」, 『한국고대사연구』 19(특집 〈咸安 城山山城 出土 木簡〉), 2000.9.
05 李成市, 「韓国木簡연구의 현황과 咸安 城山山城 출토의 木簡」, 『한국고대사연구』 19(특집 〈咸安 城山山城 出土 木簡〉), 2000.9.
06 平川 南, 「日本古代木簡 硏究의 現況과 新視点」, 「咸安城山山城出土木簡」, 『한국고대

사연구』 19(특집 〈咸安 城山山城 出土 木簡〉), 2000.9.
07 謝桂華, 「중국에서 출토된 魏晉代 이후의 漢文簡紙文書와 城山山城 출토 木簡」, 『한국고대사연구』 19(특집 〈咸安 城山山城 出土 木簡〉), 2000.9.
08 박상진, 「출토목간의 재질분석 -함안 성산산성 목간을 중심으로-」, 『한국고대사연구』 19(특집 〈咸安 城山山城 出土 木簡〉), 2000.9.(←국제학술회의는 1999년 11월 개최)
09 윤선태, 「咸安 城山山城 出土 新羅木簡의 用途」, 『眞檀學報』 88, 1999.12.
10 李成市, 「城山山城新羅木簡からなにがわかるか」, 『月刊しにか』 111-9, 2000.11.
11 李成市, 「城山山城出土木簡(古代朝鮮の文字文化)」, 『古代日本文字のある風景-金印から正倉院文書まで-』, 国立歴史民俗博物館, 2002.3.
12 〈(보도자료) 함안 성산산성 2002년도 발굴조사 지도위원회의 및 현장공개자료〉, 국립창원문화재연구소, 2002.11.
13 박종익, 「함안 성산산성 출토목간에 대한 종합적 고찰」, 『韓國考古學報』 48, 2002.12.
14 이용현, 「咸安 城山山城 出土木簡과 6세기 新羅의 지방경영」, 『東垣學術論文集』 5, 2003.12.
15 〈(보도자료)함안성산산성 출토 목간에서 글씨 300여 자 판독〉, 국립창원문화재연구소, 2004.2.
16 이경섭, 「咸安 城山山城 木簡의 研究現況과 課題」, 『新羅文化』 23, 2004.2.
17 武田幸男, 「新羅·蔚珍鳳坪碑の「敎事」主體と奴人法」, 『朝鮮學報』 187, 2003.4.
18 鑄方貞亮, 『日本古代穀物史の研究』, 吉川弘文館, 1977.4.
19 鄭桂玉, 「城山山城木簡の出土狀況について」, 『韓國出土木簡の世界』(早稻田大學朝鮮文化研究所主催심포지엄), 2004.1.
20 李鎔賢, 「韓國における木簡研究の現狀」, 『韓國出土木の世界』(早稻田大學朝鮮文化研究所主催심포지엄), 2004.1.
21 아라가야향토사연구회, 『安羅古墳群』(유적답사자료 총서3집), 1998.12.
22 이용현, 「扶餘 宮南池 出土 木簡의 年代와 性格」, 『宮南池』(국립부여문화재연구소 학술연구총서 21집), 1999.11.

목간의 석독

앞부분 번호는 보고서의 번호. 뒷부분
【 】안의 번호는 『한국의 고대목간』(국립창원문화재연구소, 2004)의 목간번호임

1차 보고분

101 「　仇利伐　上彡者村『波婁』」	(23.6+α)×4.4×0.7	【3】
102 ×甘尒□利　○」	(11.7+α)×3.6×0.5	【24】
103 ×知上干支∨	(8.0+α)×2.5×0.5	【23】
104 「甘文本波□村旦利村伊竹伊」	22.7×2.6×0.5	【10】
105 「王私鳥多伊伐支乞負支∨」	20.0×2.8×0.6	【6】
106 「上吟□村居利支稗　∨」	17.5×1.6×0.5	【12】
107 「鳥欣彌村卜兮稗石　∨」	17.7×1.7×0.5	【11】
108 「仇伐干好女村卑ア稗石　○」	20.5×2.8×0.4	【7】
109 「及伐城□乃尸稗∨」	20.8×2.8×0.7	【8】
110 「□□□□支稗∨」	21.1×2.5×0.9	【18】
111 ·「　仇利伐　　上彡者村　　」 ·「『乞利』　　」	23.7×3.0×0.9	【1】
112 「竹尸□牟レ于支稗一∨」	18.6×2.5×0.8	【9】

         財
113 ×□前谷村阿足只□×   (16.7+α)×3.4×0.5 【17】

114 ・「□□□□□□×」
     ・「□□   ×」   (16.0+α)×3.3×0.6 【19】

115 ・「甘文城下幾甘文本波□□ V」
     ・「□□村□利分□   V」   19.7×2.0×0.6 【2】

116 ×言斯只元」   (17.9+α)×1.9×0.3 【16】

117 「陳城己兮支稗 V」   15.9×2.2×0.7 【13】

118 ・×□□□□利×
     ・×仇□支稗□×   (12.6+α)×2.2×0.5 【20】

119 「夷伐支□那尓利知□××   (10.4+α)×2.0×0.4 【22】

120 ×□家村□□ V」   (15.9+α)×2.2×0.7 【15】

121 「大村伊息知一伐   V」   16.0×1.5×1.0 【14】

122 「仇利伐   □阤□一伐
              尒利□一伐   V」   22.8×3.8×0.9 【4】

123 「仇利伐   □德知一伐奴人 鹽 ×   (20.3+α)×3.1×0.6 【5】

124 ・「屈仇□□村□□ ×
     ・「   稗石   ×   (12.7+α)×2.6×0.5 【21】

2차 보고분

201 「陽村□尸只 V 」   14.9×2.5×0.5 【43】

202 ×□□阿那休智稗 V」   (16.0+α)×1.7×0.7 【45】

203 ×   比夕須奴
         尒先□支 負   ×(V」)   (26.7+α)×4.7×0.7 【38】

204 「仇伐阿那舌只稗石×   19.9×2.7×0.5 【52】
         □只卽智奴□□

205	「乃□□　　　　　於□支□　　　　V」	29.6×3.8×0.7 【36】
206	×利次稗石 V」	(7.2+α)×1.3×0.3 【71】
207	・×□兮□兄稗□□ V」	
	・×□□石□□ V」	(19.6+α)×2.9×0.8 【49】
208	「內恩知奴人居助知 負 V」	27.6×3.3×0.6 【35】
209	×□□一伐稗 V」	(8.3+α)×1.6×0.5 【72】
210	「及伐城□□稗石 V」	18.1×2.6×0.7 【42】
211	「伊伐支□利□稗一 V」	12.4×1.8×0.5 【79】
212	「阿卜智亇礼及　 V」	19.3×2.1×1.0 【40】
213	「　　仇利伐　上彡者村 波婁　V」	29.0×3.1×1.0 【34】
214	×□ V」	(9.6+α)×1.6×0.4 【91】
215	「□×	(8.9+α)×2.9×0.9 【83】
216	「上谷乃居利支稗　V」	15.8×2.4×0.7 【44】
217	×□□□ V」	15.3×1.7×0.3 【55】
218	「陳城□□兮支稗　」	16.2×2.1×0.5 【41】
219	・「夷津支阿那□□□豆支 V」	
	・「稗　　 V」	18.7×2.2×1.0 【30】
220	×未知居兮×	(7.9+α)×2.7×0.6 【76】
221	・×□□那□□□ V」	
	・×□□鄒稗 V」	(12.6+α)×1.5×0.4 【63】
222	・×支村」	
	・×稗石　」	(9.4+α)×1.9×0.7 【62】
223	×□尸及×	(12.7+α)×3.5×0.9 【84】
224	×□□鄒波□□支 V」	(16.1+α)×2.2×0.3 【46】

225　×(「)及伐城只智稗石 V 」　　　　　　　　(14.5+α)×2.1×0.6 【74】

226　「及伐城□□稗石 V 」　　　　　　　　　14.7×1.8×0.5 【80】

227　×鄒尺□×　　　　　　　　　　　　　　(7.1+α)×2.4×0.4 【90】

228　・「古陁新村智利知一尺□村 ×

　　　・「豆利兮智稗石×　　　　　　　　　　20.9×1.9×0.8 【29】

229　×□□ V 」　　　　　　　　　　　　　　(5.7+α)×2.0×0.4 【94】

230　・×伊失兮村×　　　　　　　　　　　　(10.7+α)×2.2×0.5 【85】

231　「仇利伐　彤谷村
　　　　　　仇礼支　負　　V 」　　　　　　29.3×3.5×0.7 【33】

232　「鄒文比尸河村尒利牟利 V 」　　　　　　17.2×2.4×0.5 【39】

233　・「古陁伊骨利村阿那衆智卜利古支 ○ 」

　　　・「稗發 ○ 」　　　　　　　　　　　　24.0×2.5×0.7 【28】

234　・「古陁一古利村末乡 V 」

　　　・「毛眉次尸智稗石 V 」　　　　　　　21.2×2.9×0.5 【31】

235　×可初智□麥石 V 」　　　　　　　　　(19.2+α)×1.6×0.6 【47】

236　×內只次奴須礼支□□　　V 」　　　　　24.4×3.5×0.8 【37】

237　×鄒文□□村□夲□ ×(V 」**)　　　　　(12.2+α)×1.8×0.9 【54】

238　×大村主舡主人　」　　　　　　　　　　(18.1+α)×2.5×0.6 【53】

239　×須伐夲波居□知×　　　　　　　　　　(19.3+α)×2.1×0.4 【77】

240　・×□兮城下×

　　　・×□珎兮村×　　　　　　　　　　　(8.7+α)×2.9×0.7 【60】

241　・×乃節它□×

　　　・×□稗石×　　　　　　　　　　　　(9.5+α)×2.7×0.3 【61】

242　「弘帝沒利　負 ×　　　　　　　　　　(27.8+α)×1.7×0.6 【57】

243　・×□□□×

	・×卄六尒×	(5.4+α)×1.9×0.6【65】
244	「□□□□□ V 」	15.5×1.7×0.7【50】
245	×家□夫□×	(6.4+α)×2.5×0.4【75】
246	「□□□支□×	(9.3+α)×1.7×0.4【88】
247	・×□□×	
	・×□×	(6.8+α)×1.9×0.6【66】
248	・「伊伐支 ×	
	・「稗石 ×	(10.1+α)×2.0×0.6【64】
249	×兮利沙×	(5.5+α)×1.9×0.5【89】
250	×伐稗石 ×	(11.5+α)×2.6×0.7【73】
251	・「□蜜□智私 ×	
	・「□利乃文芚支稗 ×	(13.2+α)×2.4×0.9【59】
252	・「上□刀㻛村 V 」	
	・「□加□乃□稗石 V 」	15.8×1.5×0.5【32】
253	「□□ V 」	9.7×2.7×0.5【70】
254	×殂鑄十之 V * ×　* 막대형으로 둘러가며 파였다.	(16.0+α)×2.8×1.3【48】
255	×□鄒□□×	(11.5+α)×2.2×0.8【86】
256	×□支×	(11.0+α)×3.1×0.7【92】
257	・×家礼□×	
	・×刀稗×	(3.5+α)×1.9×0.3【67】
258	×□支 V 」	(7.4+α)×2.1×0.3【82】
259	×伊□□石×	(7.1+α)×1.8×0.4【81】
260	「□ ×	(9.9+α)×2.2×0.4【87】
261	×□□×	(6.4+α)×1.6×0.8【93】
262	×□居㻛尺乙刃×	(12.7+α)×1.6×0.7【68】

263　×□村□□支 Ｖ 」　　　　　　　(14.5+α)×2.5×0.5 【78】
264　「千竹利×　　　　　　　　　　(8.3+α)×2.6×0.5 【69】
265　×□×　　　　　　　　　　　　(3.1+α)×2.9×0.6 【96】
286　「利豆村」　　　　제첨축　　　　18.4×2.5×0.9 【58】

함안 성산산성 출토 목간의 성격론
: 2차 보고분을 중심으로

I. 머리말

　경상남도 함안군 가야읍 성산산성(사적 제67호)은 국립창원문화재연구소(이하 본고에서 '창연'으로 약칭)에 의해 1991년부터 1994년에 걸쳐 매년 조사발굴을 실시하였으며, 또 2000년부터 현재까지 매년 한 차례씩 기획 발굴조사를 실시해 오고 있다. 이 과정에서 약 120점의 목간이 출토되었다. 이는 지금까지 출토된 한국 고대의 목간 250여 점의 약 반을 점하는 것으로, 단일 유적의 동일 유구에서는 가장 많은 출토점수이다. 또 6세기에서 8세기의 연대폭을 갖는 한국의 목간 가운데 가장 이른 시기에 속한다는 점도 주목될 만하다. 이 같은 점에서 성산산성 출토 목간은 매우 중요하다.
　지금까지 알려진 한국 고대목간의 전체 1998년에 발간된 제1차보고서에 의하면 수습된 목간은 모두 27점인데, 이 가운데 墨書가 확인되는 것은 23점이었다.[1] 이들 목간의 성격규정을 둘러싸고 몇 가지 논의가 진행되었다. 이어서 동 연구소는 2000년부터 2002년에 걸쳐 매년 한 차례씩 3개년에 걸쳐 발굴조사가 진행되고 또 다시 90여 점의 목간이 추가로 출토되었다. 2004년에 발간된 제2차보고서에 의하면 새로 발견된 목간의 수는 묵서가 없는 것까지 목간에 포함시켜 94점이라고 한다. 이들 가운데 묵서가 확인된 것은 69점이다. 이들 목간에 대해서는 국립창원문화재연구소가 발간한 도록과 보고서에 의해 칼라사진·흑백사진과 적외선사진이 일거에 공개됨으로써 그 전모가 세간에 알려지게 되었다.[2] 본고에서는 편의상 1998년에 보고된 것을 1차 보고분, 2004년에 보고된 것을 제2차 보고분이라 칭하기로 한다.

2차 보고분은 1차 보고분간과 유사한 형태의 것들이 많으며, 비교 분석 자료가 다량 확보되었다는 점에서 그 의미가 중대하다. 덧붙여 특필할 만한 것은 2차 보고분에서는 인덱스와도 같은 題籤軸이 발견되었다는 점이다. 종이 문서의 사용과 관련하여 주목할 만하다.

이에 1차 보고분 23~27점에만 국한되었던 기존의 논의도 1차 보고분과 2차 보고분 합해 120점 특히 묵서가 있는 116점을 중심으로

---

1) 국립창원문화재연구소, 『咸安城山山城』(학술조사보고 제5집), 1998.12: 본고 본문에서 편의상 이를 '1차보고서'라 칭한다. 사진자료는 논문말미(참조자료 2-2).
2) 국립창원문화재연구소, 『韓國의 古代木簡』, 2004.7: 본고 본문에서는 편의상 이를 '도록'이란 칭한다. 국립창원문화재연구소, 『咸安城山山城 Ⅱ』(학술조사보고 제27집), 2004.12: 본고 본문에서는 편의상 이를 '2차보고서'라 칭한다. 사진자료는 논문말미(참조자료 2-2).

재론되어야 할 시점에 이르렀다. 이로 풍부해진 자료와 용례를 통해 6세기 신라사회의 문자생활과 국가운영의 실상에 대해 구체적으로 논의할 수 있게 된 듯하다. 그와 같은 대작업을 하기 위한 논리적 수속상 먼저 성산목간의 성격에 대해 짚어보지 않으면 안 될 것이다. 필자는 이미 1차 및 2차 보고분의 성격에 대해 사견을 개략적으로 표명한 적이 있다.[3] 2차보고서의 발간으로 좀더 구체적으로 사견을 전개할 수 있게 되었다. 앞선 필자의 논지를 바탕으로 하면서 본고에서는 함안 성산산성 출토 목간의 성격에 대해 논하고자 한다.

II. 기존논점

1. 기존설

우선 성산목간의 성격에 대해 짚어보아야 할 듯싶다. 기존의 23점에 새로 추가된 86점으로 인해, 성산목간의 성격규정이 어떻게 달라질 수 있는가 하는 검토가 된다. 논의의 순서상 우선 기존의 23점에 국한된 성격론들을 짚고 넘어가야 할 것이다.

먼저 목간 23점이 세간에 공개되면서, 보고서와 함께, 발굴담당

---

3) 졸고, 「咸安 城山山城 出土 木簡」, 앞의 주2 도록.

자인 박종익과 특별논고 담당자인 김창호에 의해 목간에 대한 첫 성격규정이 이루어졌다. 김창호는 목간이 성산산성 축조에 동원되었던 上人집단의 인명을 기록한 것이라고 주장하였다.[4] 또 박종익는 조선시대의 戶牌와 같이 다른 지방에서 차출되어 온 병사들의 신분증표라고 보았다. 구체적으로는 축성이후 성를 지키는 것과 관련된 근무자의 신분증이라고 하였다.[5]

이어 1999년 11월에 열린 국제심포지엄에서 본격적인 논의가 이루어졌다. 박종익는 이 자리에서 종전의 주장을 반복하였다. 즉 신라가 안라를 병합한 뒤 지방민을 동원하여 이 곳에 축성하고 이후 守城케 하였는데, 이러한 성을 지키는 업무에 동원된 여러 지역의 책임자들의 신분증이었다고 하였다.[6] 주보돈는 軍籍으로 사용되었다고 보기는 힘들며, 함안지역에 축성하면서 분야별 책임자들의 인명을 기록한 명부라고 하였다.[7]

한편 李成市는 신라영역내의 여러 지방에서 성산산성으로 가져온 물품에 붙어있던 荷札(짐꼬리표)로 보았다.[8] 平川 역시 성산산성의 군량을 경북지역의 주민이 稗(피)를 貢進할 때의 付札(꼬리표)로 보았다.[9] 이에 비해 사계화는 秦·漢簡과 비교할 때 名籍 혹은 名簿로 제

---

4) 김창호, 「함안 성산산성 출토 목간에 대하여」, 앞의 주1 보고서, p.266.
5) 박종익, 「고찰」, 앞의 주1 보고서, p.183.
6) 박종익, 「咸安 城山山城 發掘調査와 木簡」, 『함안 성산산성 출토목간의 내용과 성격』(국제학술회의), 국립창원문화재연구소·한국고대사학회, 1999.11.
7) 주보돈, 「咸安 城山山城 出土木簡의 性格」앞의 주6 발표집, p.37.
8) 李成市, 「韓國 木簡研究의 現況과 咸安 城山山城 出土의 木簡」, 앞의 주6 발표집, p69.
9) 平川南, 「咸安 城山山城出土木簡」, 앞의 주6 발표집.

작되었을 것이라 추정하였다.10) 결국 심포지엄을 통해 종래 신분증설에 더하여 명부·명적설과 하찰·물품부찰설이 개진되었다.

심포지엄이 열린 직후인 1999년12월에 출간된 윤선태의 논문에서는 일부는 稗의 付札, 일부는 축성공사 및 병역과 관련되어 차출된 사람들을 기록하고 이들의 이동을 보증해 준 '役人의 名籍'이라고 하였다.11)

이듬해 2000년 9월에 전년 말에 열린 심포지엄의 내용이 활자화되었다. 모두 심포지엄 때의 주장이 그대로 고수되었다. 박종익는 守城관련 책임자의 신분증으로12), 주보돈은 축성필요에 의해 작성된 名籍으로13), 李成市는 산성에 반입된 稗나 鹽에 부착되었던 荷札14), 平川는 산성의 군량으로 한반도 북부주민이 稗를 공진할 때의 付札로 보아15), 모두 종전의 주장을 그대로 견지하였다. 반면에 사계화는 종전의 주장에서 물러나 성격규명을 유보하였다. 아울러 稗류가 外位인가 아닌가의 성격규명이 중요한 열쇠가 된다고 지적하였다.16)

그 후 2002년 12월에 성산산성에서 추가로 목간 65점이 출토되었다고 보도되었다. 이와 거의 같은 시기에 박종익은 신분증설을 재주

---

10) 謝桂華, 「중국에서 출토된 魏晉代 이후의 漢文簡紙文書槪括」, 앞의 주6 발표집. p.148.
11) 윤선태, 「咸安 城山山城 出土 新羅木簡의 用途」, 『眞檀學報』 88, 1999.12.
12) 박종익, 「咸安 城山山城 發掘調査와 木簡」, 『한국고대사연구』 19, 2000.9. p.25.
13) 주보돈, 「咸安 城山山城 出土木簡의 性格」 앞의 주12 논문집. p.59.
14) 李成市, 「韓國 木簡연구의 현황과 咸安 城山山城 출토의 木簡」 앞의 주12 논문집. p.107.
15) 平川南, 「咸安 城山山城出土木簡」 앞의 주12 논문집. p.149.
16) 謝桂華, 「중국에서 출토된 魏晉代 이후의 漢文簡紙文書와 城山山城 출토 木簡槪括」, 주12의 논문집. pp.201~203.

장하였다. 즉 다시 稗류가 관등일 것이라고 추정되는 점, 목간이 성산산성 자체내에서 제작된 것이라는 점을 주요근거로 하여, 종래 하찰설을 일축하고, 타지에서 성산산성에 동원된 지방민의 신분을 표시하는 목간으로 현지에서 제작하여 지급한 것이라고 하여 종래의 주장을 보강하였다.[17] 같은 시기에 필자는 목간이 대체로 일괄유물이며, 荷札설을 주장하였다.[18]

2004년은 목간연구에 있어 의미 깊은 한 해였다. 7월에 昌硏에서 『한국의 고대목간』이라는 목간도록이 발간되었다.[19] 여기에는 지금까지 한국에서 출토된 목간이 대부분 실물크기의 형태의 칼라사진과 글자를 읽을 수 있는 적외선사진과 함께 수록되었다. 새로 발굴된 90점 전후의 성산목간도 도록에 실렸으며, 이에 관한 필자의 논고도 실리게 되었다. 여기서 필자는 새로 발굴된 90점 전후의 목간에 대한 석독을 제시하고, 이들과 종래 알려졌던 27점 (혹은 24점)을 함께 감안하여 하찰일 것으로 파악하였다.[20]

기존에 제출된 목간의 성격에 관한 견해들은 크게 짐과 관련된 것으로 보는 견해와 사람이름과 관련된 것으로 보는 견해로 크게 나눌 수 있다. 즉 짐의 꼬리표로 보는 견해는 李成市·平川·이용현에 의해 주장되었다. 또 사람의 이름과 관련지어 보는 견해는 다시 신

---

17) 박종익, 「咸安 城山山城 出土木簡의 性格檢討」, 『韓國考古學報』 48, 2002.12, pp.152~153.
18) 이용현, 「咸安 城山山城 목간과 신라의 지방경영」, 『국립박물관 동원학술논문집』 5, 2003.11, p.60.
19) 앞의 주2 책.
20) 이용현, 앞의 주3 논문.

분증설과 명적(명부)설로 구분된다. 신분증설은 박종익의 주장이며, 명적설은 김창호·주보돈이다.21) 아울러 일부는 짐과 관련된 것, 일부는 명적이라고 주장하는 윤선태의 견해도 있다.

아래에서 여러 설의 논거에 대해 검토해 보기로 하자.

2. 신분증설의 문제점

신분증설은 박종익에 의해 줄곧 주장되어 오고 있다. 즉 목간의 인명표기가 [출신지명+인명+관등]으로 되어 있는데, 稗류 역시 관등과 관련 있다고 본다. 박종익은 다음과 같이 언급한다.

왜 이러한 형식으로 기록이 남아 있을까. 축성 이후의 守城과 관련하여 나타난 근무자의 신분증이 아닐까. 즉 조선시대의 호패처럼 타지방에서 차출되어온 병사들의 신분증표는 아닐까. …명문목간 24점 가운데 3점을 제외하면 모든 묵서가 목간 하단부에서 두부방향으로 쓰인 점이다. 목간을 묶어두기(패용하기) 위한 두부의 홈이나 구멍이 있는 반대쪽에서부터 글자가 시작되는데, 이는 목간을 묶어두는 끈이 긴 상태에서 남에게 보여주기 위한 것이 아닐까 한다. 목간의 인명표기를 분석하면 왕경인은 없고 지방민만 나오고 있다. …지방민이 갖는 외위는 一伐과 裨石(=裨一)뿐이고, 이것을 명활산성비·남산신성비와 비교하면 上人집단으로 추정된다.22)

---

21) 사계화의 초기주장도 여기에 속한다. 그러나 나중에 결론을 유보하였으므로 여기서 제외한다.

이러한 서술로 미루어 보면 목간 하단부의 V자홈과 글자가 쓰인 방향, 또 목간의 기재내용을 근거로, 목간을 지니고 있는 사람이 상대방에게 보여주기 위한 신분증이라고 판단한 듯하다. 이에 대해서는 다음과 같은 비판은 유효하다.[23]

1. 목간의 크기와 문자의 기재방식이 너무도 기능적이지 못하다. 20~23cm가 넘는 것들도 있는데 이를 허리에 늘어뜨렸을 때 몸을 움직이는 데 방해가 되며, 보는 쪽은 글자가 반대방향이 된다.
2. 하나의 목간에 복수의 지명과 복수의 인명이 기재되고 있는 것을 한 개인의 신분증이라고 보기는 어렵다.
3. 신분증이라면 관리에 의해 작성되었을 것이므로 좀더 규격성이 있어야 할 것이다.

이에 대해 신분증설은 그 답변이 아직 이루어지고 있지 않다.
아울러 새로운 논고에서 박종익은 다시금 신분증설을 주장하였는데, 이것은 새로 발견된 65점 전후의 목간에 대한 일정정도의 정보를 토대로 한 주장이라는 점에서 주목할 만하다. 새롭게 보강된 박종익의 주장의 근거는 목간이 성산산성 현지에서 제작되었을 것이라는 점을 기둥으로 하고 있다.

1. 목간제작의 과정을 보여주는 유물과 刀子와 붓이 함께 출토되고 있다.

---

22) 박종익, 앞의 주5 논문, p.183.
23) 李成市, 앞의 주8 논문, p.60.

2. 같은 내용, 같은 형식의 목간이 몇 점 확인되었다. 서로 하나씩 가지고 대조하기 위한 것이었을 것이다. 이로 보아 현지에서 제작된 것이며 그것은 신분확인용 목간이라 할 수 있다.[24]

1과 2를 통해 성산목간이 현지에서 제작된 것이며, 그것이 신분확인용 목간의 근거가 된다는 주장이다.

먼저 쌍둥이 목간의 존재를 '서로'(아마도 관문의 체크 측과 피체크 측)가 갖고 있었던 것으로 상정할 수 있을지도 의문이다. 하찰이 복수 존재하는 것은 이상한 것이 아니다.[25] 산성 안에서 목간제작의 흔적이 있다고 해서, 산성에서 발견된 모든 목간이 일률적으로 모두 다 산성자체 안에서 만들어졌다고 보기는 어렵다. 오히려 하찰목간이 산성이 아니라 외부에서 반입된 것이라고 보는 시점에 서게 되면, 목간은 외부에서 제작된 것이라고 보기 때문에, 이 경우 산성내의 목간 제작흔적과 산성내에서 발견된 하찰과는 무관하다.[26]

무엇보다도 신분증설은 인명 다음에 오는 稗류가 물품이 아니라 관등류라는 전제를 깔고 있다. 稗류를 관등으로 보기는 어려우며, 물품으로 보아 크게 잘못이 없다. 따라서 신분확인용 목간이라는 주장은 설득력이 없다.

---

24) 박종익, 앞의 주17 논문, p.154.
25) 출토목간 수가 풍부한 일본의 경우 동일물품의 荷札이 복수인 경우가 종종 보인다.
26) 본시 하찰이란 짐에 붙는 꼬리표로서 짐과 함께 이동하는 것이다. 성산산성 목간에 보이는 지명들은 확인되는 것은 모두 타지(대부분은 원격지)로 하찰의 제작은 타지에서 이루어지고 성산산성에서 폐기된 것이지, 성산산성에서 제작된 것이 아니다. 한편 하찰이 제작되어 짐과 함께 외부로 보내졌다면, 산성내에서 제작된 목간을 산성내에서 찾을 수는 없을 것이다.

3. 명적(名簿)설의 문제점

　김창호와 주보돈이 명적설을 주장하고 있으며, 윤선태도 일부 목간의 명적설에 동조하고 있다. 각각의 논거를 추적하면 다음과 같다. 먼저 김창호는 나름의 인명표기의 분석에 근거를 둔다.

> 목간의 인명표기를 분석하면, 왕경인은 없고 지방민만 나오고 있다. … 지방민이 갖는 외위는 一伐과 裨石(=裨一)뿐이고, 이것을 명활산성비·남산신성비와 비교하면 上人집단으로 추정된다.27)

　이러한 서술로 미루어 보면 김창호는 稗류를 裨로 읽고, 이를 관등의 외위로 판단하고, 성산목간이 명활산성비 및 남산신성비와 연계관계에 있다고 전제하고, 이를 바탕으로 성산목간의 성격을 규정하였던 것 같다. 주보돈은

> a-함안지역을 축성하면서 그 분야별 책임자들의 인명들을 기록한 명부
> b-축성작업 및 그를 끝내고 난 뒤 작성되었을 비문의 기초자료로서도 활용
> c-가장 빈번하게 보이는 구리벌 출신자들이 동문방면을 담당
> d-하나의 목간에 2인씩 기재된 사례도 있어서 개인별로 소지할 수 있는 용도였던 것은 아니었을 터이다. 軍籍과 관련하여 개인이 소지한 것이

---
27) 김창호, 앞의 주4 논문.

라면 일시에 한곳에 폐기될 리도 없을 것이므로 군적용으로 사용된 것으로 보기에는 적절하지 못하다.28)

라 하고 있다. 즉 축성과 관련된 명부자료이며, 이후 작성되는 비문의 기초자료로 작성되었다고 상정하였다.

명적설의 근거는 稗類가 곡물이름이 아니라 외위라는 가설이다. 그런데 새로 출토된 65점 중에는 一伐稗(성산 72호)로 끝난 것도 있어 稗類가 외위라는 설은 더 이상 성립될 수 없게 된 듯하다.…

한편 稗類로 끝나는 목간은 공진물 付札 즉 荷札임을 인정하면서 그 이외의 일부목간에 대해서는 명적으로 파악하는 윤선태의 일부 명적설이 있다. 윤선태는 목간을 A류와 B류로 구분하고, 그 가운데 A류가 명적, B류가 荷札이라 했다. B류는 稗類라는 문자가 들어있는 목간이고, A류는 그렇지 않은 목간들이다. 즉 稗類의 유무에 따라 목간을 구분한 셈이 된다. 또한 A류 목간의 여러 특징으로 보아 이는

1. 각 지역에서 성산산성의 축성공사나 병역과 관련하여 차출된 사람들, 곧 '役人의 名籍'이다.
2. 이후 이 목간은 함안의 관청에서 역이 끝날 때까지 개인의 신상관련 명부로 활용되다 폐기된 것이다.

고 주장하였다. 그 근거로서

---

28) 주보돈, 앞의 주7 논문.

1. A류 목간이 모두 구멍이나 V자홈이 있어 서로 묶고 정리할 수 있는 형태의 것이다.
2. 목간의 제작기법·형태·기재양식·필체 등에서 A류를 다시 a·b·c로 구분하여 그 사이의 뚜렷한 지역색을 설정할 수 있다.
3. b의 경우 追記가 있어 목간이 이동된 뒤에 함안의 행정관이 이를 재이용되는 과정에서 기록된 것으로 볼 수 있다.

는 점을 들고 있다.29) B류의 목간도 모두 구멍이나 V자홈이 있다. 그러므로 근거1이 A류와 B류를 나누는 근거가 되기 어렵다. 근거2는 A류를 세분한 것인데, 세분한 것과 A류의 성격규정과는 무관한 듯하다. 근거3은 b 1점이 함안에서 현지 제작되었으므로 하찰이 될 수 없다는 논리인 듯하다. 우선은 함안현지追記설에 따른다 하더라도 이는 b 1점에만 국한되는 것이지, A류 전체를 그와 같이 볼 근거는 없다. 또한 그에 앞서 b 1점의 함안현지追記설이 과연 타당한가 하는 문제도 있다. 무엇보다도 윤씨주장의 근본 틀이 되는 목간류를 種類의 기재유무에 따라 두 종류로 구분하고 이에 따라 성격을 규정하는 자체가 설득력이 박약하다.30)

---

29) 윤선태, 앞의 주11 논문.
30) 한 가지 주목하고 싶은 것은 謝桂華의 새 논고이다. 비록 주장은 논지가 명확하지 않은 부분도 있어, 명적과 하찰이 동시에 혼재되어 있다고 파악할 수도 있는 대목이 있고, 荷札·付札임을 인정하는 대목도 있긴 하지만, 구멍이 있거나 V자홈이 파인 것 16점은 '木楬' 즉 荷札·付札임을 인정하고 있다는 점이다. 중국의 竹簡의 권위 謝桂華는 1999년 12월 국제심포지엄에 참석하였으며, 발표당시에는 명적설을 주장하였었다. 그런데 귀국하여 정리한 2000년에 제출한 새 논고에서는 한 발 물러서서 하찰·부찰임을 인정하였다는 점은 여러모로 의미심장하다. pp.201~203.

4. 하찰설 불성립론의 비판

이상에서 제시하고 비판한 논거들은 성산목간이 荷札임을 부인하는 논지들이기도 하다. 이들에 대해서는, 이미 위의 각 항목에서 비판하였으므로 더 거론하지 않는다. 위에서 거론되지 않은 성산목간이 하찰이 될 수 없다는 주장들에 대해 검토할 필요가 있다. 먼저 박종익의 하찰비판론을 검토하자. 박종익의 주장은 다음과 같다.

1. 목간에 보이는 稗類는 그 표기양식과 서체비교로 보아 곡물로 보기 어려우며, 관등으로 보아야 한다.
2. 새로 추가된 65점에 稗類가 다양하게 나타난다. 하찰이라면 다수의 물품명이 확인되어야 하는데 그렇지 못하다.
3. 성산목간은 함안 현지에서 제작된 것이므로, 하찰이 될 수 없다.[31]

근거3은 앞서 1장에서 이미 언급하였다. 근거1도 3장에서 언급한 바와 같이 새로 추가된 목간 중에서 「…一伐稗」(72호 목간[32])가 확인됨으로 해서, 稗類를 관등으로 보기는 매우 어렵게 되었다. 또 근거2도, 새로 추가된 목간 가운데 「麥石」 등이 확인되고 있어 반론이 되기 어렵다.

---

31) 박종익, 앞의 주17 논문, pp.150~154.
32) 성산목간 번호는 몇 가지나 되어 매우 혼란스럽다. 본고에서는 편의상 주2 도록의 번호를 기본으로 한다.

다음에 정황론에 의한 윤선태의 하찰설불성립론이 있다.33) 「(지명+)인명+一伐」 기재의 목간은 하찰이 될 수 없으며 명적이어야 한다는 것이다. 그 근거는 一伐(외위 제8등) 즉 외위소지자는 재지수장이고, 이들이 외위가 없는 일반인과 같이 공진물을 부담할 리는 없었을 것이라는 정황론이다. 그러나 「…一伐稗」 목간이 확인됨으로써 이같은 주장은 성립되기 어렵다. 엄연히 외위 제8등의 소지자가 稗를 공진하고 있는 사실이 확인된 것이다.

5. 하찰·부찰론

하찰론은 처음 李成市·平川 양씨에 의해 주창되었다.34) 2004년 11월 9일 李成市는 목간의 형상에 주목하여 이들에 구명이 있거나 홈이 파여 있는 점에 착안하여 移動物에 부착되었음을 지적하였다. 아울러 다양한 표기의 稗類를 관등으로 보는 데 무리가 있다고 보았다. 더하여 23호 목간(도록 5호)의 마지막 글자를 「塩」으로 확정하고, 稗 외에 공진물을 예를 하나 더 늘였다. 전체적으로 성산목간은 「지명+인명+관등」의 구조가 아니라 「지명+인명+관등+물품」, 다시 말해서 「지명+인명+외위+물품명+수량」으로 기본 구성되고 있는 일괄하찰이라고 하였다.

---

33) 윤선태, 앞의 주11 논문.
34) 각각 앞의 주8·9·14·15 논문.

平川는 성산목간의 형상(=모양·형태)과 기재양식으로 보아 대개가 거의 동일성격의 것이며, 物品付札 즉 물품에 붙는 꼬리표라 하였다. 稗石의 石은 一石의 合字로 稗石은 稗一石으로 이해할 수 있으며, 稗一은 稗一石의 줄인 형태라 하였다. 아울러 공진물 부찰에서 물품을 생략하는 예가 일본 목간에 보이는 점을 들어 「지명+인명+관등」형식의 목간도 그러한 형식에 속한다고 보았다.

필자도 위 양씨의 주장에 공감하였다. 목간들이 형상으로 보아 대체로 일괄유물일 공산이 크며, 그 기재양식은 「인명+물품」의 기본 구조를 가지며, 물품이 생략되기도 하는 형태라고 정리하였다.[35]

그런데 이상의 견해들은 2차 보고분이 발표되기 이전에 나온 것이어서 당연하지만 1998년에 보고된 1차 보고분 24점[36]의 목간만을 토대로 한 결론이었다. 2004년 공개된 2차 보고분 96점도 함께 고려할 필요가 있다. 96점을 비롯한 지금까지의 성산목간에 대한 필자의 판독은 본고 끝의 <참조 1>과 같다. 이를 토대로 목간의 형상과 기재양식을 살펴보자.

---

35) 이용현, 앞의 주18 논문, pp.48~50.
36) 1차보고서에서는 목간이 '27점으로 목간이 보고되었는데, 이 가운데 墨書가 있는 것은 24점이다. 기존연구는 모두 이 24점에 집중되었다. 묵서가 없는 3점은 외형으로 보아 목간이라고 단언하기 어려운 면이 있다.

Ⅲ. 검 토

1. 출토상황

지금까지 함안 성산산성 발굴범위와 출토된 목간을 정리하면 다음과 같다.

1차 조사 1991년 -남 성벽과 남동 성벽 일부(남문지)
2차 조사 1992년 -동 성벽 일부 : 동문지 확인, 목간 27점 ──ⓐ
3차 조사 1993년 -북서 성벽 일부(장대지)
4차 조사 1994년 -동문지 주변 : 목간 확인 1점 ────ⓑ
5차 조사 2000년 -① 남서, 남 성벽 일부
                  ② 동문지 부근 : 治木片, 木簡片 ────ⓒ
6차 조사 2001년 -서 성벽
7차 조사 2002년 -① 산성 중앙부
                  ② 동문지 주변 저수지 : 목간 94점[37] ──ⓓ
8차 조사 2003년 -산성내 저수시설 : 목간 1점 ─────ⓔ
                  **은 모두 같은 곳

발굴은 매년 1회, 1회에 대략 2~3개월간 이루어졌다. 2003년까지

---

37) 2차보고서 본문에서는 '93'점으로, 명세에서는 '94'점으로 되어 있는데, 명세를 기준으로 94점으로 셈한다.

8차에 걸친 발굴이 이루어졌다. 이 같은 발굴을 통해서 지금까지 발견된 목간은 ⓐⓑⓒⓓⓔ 합해 123점이다. 이 가운데 ⓐⓑ는 1차보고서에서 보고되었으며, ⓒⓓ는 2차보고서에 보고되었다. ⓔ는 2003년 昌硏연보38)에서 간략히 소개되었다. 또 ⓐⓑⓒⓓⓔ 가운데 116점이 『목간도록』에서 소개되었다. 목간은 산성 내 동문지 근처 저수지에서 집중적으로 출토되었다.39) 따라서 대체적으로 일괄 유물일 공산이 짙다. 그 이상의 세세한 정보, 즉 목간의 출토지점 도면 등에 대해서는 그 정보를 알 수가 없다.

2. 기재양식

다음에 목간의 내용을 살펴보기로 하자. 2차 보고분은 모두 94점이며, 이 가운데 제첨축과 같은 것이 7점, 제첨축이 아닌 것이 87점이다. 제첨축 가운데 묵서가 있는 것은 1저이며, 제첨축이 아닌 것 중에서 묵서가 없는 것이 18점, 묵서가 있는 69점이다. 1차 보고분은 모두 27점으로 이 가운데 묵서가 있는 것은 모두 24점이다. 또 2003년

---

38) 「가. 咸安 城山山城(Ⅱ 주요 학술조사 및 연구활동, 1 가야문화권 문화유적 발굴조사)」, 『창연』年報』 7. 창연. pp.26~33. : 이미 공표된 정보에 대해 창연의 황인호 선생으로부터 다시 확인하였다.
39) 목간은 한 치의 예외 없이 모두 동문지 주변 저수지에서 출토되었다. 이 때문에 이에 대한 전면조사를 위해 昌硏에서는 2003년부터 5개년 계획을 수립하여, 상층유구부터 조사를 진행하고 있다. 아마도 3m 이하 유구바닥 조사에 즈음하여 목간의 추가출토도 기대할 수 있을지 모르겠다.

도 발굴분에서 목간 1점도 묵서가 있다. 기재양식에서 고려의 대상이 되는 것은 제첨축을 제외하고, 묵서가 있는 것 94점이다. 이들의 기재내용은 다음과 같은 패턴으로 정리할 수 있다.

a) (지명+)인명
b) (지명+)인명+上干支
c) (지명+)인명+一伐
d) (지명+)인명+一伐 +稗
e) (지명+)인명+稗류(稗·稗石·稗一·稗□)
f) (지명+)인명+麥石
g) (지명+)인명+鐵+수량
h) (지명+)인명+負

2차 공개분에서 새로 나온 패턴은 d)·f)·g)·h)이다. b)·c)의 上干支와 一伐은 신라 外位이다. 稗·麥은 곡물이다. 稗류의 뒷부분, 즉 稗+α의 α는 수량이다. f)의 麥 다음의 石도 수량이며, 鐵다음의 글자도 수량이다. 새로 나온 負는 일단 수량으로 봐둔다.[40] 그렇게 보면 성산목간의 기재양식은

가) 인명 + 물품명 + 수량　　(e·f·g)
나) 인명 + 물품명　　　　　　(d·e)
다) 인명　　　　　　　　　　　(a·b·c)

---

40) 졸고, 앞의 주3 논문, p.372.

다) 인명　　　　　　+ 수량　　　　　(h)

로 정리할 수 있다. 여기서 인명은 사람이름만 오는 경우도 있고, 그의 소속지역이 함께 표기되기도 한다. 여기서 하찰과 공반된 물품은 稗·麥·鐵과 표기되지 않은 것의 네 종류가 된다. 만약 5호(보고서 23호) 목간의 마지막 글자를 塩으로 읽고, 이것이 인명이 아니라 소금으로 본다면[41] 다섯 가지가 될 것이다.

2004년에 추가로 공개된 것 즉 2차 보고분까지 합쳐 볼 때, 성산 목간의 대부분은 여전히 하찰로 보아 무리가 없을 듯하다. 특히 다른 지방의 지명이 기재된 것은 확실한 하찰이라 할 수 있다.

3. 외형상의 특징

제첨축을 제외한 2차 보고분의 형상은 다음과 같다.

이하 목간번호는 2차보고서 번호이며, 괄호 안은 목간도록의 번호이다.
　▽ 아래에 V자홈이 들어간 것
　　3(30), 4(31), 5(32), 6(33), 7(34), 8(35), 9(36), 10(37), 12(39), 13(40), 14(41), 15(42), 16(43), 17(44), 18(45), 19(46), 20(47), 21(48), 22(49), 23(50), 41(70), 42(71), 43(72), 45(74), 49(78), 50(79), 51(80), 53(82), 62(91), 65(94), 92(63) / 87·11(38)*
　　* 11은 파손되었으나, V자홈이 들어간 것으로 판단된다.

---

41) 李成市, 앞의 주8·14 논문.

▽ 아래 구멍이 나있는 것
　1(28), 63(62)
▽ 아래가 규두형인 것
　25(53), 26(54), 27(55)
▽ 아래가 파손된 것
　2(29), 24(52), 29(57), 30(59), 31(60),3 2(61), 35(64), 36(65), 37(66), 38(67), 39(68),
　40(69), 44(73), 46(75), 47(76), 48(77), 52(81), 54(83), 55(84), 56(85), 58(87), 59(88),
　60(89), 61(90), 57(86), 63(92), 64(93), 67(96) / 85・86**

즉 홈이 있는 들어간 것이 34점, 구멍이 있는 것이 2점, 아래가 규두형인 것이 3점, 파손된 것이 30점이다. 완형인 것 37점 모두가 홈이 있거나 구멍이 있거나 규두형이다. 이는 목간과 하물을 서로 끈으로 매기 위한 것이며, 따라서 하찰(부찰)일 가능성이 크다.

2차 보고분과 관련하여 주목할 만한 것은 서로 기재내용이 같은 것이 발견되었다는 점이다.

```
1차  6(12)  「上ⓐⓑ村居利支稗    ∨ 」           17.5×1.6×0.5
2차 17(44)  「上ⓐⓑ村居利支稗    ∨ 」           15.8×2.4×0.7
                   上彡者村 波婁
1차  1(3)   「  仇利伐                    」      (23.6+α)×4.4×0.7
                   上彡者村 波婁
2차  7(34)  「  仇利伐            ∨     」        29.0×3.1×1.0
```
　　　　번호는 보고서 번호, 괄호 안 번호는 목간도록의 번호

먼저 1차 6(12)호와 2차 17(44)호는 서체가 거의 일치한다. ⓐ・ⓑ는 1자로 보아야 할지 2자로 보아야 할지 결정하기 힘들다. 2자로 보면

谷乃가 후보가 될 수 있으며, 1자로 보면 寬이 후보가 될 수 있다. 어느 쪽으로 읽든지 간에 양자는 같은 글자라고 보아 무리가 없는 듯하다.

　2차 7(34)호는 기존에 알려졌던 1차 1(3)호와 그 기재내용이 완전 일치한다. 2차 7(34)호의 波婁와 1차 1(3)호의 波婁는 서체가 동일하다. 한편 2차 7(34)호는 전체가 같은 굵기로 쓰여 있다. 크기도 다른 목간에 비해 양자가 큰 편이다. 단 2차 7(34)호는 아래가 V자홈이 들어가 있으며 완형을 보전하고 있다. 홈의 역할을 강조할 때, 이를 하찰(부찰)로 보는 것이 자연스럽다. 양자는 기재내용이 같으므로 그 용도도 같았을 것으로 보는 것이 타당하다. 한 걸음 나아가 추정해 보면, 종래 1차 1(3)호의 아래가 완형이라고 판단했던 것을 재고해 볼 필요도 있을지 모르겠다. 아래에 홈이 있었고, 그 부분이 잘려 파손되어 지금의 형태로 되었다는 추정도 가능하다. 또한 2차 40(69)호와 2차 41(70)호도 동종의 목간이었을 가능성이 있다.

　한편 이 쌍둥이 목간의 존재, 즉 같은 목간이 복수 존재하는 것을 들어 성산산성 내에서의 목간 제작과정의 산물이라 주장될 수 있을지 모른다.42) 그런데 하물의 공진 단위별로 하찰이 작성 첨부되었다고 한다면, 하찰 역시 복수여서 이상할 것이 없다. 실제로 일본 荷札에 같은 내용 혹 유사내용의 하찰이 복수 발견되는 예가 있다. 따라서 복수라는 것을 근거로 성산산성 자체에서 제작되었다고 보기는

---

42) 박종익의 新稿에서 현지제작설의 근거 가운데 하나는 바로 이들 쌍둥이 목간인 듯하다.(p.154) : 본고 제Ⅱ장 제1절 참조.

어렵다. 더욱이 추가로 공개된 목간들은 거의 대부분이 아래에 V자 홈이 들어간 것들이다. 형태상으로 보아 楊 즉 하찰 혹 부찰에 속한 다고 보아 무리가 없다.43)

4. 간지와 연월일의 미기재

기존에 알려진 24점에서 목간의 연대를 나타내는 干支나 年月日 의 표기가 없었는데, 새로 추가된 65점에 있어서도 역시 마찬가지다. 이런 점도 있고 해서 여러 견해가 제시되었다.

구체적으로 이들 목간의 연대에 관해서는, 기왕에 1차 보고분 24 점을 토대로 해서는, 빠르게는 551년보다 이르다는 견해, 560년대, 561년이 상한이 되는 6세기 중엽, 신라에 「調府」가 설치되는 584년 이 후, 진흥왕 후기에서 진평왕 전기 사이 등 몇 가지 견해가 제시되었 는데, 이들 견해 가운데 6세기를 벗어나는 의견은 없다.44)

2차 보고분과 2003년 발견분 중 석독 가능한 70점 역시 모두 그 형태 및 기재내용으로 보아 대다수가 같은 성격의 일괄목간이었을 가능성이 크다고 여겨진다. 調府설치를 기준으로 삼는 견해는 調府 가 설치되기 이전에는 收調가 기능하지 않았다고 하는 것이 그 전제

---

43) 2차 보고분을 검토한 윤재석이 중국목간의 '楊(갈)'을 설명하면서, 그 형상의 특징이 구멍이 있거나 삼각형으로 되어 있으며, 이는 끈으로 매기 위한 것이라는 점을 주목하고, 성산목간에 이러한 형상의 목간들이 楊 즉 하찰 혹 부찰에 속함을 지적한 것은 의미심장하다.(尹在碩, 「中國 의 竹·木簡」, 앞의 주2 책, p392)
44) 연구사 정리에 관해서는 졸고, 앞의 주18 논문, p.50 참조.

가 되므로 설득력이 없다. 다음으로 551년 하한설 역시 稗류를 외위로 간주하는 것을 주요 근거로 삼고 있는데, 앞서 본 바와 같이 더 이상 稗류를 관등으로 보기는 어려우므로, 이를 취하기 어렵다. 역시 제반 역사사실의 정황론에 입각하여 연대를 추정하는 방법이 타당하다.

『日本書紀』에서는 561년에 안라의 파사산에 신라가 성을 쌓고 있는 내용을 기록하고 있다. 『日本書紀』의 안라관계 기사를 고찰하면, 대체로 안라의 멸망은 555년에서 561년 사이로 잡을 수 있다. 따라서 이 시기가 상한이 된다. 더 나아가 파사산을 함안 성산산성으로 본다면, 바로 561년 그 자체가 상한이 될 것이다. 다음으로 干支의 표기법 또한 유용하다. 목간에는 上干支란 外位가 보인다. 중고기 신라 금석문을 보면 上干支에서 支가 탈락하고 上干으로 표기되게 되는 것은 대체적으로 545년에서 561년 사이로 이해된다.

다음에 목간에서는 甘文이 몇 개 지역의 중심으로서 기능하고 있는 듯한 모습을 보인다. 이와 관련지어 557년에 上州의 주치가 沙伐(지금의 상주)에서 남으로 甘文(지금의 개령)으로 이동 배치된 점이 주목된다. 557년 이후의 시기도 고려해 넣을 필요가 있다. 즉 6세기 중엽 좀더 구체적으로는 561년에서 앞뒤로 그다지 멀지 않은 시기가 성산산성 목간연대의 지표가 된다.[45] 이는 하찰에 쓰인 지명들이 신라에 복속되어 영역화한 것은 대체로 5세기 후반에서 6세기 전반이

---

[45] 이상의 사견은 앞의 주18 논문(pp.51-53)에서 이미 개진하였다. 이는 1차 보고분만을 갖고 내린 결론인데, 2차 보고분까지 시야에 넣고 고려하더라도 여전히 유효하다.

었던 것과 무관하지 않다.

　목간의 연대를 나타내는 干支나 年月日의 표기가 보이지 않는다는 점은 이들 목간이 구태여 干支 혹 年月日를 표기할 필요가 없었던 것을 의미한다. 하찰인 점을 감안하면 이들 荷札에 동반된 何物이 각 지역에서 수합되어 함안으로 보내진 것은 적어도 같은 해였다는 점을 시사한다. 즉 다른 지역에서 함안 성산산성으로 유입된 荷札들은 몇 년에 걸쳐 들어온 것이 아니라, 같은 해에 나아가서는 같은 달에 유입된 것이 아닐까 한다. 즉 성산산성으로의 何物의 유입은 어느 일정 시기에 집중적으로 이루어졌다고 볼 수 있다. 다시 말해서 561년에서 앞뒤로 그다지 떨어지지 않은 어떤 해에, 나아가서는 어떤 달에, 舊安羅지역의 접수 및 경영과 관련하여 신라가 성산산성에 집중적으로 곡물 등 물적 자원을 투입하였던 정황을 시사받는다.

Ⅳ. 전망과 과제

　2차 보고분에서는 비교적 완형의 좋은 자료들이 다량 인지됨으로써 종래 1차 보고분만으로는 단정을 유보했던 부분들이 대다수 해소되어 흐릿했던 이해가 상당히 선명해졌다. 이를테면 麥이나 鐵이 새로 확인됨으로써 종래 稗에 더하여 물품의 내역을 좀더 넓게 알 수 있게 되었으며, 쌍둥이 목간이 출현함으로써 목간의 성격을 좀더 확실히 알 수 있게 되었다. 무엇보다도 중요한 것은 확실한 규두형 목간이 3점 확인되었다는 점이다. 이를 토대로 1차 보고분 가운데 16호 목간도 규두형으로 볼 수 있을 가능성이 커졌다. 이 점은 금후 목간의 형상연구에 시사점이 크다.

또 g)의 출토는 대단히 중요하다. 구체적으로는 72호 목간 「…一伐稗」이 그것이다. 파손된 …부분은 필시 인명(혹은 지명이 포함된 인명)이 있었을 것으로 추정된다.[46] 여기서 <인명+一伐+稗類>의 사례를 얻게 되며, 이는 동시에 <인명+一伐> 양식의 목간이 <인명+一伐+공진물>에서 <공진물>이 생략된 양식의 荷札로 볼 수 있는 근거가 되기 때문이다. 그리고 이번에 새로 알려진 <負>에 관한 것인데, 이를 외위로 보기는 어려울 듯하며, 일단 소출의 단위로서 주목하고자 한다.[47] 또 앞서 특필된 제첨축의 발견은 문서행정과 관련하여 그 의미가 심대하다.

전체적으로 새로운 목간의 공개로, 다시 다량의 새로운 자료가 출토되기까지는 荷札(付札)설이 힘을 얻을 듯하다. 아울러 금후의 연구는 하찰·부찰설을 전제로 하여, 그 세부적인 분석과 역사복원 쪽으로 연구가 진전될 것으로 전망된다. 더불어 奴人의 용례가 하나 더(35호 목간) 늘어남으로써 奴人연구의 중요자료가 추가된 듯하며, 향후 이 방면 연구가 진전될 것으로 기대가 된다.[48] 아울러 성산산

---

46) 아울러 2차 44(73)호의 <…伐稗石…>는 그 앞부분이 一伐이며 인명이 나왔을 것이며, 石의 뒤는 그걸로 종료되었을 공산이 크다.
47) 앞의 주18 논문.

성 자체에서의 목간·문서제작도 당연히 시야에 넣고, 다원적인 지역간 교류의 실상을 추구해야 할 것이다.

2차 보고분 목간 중에서 주목해야 할 것은 다름 아닌 제첨축이다. 제첨축이란 두루마리의 종이문서의 가운데 부분에 꼽는 기다란 木片이다. 아래를 가늘고 얇게 길게 하고, 위쪽 머리는 대개는 직사각형의 단책형태를 갖는 것이다. 일본에서는 그 출토 예가 많았지만, 한국에서는 아직 확실한 것은 출토되지 않았었다.

제첨축에 대한 최초의 인식은 필자에 의해 이루어졌다. 백제 궁남지에서 출토된 목제품 중에 제첨축일 가능성이 있는 것을 1점 인지되기는 했는데[49], 글자가 확인된 것이 아니어서 확언할 수 있는 것은 아니었다. 금번 2차 보고분에서는 제첨축이 다음과 같이 모두 7점 보고되었다. 이 가운데 필자가 외형으로 보아 확실히 제첨축으로 판단하는 것은 88(목간도록에서는 58)호·89(목간도록에서는 114)호·92호 등 3점이다. 제첨축을 통해 6세기 중엽 종이와 나무가 병용되고 있었으며, 목간 역시 종이문서의 사용을 전제로 하여, 상호보완적 관계에서 기능하고 있었음을 알 수 있다.

254 ×殂鐵十六 V* 」× (석문정정)

---

48) 예를 들어 종래 5호를 奴人圖을 〈奴+人圖〉으로 보기는 어렵게 된 듯하며, 따라서 주인에 딸린 私奴로 보기는 힘들게 된 듯하다. 역시 봉평비에 보이는 奴人法과의 연관 속에서 풀어나가야 할 것이다. 필자는 주 3)의 논고에서 약간의 사견을 서술하였으나 구체적인 것은 별고에서 논하기로 한다.

49) 졸고, 「扶餘 宮南池出土 木簡의 年代와 性格」, 『宮南池』(국립부여문화재연구소 학술연구총서 21집), 국립부여문화재연구소, 1999.11.

[부기]
① 본고는 2004년 11월 12일 충북대학교에서 열린 호서사학회 주관 국제간독학회에서 발표한 논고다. 상기 2004년 11월 심포지움 발표직후인 12월자로 2차보고서가 출간되었다. 이를 통해 얻을 수 있게 된 성산산성 목간의 출토위치와 공반유물과의 관계 등 정보, 새로 부여된 목간번호를 반영하여 〈Ⅱ장1절 출토상황〉을 추가하였을 뿐, 논지는 물론 대부분 당시 발표문 그대로를 전제하였다. 논고의 게재를 허락해 준 학회측 및 간사 임병덕 교수(충북대학교)께 감사를 드린다.

② 2004년 11월 본고 발표 후, 성산산성 목간에 관해 이수훈(「咸安城山山城 出土 木簡의 稗石과 負」, 『지역과 역사』 15, 부경역사연구소, 2004.12)·이경섭(「咸安城山山城 出土 木簡의 패석과 부」, 『지역과 역사』 15, 부경역사연구소, 2004.12) 두 분의 논고가 발표되었다. 두 논문은 기본적으로 하찰설에 입각한 것이며 또 신분증설 내지 명적설을 부정한 것이라는 점에서 필자의 주장과 궤를 같이하고 있다. 한편 본고의 주요논지는 물론 논리전개에서 2004년 11월 발표문과 동일하며, 이 점에서 상기 두 논문 보다 필자 논고가 먼저임을 강조코자 한다. 이 두 논문은 각각 負 문제와 仇利伐 관련 목간에 대해 심화한 것이다. 필자와 약간 논을 달리한 부분에 대해서는 별고에서 구체적으로 비평할 예정이다.(2004.12.5)

[부기2] 원래 게재된 논문에서는 "이 가운데, 필자가 외형으로 보아 확실히 제첨축으로 판단하는 것은 88(목간도록에서는 58)호·89(목간도록에서는 114)호·92호 등 3점이다. 이 가운데 58호는 「利豆El」이라 읽을 수 있는 묵흔이 있었다고 한다.(주: 2차보고서 ① 394p 사진 114의 1 중앙 적외선사진. ② 109p 88호 목간석독)"고 서술하였다. 그리고 利豆村에 대한 석독은 필자가 관여하지 않은 것이었고, 공개된 목간도록의 사진을 통해서는 글자판독에 주저됨이 있었다. 그런데 2006년 하반기 공개된 3만7천화소의 고성능 적외선사진 재촬영 결과 이 부분의 문자는 확실하지 않은 것으로 잠정 결론지어졌다. 이에 이 부분을 수정해 둔다. 아울러 2007년 12월에 열린 현장설명회에서 2007년도 조사발견 목간 중에도 1점의 제첨축이 보고되었다.(2006.12.17)

성산산성 연차 발굴현황

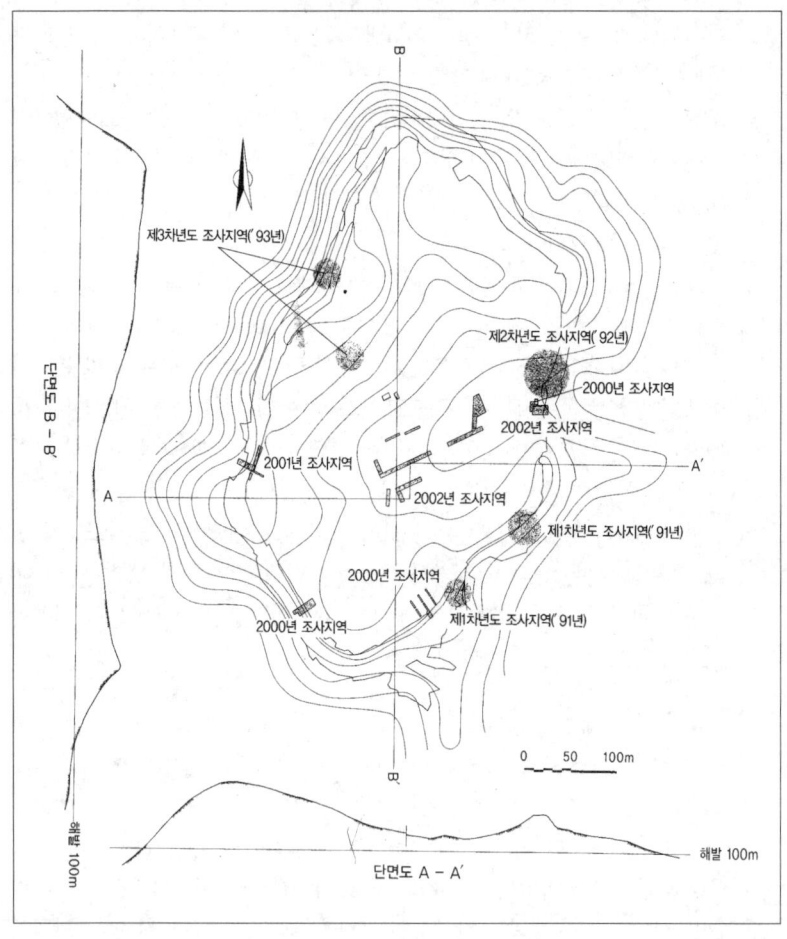

2000년도 동문지 주변 저습지 조사현황도

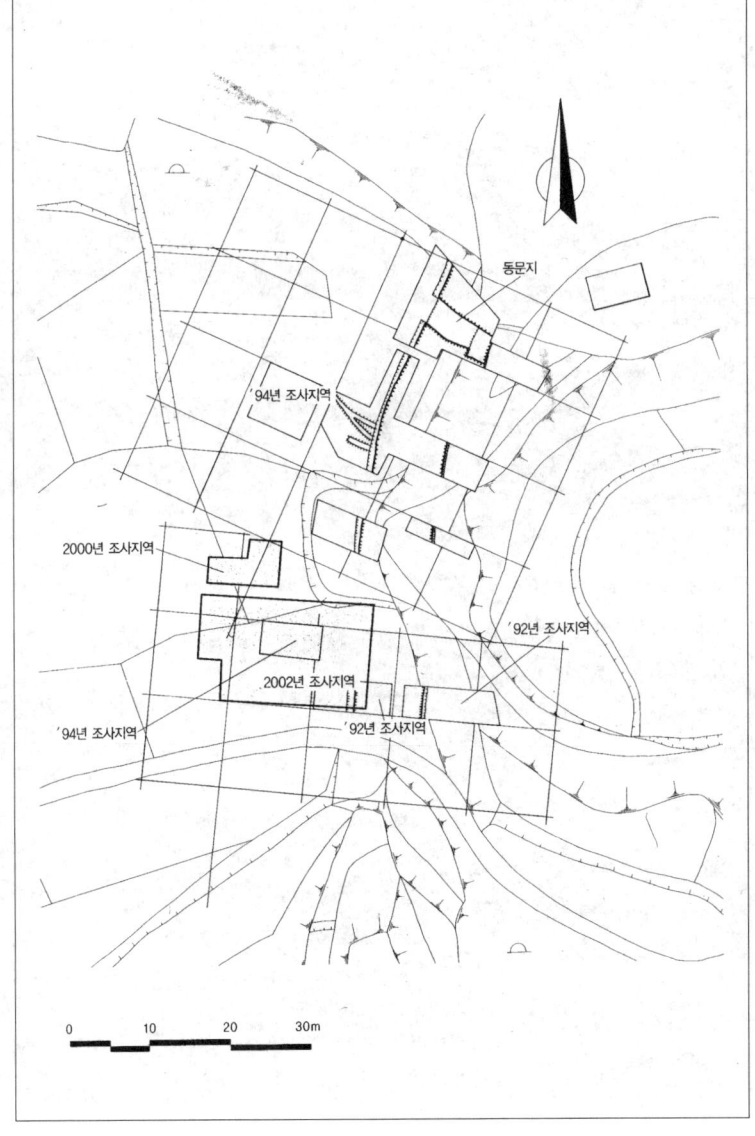

2차보고분 목간 전체(축척동일)

一伐稗 목간

2차43(목간 72)호 목간(상)과 2차44(목간 73)호 목간(하)

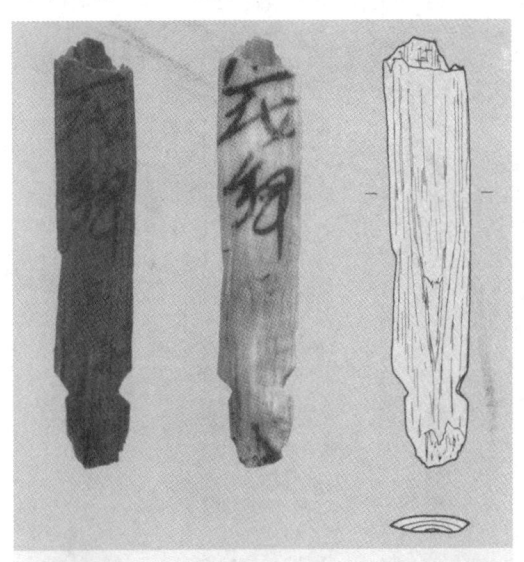

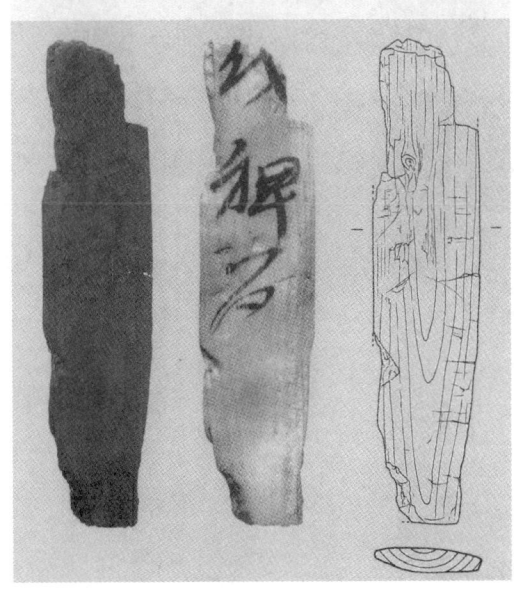

쌍둥이 목간

1차 6(12)호 목간(좌)과 2차 17(44)호 목간(우)

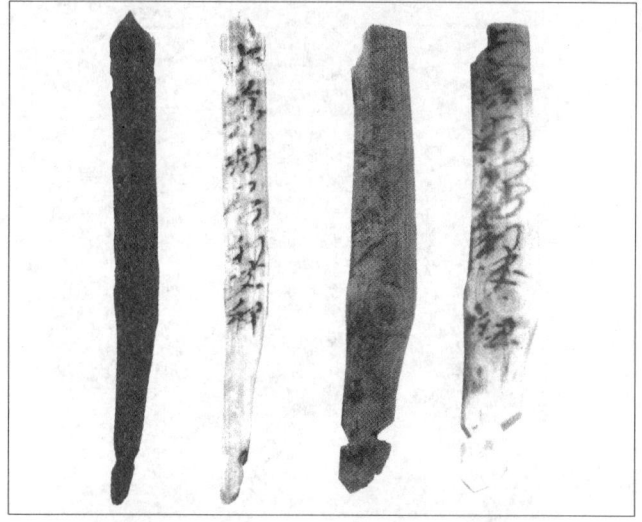

1차 1(3)호 목간(좌)과 2차 7(34)호 목간(우)

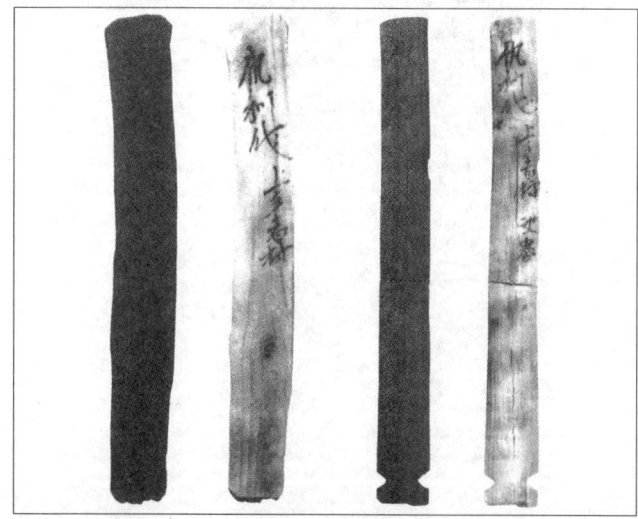

함안 성산산성 출토 목간과
6세기 신라의 지방경영

I. 서 언

경남 함안소재 성산산성은 1991년부터 국립창원문화재연구소 주관으로 발굴되고 있다. 94년 조사에서 산성의 동문터 부근의 뻘층에서 墨書木簡 약 30점이 출토되었다. 이에 대해 98년에 보고서가 출간된 이래로, 국립창원문화재연구소와 한국고대사학회의 공동기획연구를 계기로 다음과 같은 연구가 집적되었다.

가. 국립창원문화재연구소, 『咸安城山山城』(학술조사보고 5), 1998.12.
 ① 박종익, 「Ⅳ출토유물」, pp.96~106 ; 「Ⅳ고찰」, pp.179~185·186~191.
 ② 김창호, 「함안 성산산성 출토 목간에 대하여」, pp.259~266.
나. 한국고대사학회, 『한국고대사연구』19(특집〈咸安 城山山城 出土 木

簡》), 2000.9.(국제학술회의는 1999년11월 개최)
③ 박종익, 「咸安 城山山城 發掘調査와 木簡」
④ 주보돈, 「咸安 城山山城 出土木簡의 基礎的 檢討」
⑤ 李成市, 「韓國木簡연구의 현황과 咸安 城山山城 출토의 木簡」
⑥ 平川 南, 「日本古代木簡 硏究의 現況과 新視點」, 「咸安城山山城出土木簡」
⑦ 謝桂華, 「중국에서 출토된 魏晉代 이후의 漢文簡紙文書와 城山山城 출토 木簡」
⑧ 박상진, 「출토목간의 재질분석 -함안 성산산성 목간을 중심으로-」

다. 후속연구
⑨ 윤선태, 「咸安 城山山城 出土 新羅木簡의 用途」, 『眞檀學報』 88, 1999.12.
⑩ 김재홍, 「新羅 中古期 村制의 成立과 地方社會構造」, 서울대박사논문, 2001.2.
⑪ 전덕재, 「신라 中古期 結負制의 시행과 그 기능」, 『韓國古代史硏究』 21, 2001.3.

①과 ③은 발굴담당자의 소견으로, 목간 출토상황에 대해 소개하고 있다. ②는 발굴보고서의 목간관계 부분으로 이 방면연구의 단초를 열었다. ④와 ⑤는 신라 출토문자 자료를 바탕으로 한 연구이고, ⑥과 ⑦은 각각 일본과 중국의 방대한 목간 및 죽간 자료와의 비교연구이다. ⑧은 목질에 대한 분석이다. 이상의 기획연구에 영향으로 목간의 내용을 분석한 것이 ⑨이다. 이상의 연구축적 속에서 상호 이론을 불러일으키면서 크게 목간의 성격규정과 편년문제에 논란이 일어나게 되었다.

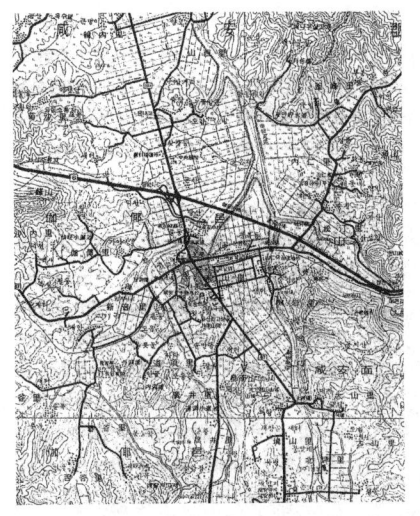

본고에서는 기존연구를 곰곰이 검토해 나가면서 논점을 좁히고, 목간의 외형과 내용을 분석하여 그 성격을 규정한다. 이를 토대로 그 간 주목되지 않았던 가야에서 신라로 옮아가는 전환기 安羅(함안)지역의 역사와, 6세기 중엽 신라의 지방경영의 프로세스를 素描하고자 한다.

II. 넘버링과 석독

기왕의 연구에서 十人十色의 목간번호가 존재하여 연구절차상 불필요한 혼선이 초래되고 있다. 아울러 보고서 본문에서 목간으로 취급한 27점 가운데 3점은 목간이라고 보기 어렵다. 따라서 논을 전개하기에 앞서 오해를 불식시키기 위해 목간번호를 정리할 필요가 있다.

이 같은 혼선은 최초 보고서에서 본문편, 목간관련 부록편과 더불어 도면·사진·적외선사진의 번호가 통일되지 못했었던 데서 기

성산산성과 목간 출토자점

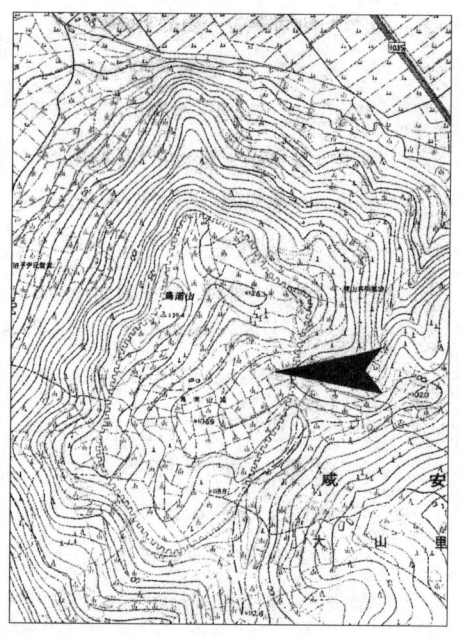

인하는 것이었다. 목간연구를 위해 성산산성 보고서를 이용함에 있어, 적외선사진의 효용성이 가장 중시된다. 게다가 적외선사진 번호가 초기 주요연구에서의 번호와 일치하여, 기존연구를 이해하는 데 있어서도 유효하다. 따라서 본고에서는 보고서의 적외선사진 번호를 기준으로 넘버링하기로 한다.([자료1] 참조)

　다음으로 목간에 대한 석독이다. 기왕 다양한 석독이 제시되었다. 적외선사진과 목간 실사에 의한 필자의 석독을 제시한다.([자료2] 참조) 아울러 외형관찰에서 25·26·27은 목간이 아닌 것으로 판단되어 고찰대상에서 제외한다.

【자료 1】

私案	적외선 사진	김창호 도록부록	주보돈	李成市	平川南	謝桂華	도록본문 박종익	박상진	윤선태
1	1	1	1	1	1	1	1	1	1
2	2	2	2	2	2	2	2	2	2
3	3	3	3	3	3	3	3	3	3
4	4	4	4	4	4	4	6	6	6
5	5	5	5	5	5	5	7	7	7
6	6	6	6	6	6	7	9	9	9
7	7	7	7	7	7	6	8	8	8
8	8	8	8	8	8	8	10	10	10
9	9	9	9	9	9	9	11	11	11
10	10	10	10	10	10	10	12	12	12
11	11	11	11	11	11	11	13	13	13
12	12	12	12	12	12	12	14	14	14
13	13	13	13	13	13	13	15	15	15
14	14	14	14	14	14	14	16	16	16
15	15	15	15	15	15	15	17	17	17
16	16	16	16	16	16	16	18	18	18
17	17	17	17	17	17	17	20	20	20
18	18	18	18	18	18	19	21	21	21
19	19	19	19	19	19	20	22	22	22
20	20	20	20	20	20	22	23	23	23
21	21	21	22	21	21	23	24	24	24
22	22	22	22	22	22	24	25	25	25
23	23	23	23	23	23	24	26	26	26
24	24	24	24	24	24	25	27	27	27
25						17	19	19	19
26							4	4	4
27							5	5	5

Ⅲ. 형식과 성격

1. 외형분류

목간의 내용분석에 앞서 먼저 外形에 대한 분류 및 분석이 중요하다. 외형 분류에 대해서는, 平川와 윤선태에 의해 이루어졌다. 전자는 목간의 하부의 형상에 주목한 것이고, 후자는 기재양식과 형태를 중시한 것이다.

윤씨는 목간을 A형·B형·기타의 3종으로 분류하는 데 특징이 있다. 더욱이 A형 목간은 각각 출신지역명과 인명이 기록된 목간이며 이를 Aa·Ab·Ac로 세분할 수 있다고 한다. 또 전부 V자홈과 구멍이 뚫린 것으로 끈으로 묶어 정리할 수 있다는 점, 목간의 제작기법·기재양식·필체로 보아 지역색이 인정된다는 점, 追記가 있는 점을 근거로 해서 목간이 함안에 보내어진 다음, 다시 재이용된 단계에 기록되었다고 판단하고, A형목간은 성산산성 축성공사와 병역에 관련해 작성된 役人의 名籍이라고 주장하였다. 또한「稗」字가 들어있는 것을 B형목간으로 규정하고, 이를 Ba·Bb·Bc로 세분한다. 이를 바탕으로 B형목간의 기재양식「지명+인명+稗一石」이 일본의 付札목간과 동일한 점을 들어 이를 付札목간으로 규정한다. 또 기타

목간형상과 분류

(축척동일)

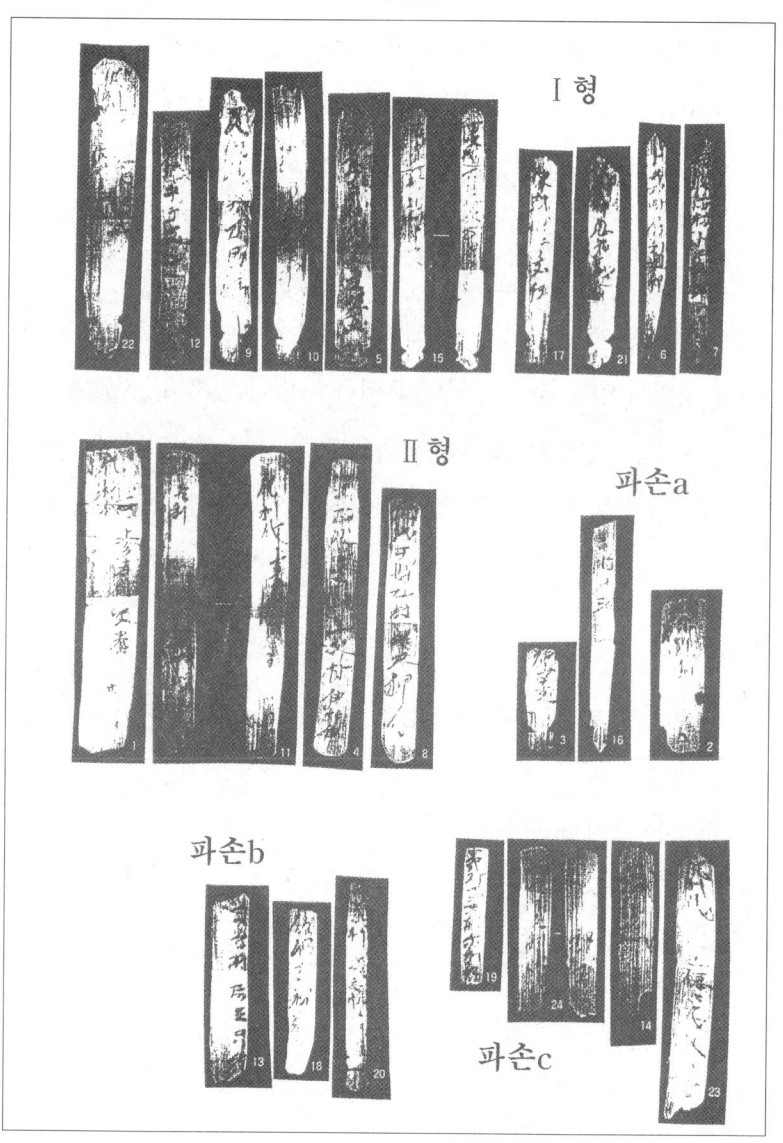

목간을 용도불명이지만 기재된 지명의 유무에 따라 C형·D형으로 분류하였다.

윤씨의 분류방법은 목간의 형태가 아니라, 그 기재내용에 의한 것이어서 분류방식에 문제가 있다. 아울러 윤씨는 B형목간을 부찰목간으로 해석했는데 A형과 기타 목간에도 부찰목간의 특징을 가진 하부에 V자홈이 들어간 목간이 있어 반드시 윤씨와 같이 3종으로 분류할 필요는 없지 않을까 한다.

한편 平川은 목간의 형상에 대해 Ⅰ하부 좌우에 홈이 파인 것, Ⅱ하부에 구멍이 있는 것, Ⅲ하부에 홈이나 구멍이 없는 것, Ⅳ缺損으로 인해 불분명한 것의 4종류로 분류하였다. 필자는 平川과 같은 형상, 즉 외형에 입각한 분류가 논리적 정합성이 있다고 본다. 이를 계승하되 일부 수정하여 다음과 같이 구분할 수 있다.

유 형	목 간 번 호
Ⅰ 하단부에 V자홈이 파여진 것	5·6·7·9·10·12·15·17·21·22
Ⅱ 短冊형인 것	
Ⅱa 하단부에 구멍이 있는 것	1·8
Ⅱb 구멍이 없는 것	4·11
Ⅲ 파손된 것	
Ⅲa 상단부만 파손된 것	2·3·16·20
Ⅲb 하단부만 파손된 것	14·19·23·24
Ⅲc 상하단부 모두 파손된 것	13·18

V : V자 홈이 파인 것 □ : 단책형인 것

목간의 길이와 넓이

○ : 구멍 있는 것, × : 파손된 것,
숫자는 목간번호

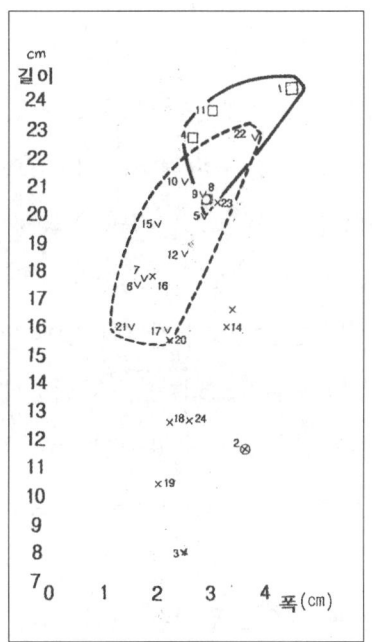

이 가운데 Ⅰ형과 Ⅱa형은 전형적인 付札이다. 전체 27점 가운데 파손되지 않은 완형 14점 가운데 12점은 付札임을 외형으로 알 수 있다. 끈으로 묶거나 끈을 관통시켜 고정하는 데 사용되는 V자홈과 구멍이 모두 상단부가 아닌 하단부에 있는 것이 특징적이다. 한편 상단부 파손되어 하단부가 온존되고 있는 Ⅲa류의 4점 가운데 2점(3·20호)은 하단부가 V자홈이 양쪽으로 파여 있고, 1점(2호)은 구멍이 확인된다. 각기 Ⅰ형과 Ⅱa형일 공산이 있다.

2. 기재양식과 성격

먼저 Ⅰ형은 그 내용으로 보아서는,

지명 + 인명 + 〈稗〉群(稗·稗一·稗石)   6·7·9·10·12·17
지명 + 인명   5·21·22

의 패턴으로 대별할 수 있다. 다음 Ⅱ형도 내용상으로는,

지명 + 인명 + 〈稗〉群   8
지명 + 인명   1·4·11

의 패턴으로 나뉜다.

　〈稗〉군에 대해서는 관위로 보는 견해(김창호·주보돈)와 곡물, 즉 피(稗)로 보는 견해(平川·李成市)가 팽팽히 맞서고 있다. 결론을 먼저 이야기하자면 필자는 후자가 옳다고 본다. 전자의 견해는 21·22호 목간의 〈지명+인명+관위(一伐)〉 패턴을 중시하고, 〈지명+인명+稗군〉도 이에 속하며, 稗군 역시 관위에 속한다고 보는 견해이다. 구체적으로 稗一이 彼日의 異稱이라고 한다. 그런데 이미 지적된 바와 같이 稗石과 彼日간에 음의 유사성을 찾기란 쉽지 않다. 또한 관위로서 稗·稗一·稗石 사이의 상호관계가 불분명하다. 역시 書體연구에 기반하여 「稗石」이 稗一石이요, 「稗一」은 稗一石의 축약형이라고 보는 견해(平川)가 설득력이 있다고 판단된다. 「稗」는 아마도 一石이라는 수량이 생략된 형태로 보인다. 즉 〈稗〉群으로 끝나는 목간은

　　지명 + 인명 + 稗一石(혹은 稗一·稗)

의 패턴이라고 정리할 수 있으며, 이는 전형적인 貢進物 荷札의 기재양식이기도 하다. 기재내용이 〈稗〉群으로 종결되는 목간은 예외없이 하단부가 좌우 양측면에 V자형홈이 파였거나 구멍이 뚫려 있다는 점은 주목할 필요가 있다. 이 점은 목간전체의 성격을 규정하는데 대단히 중요하다.

　기재가 〈稗〉群으로 종결되지 않는 목간들은

單數의 인명   15(이상 Ⅰ형), 1, 4(이상 Ⅱ형)
複數의 인명   5, 22(이상 Ⅰ형), 11(이상 Ⅱ형)

으로 나눌 수 있다. 이들 목간의 성격에 대해서는, 신분증으로 보는 견해(박종익), 名籍으로 보는 견해(주보돈·윤선태)와 부찰로 보는 견해(平川·李成市)로 갈리고 있다.

신분증설을 인정한다고 할 때 22호 목간의 경우는 길이가 22.8cm, 무게 48g으로 동반 여타 다른 목간에 비해 갑절 길거나, 그 무게가 거의 배에 육박하며, 게다가 홈이 아래 있어서 남에게 보여주는 데는 지극히 불편하다는 점을 경시할 수 없다.

명적설은 함안이 아닌 각 지역에서 성산산성의 축성공사나 병역과 관련하여 차출된 사람들, 役人의 명적이라는 주장이다. 명적이라는 것은 호적과 관계되는 것으로 관리에 의해 집중적으로 작성되었을 것이므로 좀더 규격성이 있어야 할 것이다. 따라서 필자는 付札설이 타당하다고 본다. 중국의 尼雅출토의 晋簡이나, 다음에 열거하는 일본의 공진물 부찰은 좋은 비교의 예가 된다.

静岡縣 神明原·元宮川유적
  1 「他田里戶主宇刀マ眞酒」 (他田里의 戶主인 宇刀マ眞酒)   110×17×4.5
                                    静岡縣御殿·二之宮유적
  1 「大郷 小長谷マ宮□ ○ 」 (大郷의 小長谷マ宮□)   168×32×3
                                    平城京목간
  211 ·「∨ 若狹國遠敷郡 多比鮓壹郡 ∨」
      ·「∨ 秦人大山   ∨」   130×26×5

飛鳥京跡목간

12 ・「∨ 白髪マ五十戸」
 ・「∨ 鍬十口   」   157×26×4

각각 단책형과 V자홈이 파인 형태로 <지명+인명>과 <집단명>의 기재양식을 보인다. 앞에서 본 성산산성 목간의 단수 혹 복수의 인명 열거형은 바로 이러한 기재양식과 일치한다고 보이며, 부찰설의 방증이 된다. 요컨대 성산산성 목간의 ⅠⅡ형은 공진물의 부찰, 즉 하찰로 보아 무방하다.

이상의 결론은 완형이 아닌 목간들에 대한 추정판단에 응용될 수 있다. 23·24·18호 목간은 하단부나 상단부가 파손되기는 하였지만, 남은 글자로 보건대 <지명+인명+공진물>의 양식을 갖는 것으로 보이므로 하찰로 보인다. 결국 일괄유물로 보이는 성산산성 목간군은 대체로 하찰로 볼 수 있다.

Ⅳ. 연 대

지금까지 함안 산성목간에 연대는 세부적으로 몇 가지설이 있다. 박종익은 성산산성이 신라식임과 신라가 안라에 축성하는 것이 561년임을 중시하여, 그 상한을 561년으로 보았다.

김창호는 551년 이후 금석문에서 관위 稗石(=彼日)이 보이지 않는 점을 들어, 551년을 하한으로 삼고 있다.

주보돈은 안라의 신라편입과 「干支」라는 표기 및 서체의 특징을 바탕으로 560년대로 보고 570년을 벗어나지 않을 것으로 보았다.

李成市는 상한을 561년으로 보고, 서체와 「奴人」 등 用字를 근거로 6세기 중엽경으로 보았다.

윤선태는 모든 지역에 대한 일원적인 수취체제가 시행되는 것은 진평왕 6년(584) 「調府」가 설치되고 난 후로 보고, 목간연대를 6세기 후반으로 추정하였다.

역시 상한을 잡는데 있어서 신라가 함안 즉 안라를 수중에 넣는 555년 이후 561년의 사이가 상한이 될 것이다. 6세기 3사분기로 보아 대과가 없을 것이다.

V. 전환기의 안라 : 加耶에서 新羅로

1. 나제동맹의 와해와 안라의 멸망

550년(성왕 28년)에 백제는 고구려의 道薩城(천안)을 공격하였다. 또 고구려는 백제의 金峴城(안의)을 함락시킴으로써 고구려와 백제의 대결이 이루어진다. 신라는 양국의 피폐를 틈타 2성을 빼앗아 증축하고 수비병을 두었다. 이로써 양국의 동맹은 금이 가기 시작하였다. 551년(『日本書紀』 欽明 12년 是年조)에 백제 聖王은 백제·신라와 임나, 즉 가야의 병사를 거느리고 고구려를 공격하였다. 552년 백제가 한성과 평양을 버리자, 신라가 한성에 들어갔다. 553년(진흥왕 14년 7월조) 백제의 동북변경을 빼앗아 신주를 설치하고 아찬 무력을 군주로 삼고, 10군을 빼앗았다. 드디어 백제가 신라의 이러한 자세에 격노하여 신라를 공격하게 되기에 이른다. 554년(『삼국사기』 진흥왕 15년) 나·제 양국간에 관산성 전투가 발발하고 이로써 양국간의 동맹시대는 완전히 막을 내리게 된다. 바로 그 이듬해인 555년에 신라 진흥왕은 比子伐(창녕)에 巡幸한다. 드디어 561년 신라가 안라의 파사산에 축성하고 그 이듬해인 562년 대가야를 멸망시킨다. 요컨대 안라는 555년 이후 561년 사이에 신라의 손아귀에 들어갔다고 할 수 있다.

2. 신라로 편입 후의 안라

591년에 세워진 남산 新城碑에 <阿良>이 등장한다. 阿良 즉 安羅는 村 등으로 편제되어, 신라의 부역체계에 편성되어 있었다. 즉 안라의 旱岐들 재지수장들이 이제는 신라의 <村主> 등으로 변신하여 있었다. 이로 미루어 그 바로 앞 시기인 560년~570년대는 신라로 내응하여 망명한 안라 출신의 移那斯와 麻都 등이 신라에 우대를 받으면서 안라편입 직후 안라지배에 관여했을 가능성도 점칠 수 있다.

또한 안라의 파사산은 신라의 안라경영의 중심이 되었을 것이다. 안라점거와 동시에 신라는 荷山(즉 대가야, 加羅)방면도 공격하여 1년 뒤인 562년에는 가야 전역을 손에 넣게 된다. 이후 안라는 가야경영의 중요한 거점이 되었을 것으로 보아진다.

군대 주둔에 이어 파사산(巴山) 축성이 뒤따르고, 군사의 주둔과 더불어 군량조달을 비롯한 보급이 중요한 문제였을 것이다. 현지조달을 상정할 수 있는데, 전시의 긴장상태 등이나 淸野作戰 등으로 인한 피폐로 그것이 안정적이지 못했을 경우, 혹 군사집중 및 축성사업 등으로 인원이 밀집되고 식량에 대한 수요가 현지조달의 수준을 넘어설 경우에는 중앙에서의 지급이 필요했을 것이다.

성산산성 출토목간에 등장하는 지명들은 주로 경북 내륙지역이어서 함안에서는 비교적 장거리에 속하지만, 예외 없이 낙동강 수계에 연결되어 있다는 점은 주목할 필요가 있다.(윤선태) 이들 지역간의 사람과 물자의 이동은 이와 같은 낙동강 수로교통을 통해 이루어졌던 것으로 보인다. 이에 신라 중앙정권은 지방에서 중앙으로의 공진물을 수요에 따라 왕경을 거치지 않고 필요로 하는 지역으로 직접 운송하도록 하였던 것이다. 성산산성 목간에서 보이는 경북 내륙지역에서 함안으로의 운송은 낙동강 하류를 타는 매우 기능적인 것이었다고 보이며 공납 운반 코스트면 절감의 효과를 가져왔던 것으로 보인다.

신라는 530년을 전후로 한 시기에 남가라(김해 등)를 접수함으로써 김해 근방의 낙동강하류를 수중에 넣었으며, 544년에는 함안과 창녕 사이의 낙동강을 사이에 두고 안나와 대치하는 국면에 있었다.(『日本書紀』 欽明 5년(544) 11월조의 백제 聖王의 언급) 주지하는 바와 같이 낙동강은 고래로 가야제국과 밀접한 관련이 있었다. 즉 561년 신라의 안나 점령은 락동강 수계의 완전 확보 및 그 독점적이자 안정적 이용망의 완성이라는 면에서 중대한 의미를 갖는다. 더불어 南江수계로의 진출의 교두보 구축의 효과도 가져왔다. 이로써 이미 부분적 불통을 보이던 가야제국간의 낙동강 수계 활용은 완전 봉쇄되게 되는데, 바로 이듬해인 562년 가라(대가야·고령)를 비롯한 잔여 가야세력의 완전 붕괴는 이와 무관하지 않을 것이다.

신라는 왕도 경주의 앞면에 흐르는 낙동강이란 수운을 유효적절하게 운용하여, 공납의 수수와 분배를 진행시켰다. 5세기 후반에 통신과 주요도로를 정비하였다고 전하는데, 그 상세한 실상을 알기는 어려우나, 경주를 중심으로 지방으로 연결되는 방사형의 매우 정비된 도로망이 완비되어 있었다고 보기는 어려울 듯하며, 이 같은 낙동강 수로와 관련된 정비였다는 시각이 가능하다. 전근대 도로망 개설은 주로 하천을 이용하여 이루어지며, 하천 그 자체가 水運으로서 주요한 기능을 점하였다. 안라는 6세기 중엽 전환기 가야제국에 있어 가야제국의 외교를 좌우하며 제국 내에서 주도적인 위치에 있었다. 561년 신라가 안라를 수중에 넣은 뒤에 축성하고, 낙동강 수계를 이용하여 甘文州를 비롯한 경북 북부지역의 물자를 동원하는 등 역점을 기울이고 있었음은 이를 배경으로 한다. 이러한 6세기 3사분기의 국면은 4사분기에 이르게 되면, 안라도 여느 지방과 같이 왕도

경주에 力役에 동원되는 단계로 전개되게 된다.(남산 新城碑 제1비)

VI. 6세기 중엽 신라의 지방경영과 낙동강

1. 부세와 공진

성산산성 목간에서 부세와 관련하여 공진물 내역이 명기된 것은 크게 2 혹 3가지이다.

- ○ 稗   稗石(피 1석)   7·8
         稗一(피 1)   12
         稗(피)   6·9·10·17
- ○ 稗麥   18
- ○ 鹽   23

「仇利伐」이 들어가는 1·11·22·23호 목간 4점은 서체가 혹사하여 같은 이가 혹은 같은 곳에서 기재되었을 것으로 보인다. 1과 11은 기재양식이 같다. 먼저 목간에 상단에 한가운데에 「仇利伐」을 기재하고, 다음에 목간의 우반부에 「上彡者村」을 기재해 둔 것이다. 1과 11에 대해 「上彡者村」의 상급 행정구역 혹 촌인 「仇利伐」과 하급의 그것인「上彡者村」을 구분하기 위해, 絑처럼 하급의「上彡者村」을 비스듬히 기록하였다고 보는 견해가 개진되었다.(김창호·주보돈)

그런데 1과 11에서 인명이 追記異筆인 점과, 22에 상단의「仇利伐」 아래 中段이 2行인 점으로 미루어 보아, 1과 11은 애당초 기록할 때부터, 追記 시에 복수인 아마도 2행 즉 2인을 기재할 것을 전제로 한 書法이라고 할 수 있다. 그것은 1·11과 22 목간의 폭이 각각 4.4·3.0과 3.8(이상)㎝로 다른 1열의 목간보다 폭이 넓은 점에서도 말할 수 있다.

그에 비해 23은 같은「仇利伐」목간임에도 불구하고 1열로 되어 있다. 그것은 1·11이나 22와는 달리 애초부터 1열의 1인에 대한 기재를 의도하여 제작된 것으로 볼 수 있다.「奴人鹽」에 대해서는 <奴人+鹽(인명)>이나 <奴+人鹽(인명)>으로 읽고, 앞에 나오는「一伐」소지자의 예속민 곧 私奴로 생각하는 견해가 있다.(윤선태) 그런데 위에서 <仇利伐> 목간의 기재양식에 입각한다면,「奴人鹽」부분에「一伐」소지자 이외에 또 다른 인물이 오는 것은 무리이고, 응당 공진물에 해당해야 할 것이다. 그 경우「奴人」은「鹽」의 수식어가 될 것이다. 소금은 동아시아 고대사회에서 철과 함께 주요품목으로 조나 용의 대상이 되었는데, 6세기 신라에서도 공진물의 대상에 포함되어 있었음을 확인할 수 있다.

稗麥은 稗와 麥인지 稗麥라는 것인지 알기 어렵다. 稗나 稗一이 稗一石의 생략형이라고 볼 경우 稗 1석이 신라가 民 개인별로 징수한 균일액이었음을 알 수 있다. 다만 개인별로 稗 1석만을 납부하는 것인지, 稗 1석이 전체 납부곡물 중 일부였는지는 자료의 증가를 기다려야 할 것이다. 다만 丁男보다는 家戶를 대표하는 戶主일 가능성이 크다.(전덕재) 稗에 대해서는 말먹이라는 주장도 있으나(윤선태) 따르기 어렵다.

공진자의 신분을 보면 稗나 稗麥의 경우는 모두 관위를 갖지 않은 자들인 반면 鹽의 경우는 「一伐」이란 외위소지자이다. 주지하는 바와 같이 「一伐」은 외위 가운데 제8위로서 非干群 가운데는 가장 높다. 요컨대 6세기 중엽 신라 부세체제에 있어 신분에 따라 공진물의 내용에 차이가 있었음을 시사하는 대목이다.

2. 「甘文」과 창녕비의 〈四方軍主〉

성산산성 목간에 등장하는 지명은 다음과 같다.

甘文本波□村旦利村(4), 王私烏多(5), 上吟乃村(6), 烏欣彌村(7), 仇伐干好女村(8), □(及)伐城(9), 竹尸□(12), □前谷村(13), 甘文城下幾甘文本波□□□村(15), 陳城(17), □□家村(20), 大村(21), 屈仇□□村(24)(괄호 안은 목간번호)

하나의 지명이 등장하는 경우는 5·6·7·9·12·17·21, 복수의 지명이 등장하는 경우는 4·8·15이며, 13·20·24은 단수인지 복수인지 불확실하다. 이들은 또 〈모촌〉인 것(4·6·7·8·13·20·21·24), 〈모성〉인 것(9·17), 〈모성+모촌〉인 것(15)으로 되어 있다. 그 가운데 8은 村뿐인지 아닌지 확실하지 않은데, 仇伐干好女村(8)은 仇伐의 干好女村

로 보아 仇伐가 상급행정구역으로 <仇伐城>이 아니었을까 한다. 4·15는 복잡하다. 먼저 「甘文本波□村且利村伊竹伊」(4)는 甘文本波□村·且利村가 되어서 적어도 촌이 2개가 존재한다.

15호 목간에서 甘文城下幾甘文本波□□□村이 지명인데, 村이 앞의 몇 자까지 걸리는지는 불확실하다. 4·15 공히 「甘文本波」가 보인다. 이에 대해서는 <甘文城의 下幾·甘文·本波□□□村>으로 읽어 상위의 甘文城이 있고 그 예하에 下幾와 甘文과 本波□□□村이 있다고 보는 견해(주보돈·김재홍), 또 <甘文城의 下幾, 甘文의 本波□□□村>로 읽어 甘文·本波는 甘文城·本波에서 城이 생략된 것으로 보는 견해(윤선태)로 나뉜다. 어느 쪽이 옳은지 결정적인 논거는 아직 없어보이므로 관련자료 증가될 때까지 판단을 유보한다.

그런데 어느 쪽으로 보든지 下幾와 本波 등이 甘文의 예하임에는 변함이 없는데, 이점은 대단히 중요하다. 여기서 甘文의 동향과 더불어 『삼국사기』의 관련기사에 따르면, 557년에 甘文州가 두어졌으며, 이는 沙伐州의 폐지에 이은 조치로 바로 上州의 移置였던 것을 알 수 있다. 이미 561년에 신라 진흥왕은 창녕에 碑를 세운다. 碑에는 「四方軍主」가 보이는데, 이것은 漢城(서울)·碑利城(강원 안변)·比斯伐(경남 창녕)·甘文(경북 김천시 개령면)의 4개의 거점에 설치된 軍主였다. 이는 『삼국사기』에 보이는 北漢山州·比列忽州·完山州(下州)·甘文州(上州)에 각각 대응한다. 신라는 555년에 완산주를, 556년에 비열홀주를, 557년에는 한산주를 설치하였다. 즉 555년에서 557년 사이에 <四方軍主>와 관련된 州가 설치되었는데, 즉 甘文은 바로 당시 신라의 지방경영에 있어 4대 거점 중 하나였던 것이다. 甘文州는 一善州가 두어지는 614년까지 존속한다.

위에 쓴 本波(경북 성주)・下幾(경북 예천)는 바로 그 甘文州(경북 김천시 개령면)의 예하에 있었던 것과 잘 어울린다. 이 점에서 557년은 목간의 연대에 있어 하나의 상한의 지표가 될 것이며, 이는 앞서의 연대추정과 모순되지 않는다.

3. 인・물의 수송과 낙동강

성산산성 목간에 등장하는 지명 가운데 仇伐이 경북 안동, 及伐이 경북 영주, 下幾는 경북 예천, 甘文은 경북 김천, 本波는 경북 성주로 비정된다. 이들은 모두 함안과는 원격지이나 예외 없이 낙동강 중상류의 수계 상에 위치하고 있다.(주보돈・윤선태) 함안 역시 낙동강의 중하류 수계 상에 위치하고 있어 이들 지역과 함안은 낙동강 수로를 이용하여 연결되는 관계에 있다.

신라는 591년에 경주 南山新城을 축조하였으며, 이와 관련하여 축성비가 9점 남아 있다. 지방의 인력을 동원하여 왕경의 축성작업에 임하게 하였는데, 동원된 지방을 추적해 보면, 제1비에서는 阿良(경남 함안)・柒吐(경남 의령) 등 주로 경남 함안 부근지역이, 제2비에서는 阿大兮(충북 옥천)・答大支(경북 상주)・沙刀(경북 상주)와 仇利城 등 경북 북부지역이 보인다. 이들 지역도 낙동강 수계를 통해 왕경 경주

낙동강을 위시한 수로를 통한 신라의 교통개념도

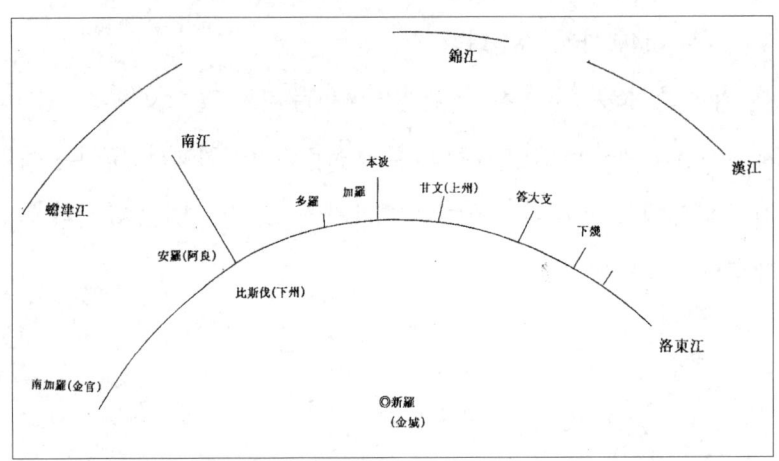

와 연결됨에 주목할 필요가 있다. 즉 6세기 신라의 지방경영은 낙동강수계를 중심으로 한 교통 속에서 진행되고 있었음을 알 수 있다. 6세기 신라의 지방조직은 이와 밀접한 관련이 있다.

管山城전투에서 백제를 제압하고, 안라를 비롯한 가야제국을 수중에 넣는 562년 이후 신라는 낙동강을 상류에서 하류에 걸쳐 완전히 제어할 수 있게 되었다. 이로써 중고기 신라는 僻地라는 입지적 환경을 극복하고, 원격지로부터의 人·物의 통제와 운용을 遠隔調停할 수 있는 環象의 기간외곽교통망을 구비하게 되었으며, 이것이 신라의 중앙재정운용은 물론 지방경영에 효율화를 기하는 기폭제가 되었던 것으로 보인다.

제4편
신라목간과 규격

□쉼터

신라목간의 형상과 규격

I. 머리말

　　1975년 신라의 王京이었던 경주지역의 안압지[月池]에서 목간이 출토된 이래로 올해로 만 30년이 되었다. 그간의 출토 및 연구상황의 소개에 대해서는 수편의 논문에서 언급되어 있으므로 본고에서는 생략한다. 그 후 국립창원문화재연구소(이하 '창연'으로 약칭)에서 『한국의 고대목간』(이하 『사진집』으로 약칭)이 간행되었다. 지금까지 출토된 거의 모든 목간이 컬러사진과 적외선사진으로 공개되었다.[1] 사진집 간행을 위해 진력한 창연 및 와세다대학 관계자의 공적은 연구사상에 오래 기억될 것이다. 이것을 계기로 연구 환경이 일신되어 앞으로의 이 방면의 연구에 사진집이 기여하는 바가 지대할 것이다.

---

1) 특히 『창연도록』이 발행되었을 때 정식보고서가 간행되지 않았던 함안산성 제2차 공개분 89점의 목간, 경주 월성해자 목간, 부여 관북리 목간, 부여 능산리 목간 등이 일거에 공개되었다. 이것들은 학계에 처음으로 사진 공개되었다는 점에서 대단히 파격적인 것이다.

본고도 사진집을 기본 분석자료로 하여 신라목간의 형상과 규격면에 주목하여 검토하고자 한다.

II. 신라목간의 연대와 분포

우선 신라목간의 시기에 대하여 검토한다. 『사진집』에 게재된 신라목간의 내역은 다음과 같다.

함안 성산산성(1~116: 번호는 『사진집』의 번호) 116점
하남 이성산성(117~146) 30점
금해 봉황동(147) 1점
경주 월성해자(148~181) 34점
경주 안압지(月池)(182~278) 96점
경주 국립경주박물관미술관 부지(279, 280) 2점
경주 황남동 376번지(281·282) 2점
익산 미륵사지(318·319) 2점

창연의 집계에 따르면 신라의 목간은 전부 282점이다.
성산산성은 안라국의 중심산성이며, 신라가 이 지역을 접수하여 경영할 때 중심근거로서 활용한 것으로 보인다. 산성의 동문터에서

출토된 이 목간들은 대부분이 일괄목간으로 6세기 중엽의 것으로 보는 의견이 대세를 차지한다. 이성산성은 삼국시대 후기에서 통일신라시대 전반에 걸쳐 신라의 산성으로서 삼국간의 항쟁 및 지역경영상의 군사거점이었다. 목간이 출토된 저수지유적은 제1차 저수지가 6세기 중엽 제2차 저수지가 7세기 후반에서 8세기 초를 중심시대로 하고 있다. 목간의 연대범위는 대략 그것에 상당하는 것으로 보이며, 특히 '戊辰年' 묵서목간은 608년으로 특정되어 있다.

금해 봉황동에서는 『논어』 公冶長篇의 일부를 쓴 봉형 목간이 1점 출토되었다. 그 구체상은 정식보고서가 아직 나오지 않아 분명하지 않지만 '小京' 김해에 국학이 설치되어 문자습득이 지방사회에도 체계화되어 있던 통일신라시대의 산물인 것으로 보인다. 경주 월성 해자는 그 발굴보고서가 머지않아 간행될 예정인데, 해자 자체는 5세기 말을 상한, 7세기를 하한으로 한다.[2] 목간을 일괄적으로 편년하는 것은 어렵지만, 대략 6~7세기의 것으로 보인다.

경주 안압지[月池]는 신라가 삼국을 통일한 직후에 조성된 신라 궁원지이며, 통일신라시대의 유적이다. 여기에서 출토된 목간에는 연화와 간지가 보이고, 목간의 중심연대는 대략 8세기 후반기로 보인다.

국립경주박물관미술관을 신축하기 위한 발굴조사에서 통일신라시대의 도로유구와 함께 석조우물 안에서 목간 4점이 출토되었으며,

---

[2] 월성해자 遺構의 연대는 최근의 발굴담당 및 보고서 집필담당자에게 문의한바 4세기에서 7세기에 걸친 것이라는 대답을 들었다.

경주 월성 동북쪽에 있는 황남동 376번지의 개인소유지에서 목간 2점이 출토되었다. 한편 익산 미륵사적에서도 통일신라시대 초기에 조성된 西池 내부의 泥土層에서 목간 2점이 수집되었다. 이들 미술관 부지·황남동·미륵사적 출토목간은 모두 통일신라시대의 것으로 보인다.

이와 같이 지금까지 알려진 신라목간은 6세기에서 9세기 말에 걸친 것이다. 6세기를 상한으로 하는 월성해자의 목간에서 6세기 중반 것인 성산산성, 7세기 초에서 8세기 초에 걸친 이성산성, 통일신라 초인 7세기 중반의 미륵사적, 8세기 후반기의 안압지, 통일신라시대의 미술관 부지·황남동 목간이 있다.

신라목간은 출토지를 기준으로 王京의 것과 지방의 것으로 구분할 수가 있다. 왕경의 것은 대부분 월성을 중심으로 한 왕경 중심부에 집중되어 있다. 지방의 경우는 하남·김해·익산·함안에서 발견되었다. 하남이나 함안은 지방경영이나 방어의 근거지인 산성에서 출토되었으며 익산에서는 사원터에서, 김해에서는 묘지 遺構에서 출토되었다.

구체적인 출토조건으로는 황남동은 수혈의 바닥에서, 경주박물관 미술관 부지의 것은 우물에서, 안압지는 인공연목에서, 월성해자는 호에서, 이성산성은 저수지에서, 성산산성에서는 성내의 가장 저지대인 동문터 아래의 습지에서, 익산에서는 연못에서 출토되었다. 역시 예외 없이 수중이나 습지가 많은 곳에서 출토되고 있다.

다음으로 유적별 목간 형상에 대해 검토하고자 한다.

<표1> 신라목간의 연대

		6세기			7세기			8세기			9세기			10세기
		초	중	후	초	중	후	초	중	후	초	중	후	초
王京	月城垓字	●	●	●	●	●								
	미술관 부지							●	●	●	●	●	●	●
	안압지(月池)							●	●	●	●	●	●	●
	황남동							●	●	●	●	●	●	●
지방	함안 성산산성			●										
	하남 이성산성				●	●	●							
	익산 미륵사지					●								

III. 안압지 목간의 형상과 규격

안압지 목간은 연못의 동북護岸과 서북호안을 중심으로 폭넓은 지점에서 출토되었다. 목간은 그 형상에 따라 크게 V자로 파인 것, 구멍이 뚫린 것, 板狀인 것 즉 홀형, 그리고 단면이 3각이거나 6각인 막대형 즉 이른바 觚로 나뉜다.

먼저 墨痕이 보이지 않는 243호에서 278호는 일단 기본 검토대상에서 제외한다.[3] 따라서 182호부터 242호가 검토대상이 된다. 230·231·232·238·239·240·241·242는 木簡片으로 보이며, 목간의 형체

---

3) 본고에서는 편의상 『창연도록』의 목간번호를 그대로 사용한다. 각각의 보고서의 목간번호에 따르는 것이 원칙일 것이다.

를 논하는 자료로서는 부적당하다. 233·235·236도 목간편인데, 역시 목간의 형상을 논하는 데에 부적당한데, 문자가 극히 작은 점이 주목된다. 문자의 가로가 0.3~0.9cm, 세로가 0.5~0.9cm여서 매우 가는 붓을 쓴 것으로 보인다. 이 목간의 폭은 1.1~1.2cm이다.

일부 파손된 것은 184·187·190·191·192·197·199·200·204·205·207·208·209·214·215·216·217·218·219·221·222·223·224·225·226·227의 26점이다. 이 가운데 205은 막대형이며, 218은 上部에 V字가 파여 있으며, 209·215·216·222는 상부가 V자로 파여 있었을 가능성이 있다. 그리고 223은 그 형상과 문자의 형태로 보아 199 하단부의 일부가 아닐까 한다. 200은 상면에 구멍이 뚫려 있다.

다음 파손되지 않은 完形인 것은 20점이 확인된다. 이 가운데 파임형은 15점이며, 홈형이 3점, 막대형이 3점 보인다. 즉 대개 완형인 것은 전체 안압지 목간 가운데 파임형인 것이 많다. 파임형 중 위쪽이 파인 것이 183·185·188·189·193·194·195·196·202·210·211·212·213·220인데, 203만이 상하 양쪽이 파여 있다. 한편 파손된 것 가운데 파손되지 않은 쪽이 파인 것이 9점이다. 여기에는 파임형인 동시에 막대형인 것은 183과 229를 여기에 추가할 수도 있다. 板形狀인 것 즉 홈형인 것으로는 186·201·206의 3점이 있다.

이른바 觚로 불리는 막대형 목간으로는 182와 198의 2점이 있다. 이 가운데 182는 4면체이며 그 가운데 3면에 문자가 확인된다. 198은 2면이다. 229는 막대형이면서 아래에 끈을 묶는 파임이 있다. 4면 가운데 3면에 墨痕이 확인된다. 파손된 것 가운데 183과 205는 각각 4면체와 6면체이며, 墨痕이 확인되므로 막대형은 모두 5점이 된다. 막대형 가운데 183과 229는 상하단에 파임이 있어 파임형으로도 분류할 수 있다.

이들 完形木簡은 폭과 길이 및 쓰인 글자의 크기에 의해 대형·중형·소형의 세 가지로 나뉜다. 우선 소형은 폭이 1.5cm 이내, 문자 크기가 1.0×1.0cm를 넘지 않는 것이다. 213·220·229가 그것이다. 그러한 기준으로 보면 파손품 가운데 221·233·234·235·236도 여기에 포함될 것이다. 다음 길이가 30cm를 넘고, 폭도 4cm를 넘는 대형의 것이다. 202·203이 그것이다. 파손된 것 가운데 199·198·187·184도 여기에 포함된다. 이러한 소형과 대형의 중간의 것이 중형이다.

막대형 4점 가운데 229는 소형이며, 198은 대형이다. 이에 비해 182와 205는 각각 4면체와 6면체인데, 직경이 약 3cm로 대개 같으며, 문자의 크기도 비슷하다. 228은 매우 작은 파편인데, 4면 가운데 3면에 묵흔이 확인된다. 특이한 것은 207이 刻字목간이라는 점이다. 문자가 보이지 않는 것 가운데 243·244·248·250·253·267은 한쪽 끝(아마도 상부)이 파임형이며 245는 상부에 구멍이 있다. 한편 249는 題籤軸일 가능성이 있다.

파임형 목간의 길이는 약 9~20cm, 폭은 1~3cm 전후이다. 또 홀형은 폭이 대개 2cm 전후이다. 단 206은 폭이 4cm를 넘는다. 이는 다른 홀형과는 달리 2行으로 쓰여 있는 것과 유관하다고 생각된다. 상하 양단이 파손된 목간 가운데 2행목간인 184·186·199·224는 폭이 각각 3.0+α, 4.2, 5.0, 4.6cm이며, 木簡片 가운데 232도 폭이 5.5cm인데, 이들은 예외없이 2행목간이다. 당연하게도 목간의 폭이 넓은 것은 문자를 2행으로 쓰기 위한 것으로 보인다.

182
·寶應四年
·策事
·壹貳參肆伍(天地逆)
·〔   〕   15.9×2.5×2.5

184
·×韓舍韓舍韓舍文辶〔코. 얼굴. 눈 그림〕×

　　　舍　舍舍舍舍　　　天寶十載□十一月
·×韓舍韓舍韓舍韓舍　　韓舍　天寶寶缶差□×
                                        (18+a)×4.5×0.5

182는 한 면의 문자가 다른 면과는 天地가 거꾸로 되어 쓰였다. 특징적인 내용이 보이지 않는 것으로 보아, 文書를 담당한 관리가 일정한 서식의 문서를 연습한 것으로 보인다. 184는 한쪽 면은 「韓舍」와 「舍」(아마도 韓舍의 舍)를 연습하였다. 다른 면은 韓舍를 연속하여 습서하고 난 뒤 文·辶를 이어 쓰고 또 사람의 코·얼굴·눈을 낙서하였다. 아마도 「天寶宝寶十載□十一月 韓舍文」까지 쓰고 나서 무엇인가 잘못되었기 때문에 쓰려던 것을 멈추고 辶를 쓰기도 하고 사람의 얼굴을 그리기도 하였던 듯하다. 뒷면에도 분주를 쓰는 데 필요한 작은 글자 연습까지 하였다.

Ⅳ. 월성해자 목간의 형상과 규격

목간의 유구와 출토위치 및 목간 상호관계에 대해서는 아주 오래 전에 발굴되었던 점을 포함하여 여러 가지 사유로 기록이 갖추어지지 못하여 추적이 어려운 상태이다. 대략 월성 북쪽의 해자 뻘층에서 출토되었다고 알려지고 있다.

월성해자 목간의 특징은 막대형 목간이 두드러진다는 점이다. 특히 나뭇가지의 옹이가 붙은 채로, 특이한 둥근 모양의 막대형을 하고 있다. 또 세로로 선을 긋고 쓴 목간도 지금까지 신라목간뿐만 아니라 한국목간에서는 유일하다. 사진집에는 막대형이 12점이나 있다. 홀형이 2점, 파임형이 3점이다.

파손된 것이 15점인데(159·160·163·164·168·169·170·172·175·176·177·180·181·179), 파손된 것 가운데 158은 상부는 圭頭이다. 168과 169는 크기는 같은데 전자는 2행, 후자는 1행이다. 180과 181은 길이가 30cm을 넘는다.

막대형 12점 가운데, 6면체인 것이 3점(148·152·153), 원형인 것이 2점(161·165), 또 4면체가 7점(149·150·151·154·155·167·171)이다. 154와 155는 일견 3면체인데, 필자의 관찰에 의하면 원래는 4면체였던 것 가운데 한 면이 결실된 듯하다. 원형의 막대형 목간 3점은 길이 20~25cm, 직경 3.3~4.7cm이다. 상부가 파손된 것 1점을 제외한 나머지 2점의 상부는 尖頭形이다. 3점 모두 하단부는 나무옹이가 있는 부분을 활용하였다. 평평한 곳에 두었을 때 굴러가지 않게 하기 위한 궁리일까, 혹은 하단을 표시하기 위한 것이 아닐까 하는 추측을 해둔다. 4면체 가운데 171은 서로 대조가 되는 2면에 상호 관통되지 않는 작은 구멍이 있다.

홀형 가운데 157은 통상의 세로에 긴 것과는 달리 가로가 긴 편인 것이 특징이다. 162과 166은 매우 길다. 파임형은 173·174·178인데, 173은 하단이 막대형이다.

월성해자 목간은 막대형 목간이 많은 것이 특징이다. 모두 세로로 긴 목간도 특이하다. 막대형 가운데 원형인 것은 마멸에 의해 판독이 어려운데 다음 2점이 주목된다.

```
149    ㆍ「 大鳥知郞足下万引白了        」
       ㆍ「 經中入用思買白不雖紙一二斤 」
       ㆍ「 牒垂賜敎在之 後事者命盡    」
       ㆍ「 使□(官?)              」   18.95×1.2×1.2
```

149목간은 어느 면이 제1면인지 이론이 될 수 있는데, 4면 각각의 제1자의 위치를 비교하면 「大鳥」로 시작하는 면이 제1면으로 보인다. 해석하면 "大鳥知郞 足下에게 万引하여 사룁니다. 経에 쓰려고 산 白不雖紙는 1·2斤이라는 牒을 내려 敎하셨다. 後事는 命을 다하여 처리하였습니다"이며, 서식을 갖춘 정연한 문서로 이두를 구사하였다.

151

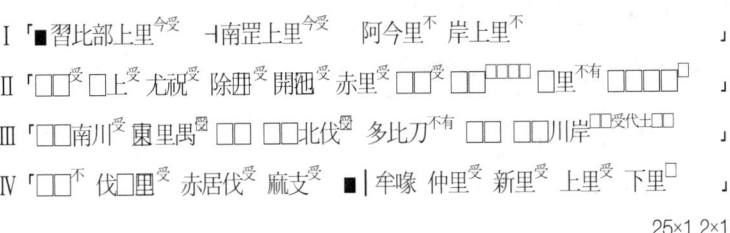

25×1.2×1

지역사회의 수취관계 장부목간이다. 「│」는 일종의 장부 경계표시인 듯하다. 어느 면을 제1면으로 볼 것인가에 의해 몇 가지 조합이 가능하다.

막대형 목간에 공통되는 것은 문서목간이라는 점이다. 149와 152는 단독간으로서 그 자체로 완결되는 듯하다. 151은 다른 것과 編綴되어 파일링되었다고 보인다.

한편 홀형 목간 중에서 주목되는 것은 157이다.

157

```
              ×
×│負│□│喙│□│ │ │×
×│喙│凡│ │□│ │六│×
              ×
```
18.1×2.4×0.4cm

표리 양면에 쓰여 있으며, 나뭇결에 대해 지각방향으로 뾰족한 도구를 사용하여 세로로 실선을 그어 구분선을 만들었다. 선과 선사이는 규칙적으로 3cm 간격이며, 문자는 그 선과 선 사이에 쓰였다. 서식에 맞춘 전형적인 기록간일 것이다. 이와 같은 예는 신라목간 혹은 한국목간에서는 처음으로 주목된다.

월성해자 목간의 구체적인 모습은 곧 간행될 보고서에서 서술하고자 한다.

Ⅴ. 성산산성 목간의 형상과 규격

근년에 집중적 연구결과에서 밝혀지고 있는 바와 같이 대부분 공진물과 관련된 부찰 혹 하찰이다. 대부분이 하단부가 파임형이다. 홀형인 것이 일부 있는데 용도는 파임형의 그것과 같은 것으로 보인다. 부찰 혹은 하찰 이외의 문서목간으로 볼 수 있는 것은 보이지 않는다. 전형적인 것을 들면 다음과 같다.

11(1행목간)
「鳥欣彌村卜兮稗石　∨」　　　　　　　　　　17.7×1.7×0.5
33(2행목간)
「仇利伐 仇(彤)礼(谷)支(村) 負　∨」　　　　29.3×3.5×0.7

성산산성 목간 가운데 목간으로 단정하기 어려운 것을 제외하고 완형인 것이 30점, 파손된 것이 60점이다. 완형 중에는 아래가 파임형인 것이 27점, 아래 구멍이 있는 것이 2점, 題籖軸이 1점이 있다. 파손품 가운데 아래가 파임형인 것이 16점, 아래에 구멍이 있는 것이 1점, 기타의 것이 42점이다.

완형에 초점을 맞추어 그 내용을 고찰하면 하단부가 파임형인 44점 가운데 「稗」류로 끝나는 것이 19점, 「負」로 끝나는 것이 2점, 인명으로 끝나는 것이 10점이다. 하단부에 구멍이 있는 것 2점 가운데 1점은 「稗」류로 끝나고, 다른 1점은 인명으로 끝난다. 하단부가 홀형인 것 3점은 모두 인명으로 끝난다. 2행으로 墨書한 것은 6점인데, 이 가운데 5点이 하단이 파임형이다. 나머지 26점은 1행으로 묵서하였다. 1행묵서 가운데, 표리 양면에 쓰인 것이 6점이며 나머지 20점은 한쪽 면에 1行書되어 있다. 2행으로 묵서된 목간의 폭은 가장 작은 것이 3cm, 큰 것이 4.4cm이며, 대개 3.5~3.8cm이다. 1행묵서 목간은 그 폭이 1.5cm에서 3.3cm 사이에 폭넓게 분포한다.

전체적으로는 2행목간의 폭은 1행목간의 폭의 2배 정도이다. 2행목간의 최소치와 1행목간의 최대치는 3.0~3.3cm을 경계로 하고 있다. 성산산성 목간에서 대체로 문자의 크기와 폭은 균일하다고 할 수 있다. 이것은 목간제작에 즈음하여 일정한 원칙에 입각하였기 때문이라고 할 수 있다. 더욱이 부찰 혹은 하찰목간이 대부분인 성산산성 목간은 종이문서 작성과 밀접한 관련이 있었음을 시사한다.

한편 69와 같이 상단우측에 문자의 右下에 구멍이 있었던 것으로 보인다. 그 용도에 대해서는 금후과제이다. 아울러 하단이 파여 있는 목간의 하단의 모습에는 약간의 차이가 있다. 이것은 직접적으로 제작지 등 목간의 분류까지 연결되지는 않는 듯하다.

 성산산성 목간의 특징은 題籤軸의 존재에 있다.[4] 글자를 확실히 읽을 수는 없지만 형태로 보아 원시적인 제첨축일 가능성이 크다. 또 묵서는 확인되지 않지만 형상으로 보아 114도 제첨축으로 보인다.

VI. 이성산성 목간의 형상과 규격

 이성산성 목간은 4면체와 원형의 막대형 목간 즉 觚와, 파임형의 부찰류가 중심이다. 막대형 가운데, 4면체가 2점(117·118), 원형이 1점(119)이다. 이것을 제외하고 파손된 것이 6점(120·121·123·127·140·143), 완형이 16점이다.

 파손된 것 가운데 120·121·123·127은 홈형이었다고 추측된다. 완형 가운데 홈형은 3점(122·124·145), 파임형은 13점이나 된다.(125·131·132·133·134·135·136·137·138·139·142·144·146) 이 가운데 146은 길이가 33.4cm의 대형이며, 양측이 파임형이다. 131은 길이가 3.5cm의 초소형이다. 그 밖에 132, 139가 7.1~7.4cm이며, 133·134·138은 길이 8.8cm, 135·137·138·136는 길이 10.3~14.8cm이다. V字 파임형 목간은 작아서 7~15cm

---

4) 雁鴨池 249도 題籤軸일 가능성이 있다. 안압지 260은 어떤 용도의 목간인지 불분명하다.

에 들어간다. 단 확실한 묵서를 읽을 수 없어서 파임이 상단인지 하단인지는 판단할 수 없다.

초소형 목간의 용도는 묵서를 읽을 수 없어 확실하게는 알 수 없는데, 소량의 것에 딸린 부찰일 가능성을 생각할 수 있다. 소형목간 3점과 대형목간 2점은 각각 壺에 넣어진 상태로 출토되었다. 목간의 분류 및 보관과 관련해서 시사되는 바가 크다. 파임이 있는 것 가운데 일부 문자를 판독할 수 있는데, 「河□□」나 「烏□□」와 같이 인명 혹은 지명과 같은 고유명사이며, 하찰과 물품명으로 추측된다.

이성산성 목간은 길이 25cm를 넘거나 폭 3cm를 넘는 커다란 것[117(막대형, 완형)·119(막대형, 파손)·120·123·143(파손)·144·146(파임형)·122·145(홀형)]과 길이 6cm, 폭 1.5cm 이상의 초소형의 것(4점)이 있는데, 나머지는 대개 일반적 크기의 것이다.

막대형 목간 가운데 戊辰年 목간은 이미 알려진 바와 같이 매우 수려한 서체로 다음과 같이 쓰여 있다.

① 「戊辰年正月十二日明南漢城道使
② 「須城道使村主前南漢城城火□×
③ 「□□漢黃去□□□□×
④ 「(墨痕없음)   15×1.3×0.9cm

이성산성과 근린의 南漢城 등과의 연락관계를 짐작할 수 있는 문서목간인 듯하다. 그리고 117은 길이 35cm의 고구려 목간이라는 설이 당초 제기되었는데, 그 근거는 불확실하며 따르기 어렵다. 동반유

물 및 발견상황·문자로 보아 다른 목간과 마찬가지로 신라의 것으로 보아둔다.[5]

Ⅷ. 기타지역 출토 목간의 형상과 규격

국립경주박물관 신축 미술관 부지에서 출토된 목간은 24.1×1.8×0.3cm의 것과 (9.8+a)×2.1×0.9cm의 것이 있다. 그리고 경주 황남동 376번지에서 출토된 목간은 (17.5+a)×2×0.6cm의 것과 (4.5+a)×1.8×0.6cm의 것이 있다. 미술관 부지와 황남동의 목간은 모두 홀형이며, 내용으로 보아 기록간일 것으로 추정된다. 모두 황남동 목간 2점은 기록 내용 등으로 보아 원래 하나의 목간으로 보인다.

김해 봉황동 목간은 (24.1+a)×1.8×0.3cm의 것과 9.8×2.1×0.9cm의 2점의 데이터가 있다. 습서 혹은 암기를 위한 학습용이었던 것으로 보인다. 익산 미륵사적의 것은 막대형 목간 즉 觚이며, (17.5+a)cm의 길이에 폭은 2.5~5cm이다. 문자가 고풍으로 古拙하고, 4면 가운데 1면의 천지가 거꾸로 되어있는 점, 문자의 열이 맞지 않는 점으로 보아 습서목간일 가능성이 높은 것으로 보인다.

---

[5] 참고로 30cm를 넘는 목간은 예를 들어 봉형이 아니더라도 신라에서도 월성해자의 최고치 38cm를 비롯해 몇 점이나 보인다.

Ⅷ. 신라목간의 형상과 규격

　나무에 묵서가 있는 것을 목간이라고 넓게 정의하여 신라목간을 형상별로 볼 때, 단연 특징적인 것은 막대형 목간의 존재이다. 신라목간을 형상별로 나눌 때, 막대형 목간·홀형 목간이 있으며, 이는 상하 양단 한쪽 혹은 양쪽이 파인 파임형이 있다. 목간이 다량 출토된 안압지·성산산성·이성산성·월성해자의 경우는 각각 파임형의 홀형 목간이 보이며, 막대형은 성산산성을 제외한 3개소에서 모두 보인다. 모두 2·3점의 소량이 출토된 기타 김해 봉황동·익산 미륵사지에서도 막대형 목간이 출토되었다.

　막대형 목간의 형상으로서는 우선 작은 나뭇가지를 확보하여 그 껍질을 벗기고 가지를 떨어낸 다음, 면을 조정하여 사용한 둥근 목간이 있다. 위에서 보면 거친 원형이 된다. 이를 단형 막대형 목간이라 부를 수 있다. 다음 나무를 깎아 만든 막대형 목간이 있다. 위에서 보면 4면체의 것이 그것이다. 이를 4각형 막대형 목간이라 불러둔다. 이른바 중국의 전형적인 觚는 여기에 속한다. 3각형 막대형 목간도 두 예가 보이는데, 실제의 관찰에 의하면 원래는 4각형 막대형 목간인 것의 일부가 파손된 것이며, 현재까지 3각형 막대형 목간의 존재는 보이지 않는다.

원형 막대형 목간의 경우, 선택한 가지의 직경에 의해 그 크기가 결정된 듯하며, 특히 원형 막대형 목간의 규격은 정해진 것이 없는 듯하다. 완형 원형 막대형 목간 가운데에는 하단에 나뭇가지 옹이가 보인다. 이러한 원형 막대형 목간의 상부는 깎은 연필과도 같이 뾰족하며, 하부는 옹이로 조금 부풀어 있다. 이는 위아래를 나타내기 위한 것이거나 평평한 책상에 두었을 때 굴러가지 않게 하기 위해 고안된 것이 아닐까 한다.

원형 막대형 목간의 글자를 쓰는 부위는 둥근 면을 조금 평평하게 다듬었다. 그 때문에 4면 혹 6면의 것도 있다. 모두 아래 마지막 부분까지 글자를 썼을 경우는 옹이에 의해 종행을 맞추기 어렵게 된다. 이러한 형상으로 보아 원형의 막대형 목간은 기본적으로는 문서를 작성하는 서리의 습서용 노트가 아닐까 한다. 습서용으로 이용될 때에 이러한 원형 막대형 목간은 작은 칼로 묵서한 면을 깎아내면 몇 번이라도 재이용할 수 있었을 것이다. 182의 안압지 목간은 형태상 원형에서 4각형으로 이행하는 과정에 있는 목간으로 보인다. 119는 원형 목간의 비교적 초기단계의 것이 아닐까 한다.

4각형 막대형 가운데에도 습서인 것이 확실한 목간이 보인다. 182가 실로 그 예다. 미륵사적 목간 318도 역시 4각형 막대형 습서목간인데, 이도 역시 원형에서 4각형으로 이행한 직후의 모습일 가능성이 있다. 이들의 공통점은 문자가 조잡하다는 점이다. 이와는 달리 4각 막대형 목간 가운데는, 수려한 문자와 잘 다듬은 외형에 그 자체로 문서를 방불케 하는 것도 있다.(149·150) 특히 149는 그 자체

문서였던지, 아니면 종이문서로 옮겨쓰기 직전단계의 것이었던 것으로 보여 文書作成을 위한 서식이었다고 보인다.

4각 막대형 목간 가운데 용도와 관련하여 주목되는 것이 월성해자151이다. 종이보다 나무를 선택한 것은 수취를 점검 기록하는 현장에서의 휴대와 관리 그리고 내구성에서 보다 효율적이었기 때문이었을 것이다. 모두 새로운 단위의 내용이 나오더라도 면을 새롭게 바꾸지 않고 횡으로 선을 그어가면서 같은 면에 그대로 이어 사용한 것은 당연히 목간이 정식문서가 아니라 정식문서를 작성하기 위한 메모장이었음을 방증한다. 또 적외선사진을 볼 때 농담과 위치가 다른 문자가 중첩되어 나타나기도 하고, 중심의 문자와 관계없는 엷은 画数가 보이는 것은 아마도 재이용을 위해 削刀로 벗겨내었을 때, 앞서 쓴 묵흔이 깔끔하게 지워지지 않았기 때문에 생긴 것이라고 생각된다.

문서에는 의도적인 빈칸이 보인다. 월성해자 149와 151이 그것이다. 149에서는 이두의 종결어미「之」다음에 약간의 빈칸을 두어 문장과 문장을 구분하였다. 이러한 의식은 신라 임신서기석에도 보인다. 그리고 151의 경우는, 행정구획의 그루핑과 관련하여 구분을 두고 빈칸을 두었다.

다음에 파임형 목간을 비교 검토한다. 연대가 올라가는 성산산성의 것은 길이가 27~30cm의 것이 4점(35·34·33·36), 작은 것은 12.6cm의 것이 1점(20), 14.5~16cm이 8점(74·80·43·50·32·44·13·14), 16.1~20cm이 9점(46·41·12·11·42·9·40·2·6), 20.3~23.7cm이 6점(51·98·8·31·4·1)이다. 폭은 1.6~

3.8cm의 사이인데, 대략 길이가 길수록 폭이 넓어지는 경향이 있다. 길이 20cm 이상의 것은 모두 폭이 3cm를 넘는다. 2행문자는 길이와 폭이 넓은 34·33·36에 집중된다. 길이는 14~24cm의 폭을 갖는다.

안압지의 파임형 목간은 길이가 짧은 것 이 6.1cm(229), 가장 긴 것이 43.3cm(202)이다. 양단이 파인 것이 1점이고(213), 37.5cm이나 되는 대형이다. 파임형은 8.8~12.7cm이 5점(213·212·211·210·220), 15.2~16.9cm가 4점(194·188·185·195), 19.5~21.9가 2점(244·193)이다. 대략 9~21cm 사이에 폭넓게 존재한다.

이성산성의 완형 파임형 목간은, 모두 8점인데, 가장 큰 것이 14.8cm이며(136), 7cm 정도인 것이 3점(125·132·139), 8.8~10.3cm가 3점(133·134·138), 12cm 정도가 2점(135·137)이다. 이는 대개 7~13cm 사이에 분포한다.

월성해자의 경우 파임형은 2점뿐인데, 어느 쪽도 14cm대의 것이다.(173·174)

이상과 같이 성산산성의 것이 가장 길고, 이성산성의 것이 짧다. 안압지와 월성해자의 것은 거의 같다고는 할 수 있으며, 성산산성과 이성산성의 사이에 해당한다. 이것이 지역차를 반영하는 것인지, 시기차를 반영하는 것인지, 확실한 것은 말하기 어렵다. 우선 기능의 차이에서 유래하는 것은 아닐까 생각된다. 예를 들면 성산산성의 것이 긴 것은, 그 이동거리가 길고 동반하물이 중량이었기 때문이고, 이성산성의 것이 작은 것은, 이동을 전제로 한 것이 아니라 물품을 구분하기 위한 꼬리표였기 때문이었을 것이다. 즉 이동이 필요 없었거나 이동하더라도 그 거리가 짧았기 때문이고 해석해두고자 한다. 그밖에 목간의 규격 지표가 될 만한 데이터는 얻을 수 없다.

마지막으로 신라목간의 형상면 특징으로서 들 수 있는 것은 목간의 두께가 두꺼운 것이 다수 보인다는 점이다. 1cm를 넘는 것이 42점(이성산성7점·월성해자8점·안압지15점·성산산성12점)이나 된다. 이는 백제목간과 비교하면 명백해진다. 능산리 목간의 경우, 예외적인 막대형 목간을 제외하면, 15점은 대부분 0.5cm 이하이며, 0.6cm 이상은 4점에 불과하다. 관북리의 11점, 쌍북리 2점 가운데 1cm를 넘는 것은 1점도 없다. 이와 같은 특징이 무엇에 기인하는 것인가는 현재의 데이터로는 알기 어렵다.

아울러 樹種분석이 전면적으로 되지 않았기 때문에 단언할 수는 없지만, 현재의 자료로는 소나무가 압도적으로 많은 것이 특징이다. 목간의 재료로 나무만이 출토되고 대나무는 출토하지 않는다. 이것도 역시 본격적인 내용분석 및 유구분석과 함께 금후 과제가 될 것이다.

【참고문헌】

국립창원문화재연구소, 『韓國의 古代木簡』, 2004.
李成市, 「韓國木簡의 現況과 咸安城山山城出土의 木簡」, 『韓國古代史硏究』 19, 2000.
이용현, 「韓國における木簡硏究の現狀」, 『韓國出土木簡の世界』(早稻田大学朝鮮文化硏究

所主催 국제심포지엄), 2004.
橋本繁, 「金海出土 『論語』 木簡と新羅社会」, 『朝鮮学報』 140, 2004.
윤선태, 「月城垓字出土 新羅의 文書木簡」, 『簡牘学国際学術大会 발표집』(2004년도 호서사학회), 2004.

하남 이성산성 목간 개황

Ⅰ. 발굴조사와 목간의 출토

　　이성산성은 경기도 하남시 춘궁동(옛 행정구역명은 廣州 춘궁리)·초일 동·광암동의 세 개 행정동에 위치한 해발 209.8cm의 이성산 중턱을 가로 돌아 축조되어 있다. 북쪽으로는 시야가 트여 한강의 주변지역 을 한눈에 조망할 수 있는 지리적 조건을 갖추고 있다. 이 곳을 중심 으로 직경 10km이내에 몽촌토성·풍납토성 등 삼국시대의 山城이 방사선 모양으로 분포되어 있다.

　　이 곳은 한양대학교 박물관에 의해 1986년 8월의 제1차 조사에서 부터 2000년 7월에 이르기까지 8차례의 발굴조사가 이루어졌다. 이 8차례의 조사 중 제3차, 제4차, 제7차, 제8차 조사에서 모두 34점의 목간이 출토된 것으로 보고되고 있다.[1] 이하 발굴차 수순으로 목간

---

1) 『二聖山城〈제3차발굴조사 중간보고서〉』(한양대박물관총서 16), 1988.2: 『二聖山城〈제4차발굴조

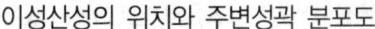

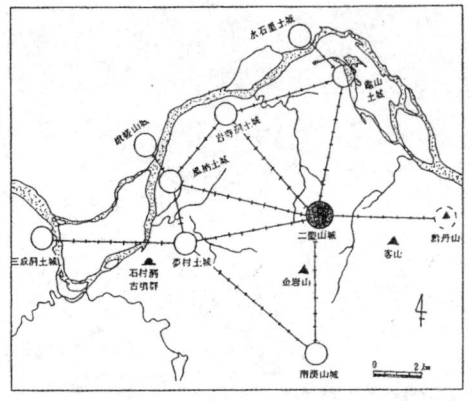

을 소개하고자 한다.

I. 3차 발굴조사

1990년 4월 13일에서 7월 17일까지 이루어졌다. A지구에 중복형성된 2개의 저수지가 있었다. 제1차 저수지는 산성축조와 동시에 형성된 타원형의 것이며, 이는 자연계곡을 성벽으로 막아 축조한 것이다. 크기 54×30m, 내부면적 1,500제곱미터였다. 제2차 저수지는 1차 저수지가 자연매립된 뒤에 산성의 대대적인 개축과 함께 1차 저수

사 중간보고서)』(한양대박물관총서 17), 1991.2: 『二聖山城 〈제7차발굴조사 중간보고서〉』(한양대박물관총서 39), 2000.4: 『二聖山城 〈제8차발굴조사 중간보고서〉』(한양대박물관총서 45), 2001.1. 3차는 한양대박물관과 경기도에 의해, 4, 7, 8차는 한양대박물관과 하남시에 의해 보고되었다. 제8차 보고서의 간행연대는 표지와 판권이 일치하지 않는데 본고에서는 판권을 취한다.

이성산성 출토 목간

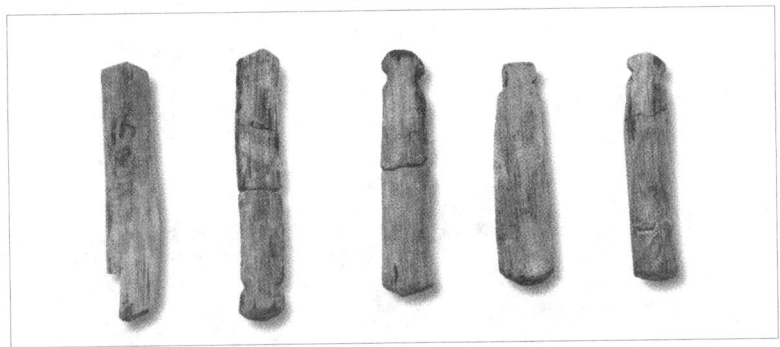

지의 일부를 준설하여 만든 것으로 추정된다. 장방형으로 16.4×26.6m 이며 내부면적 418.95제곱미터이다.[2] 1차 저수지는 삼국시대 후반 즉 6세기 중엽으로 보이며, 2차 저수지는 7세기 후반에서 8세기 초로 보여지고 있다. 그 A지구 1차 저수지 SIE피트 레벨 318에서 4면의 직방체 목간 즉 觚가 출토되었다. 이 중 3면에서 문자를 읽어낼 수 있다고 한다. 목간번호는 보고서의 번호를 그대로 따르되, 발굴차수를 목간번호 앞에 부가하여 명명한다.

Ⅲ-1

                    [明]
① ·「戊辰年正月十二日朋南漢城道使」×
② ·「須城道使村主前南漢城城火□」×
③ ·「□□漢黃去□□□□」×
④ ·「(묵흔없음)　×　　　　　　　15.1×1.3×0.9cm

---

2) 제2차 저수지의 면적에 대해 보고서에는 2계통의 수치가 존재하는데, 심광주(토지박물관) 선생께 확인하여 418.95쪽을 취하였다.

3차조사와 출토목간의 위치

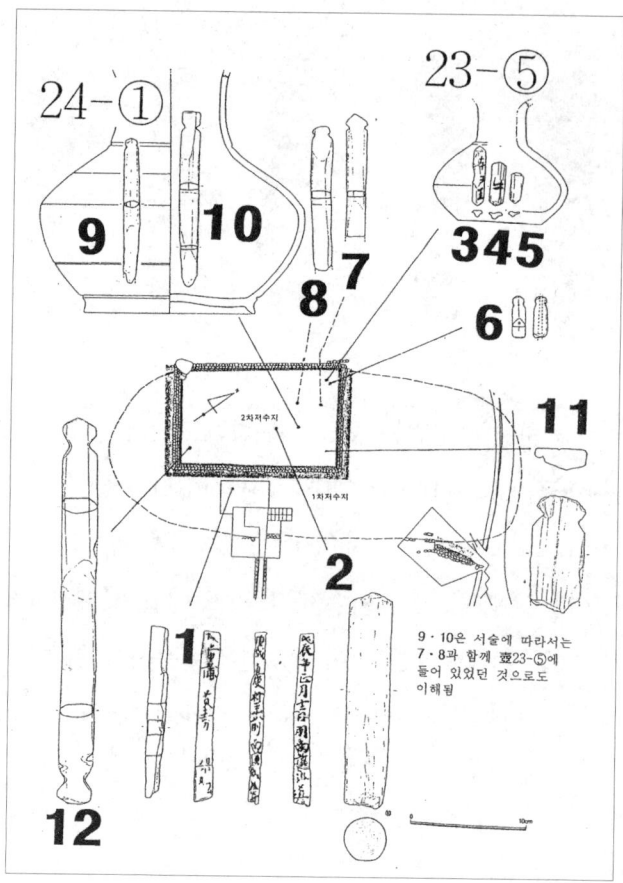

먼저 최초로 보고서의 서체에 대한 고찰이 이루어졌다[3]. 이에 후속하여, 주보돈·김창호·이도학 등 제씨의 연구가 이루어졌다. 주보돈씨는 「戊辰年」의 연대비정을 논의의 초점으로 삼고, 「道使」의 명멸과 관련지워 고찰한 결과, 각각 608년으로 결론지었다[4]. 김창호씨는 금석문의 흐름

---

3) 심광주, 「종합고찰」, 『二聖山城』(3차발굴보사보고서), 한양대학교박물관·경기도, 1991.2.
4) 주보돈, 「二聖山城 出土의 木簡과 道使」, 『경북사학』 14, 경북대학교, 1991.

III-1호 목간

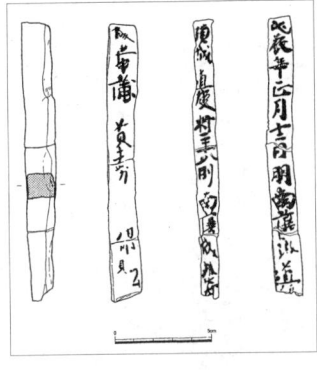

속에서 668년으로 비정하였다5). 또 이도학씨는 戊辰年을 608년으로 보고, 그 작성 시기는 그 보다 이후로 추정하였다6).

한편 李成市씨는 종래 「朋」으로 읽혀져 오던 ①면의 제9자를 「明」으로 새롭게 석독한 후에, ②면의 「前」을 「누구 앞<前>에 이르다」는 형식으로 해석하여, 목간이 이성산성과 南漢城간의 상호관계를 규명하였다. 즉 李成市씨의 연구결과에 의해 이성산성은 漢山停과 관련있는 漢山城(=南漢城)의 전초방어기지임이 알려지게 되었다7). 연대관은 주보돈 및 리성시씨의 연구에 의해 대개 608년설로 모아지고 있다. 「戊辰年」목간의 「戊辰」의 서체는 독특한데, 이것이 大阪 難波宮址에서 출토된 「戊辰年」목간의 서체와 혹사함이 지적되고 있다8).

또 3차 조사에서 저수지에서 여러 점의 목간이 보고되고 있는데, 이 중 문자와 묵흔이 확인되는 것은 6점이다. 나무공이와 같은 원주상의 것과, 상하면 양쪽에 V자홈이 들어간 것, 하단부에만 V자홈이 들어갔을 것으로 추정되는 것 등이 있다.

---

5) 김창호, 「二聖山城 출토의 木簡 年代 問題」, 『韓國上古史學報』 10, 한국상고사학회, 1992.8.
6) 이도학, 「二聖山城 出土 木簡의 檢討」, 『韓國上古史學報』 12, 한국상고사학회, 1993.1.
7) 李成市, 「新羅と百濟の木簡」, 平野邦雄・鈴木靖民 편, 『木簡が語る古代史(上)』, 吉川弘文館, 1996.
8) 東野治之, 「木簡으로 본 韓日古代文化」 (충남대학교 백제학교육연구단 제5회 해외전문가 초청강좌), 2001.10.5.

한 면에 글씨가 쓰인 둥근 목간

2. 4차 발굴 조사

1991년 9월 12일에서 11월 14일까지 4차조사가 실시되었다. 2차 저수지 동남쪽 뻘층에서 구경 11.5cm, 최대 胴徑이 18cm이며 높이가 13.7cm인 단경호가 출토되었는데, 그 단경호에서 5점의 목간이 들어있었다. 여기서 나온 목간 중 2점은 정확히 석독하기는 어려우나, 3자 혹 4자 정도의 묵흔이 확인된다. 그 중 적외선촬영이 시도된 2점에서는 「烏」「邑」같은 문자가 확인된다. 형식상 특징적인 것은 하단부 양쪽에 V자홈이 들어가 있다는 점이다. 李成市씨의 추정과 같이,

단경호안에 있던 5점은 모두 하단부에 V자홈이 있었던 것 같다[9]. 이 점은, 이성산성에서 하단부에 V자홈이 파인 이러한 付札계열의 목간의 실제 유통과 기능시에, 그 관리와 보관면에 있어, 시사해 주는 바가 크다.

제2차 저수지 남쪽 뻘층에서 발견된 6호·7호 목간은 일단부가 파손된 형태로 보고서에서는 V자홈이 파여 있었을 것으로 추정하였다. 표면은 매끄러우나 묵서는 확인되지 않았다. 2차 저수지 남서쪽 바닥층에서 8호 목간이. 북쪽 둑에서 9호 목간이 출토되었다. 9호 목간에는 한쪽 끝부분 중앙에 원형의 구멍 셋이 있다. 역시 묵흔은 확인되지 않았다.

3. 7차 발굴조사

1999년 11월 2일부터 12월 30일까지 실시되었다. A지구 성벽과 C지구 저수지를 발굴하였다. 이 조사를 통해 C지구 저수지에서는 唐尺과 함께 모두 6점의 목간이 출토되었다. 이 중 Ⅳ-4호, Ⅳ-5호에서는 묵흔이 확인되는데 정확한 석독은 금후과제이다.

---

9) 李成市, 앞의 주7 논문.

II. 제8차 발굴과 고구려 목간설

2005년 5월 20일에서 7월 31일에 8차 발굴조사가 이뤄졌다. C지역 저수지에서 모두 7점의 목간과 고구려척이 출토된 것으로 보고되고 있다. 이 중 3점에서 묵흔이 확인되었다.

1호 목간은 고에 해당하는데 정확한 판독은 어려운데 묵서가 확인된다. 보고자 측은 「褥薩」이란 고구려의 관등을 읽어낼 수 있다고 하여 이것이 고구려의 목간임을 주장하였다. 보고서에서는 1호 목간에 대한 나름의 판독을 바탕으로, 고구려의 백제에 대한 우위상황을 설정하고, 이 목간을 고구려의 목간으로 규정하고 이성산성에서 고구려목간이 출토가능하게 되는 상한을 475년의 고구려의 한성함락으로 생각하여, <辛卯年>을 511년으로 비정하였다. 더 나아가 기존에 이성산성에서 출토된 목간들도 고구려의 것이라는 관점에서 재검토되어야 한다는 설이 제기되었다[10].

보고자 측의 판독은 다음과 같다.

1호   35×1.2(1.1)×1(0.9)

---

10) 유태용, 「종합고찰」, 『二聖山城 (제8차 발굴조사 보고서)』(한양대학교 박물관총서 45집), 한양대학교 박물관, 2000.12.

제1면 : 辛卯年五月八日向三□北吳□□□前褥薩郭□□□六月九日
제2면 : □□□密計□□(罰)百濟□□□□九月八日□□□
제3면 : □□□大九□□□
제4면 : □□□前高□大九乃使□□

2호   25×2.7(1.4)×1.1(0.5)
· □□□平干□

3호   25.2×2.7(3.3)×1(0.6)
· 〔　　〕

4호   26.9×3.5(2.9)×0.9(0.8)
· 〔　　〕

5호   17×?×?
· 〔　〕平〔　〕

6호   (5.9+α)×1.7×1.2
묵서의 흔적

위의 주장이 인정된다면, 8차 조사로 인해 한국 최초의 고구려 목간이 발굴된 셈이며, 기존의 인식을 뒤바꾸는 중요한 전환점이 되게 된다. 그런데 다음과 같은 이유로 그에 동의하기 어렵다.

1 목간자체의 판독에 의문점이 많다. 즉 「褥薩」의 「褥」은 많은 의문점이 있다. 또 「前ア」도 미심적은 곳이 많다. 고로 석문에 의하는 한, 고구려의 것으로 볼 확증이 없다.

2 목간과의 공반유물로서 고구려척이 중요방증근거가 되고 있으나, 고
   구려척이라고 판단하기 어렵다.
  3 보고서에는 고구려 토기가 출토되었다고 보고하고 있으나, 고구려토
   기라고 보기 어렵다.

 그러므로 고구려목간설은 금후 심도 있는 재론이 필요할 것이며, 현재로서는 신라목간일 가능성이 상당히 크다는 것을 조심스럽게 개진해두고 싶다.

Ⅲ. 이성산성 목간의 외형적 특성

 이성산성 목간에서 두드러지는 것은 역시 단책형과 상단에 홈이 파인 형태와, 상하에 모두 홈이 파인 형태의 것이다. 이 점은 안압지 출토 목간의 그것과 유사성을 지닌다. 이성산성 목간은 목간이 일괄하여 항아리 속에서 출토되었다는 점인데, 이는 목간의 보관 관리와 관련해서 대단히 중요한 자료가 된다. 즉 二聖山城의 군사시설에서는, 항아리에 목간을 일괄적으로 넣어서 보관하였음을 알 수 있다.
        (「한국고대 목간연구」, 고려대 박사논문, 2002, pp.43~56)

김해 봉황동 『논어』 목간 단상

　김해 봉황동에서는 한국 최초의 『論語』 목간이 출토되었다. 형식은 직사면체의 觚인데, 東野治之씨의 예비적 고찰에 의하면, 화북계열의 『論語』로 보여진다[11]. 신라의 교육제도와 『論語』 경전에 대한 연구에 중요한 자료로 여겨진다.

(『한국고대 목간연구』, 고려대 박사논문, 2002, pp.43~56)

　통일이후, 새로운 국가 운영을 위해 관료제의 정비가 이루어졌다. 통일 이전에 신라의 관등은 왕경인이냐 아니냐에 따라 경위와 외위로 구분되어 있었다. 그리고 차별적이고 이원적인 관등제도는 혈연과 지연에 바탕을 둔 골품제와 밀접한 관계 속에서 운영되고 있었다. 지방인에게 경위를 수여하는 일은 특별한 경우를 제외하고는 없었다. 이 같은 이원적인 관등제도는 통일후에는 모두 경위로 일원화되게 된다. 왕경인이든 지방인이든 모두에게 똑같이 경위를 주게

---

11) 東野治之, 「木簡으로 본 韓日古代文化」(충남대학교 백제학교육연구단 제5회 해외전문가 초청 강좌, 2001.10.5.

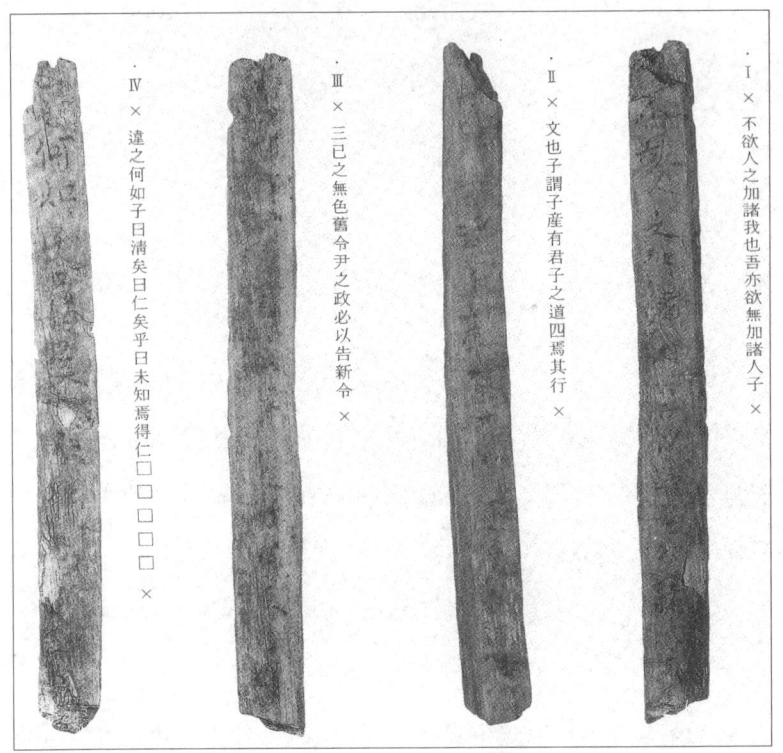

『논어』목간 길이 20.9㎝

· Ⅳ × 違之何如子曰清矣曰仁矣乎曰未知焉得仁□□□□□ ×
· Ⅲ × 三已之無色舊令尹之政必以告新令 ×
· Ⅱ × 文也子謂子產有君子之道四焉其行 ×
· Ⅰ × 不欲人之加諸我也吾亦欲無加諸人子

되었다.

    통일기에는 율령에 입각한 왕권중심의 율령적 중앙집권국가를 추진하게 된다. 官司를 대대적으로 정비하고 관료군을 양성하였다. 문서행정은 광역화된 국가운영에 반드시 필요한 것이었으며 이를 위해서 문서행정을 담당할 수 있는 문자를 아는 실무자의 양성이 필요했다. 682년(신문왕 2) 國學을 설립하고 경덕왕 때는 이를 太學監으로 확대 개편하였으며 교재로는 공히 논어가 사용되었다. 김해 봉황동에서 출토된 논어목간은 이와 관련 있다. 788년(원성왕 4)에는 관리채용을 위한 국가시험제도가 설치되었다. 이는 관리채용의 기준을 골품보다 유학적 견식과 실무능력에 두려는 새로운 국가건설 의도에서 비롯된 것이었다.

(「관료제」, 『統一新羅』, 국립중앙박물관, 2003.5, p.61)

황남동 376유적 출토 목간의 성격과 복원

I. 머리말

　1994년 3월 26일에서 6월 30일 동국대 경주캠퍼스 박물관에서는 경주시 황남동 376번지 서영진 소유의 약 250평 대지를 조사하였는데, 이 곳에서 목간 3점(혹 3편)의 출토를 보았다.
　당초 서영진의 신축을 위한 응급발굴이 이루어졌는데, 이곳은 북으로는 경주황남동 고분군, 동으로는 월성, 남으로는 김유신택이라고 전해지는 財買井이 위치하여, 발굴 전부터 문화재매장의 가능성이 농후하게 점쳐지던 곳이었다.(<자료1-1>참조)

1. 출토정황

　좀 뒤에 소개할 발굴조사 약보고서에 의거하여 조사경위와 관련

<자료 1-1> 목간 출토지점

유구를 정리하면 다음과 같다.

발굴결과 유적은 2.5m의 두터운 퇴적층으로, 제1층에서 제4층에 이르기까지 네 개의 층위로 형성되어 있었다. 그 가운데 제2층은 사립이 혼입된 희흑갈색 점토층으로 수혈유구 4기와 목제용이 설치된 수혈 1기로 구성되어 있고 적심들의 형성을 보인다. 목간이 출토된 곳은 1호 수혈로, 이는 원형에 가까운 유구로 여겨지는데, 내부에는 여러 번 반복되는 유기물 층이 채워져 있고, 벽면은 수직에 가깝고 바닥에는 토기·와편들이 다수 평면상태로 나타났다. 이 1호 수혈에서는 목간이외에 활석제 印章·石錘·짚신·빗·골각기·토기 등이 노출되었다. 시기는 8세기 전후로 추정되고 있다. 1호 수혈 이외의 제2층에서는 그밖에 유리곡옥·유리도가니·각종 목기·인화문 토기·기와·식물의 씨앗·동물뼈 등이 출토되었다.

2. 기존연구

이에 대해서는 다음과 같은 관련자료와 문헌이 있다.

㉮ 『皇南洞376遺蹟』(현장설명회자료), 동국대학교 경주캠퍼스 박물관, 1994.5.
㉯ 『문자로 본 고대』, 부산광역시립 박물관 복천분관, 1997.2.
㉰ 『개설20주년 기념도록』, 동국대학교 경주캠퍼스 박물관, 1998.
㉱ 李成市,「韓國の木簡について」,『木簡研究』19, 木簡學會, 1997.12.

㉮는 발굴당초 지도위원회에 공표된 약식보고서이다. 유물과 유적에 대한 세부적인 보고가 이루어지고 있다.
㉯는 부산광역시립박물관(본고에서는 이하 <부산시박>으로 약칭)에서 문자자료에 관한 특별전을 개최했는데, 이 때 목간사진이 출품되어 전시되었었는데, 그 도록으로 양호한 상태의 사진이 실려 있다.
㉰는 동국대학교 경주캠퍼스 박물관(본고에서는 이하 <동국대박>으로 약칭) 개설 20주년 기념도록에 역시 목간의 칼라사진이 실리게 되

었다. 2와 3에 실린 사진은 거의 동일한 것으로 여겨진다. 2와 3은 공개된 사진자료라 할 수 있는데, ㉱는 이에 대한 본격적 연구라 할 수 있다.

㉱는 한국목간 전반에 대한 소개과정에서 당해목간을 소개하면서 기초적인 연구를 가하고 있다.

3. 出土목간의 관찰과 넘버링

필자는 다음과 같이 3차례 본 목간을 실사하였다.

제1차 1997년 2월 14일 보존처리이전의 현물관찰 및 발굴터 확인
제2차 2000년 4월 10일 보존처리 후 현물관찰(동국대박에서)
제3차 2000년 4월 18일 적외선카메라를 통해 현물관찰(창원문화재연
   구소에서 박종익의 도움 아래)
제반 여건상 아직 황남동 376유적에 대한 본격적인 보고서는 아직 간행된 상태는 아니다.

여기서는 3점 혹 3편의 목간편이 출토되었다. 본고에서는 논의진행의 편의상, 다음과 같이 각각의 목간을 넘버링하여,

통상 〈五月卄六日…〉로 석독되는 것을 제1호 목간
〈×石又米××〉을 제2호 목간
〈×□×〉를 제3호 목간

이라 부르기로 하자.(<자료1-2> 참조)

　본고에서는 이상의 제 자료와 연구를 바탕으로 하여, 목간의 서식에 대한 고찰을 통해, 원형을 복원하고, 그를 바탕으로 몇 가지 역사적 사실에 대해 고찰하고자 한다.

II. 제1호 목간

1. 형태

　기다란 短冊形이며, 상부는 圭頭이고, 하단은 파손되었다. 이것은 인위적인 것으로 보인다. 중간부분에 홈은 그슬린 자국이 역력하다. 잔존길이는 17.5cm, 폭 2cm, 두께 0.6cm이다.

2. 석문과 서체

　지금까지 제시된 석독은 대략 세 가지라 할 수 있다. 첫째로 현장설명회 자료(㉮)

　(앞면) 五月卄六日椋食□內之 下椋有…

(뒷면) 中椋有食村□松…

둘째로 부산시박의 도록㉯㉰ 해설에는 앞면에 대한 석독만이 소개되고 있다.

五月卄六日椋食□下椋

셋째로 李成市의 석독(㉱)

- 五月卄六日椋食□內之 下椋有…
- 仲椋食有卄二石

실견결과 특별히 논란이 될 만한 글자는 없다. 왜냐하면 상태가 비교적 양호하여 육안으로도 관찰이 용이한 편이기 때문이다. 다만 앞면의 9행과 10행은 다른 글자보다 선명도가 떨어진다. 이를 창원문화재연구소에서, 박종익의 도움 아래 적외선 카메라를 비추어 보았으나, 적외선을 통해 보더라도 그 부분에 대해 별다른 판독은 불가능하였다. 아울러 하단부분의 파손상태를 표시해두는 것(×)을 주기하여 둔다.

또 李成市는 뒷면의 제3자와 제4자를 「食有」로 표기하였는데, 이는 「有食」의 원고 교열과정에서의 단순한 표기상 미스인 듯하다.

마지막으로 「卄二石」은 石의 첫 획에 대한 판단과 연동하여 「卄三」으로 읽어야 할 것으로 생각된다. 이상을 정리하면 다음과 같다.

```
       1   3   5   7   9    11  13
・「五月卄六日椋食□内𨧥    下椋有×
・「仲椋有食卄三          ×              (17.5+α)×1.7×0.6
```

내용상 <五月>로 시작되는 면이 앞면임에는 이의가 없을 것이다. <20>을 <二十>이나 <卄>이 아닌 <卄>이란 서체로 쓴 것이 특이하다. 또 木변에 京을 더한 椋자가 주목된다. 京의 口가 日로 되어있는 것이 독특하다.

근년 서체연구가 진전되면서, 石에는 두 가지 서체가 있는 것이 창녕 仁陽寺碑 연구를 통해 알려지고 있다.[1]

① 돌이란 의미
② 낟알곡식의 수량 단위로서의 섬. 즉 한섬 두섬 할 때의 섬

로 나뉘고, ①의 경우는 온전한 「石」자가 쓰이는데, ②의 경우는 온전한 「石」자의 제1획이 생략된 「石」이 쓰인다는 것이다. 이러한 양자의 구분은 신라 말이 되게 되면, ①은 「石」으로, ②는 「碩」으로 쓰이게 되는데, 역시 신라시대의 用字의 흐름을 잇는 것이라 할 수 있다. 이와 같은 원칙은 咸安 城山山城의 목간, 正倉院 좌파리가반 문서에서 확인되고 있다.

상기한 몇 가지 자료는 모두 신라(삼국 혹 통일신라)의 자료에 한정되고 있는 특징을 갖고 있는데, 이는 당해목간에도 적용될 수 있다.

---

1) 하일식, 「昌寧 仁陽寺碑文의 硏究: 8세기 말~9세기 초 신라 지방사회의 단면」, 『韓國史硏究』 95, 한국사연구회, 1996.12.

즉 당해목간에서의 「 」의 서체 및 용법도, 신라의 <石>자의 용법규칙상 예외가 아님을 확인할 수 있다. 그 경우는 < >자의 위에 오는 글자(뒷면의 6행)는 종래와 같이 「二」가 아니라 「三」으로 고쳐 보아야 할 것이다.

다음 「中」이 아니라 「仲」자를 쓰고 있는 점도 눈에 띤다. 신라촌락문서를 보면,

① 〈…중에, …가운데에〉 혹은 〈…에〉의 의미
② 上中下의 등급중 中

의 두 가지 용법으로 나뉘어 ①의 경우는 「三年間中」·「此中」에서 보이는 바와 같이 「中」이 쓰이고, ②의 경우는 烟의 상중하 구분에 보이는 바와 같이 「仲」이 쓰이고 있다.(<자료2-1>참조)

당해목간에서의 「仲」은 촌락문서에서 보이는 원칙과 일치한다. 이와 같은 用字의 규칙은 錫杖寺址 출토 塼의 刻書에도 보인다. 즉 「南仲□層」,「西仲上」이 그것이며[2],(<자료2-2>참조) 이는 塼축조상의 방향과 위치를 가리킨다고 볼 수 있는데, 이 점은 후술할 椋의 성격과 관련하여 시사점을 준다.

3. 원형복원

당해목간의 내용은,

---

2) 동국대학교 경주캠퍼스 박물관, 『錫杖寺址』, 1994.

448　한국목간 기초연구

(右)A촌 2행1열～6열
(左)A촌 4행8열～11열

<자료 2-1> 촌락문서에 보이는「仲」과「中」

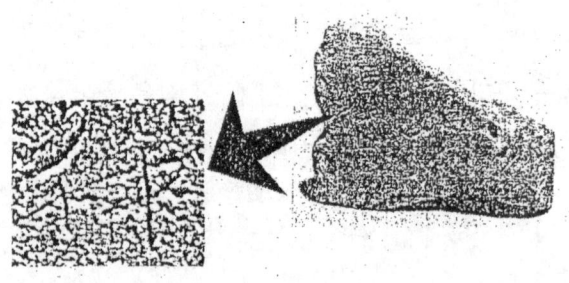

<자료 2-2> 錫杖寺址출토「西中上」銘의 塼

(ㄱ) 五月卄六日
(ㄴ) 椋食□內곡
(ㄷ) 下椋有×
(ㄹ) 仲椋有食卄三

으로 나누어 정리해 볼 수 있다.

(ㄱ)은 날짜. (ㄴ)(ㄷ)(ㄹ)은 食관련내용.

배열상 (ㄷ)과 (ㄹ)은 공통의 형식을 갖는다고 상정되는데, 그 경우 (ㄷ)의 ×부분=파손부분은,(ㄹ)에 비추어 적어도

食몇

의 3자 혹 4자 (몇이 한 자리면 3자, 두 자리이면 4자)가 들어 있을 것으로 추정된다. 고로 파손되기 이전의 원래의 목간의 길이는 최소한 22~23cm였다고 추정할 수 있다.

4. 서 식

앞서의 추정복원을 정리하면 다음과 같다.

(ㄱ) 五月卄六日　(ㄴ)椋　　食□內곡
　　　　　　　　(ㄷ)下椋　有([食]□)
　　　　　　　　(ㄹ)仲椋　有食卄三

(ㄷ)과 (ㄹ)에는

① 무슨 椋 + ②有食몇

의 패턴이 엿보인다.

食은 卄三 등 섬(, 碩)이란 단위로 보아 쌀이나 콩 등 낱알의 곡물류가 상정된다. 下椋 및 仲椋과 낱알곡식에 관한 수량의 대응관계로 보아 椋의 출납과 관련된 목간으로 보인다. 즉 당해 제1호 목간은 출납관련 목간이라 할 수 있다.

출납기재에서 중시되는 것은 출납처·출납품목과 그 수량·출납일이다.

상기 (ㄷ)(ㄹ) 각각의 ②의 「食」은 출납품목, 「몇 」은 출납수량이고, (ㄱ)은 출납일이다. 한편, ①「무슨 椋」 즉 (ㄷ)(ㄹ)의 下椋과 仲椋은 그 「食」의 이동처 즉 출납처가 될 것이다.

「有食」에서 「有」가 존재·소유·보유를 의미한다고 한다면 下椋과 仲椋은 <食 몇 섬>이 이동하여 들어간(온) 곳 즉 수납된 곳일 공산이 크다. 食이 지급된 것이라면, 卄三 등 몇 섬은 下椋과 仲椋에서의 새롭게 수납한 수량이거나, 전부터 보유하고 있던 食의 잔고 혹 재고량일 것인데, 어느 쪽이라 하더라도, 卄三 등 몇 섬의 현재의 수납처 혹 보유처가 下椋과 仲椋이 됨에는 변함이 없다.

(ㄱ)은 날짜인데, 그 단위가 月日인 점에 특징이 있다. 즉 검사 혹 집계의 단위가 해(年)가 아니라 날(日) 별이었다는 점이다. 다음 (ㄷ)과 (ㄹ)은 각각 수납처인 下椋과 仲椋에 食 몇 섬이 수납되었다는 것

이다. 문제는 (ㄴ)의 내용인데, 이 점은 다음 절에서 논해 보자.

5. 「椋」과「椋司」

下椋과 仲椋은 몇 섬의 「食」의 納入處 혹 收入處가 됨은 이상의 설명과 같다. 「下椋」·「仲椋」으로 보아 <上椋>의 존재를 추측하기 어렵지 않으며, 따라서 上·仲·下의 椋의 존재를 추단할 수 있다. 이 경우 上·仲·下의 椋이 상호 어떠한 관계인가 하는 점인데, 적어도 등급 혹 상하관계는 아닌 듯하다. 왜냐하면 등급 내지 서열의 개념이라면 목간에서처럼 「下椋」이 「仲椋」보다 먼저 오는 것은 대단히 부자연스럽기 때문이다. 上·仲·下는 서열이 아닌 다른 구분, 이를테면 자연-지리적 위치 등등의 다른 연유에서 부쳐진 구분으로 봐야 하지 않을까 한다.

다음 (ㄴ)의 「椋」과 (ㄷ)(ㄹ)의 「下椋」·「仲椋」과의 관계이다. 결론부터 말하자면, 전자는 후자와 병렬개념이 아니라 후자를 포괄하는 일반개념이 아닐까 추단된다.

同級의 창고가 아니라 이들을 포괄하는 개념이 될 것이다. 즉 (ㄴ)의 「椋」은 (ㄷ)(ㄹ)의 「下椋」·「仲椋」을 통트는 개념이 된다. 그렇다면 (ㄴ)부분은 (ㄷ)(ㄹ)을 포괄하는 대표문이 되지 않을까.

(ㄴ) 椋食□內及

「內」는 <들이다><수납하다>는 의미일 것이다. 그 다음을 「之」로 읽을 수 있다면, 이는 文의 종결을 의미하는 이두가 될 공산이 크다. 이두가 아니라 하더라도 「內乙」 자체로도 한문적인 문투로 해석이 능하다. 乙다음에 1자의 스페이스가 두어지고 있는 것은 단위문장 사이의 구분을 지은 것으로 보인다. 어느 쪽이거나 문장의 형식상 (ㄷ)과는 구분된다. 결국 內乙는 수납행위를 표시한 것이 된다. 문제는 內乙 앞의 □인데, (ㄷ)(ㄹ)의 「下椋」·「仲椋」에 수납된 食의 섬수의 총합일 가능성도 있어 보이고, 食의 품목·품종일 공산도 있어 보이는데, 字가 긁혀나가 확실히 석독되지 않는 현재에 있어서는 모두 추론의 영역을 벗어나지 못한다.

원래 椋은 方形의 창고를 이른다.[3] 고구려에는 일찍이 커다란 대규모 창고의 존재를 알리는 기사는 보이지 않고, 대신 집집마다 소규모 창고인 桴京의 존재가 알려져 있었다. 이는 덕흥리 벽화고분에 醬을 저장하는 高床창고의 모습을 통해서 알 수 있는데, 지금도 중국 동북지방에는 농가의 곳곳에 부경의 모습을 쉽사리 목격할 수 있다.(사진참조) 또 백제에는 內椋部와 外椋部라는 內官이 보이는데(『周書』 百濟傳), 이는 재정과 관련된 국가의 내외의 창고의 존재를 말한다.

신라에서도 역시 백제나 고구려와 마찬가지로 창고와 창고의 관리는 중요안건이었다. 이기백의 연구에 따르면 품주는 구체적으로 창름에 대한 일을 맡아 전국가적인 재정을 관장하였는데, 584년(진평

---

3) 稻葉岩吉,『釋椋』, 大阪屋號書店, 1936.

왕 6)에 調府가 생김으로 해서 품주가 관장하던 貢賦를, 신설된 調府에 인계하게 되고, 이후 품주는 지출에 관한 부분에 치중하게 되었다고 한다.4) 651년 집사부가 성립하고서부터 국가재정과 지출관련 업무는 倉部와 調府에 상당 이양되었을 것으로 보인다. 『삼국사기』 志에 의하면 倉部는 租를 관장하고 있으며, 調府는 調를 관장하고 있다. 각각의 관장하는 창고가 달랐던 듯하다. 이를 경덕왕대에 오면 倉部의 그것을 「倉」, 調府의 그것을 「庫」라고 구분하고 있기 때문이다.5)

원래 『說文解字』 등 중국문헌에 의하면 倉은 곡물을 저장하는 곳이고, 庫는 포백·병기·보물을 저장하는 곳이다. 일본고대 율령에서는 藏은 調庸物, 諸國의 공헌물을 수납하는 곳이고, 倉은 正稅 등 미곡류를 수납하는 곳이며, 庫는 병기와 문서를 수납하는 곳으로 규정하고 있다. 즉 고대중국과 일본에서는 수납하는 물품의 종류에 의해 倉과 庫의 구분이 있었다.

『삼국사기』 신라본기에 빈출하는 「發倉」기사와 관련해서 등장하는 倉은 곡물과 불가분의 관계가 있는 것으로 보인다. 아울러 志에 보이는 수납·저장관련의 여러 관사의 이름을 보면 倉·庫·藏·廩이 등장하는데, 여기에는 약간의 구분이 있었던 듯하다. 비록 한정

---

4) 이기백, 「稟主考」, 『新羅政治社會史硏究』, 一潮閣, 1963.
5) 倉部, 昔者, 倉部之事, 兼於稟主, 至眞德王五年, 分置此司. (……) 租舍知一人, 孝昭王八年置, 景德王改爲司倉, 惠恭王復故, 位與弩舍知同.
　調府, 眞平王六年置, (……) 舍知一人, 神文王五年置, 景德王改稱司庫, 惠恭王復稱舍知, 位自舍知至大舍爲之.

적이긴 하지만 倉은 租와 관련 있고, 庫는 調 및 얼음과 관련 있는 듯하다. 「發倉」과 관련된 新羅本紀의 「倉」 혹 「倉廩」 등은 米穀을 수납·저장하고 있을 뿐만 아니라 병기도 저장하였던 듯한데, 신라에서도 기본적으로 미곡뿐만 아니라 병기도 저장했던 듯하다. 『삼국유사』에 의하면 경주 남산에 <長「倉」>이 있어 미곡과 병기를 저장하였던 것으로 보인다. 신라에서도 기본적으로 미곡 등 正稅가 倉部에 의해 관장되었음에는 변함이 없다.

당해목간에 보이는 상-중-하 椋을 비롯한 경의 관리기관의 존재를 상정할 수 있다. 이 곳에서 1.1킬로미터 떨어진 경주 안압지에서는, 土製벼루의 墨書 토기가 출토된 바 있는데, 여기에는 「椋司」라고 쓰여 있다.(<자료 4-1>참조) 벼루는 아마도 「椋司」라는 관서에서 사용되었던 것일 공산이 큰데, 이 관서는 다름아닌 여러 椋들과 관련성을 짐작할 수 있다. 다만 「椋司」는 『삼국사기』 志의 職官편에는 보이지 않는다. 이것이 倉部나 調府의 다른 이름이었거나, 혹은 그 관할 하에 있는 하부관서였을 것이다.6)

이밖에 통일신라시기로 보이는 전남 광주 武珍古城 출토 瓦에서도 「椋」이 확인된다.(<자료 4-2> 참조) 이처럼 「椋」은 통일신라시기에 있어 창고를 나타내는 독특한 用字였음을 알 수 있다.

---

6) 윤선태는 근거를 들어 입증한 것은 아니나 「京司」를 그 이름으로 볼 때, 廩典이나 租典을 계승한 관사로 추정하고 있다.(『新羅 統一期 王室의 村落支配』, 서울대 박사논문, 2000.2, p.94)

Ⅲ. 공반목간과의 관계

1. 제2호 목간과 제1호 목간의 상관성
 -복원=〈목간A〉의 가능성-

한편 제1호 목간과 공반출토된 목간으로서 제2호가 있다.

제2호 　·× 　又米×
　　　　·×(묵흔 없음)× 　　　　　(4.4+α)×1.7×0.6

제2호의 상단부와 하단부는 모두 파손되어 있다. 첫 자의 상단부는 결실되었으나 자형으로 보아「石」으로 읽어 무방할 것이다. 이 제2호 목간을 제1호 목간의 하단의 결실된 일부로 볼 수 있는가 하는 점에 대해 검토해 보자.

먼저 폭과 너비는 1.7cm과 0.6cm으로 상호 일치한다. 다음 내용상으로도

	제1호 목간	제2호 목간
앞면	五月卄六日椋食□內㘴　下椋有×	×　又米×
뒷면	仲椋有食卄三　　　　×	×(묵흔없음)×

이 되어 별 하자는 없어 보인다.

제1호와 제2호가 두 개의 목편으로 나뉜 원래 하나의 목간이라고 가정할 경우 새로이 생성된 가정의 목간을 <목간A>라고 하면, 그 길이는 (17.5+4.4+α)가 되어 길이는 최소한 21.9 이상 즉 121.9+αcm가 된다. 그 내용도 다음과 같은 목간A를 상정할 수 있다.(<자료 5>참조)

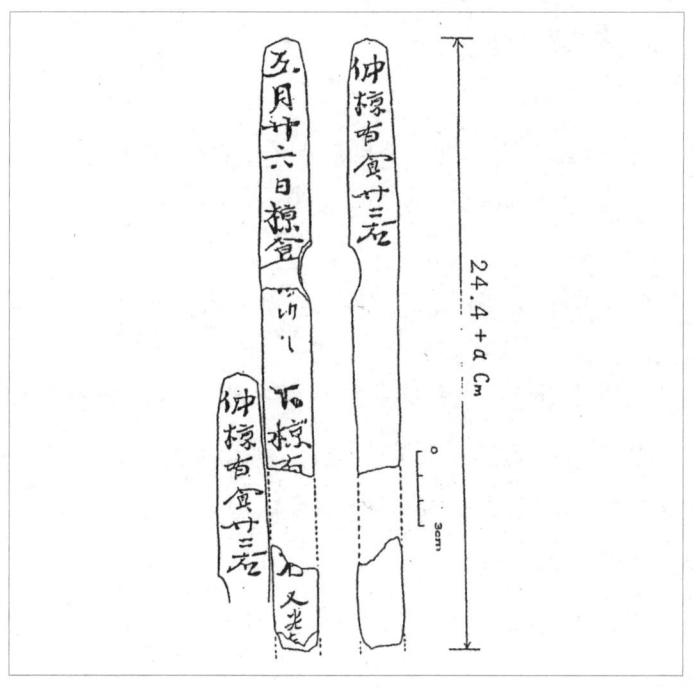

<자료 5> 복원2 - 가상목간A

목간A

- 五月卄六日椋食□內図 下椋有… 又米… ×
- 仲椋有食卄三   ×   (121.9+α)×1.7×0.6

뒷면은 제1호 목간의 「卄三」으로 종결되는 것으로 볼 수 있다. 한편 앞면은,

   ①   ②
 下椋有… 又米…

이 되는데, 여기서,
 ①에는, 「食」「몇」

의 두 자 정도가(「몇」이 두 자리 숫자이면, 세 자가 될 것) 올 것이고,

 ②에는, 「몇」「 」

이 올 것이다.
 단위는 「 」이 아니라 「升」 등 하부단위도 올 가능성을 완전 배제할 수는 없으나 ① 뒤에 「又米」가 오는 것으로 보아 기본적으로 「 」였다고 보아 지장 없을 것이다. 또 ①에는 「食」이 아니라 다른 곡물의 명칭이 올 가능성을 배제할 수는 없으나, 뒷면의 「仲椋有食」의 패턴으로 보아, 「食」으로 보는 것이 자연스럽지 않을까 한다. 결국

 下椋有食△, 又米△
 (△부분은 숫자. 한 자리인지 두 자리인지 불분명. 밑줄은 추정부분)

로의 복원이 가능하다.

2. 「식」과 「미」

이상의 고찰에 따르면 下椋에는 「食」과 「米」 등이 수납된 것이 된다. 여기까지 이르게 되면, 제1호 목간과 제2호 목간이 원래 한 점의 동일 목간이든 아니든, 바꿔 말해 목간A가 성립되든 되지 않든 간에 관계없이 제1호 목간에 보이는 「食」과 관련된 「　」으로 카운트된 곡물은 적어도 제2호 목간에 보이는 「米」가 아닌 것임은 명백하다.

만약 목간A가 성립한다고 한다면, 즉 제1호 목간과 제2호 목간이 동일목간이라고 한다면, 下椋에는 「食」 즉 모종의 곡식과 함께 「米」가 출납되었던데 비해 仲椋에는 「食」만 출납되었던 것이 된다.

앞서 기재상 下椋이 먼저 등장하고 다음에 仲椋이 오는 점에 대해 서술했었는데, 이는 이를테면 「米」와 같은 품목의 유무와 관련 있는 것일지도 모른다.

본래 食이란 米飯을 가리키는 것으로, 마시는 것까지 포함해서 먹는 것의 총칭이요, 식량을 가리키는 것이 일반적 의미이다. 당해 목간에 관한 한 「食」이 「米」와는 구분되는 것임을 지적할 수 있다. 이것은 食이 한국고대에는 穀物名으로 쓰였다는 鮎貝의 지적과 배치되지 않는다.[7] 실지로 안압지 출토 유물 중에 盌片의 내면 底部에 針刻으로 쓰인 「食」이 확인되고 있다.(<자료 6>참조) 이것은 아마도 이 盌은 「食」을 담는 용기였을 것이며, 그 점에서 「食」은 그야말로 곡물

---

[7] 鮎貝房之進,「(俗文攷(附)書年月日例)昌寧石仏光背記」,『俗字攷・俗文攷・借字攷(복각판), 國書刊行會, 1972.1. pp.418-419(원재,『雜攷六(俗文攷)』).

나아가 음식·식료를 가리키는 것이었다 할 수 있을 것이다.

한편 「食」이 벼(쌀)라면 「米」와의 차이는 둘 가운데 하나가 방아를 찧은 것, 다른 하나가 방아를 찧지 않은 것일 가능성이 있다. 「食」이 쌀이 아니라면, 「米」즉 쌀(벼) 이외의 다른 곡물일 것이다.[8] 후자의 경우 8세기 전후의 식생활 내지는 租稅납입 곡물품목과 관련해서 대단히 주목되는 대목이라 할 수 있다.

앞서 서술된 (ㄱ)~(ㄹ)의 서식과 관련해서 慶南 昌寧소재 仁陽寺의 碑에는 풍부한 「食」관련 문구가 있어 참고할 수 있다.

(가) (a)辛酉年 (b)①六寺 ②安居食六百六
(나) (a)同年(=壬戌年) (b)①辛熱榆川二驛 ②施食百二
(다) (a)壬午年 (b)①京奉德寺永興寺寶藏寺 ②施食二千七百十三
(라) (a)壬午年 (b)①仁陽寺三寶中 ②入食九百五十
(마) (a)辛亥年初庚寅年至間 (b)□合 用食一万五千百九十

(가)~(라)는

(a)시간(몇 年) + (b)①기관 + ②△△〈食〉몇

로 되어 있다.

(마)는 (b)의 ①기관 부분이 빠져 있다. 이는 일정기간중의 각처의 전체 도합에서 기인하는 것이다. 비문에서, (b)의 ①기관은, 食의 투입처 혹 수납처로 보이고 있다.[9] 다음 (b)의 ②부분은 공히

---

8) 단 鮎貝는 구체적으로 大覺國師全集의 사료에 의해, 食을 田米 즉 조(粟)로 압축하여 특정하고 있는데,(앞의 주7의 책) 그 점에 대해서는 금후 검토를 요한다.

△△ + 食 + 몇

의 구문을 이루고 있다. 이에 대한 해석에 대해서는, 여러 설이 있어 왔는데, 食을 동사가 아니라 명사로 해석하는 데는 일치를 보고 있으며, 이를 곡물명에 상응하는 것 혹은 양식으로 간주되고 있다.10) 따라서 이에 의하면,

【첫째】食 몇   을 △△하다.
【둘째】△△食(=△△한 食)이 몇 〔이다〕.

의 두 가지 해석이 가능하다. 이에 따라 예로 (나)를 해석해 보면,

同年(=壬戌年), 辛熱·榆川의 두 驛에,
【첫째】食 百二 을 施하였다(보시하였다. 베풀었다).
【둘째】施食(베푼 食)이 百二 〔이었다〕.

의 두 가지의 해석이 가능한데, 양자 간에 실질적으로 의미상의 커다란 차이는 그다지 없어 보인다.11)

<食>을 중심으로 보면,

---

9) 南豊鉉, 「昌寧仁陽寺碑銘」, 『吏讀硏究』, 태학사, 2000.10, p.343(원재 『國文學論集』 11, 단국대국문과, 1983); 하일식, 앞의 주1 논문, p.44.
10) 하일식은 文明大·崔鈆植·南豊鉉 3씨의 설이 대비하여 정리하고 있다.(앞의 주1 논문, p.42) 부가할 것은, 연구사를 거슬러 올라가면, 食을 명사로 해석하는 것은 일찍이 鮎貝房之進에 의해 이루어졌다는 점이다.(앞의 주7 책) 이 점은 간과할 수 없다.
11) 단, 두 번째 해석법은 「安居食」에는 어울리지 않는 면이 있어 첫 번째 해석 즉, 食 앞의 문자를 食의 수식어로 보는 편이 전체적으로 일관성이 있어 보이기도 한다. 鮎貝는 구체적인 설명은 하지는 않았으나, 이미 施食과 入食을 『熟語』라고 추정하였는데,(앞의 주7 책, p.418), 이 점은 의미심장하다.

{安居食, 施食, 入食, 用食} + 몇

으로 앞에는 동사, 뒤에는 수량이 나오는 관용적인 형식을 갖고 있다.

이 仁陽寺碑에서의 食이 곡물류인 점은 제1호 목간의 食을 이해하는데도 유효하다. 또 仁陽寺碑 단계에서의 「食」의 용법과 당해목간에서의 「食」의 용법은 일치한다 하겠다.

3. 제3호 목간

제3호   ×□×

묵흔이 일부 있으나 판독은 불가능하다. 타다 남은 흔적이 있다. 이밖에 목편이 한 점 더 있는데, 아랫부분의 조정은 불규칙하고, 묵흔 역시 확인되지 않아, 목간이 아닐 가능성도 배제하기 어렵다. 금후 정치한 조사가 기다려진다.

Ⅳ. 공반印章의 의의

본 유적에서는 또 滑石製 印章이 한 점 공반되어 출토되었다.(<자료7>참조)

『삼국사기』 신라본기 문무왕 15년조에는

以銅鑄百司及州郡印. 頒之.
銅으로 百司 및 州郡의 印을 鑄造하여 頒布하였다.

라고 해서, 官司와 지방에 銅製印章의 반포를 전하고 있다. 이미 경주지역에서 발굴되는 여러 점의 인장이나[12], 경기도 楊州에서 발견되고 있는 청동 및 납석제 印章[13]은 이들과 관련된 것으로 보인다. 아직 문서에 날인된 인장의 흔적은 알려지고 있지는 않긴 하지만 이미 신라사회가 통일기 이후에는 문서행정에서 결재 및 명령 발동 시에 광범하게 사용되고 있었음을 시사해 준다고 할 수 있다.

동제인장이 官司와 관련된 것이고, 滑石製 인장도 그 연장선상에 있다고 볼 수 있다면, 목간의 내용과 더불어 당해 유적은 유리나 동의 官營공방이었을 개연성이 지극히 높다 하겠다.

본 목간이 출토된 곳은 동반출토유물로 보아, 유리와 銅의 工房址로 추정되고 있다.[14] 본 목간의 下椋과 仲椋의 곡물의 출납은 출납일별로, 또 관계창고 및 출납수량이 철저하게 기재되고 있었다. 이 점은 그것이 관찰과 기재의 대상이 되었다는 것인데, 그 점에서 下椋과 仲椋의 관리의 주체는 국가 혹은 관이었을 개연성이 매우 농후하다. 이 곳 공방에서 제작된 유리제품 혹 동제품 등이 신라의

---

12) 예를 들어 안압지출토 인장이나(『안압지』, 1971), 석장사지의 인장들(『錫杖寺址』)
13) 문화재연구소·한림대학, 『楊州大母山城 發掘報告書』, 1990.
14) 약보고서(본 논문 1절 (2)의 ㉮)

관청이나 국가에 공급되었을 가능성이 크다는 지적15)은 경청할 만 하다.

V. 목간의 성격

목간에서 출납과 관련해서 등장하는 물품은, 모두 石(=碩)이라는 단위로 계량되는 곡물이었다. 그리고 이것은 「食」에서 확연한 바와 같이 먹을 것 즉 양식·식료였다. 신라사회에 있어서, 錢의 주조는 알려진 바 없으며, 布나 豆·米 등의 곡물의 물품이 화폐의 역할을 하고 있었다.16) 그야말로 「食」은 식료 본연의 용도와 더불어 화폐의 기능도 겸하고 있었다고 할 수 있다. 이러한 점을 감안하면, 목간에 보이는 「食」은 중앙의 지급처에서 당해공방에 지급된 공방의 운영 경비였다. 글자 그대로 그 자체가 때로는 식료로서, 때로는 각종 운영물자를 조달하는 비용으로 쓰였을 것으로 추단된다.

목간에는 「5월 26일」에 「椋」의 「食」으로서 몇 「椋」이라는 수치만이 기록되어 있다. 당해목간은 바로 그러한 식용곡물 및 「米」의 이동

---

15) 李成市, 본 논문 1절 (2)의 ㉮ 논문.
16) 김창석, 「三國 및 統一新羅의 現物貨幣 유통과 財政」, (한국역사연구회 제80회 연구발표회요지, 2000.9.

과 관련된 것이다. 먼저 付札목간일 가능성도 배제할 수는 없다. 헌데 여러 기관에서 그러한 곡식을 요청하는 請求목간일 가능성은 적어 보인다. 청구목간에서는 청구하는 측이 기재의 중요요소인데, 당해목간에서는 그것이 기재되고 있지 않기 때문이다.

식용곡물과 「米」의 이동은 「椋司」로부터 공방으로의 곡물지급이라 할 수 있다. 목간이 공방측에서 작성되었을 가능성을 시사한다. 즉 이 같은 곡물의 지급은 단속적인 것이 아니어서 당해연도에 몇 차례 반복되는 것이었을 것이며, 그 점에서 첫머리에 月日을 명시하고 年을 명기하지 않은 것은 바로 그 때문일 것이다. 그리고 이는 月日별로 집계하는 집계장으로서도 기능하였을 것으로 추정된다. 제1호 목간에서 「椋」과 「下椋」 사이에 의도적인 스페이스를 둔 것, 「仲椋」의 시작을 새로운 면인 뒷면에서 시작한 것은 바로 그 때문인 것이다.

더불어 제2호 목간과 제1호 목간이 동일목간이라는 가정(=즉 목간A가 성립가능하다는 가정)에 서서 보면 「下椋」에서 「食」 몇 에 또(「又」) 「米」 몇 을 수납시킴에 있어, 「食」과 「米」에 스페이스를 두지 않는 것과 위의 스페이스는 극히 대조되어, 앞의 집계장적 기능을 했다는 가설의 방증이 된다.

그 경우 당해목간은 공방측이 곡물을 영수할 때, 내부적으로 작성한 記錄簡과도 같은 것일 공산도 있다. 동시에 같은 규격 및 같은 형식의 것이 곡물지급과 수수 등의 출납의 사이에, 작성되었을 공산도 상정가능하다. 이는 물론 일정기간이 지난 뒤에는 수합되어 「椋

椋」의 항목 및 「食」의 종류별로 집계되어 수령대장에 정리 기재되었을 것이다. 그리고 그와 동시에 목간의 기능도 종언을 고하게 되어 폐기되었을 것이다.

본 목간출토지의 竪穴을 창고터로 추정하여 본목간의 椋을 이와 연관짓기도 한다.17) 그런데 수혈을 창고터로 인정한다 하더라도 본 목간의 「椋」과 안압지 출토 토제벼루 묵서의 「椋司」와의 연관성이 부인되지 않는 한 본 목간의 「椋」은 수혈과 직결되는지 아닌지는 불확실하다.

【부기】 본고는 2000년 3월 한국역사연구회 고대사분과 월례발표회에서 발표한 것을 다듬어서 정리한 것이다. 목간의 석문과 규격의 해석 등 큰 틀은 애초의 것과 변함이 없다. 과정에서 안재호·김두철·김호상(이상 동국대 경주캠퍼스 박물관), 박종익(창원문화재연구소) 선생으로부터 여러 편의와 배려를 제공 받았다. 특히 김호상 선생으로부터는 보고서가 나오기 전임에도 불구하고 목간에 대해 활자화할 것을 허락받았으며, 아울러 유적에 관해 여러 敎示를 받았다. 또 하일식(연세대) 선생으로부터는 귀중한『인양사비』탁본을 복사해 받았다. 이 점을 특기하여 감사를 표한다. 한편 신라의 창고에 관한 구체적인 논고는 2000년 10월에 한국고대사연구회 월례발표회에 있었던 김창석「신라의 창고제 성립과 운영」의 요지 참조바람.

(『신라문화』, 동국대 신라문화연구소, 2001.8)

---

17) 본 논문 1절 (2)의 ㉮ 약보고서, ㉯ 동국대박물관 도록 해설. p.100.

□쉼터

제5편
부여 궁남지 목간

☐쉼터

부여 궁남지 출토목간의 성격과 복원

Ⅰ. 발 견

　국립부여문화재연구소에서는 1995년 5월 3일부터 6월 24일까지 50일 동안에 걸쳐 궁남지 조사를 실시하였는데, 이 과정에서 목간 1점이 발견되었다. 원래 조사의 목적은 궁남지 유적 내부 底部遺構 확인 및 퇴적층 조사였는데, 그 과정에서 목조시설과 수로시설이 함께 발견된 것이다. 목조시설 속에서 백제토기·繩席·墨書木簡 등이 출토되었다.

　목간은 細長型의 완형을 갖추고 있으며, 그 기재는 종 35cm, 횡 4cm, 폭 1cm이다. 목간의 상부에서 아래로 5cm되는 곳에 구멍이 뚫려있다. 표면과 이면의 양면에 30자 전후의 문자가 확인된다.

II. 연구의 경위와 간략보고

본 목간에 대해서는 현장설명회와 동시에 1995년 6월 말에 매스컴을 통해 보도되기에 이르렀다. 당시 일본에 유학중이던 필자는 동경에서 『統一日報』를 통해 알게 되었고 이어 몇 가지의 한국 신문을 통해 그 개략을 접하게 되었다. 이어 동년 7월 부여문화재연구소를 방문하여 실견·실사하는 기회를 얻게 되었으며 동시에 관심과 연구를 가속하는 계기가 되었다.

이윽고 동년 11월 최맹식·금용민 두 분의 조사략보고('扶餘宮南池內部發掘調査槪報』, 『韓國上古史學報』 20)가 발표되었고, 당연 그 속에서 목간에 대해서 연구가 가해지게 되었다. 이어서 익년 3월에 박현숙도 목간사진을 이용하여 연구('宮南池出土百濟木簡과 王都五部制」, 『韓國史硏究』 92)를 발표하였다. 최·김 두 사람은 당해유적의 발굴을 직접 담당한 부여문화재연구소의 소장과 실장으로 현장의 입장에서 유적 전반에 관한 소개와 보고를 중심으로 하면서, 부가하여 목간에 대한 사진과 판독도 제시하였다. 이는 발굴담당자의 의견으로서 현장의 중간보고형태의 공식견해로서 존중받아야 마땅할 것이며 본고는 보고서형식면에서 이를 계승한다. 한편 박현숙은 百濟五部制 연구과정에서 당해목간을 그 사료의 하나로 집어넣어 언급하였다. 이하 앞의 논문을 <최·김보고>, 뒤의 논문을 <박논문>이라 약칭한다.

일반적으로 보고서에서 기왕의 연구견해를 정리하는 것은 매우 드문 일이다. 자료에 관한 최초의 소개이자 견해로서 제시되는 것이기 때문이다. 그런데 본 건에 관련해서는 보고서 출간이전에 당해 발굴자 측 이외에서도 견해가 제시되었기 때문이며, 또 한편으로는 발굴자들이 제시한 석문에 대해서 몇 가지 첨가할 여지가 있기 때문이다.

뒤에서 상론하려니와 본 보고에서는 상기 <최·김보고>와 석문과 해석을 달리하기 때문이며, 이는 단순한 자구의 해독에 그치는 것이 아니라 목간의 성격규정 혹 규명과도 직접적 영향을 미친다는 점에서 홀시할 수 없다. 이에 다음 절들에서 양자의 석문과 견해에 대해 짚어 가면서 논을 진행시켜 나가기로 한다.

Ⅲ. 석 독

1. 기왕의 몇 가지 석독과 문제점

목간의 문자는 墨書되어 있으며, 표리 양면에 2행과 1행으로 쓰여 있다. 지금까지 이에 대해서 다음과 같은 석독이 존재한다.

① 부여문화재연구소발간 보도자료에서의 석문(「연구소 1차석독」)
② 최맹식·김용민 양씨의 약보고에서의 석문(상기 『韓國上古史學報』 20, 「연구소 2차석독」)
③ 박현숙씨의 백제 5부 관련 논문에서의 석문(상기 『韓國史研究』 92)

상기 세 종류의 석독은 각각 석독한 순이기도 하다. 먼저 ①에서는

[앞]　　西ア後巷巳達巳斯ア依活□□□□
　　　　歸人中口四　小口二　邁羅城法利源畓五開

[뒤]　　西ア中ア官

이었다. 다음에 ②에서는

　　　　　1 2 3 4 5 6 7 8 9 101112131415
　　　　　　　　　　　[率前後ア]
[앞]　　西ア後巷巳達巳斯ア依活□□□□
　　　　1617 181920　212223　24252627282930313233
　　　　歸人 中口四 下口二　邁羅城法利源水田五形

[뒤]　　3435363738
　　　　西ア中ア夷

로 재판독되었다. 이상과 실질적으로 부여문화재연구소의 견해로서 ①을 「제1차 석독」, ②를 「제2차 석독」이라 할 수 있을 것이다. 「제1차 석독」과 「제2차 석독」의 문자번호는 부여문화재연구소의 넘버링이다.

제2차 석독에서 몇 가지 변화를 볼 수 있었다.

제1. 이른바 〈앞면〉의 제11자를 「活」로 확정하였다.
제2. 이른바 〈앞면〉의 제12·13·14·15자가 □□□□이었던 것을 「率前後巾」로 추독하였다.
제3. 이른바 〈앞면〉의 제30·31을 「畓」의 1문자로 보았던 것을 「水田」의 2 文字로 다루었다.
제4. 이른바 〈앞면〉의 제33을 「開」로 보았던 것을 「形」으로 수정하였다.
제5. 이른바 〈뒷면〉의 제38을 「官」이었던 것이 「夷」가 되었다.

「앞면」·「뒷면」은 각각 「표」·「리」로 대체될 수 있을 것이다.
한편 ③의 박현숙의 석독은 다음과 같다.

[表]　　西部中部□
[裏]　　西部後巷巳達巳斯部依活□□□□
　　　　歸人中口四　下口二　邁羅城法利源水田五形

이는 연구소의 「제2차 석독」 즉 ②의 거의 그대로이다. 차이점은

제1. 석독에서 연구소 석독 ②의 38을 읽지 않은 것
제2. 석독에서 연구소 석독 ②의 제12·13·14·15자를 읽지 않고 □□□□로 둔 것
제3. ②와는 달리 표리를 달리 보았다

는 것을 들 수 있다.

①②는 연구소의 공식견해로서 존중되어야 마땅할 것이며, 석독

의 틀을 마련했다는 점에서 평가되어야 할 것이다. 단 석독에 그치고 해석을 가하지 않고 있다. 이것은 약보고라는 성격에서 기인하는 것이기도 할 것이다. ③은 ①②보다는 일부 문자에 대해 판독에 신중성을 기하고는 있으나 대체로 ①②와 유사한 판독이라 할 수 있다.

목간연구에서 중요한 것은 목간 그 자체에 대한 관찰이라는 점이다. 이 점 상기의 석독에서 약점을 보이고 있다. 또 ①②③ 모두 목간의 <표>·<리>를 구분하고는 있지만 그 근거를 명확히 제시하고 있는 것 같지 않다. 후술하겠지만 필자는 「西卩後巷」으로 시작되는 부분을 이으면 그 반대쪽을 표면으로 보고자 한다. 근거는 후술할 것인데, 이하 그렇게 명명하며 행론하기로 한다.

2. 사 안

1) 판단의 자료

1995년 7월, 1999년 4월과 6월에 각각 3차에 걸쳐 목간을 관찰할 기회를 가졌다. 아울러 발굴당시에 출토상황을 찍어둔 비디오도 볼 수 있었다. 아울러 문화재연구소에서 소장하고 있는 칼라사진 1종 및 적외선 카메라로 찍은 묵서의 사진 2종도 혜람의 기회를 얻었다.

필자는 이상의 자료와 실견을 바탕으로 석독과 사견을 개진하기로 한다. 먼저 목간은 1995년 10월 9일부터 1998년 3월 13일까지 국립해양유물전시관에 보존처리를 맡기었다. 처리 이후에 묵서의 상태는 상당히 악화되어서 일부는 이전에 확인되던 것이 墨이 나라가 확인할 수 없는 개소도 있다. 해서 1998년 이후의 관찰에서는 육안으로는 이면의 하단 특히 좌하단은 관찰하기 어렵다. 따라서 지금에 와서는 목간의 관찰은 규격이나 외적 관찰에 유효할 뿐, 묵서에 대한 판단은 상태가 양호했던 시기에 찍어둔 칼라사진·적외선촬영사진과 비디오에 크게 의존하지 않을 수 없음을 환기시켜 두고 싶다.

2) 앞면(表面)과 뒷면(裏面)

논의의 전개상 편의적으로 「西卩後巷」으로 西卩되는 면을 A면이라 하고, 그 반대면을 B이라 명명한다. ①②과 ③에서 각각 A를 앞면 혹 표면으로, B를 뒷면 혹 이면으로 보거나 반대로 B를 앞면 혹 표면으로, A를 뒷면 혹 이면으로 보고 있다. 그런데 ①②와 ③ 모두 문면 구석구석을 찾아보아도, 그 판단의 근거를 명시하고 있지 않다. 단 ③에서는 박현숙은 "목간에 직접적을 앞면과 뒷면의 표시가 되어 있지 않고, 앞면에 관련부서 및 관리, 뒷면에 목간의 실행내용을 쓸 수 도 있으므로" 표면과 이면으로 구분한다고 하고 있다. 고로 이 문구를 대단히 적극적으로 해석한다면 박현숙은 목간의 내용을 근거로 표리판별의 기준으로 삼은 듯하며, 표면에는 관련부서가 이면에는 실행내용이 나와야 한다는 전제인 듯하다.

그러나 이는 표리를 판단하는 근거로서는 박약하다 아니할 수 없다. <쓸 수 도 있>다는 박현숙의 표현이 의미가 있는 것이라면 이와 관련되는 것이리라 생각된다.

또 ①②에서도 앞면과 뒷면의 구별의 근거는 불분명하다. 단순한 편의상의 구분인 듯한 인상마저 준다. 목간에서 표리 혹 앞뒤의 구분은 내용해독에 중요한 요소로서 작용하므로 가볍게 넘어갈 수 없다. 결론을 먼저 이야기하면, 필자는 A면을 뒷면 혹 이면으로, B면을 앞면 혹 표면으로 보고자 한다. 그 근거는 목간의 형태 혹 형식과 목간의 내용에 바탕을 둔다. 먼저 목간의 형태 즉 외관에 의한 근거는 다음과 같다.

제1, 구멍의 생김새로 보아서이다. 즉 상단에서 4.5cm 되는 부분의 좌우의 중앙부에 구멍이 뚫려있는데, 그 구멍은 그 상태로 보아 B면에서 A면으로 뚫렸을 것으로 판단된다.

제2, 목간의 단면상태의 오목과 볼록상태로 보아서이다. 발견당시와 달리 보존처리 혹 보존중에 <중간부분>이 부러지게 되었는데, 애석한 일이기도 하지만, 전화위복이라고나 할까? 이는 중간 단면상태에 대한 관찰의 좋은 재료로 활용할 수 있다. 이를 보면 사진 [본문도판과 단면도 번호삽입]에서 보는 바와 같이 B면이 볼록하고, A면이 오목한 것이 드러난다. 가공상의 사정상 볼록한 면을 표면으로 보는 것이 자연스럽다. 기실 일본목간의 경우에도 볼록한 면 쪽이 표면인 경우가 일반적이다. 이 점은 가로면의 단면과 세로면의 단면 공히 B면 쪽이 볼록하고 A면 쪽이 오목하다.

제3, 목간 상부측면의 가공상태로 보아서도 그렇다. 목간 하부의 측면은 일부원형을 상실한 듯하여 고찰의 대상으로 삼기 어려우나 목간 상부측면은 미묘하긴 하지만, B면 쪽으로 미세하나마 기울게 가공된 것으로 보인다. 고로 B면을 표면 혹 앞면, A면을 이면 혹 뒷면으로 보아둔다.

목간 외견상의 관찰에 의한 이러한 판단은 후술할 바와 같이 이는 목간의 내용에 대한 고찰에서 나온 분석과도 일치한다. 이에 대해서는 행론의 순서상 석독 이후의 내용분석에서 상술한다.

3) **서체와 석문**

먼저 이면 혹 뒷면의 제1행부터 보아보자.

제1자는 「西」에 이론이 없다. 당해목간 가운데 「西」자는 앞면 즉 표면의 제1자에도 보이는데, 양자를 비교 하면 자체에 차이가 있음도 확연하다. 異筆로 볼 경우 붓을 든 사람이 다른 것인지 붓을 든 시점이 다른 것인지 일 것이다.

제2자는 「阝」의 형태를 하고 있다. 이는 백제의 문자사료에서 보이는 <部>의 異體字이다.

동일 당해목간에서 이 이체자는 표면의 제4자에도 보인다. 역시 양자는 붓의 놀림에 차이를 보이고 있다. 이 이체자는 백제의 문자자료와 일본의 문자자료에 잘 보인다. 백제의 것으로는 충남 부여 동남리 출토 표석(「上阝」,「前阝」)을 들 수 있다. 일본에서는 7세기를 경계로 해서 「阝」자에서 「マ」로 변형을 보인다. 한반도에서 출토되는 자료 가운데는 「マ」의 패턴은 보이지 않는다.

한편 이체자는 고구려의 자료에서 그 선편을 찾을 수 있다. 예를 들자면 평양성 석각 제3석과 제4석이 그것이다.(「內卩」「後卩」) 그렇다면 이 이체자는 고구려에 그 기원을 두고 그것이 백제에, 이어서 일본에 흘러들어 갔다고 할 수 있다.

제3자는 「後」이다. 좌의 삼수변이 이수변처럼 흘려져 있다.

제4자는 「巷」이다.

제5자는 「巳」로 보아 좋을 것이다. 원래 「巳」·「己」·「已」는 서체상 미묘한 차이를 보이고 있는데다가, 상호 통용되기도 하는데, 여기서는 「巳」자에 가장 가까운 것으로 판단하는 ②안이 옳다고 생각된다. 이 점은 제7자도 동일한 판단을 내릴 수 있다.

제6자는 「達」이다.

제8자는 「斯」로 좋을 것이다. 위의 '낫근'변을 흘려쓰고 있다.

이상의 제1자부터 제8자는 ②의 석독과 같다. 그러나 제9자는 사정이 다르다. 이를 ②안에서는 部의 이체자인 「卩」로 읽고 있다. 이는 ③안에서도 그대로 답습되고 있고 내용분석에 있어서도 하나의 중요요소로 해석되고 있다. 그러나 제1행의 제2자 그리고 표면 혹 앞면의 제4자와 비교하면 명백히 드러나듯이, 상변의 가로를 긋는 제1획의 우측에 둥글게 마는 붓놀림은 찾아볼 수 없다. 오히려 좌에서 우로 붓이 가다가 멈춘 인상이 강하다. 고로 <卩>로는 보기 어렵고 오히려 「丁」으로 보아야 할 것이다.

제9자에서 1.2cm의 빈 스페이스를 두고 제10자 이하가 이어진다.

제10자는 상부가 그슬려 확실하지는 않지만 ②안대로 「依」로 좋을 것이다.

제11자는 좌변에 傷痕이 있어 자획이 불분명한데 우변은 舌임이 뚜렷하다. 「恬」의 형태라 할 수 있다. 우변이 舌인 글자로는 「活」·「恬」·「括」·「聒」·「蛞」·「話」·「銛」의 7종이 꼽힌다. 굳이 추독하자면 좌변에 약간 남은 묵흔은 「活」자에 가장 가깝지 않을까 한다.

제12자는 ②안에서는 <率>자일 가능성을 개진하고 있다. 하부에 <十>자 같은 형상이 엿보인다. 상부에 묵흔이 보이므로 ②안처럼 「率」자 이외에 <準> 등도 떠오르는데, 남겨진 묵흔을 가지고 판독에까지 이르기는 무리가 있다고 본다.

제13자는 ②안에서는 <前>이 아닐까 추정하고 있다. 글자의 상부로부터 아래로 3분의 1쯤 되는 장소에 가로로 패인 傷痕이 보인다. 필자의 힘으로는 판독불능이다.

제14자는 ②안에서는 <後>자일 개연성을 개진하였다. 좌변은 「火」처럼도 보인다. 우변은 읽을 수 없다. 읽을 수는 없지만 그렇다고 해서 「後」자로까지 단정하기는 어렵지 않나한다.

제15자는 「T」자처럼 보인다. 세로로 된 획이 길다. ②안에서는 이를 <卩>로 보았다. 그보다는 「丁」자의 쪽이 더 개연성이 있어 그리로 보아둔다.

다음은 제2행의 문자들이다.

제1자는 우변은 「소」자임이 확실하지만, 좌변이 약간 소실되어

불완전하다. <歸>·<婦>·<帰>·<掃> 등을 상정할 수 있으나 좌변의 잔획은 「歸」에 가장 근접하다고 판단된다. ②안대로 「歸」로 좋을 것이다.

　제2자는 「人」에 이론이 없다.

　제3자는 「中」이다. 제4자와 제5자는 각각 「口」·「四」이다.

　제5자에서 제6자와의 사이에는 2.3cm의 빈 스페이스가 두어지고 있다.

　제6자는 ②안에서는 <下>로 보고 있다. 확실히 <下>자의 이체자에 「∴」이 있다. 그러나 세 개의 세로의 획 중에 가운데 획은 좀 긴 감이 짙다. 고로 「小」로 보아두고자 한다. 이미 田中俊明도 이를 <小>로 석독한 적이 있다.[1]

　이하 제7자부터 제14자까지는 ②안에 이론이 없다.

　제7자와 제8자는 각각 「口」·「二」이다.

　제4자부터 제8자까지는 다른 자와 비교해서 자획이 작다.

　제8자에서 제9자의 사이에는 5.3cm의 스페이스가 두어지고 있다.

　제9자는 「邁」이다. 제10자는 하좌변의 <絲>가 흘려졌거나 지워진 「羅」자로 보인다.

　제10자는 「城」자이다. 제11자·제12자와 제13자는 각각 「法」·「利」·「源」으로 좋을 것이다.

　제14자는 ②안에서는 「水田」의 두 글자로 간주하였다. 한편 ①에

---

1) 田中俊明, 「百濟後期王都泗沘をめぐる諸問題」, 『堅田直先生古希記念論文集』, 眞陽社, 1997.3.

서는 「畓」의 한 글자로 보았었다. 한 글자인가 두 글자인가는 대단히 미세한 차이여서 판단이 용이하지 않다. 이 부분의 윗글자인 「法」·「利」·「源」과의 글자 크기의 밸런스의 면에서 한 글자 즉 「畓」으로 보아둔다. 단 한 글자로 간주하든 두 글자로 간주하든 ①②의 양안은 의미상의 차이는 없을 것이다.

제15자는 「五」로 좋을 것이다.

제16자는 「形」인 듯하다.

다음은 표면 혹은 앞면의 문자들이다.

제1자의 하부와 제2자의 하부가 아주 약간 겹쳐 있다. 그 점에서 제1자와 제2자를 하나의 문자로 간주할 소지도 없지는 않아보이고, 예로 「粟」자 등이 그것이 될 수 있지만, 이는 무리일 것이다. 제1자는 「西」로 보아 무난할 것이다. 당해목간에서 「西」는 이면 혹 뒷면의 제1행의 제1자에도 보이는데, 양자는 서체에 미묘한 차이를 보인다. 이면의 쪽이 자체가 두텁다.

제2자는 최·김안에서는 「卩」로 판독하였으나, 자체로서는 판단이 용이하지 않다. 西 다음에는 「卩」가 와야 하는 것이 순리이기는 하다. 다만 「卩」로 보이는 표면 제1행의 제2자 혹은 같은 면의 제4자와 상부흘림에 차이를 보이는 점이 선뜻 판단을 주저하게 한다. 그러나 따로 달리 다른 문자를 상정하는 것도 용이하지 않다. 고로 잠정적으로 「卩」로 추독해 둔다.

제3자는 최·김안에서는 「中」으로 읽었는데, 그 경우 제1획과 제2

획 부분이 불확실하다. 오히려「丁」에 더 가까우리라 여겨진다.

제4자는 최·김안대로「卩」로 문제없을 것이다. 역시 이면 제1행 제2자와 서체에서 미묘한 차이를 보인다. 제1획의 도입부와 제1획에서 제2획으로의 연결이 표면의 쪽이 좀더 흘림체이다.

제3자와 제4자 사이에는 1.6cm의 스페이스가 두어져 있는데 표면의 여러 자의 종이 제1자가 1cm, 제2자가 1.1cm, 제3자가 0.8cm, 제4자가 1.2cm, 제5자가 2cm인 것을 참작하면 충분히 한 자 분의 空格이 두어져 있다고 볼 수 있는데, 묵흔은 전혀 발견할 수 없다. 대신에 내부지름 종 0.2cm, 횡 0.3cm 그리고 외부지름 종 0.3cm, 횡 0.5cm의 타원형적인 구멍이 뚫려 있다. 이는 이면과 동일한 구멍의 다른 면이다.

제5자는 최·김안에서는 夷일 가능성을 조심스럽게 제시하고 있다. 자체로서는 夷자에 가장 근접해 있는 것으로 보이므로 夷로 보아둔다.

이상의 판독을 바탕으로 아래의 [釋文]을 제시할 수 있다.

【釋文】

[裏]				[表]	
	2		1		1
歸	1	西	1	西	1
人	2	卩	2	□〔卩?〕	2
中	3	○	後 3	丁	3
口	4	巷	4	○ (구멍)	
四	5	巳	5	卩	4

```
            達 6        夷    5
    小 6    巳 7
    口 7    斯 8
    二 8    丁 9

    邁 9    依 10
    羅 10   話 11
    城 11   □ 12
    法 12   □ 13
    利 13   □ 14
    源 14   丁 15
    畨 15
    五 16
    形 17
```
　　　　　　(35×4×1)　011型式

숫자는 필자의 편의상의 문자에 관한 번호부침
사선의 숫자는 행. 그냥의 숫자는 列
O 는 문자가 아니라 구멍

IV. 자구해석의 문제

앞 절에서의 판독에 의하여 다음의 석독을 제시할 수 있다.

　　　〔卩?〕
표면　西□丁卩夷
이면　西卩後巷巳達巳斯丁　依舌□□□丁

歸人中口四 小口二 邁羅城法利源畓五形

〔卩?〕
표면　A西□丁·B卩夷
이면　A丁(①西卩後巷巳達巳斯丁　②依活□□□丁)
　　　B歸人(①中口四　②小口二)　C邁羅城法利源畓五形

표면　西□〔卩?〕丁과 卩의 夷
이면　西卩의 後巷의 巳達巳斯丁과 依活□□□丁
　　　歸人 中口四 小口二 邁羅城의 法利源의 畓 五形巳達巳

③에서 다음과 같은 해석이 제시되었다.

西部 後巷(에 사는) 巳達巳는 A이 部에 의거하여 □□□□에서 활약했으므
로 歸人인 中口四·下口二과 邁羅城 法利源의 水田 五形(B을 하사 한다)
　　　　　　(A·B와 下線은 필자첨가)
　　　西 部 後巷 巳達巳斯部依活□□ □ □
　　　歸人中口四 下口二 邁羅城法利源水田五形

그런데 앞 절에서와 같은 석독의 입장에 서는 필자로서는 ③의 박현숙의 해석과는 궤를 달리한다. 한편 박현숙 해석은 박현숙 석독에 입각하더라도 납득하기 어려운 면이 보인다.

먼저 상기의 A부분이다. 즉「斯部依活□□□□」의 부분을「이 部에 의거하여 □□□□에서 활약하였으므로」로 해석하는 점이다. 이에 따르면「斯部依, 活□□□□」로 끊어 해석하는 듯이 보인다.

첫째로 「依」를 「의거하여」라는 동사로 풀이했는데 그 객어(목적어)를 「依」의 앞에 오는 「斯部」에 걸고 있다. 그러나 「依」가 동사라면 그 객어는 「依」의 뒤에 오는 5자 「活□□□□」안에 있어야 할 것이다. 따라서 「이 부는 活□□□□에 의거하여」로 해석되어야 할 것이다. 물론 이경우도 엄밀하게 생각하자면 活가 이후 네 자 가운데 어디까지 걸리느냐에 따라서 이외에도

「이 부는 活□□□에 의거하여□」,
「이 부는 活□□에 의거하여□□」,
「이 부는 活□에 의거하여□□□」,
「이 부는 活에 의거하여 □□□□」,

의 네 가지를 더 상정할 수 없는 것도 아닐 것이다.

둘째로 「活□□□□」을 「□□□□에서 활약했으므로」라고 했으나 이는 근거미약이다. 「活」 뒤에 장소가 나오는 것을 전제로 하는 해석이다. 하지만 「□□□□」가 어떤 문자인지 박현숙은 추정한 적이 없는데 장소로 해석하는 것은 난센스일 뿐더러 설령 장소 혹 지역명이 나올 수 있다 하더라도 「□□□□」의 4자가 모두 장소 혹 지역인지 아닌지 단정할 근거는 없을 것이다.

셋째로 「活」이라고 석독할 수 있느냐 없느냐도 큰 문제이려니와 설령 「活」로 읽는다 하더라도 그것을 <활약하다>로 해석할 수 있는지는 별개문제이다.

다음은 B부분이다.

「하사한다」는 것은 박현숙의 논리에서만 존재하는 용어여서 실제 <하사했다>는 단어가 당해목간에 보이는 것은 아니다. <하사하였>는지 어떤지는 불분명하거니와 설사 박현숙의 논리에 입각해서 <하사했다>고 상정하더라도 그것이 「歸人」과 「邁羅城」의 水田에 걸리는지 아닌지도 불분명하다. 박현숙 논문에서의 최대의 문제점은 裏面에 대한 해석의 결여이다.

이상에서 박현숙 해석의 문제점은 충분히 부각되었다고 생각된다. 이하에서 목간에 대한 해석을 시도하고자 한다.

V. 목간의 해석과 성격

당해목간의 성격에 대해 추구함에 있어서, 필자의 석독에 입각해서 다음과 같은 용어가 그 키워드가 된다.

〔卩?〕
西□丁卩夷 (표면)
西卩의 後巷
① 巳達巳斯丁 ② 依舌□□□丁
③ 歸人 A中口四 B小口二

④ 邁羅城・法利源畓 五形　　(이상 이면)

항목에 따라 설명을 가하고자 한다.

I. 이면(뒷면)

1) 西ㅁ 後巷

주지하다시피 주서에 의하면

A 都下有萬家. 分爲五部. 曰上部, 前部, 中部, 下部, 後部.(『周書』百濟傳)
B 畿內五部. 部有五巷. 士人居焉.(『隋書』百濟傳)

백제는 왕도에 행정구획으로서 5部가 두어졌다. 그리고 그 部 아래에 각기 5개의 巷이 있었다고 전해진다.
제1, 部를 이름하는 법으로는

가) 左-右-前-後-中으로 하는 것
나) 東-西-南-北-中으로 하는 것

으로 알려져 있다.『日本書紀』를 제외한 국내출토의 瓦나 里程標石 등의 자료에서는 가)통만 보여왔는데 당해목간은 나)계통자료로서는 첫 발견이다.

西部와 관련하여 『日本書紀』에서 다음 네 가지 기사와 『삼국사기』에서 한 가지 기사를 추출할 수 있다.

Ca 欽明十三年(552)十月, 百濟聖明王〔更名聖王〕, 遣西部姬氏達率怒唎斯致契 等, 獻釋迦佛金銅像一軀·幡蓋若干·經論若干卷.

Cb 齊明元年(655), 是歲, 高麗·百濟·新羅, 並遣使進調〔百濟大使西部達率餘 宜受, 副使東部恩率調信仁, 凡一百餘人〕.

Cc 齊明六年(660)九月, 百濟遣達率〔闕名〕·沙彌覺從等의 奏西部恩率鬼室福 信, 赫然發憤, 據任射岐山〔或本云, 北任敍利山也〕. 達率餘自進, 據中部久麻 怒利城〔或本云, 都々岐留山〕. 各營一所, 誘聚散卒.

Cd 天智十年(671)六月, 宣百濟三部使人所請軍事.

D 黑齒常之, 百濟西部人, 長七尺餘, 驍毅有謀略, 爲百濟達率兼風達郡將, …常 之懼與左右酋長十餘人遯去, 嘯合逋亡, 依任存山自固, 不旬日, 歸者三萬.

Ca을 제외하면 백제말기인 7세기 중반에 그 사료가 집중된다는 점이 특징적이다.

제2, 지금까지 部에 관한 자료는 많았지만 巷에 대한 자료는 중국사서인 『隋書』(사료 B, 『北史』) 이외는 아직 그 사례를 찾아볼 수가 없었는데, 금번 당해목간은 최초의 「巷」이 어떻게 사용되었는가를 보여주는 백제자료이고, 그 점에서 중요하다.

제3, 아울러 部와 巷을 연칭하는 사용한 경우의 자료로서도 처음이어서 소중하다. 이 점은 왕도의 도시계획과 관련자료로서도 주목되어야 할 것이다.

2) 已達巳斯丁과 依活□□丁

　已達巳斯丁는 인명관련으로 봐서 좋을 것이다. 말미의 丁을 인명으로 볼 것인가 아니면 丁男과 관련된 것으로 볼 것인가이다. 한편 ①②③에서는 모두 丁 즉 제1행 제9자를 阝 즉 部로 읽었으며, ③에서는 이를 적극적으로 斯와 결부시켜 <이 부는>이라고 해석하여 뒤의 衣이하와 연결지웠음은 앞에서 언급한 바와 같다. 그런데, 제1행의 제9자를 어떻게 읽던 간에 제9자의 위에 오는 제5자·제6자·제7자 혹은 제8자와 따로 떼어 생각하기는 어렵다고 판단되는데 그 이유는 형식적인 면에서이다. 목간에는 일정한 스페이스가 존재하는데 이는 단순한 형편상의 空格이 아니라, 의미상의 구별 혹 나눔의 의미도 들어있다고 여겨진다. 예를 들어 제2행의 제5자와 제6자 사이에는 2.3cm의 사이가, 제8자와 제9자의 사이에는 5.3cm의 사이가 떼어져 있다. 이는 口의 계산 혹 명확한 판별을 위한 시각적 배려라 할 것이며, 후술하겠지만, 동일 목간전체의 공통된 서식 즉 문서양식과도 관련이 있으리라 여겨진다. 그러한 점에서 제1행의 제9자와 제10자의 사이도 예외는 아닐 것이다. 스페이스가 두어진 제9자를 비롯한 그 위의 문자들은 스페이스 아래에 오는 제10자 이하와는 일정한 단절적 분별적 의의를 부여해야 할 것이며, 그러한 의미에서 <이 部는>이랄지 <이 丁은>으로 해석하는 것은 어색할 것이다.

역으로, 그러한 점에서 斯는 지시사라기보다는 고유명사로서 고유명사 즉 인명으로 보이는 巳達巳와 연속된다고 보는 것이 자연스러울 것이다. 즉 巳達巳斯까지를 인명으로 보아 두는 것이 타당할 것이다. 丁에 관해서는 인명의 연속으로 봐도 무리는 없으나, 표면 즉 앞면의 西□丁과 연결하여 丁男의 의미로 파악해두고자 한다. 즉 巳達巳斯丁이란 巳達巳斯·丁인 것이어서 丁인 巳達巳斯란 표기로 받아들이고 싶다.

아울러 依舌□□□丁은 먼저 제10자 依를 동사로 생각하면 "무엇무엇에 의거하다"라는 규정 혹 법령과 관련이 있을 것이고, 이 경우는 규정은 巳達巳斯丁을 적용 혹 규정대상으로 하는 것임은 말할 나위도 없을 것이다. 한편으로 제10자 依를 고유명사로 보고 제15자 丁을 제9자와 동일한 성질의 것으로 파악한다면 제10자 이하의 5자도 巳達巳斯와 같은 인명으로 파악할 수 있을 것이다. 이 경우 「丁」에 해당하는 사람은 2인이 되게 되는 셈이다. 인명 말미에 「丁」을 명시한 것은 다음에 서술할 「中口」·「小口」와 함께 호적류와 관계될 것이다.

巳達巳斯 혹 巳達巳斯丁은 관칭되고 있는 「西卩後巷」에 소속 혹 관련된 인간일 것이라는 것은 추측하기 어렵지 않을 것이다. 또 依舌□□□丁도 동일하게 「丁」을 나타내는 인명이라고 한다면, 마찬가지로 역시 「西卩後巷」에 소속된 인물이 될 것이다.

상기 1인 혹 2인은 京都의 인간임에도 姓을 갖고 있지 않다. 백제에는 이른반 王姓인 餘(扶餘)씨를 비롯하여 大姓八族(혹 실은 七族) 등이 알려지고 있으며, 『南齊書』단계에서 (전게사료 B1·B2) 이미 확인되고 있다. 그러나 고대사회에서 姓의 소지는 특권지배층에게만 가능한 것이었고, 본 목간에서도, 열거된 1인 혹 2인의 京都人은 성을 갖고 있지 않다. 이는 그 혹 그들이 丁인 것과 배치되지 않는다. 그(들) 역시 국가 호적의 관리 하에 노동력 수취의 대상의 범위 내에 있었다고 할 수 있다.

3) 「歸人」

「歸人」에 대해 최·양씨는 ②에서 인근 신라나 고구려에서 넘어온 <歸化人>이라는 시좌를 제시하였다. 한편 박씨는 ③에서 호적과의 관련 및 전쟁포로일 가능성도 상정하였다.

「歸人」이란 용어에서 떠올릴 수 있는 소박한 개념은 <歸附한 사람>·<돌아온 사람>·<歸屬된 사람>이란 의미이다. 사료 혹 자료의 차원을 달리하고 있지만 참고로 『삼국사기』에서 <歸>와 관련하여 수종의 기사가 있지만 대표적인 몇 가지 패턴은 다음과 같다.

> 東城王 四年春正月, 拜眞老爲兵官佐平, 兼知內外兵馬事. 秋九月, 靺鞨襲破漢山城, 虜三百餘戶以歸.
> 東城王 十五年春三月, 王遣使新羅, 請婚, 羅王以伊飡比智女, 歸之武寧王 卽位條 諱斯摩(或云隆), 牟大王之第三子也. 身長八尺, 眉目如畵, 仁慈寬厚, 民心歸附.
> 武寧王 十年春正月, 下令完固隄防, 驅內外游食者, 歸農.
> 義慈王 初, 黑齒常之嘯聚亡散, 旬日間歸附者三萬餘人.

이들은 <돌아오다>·<귀환(케) 하다>·<돌려주다>·<돌려보내다>·<귀부하다>등의 용법을 보이고 있어 일반적 개념과 다르지 않다. 결국 「歸人」이란 「돌아온 사람」·「歸還한 사람」·「歸附한 사람」 정도의 뜻으로 봐서 좋을 것이다.

이 점에서 주목할 만한 시사를 주는 것이 ②에서 최·김 양자의 「歸化人」이란 해석이다. 일본고대의 율령제에 있어서 「歸化」 혹 「歸化人」의 개념이 존재한다는 것은 널리 알려진 사실이다. 이것이 일본에서 사용되는 것은 7세기말에서 8세기 초부터이며, 이는 율령국가형성단계의 지배자 층의 정치사상을 반영하는 것으로 중화사상의 성립과 관련 깊을 것이다. 일본고대에 있어서의 「歸化人」은 왕화에 「歸」한 사람이란 의미로서, 왕권과 국가와의 일정한 귀속관계를 맺은 자를 지칭한다.

이와 같은 개념은 백제국가에서도 존재했을 공산이 크다고 추정되는데, 이유는 다음과 같다. 백제국가는 5세기 말에서 6세기에 걸쳐 남방으로의 영역확대를 그 계기로 해서 백제식 중화사상이 전개되기 시작했다고 알려져 있다.[2] 백제식 중화사상의 존재의 근거는 다음과 같다.

제1. 탐라를 「南蠻」으로 불렀다.
제2. 가야제국을 「蕃國」으로 호칭하였다.

---

[2] 酒寄雅志,「古代東アジア諸國の國際意識:「中華意識」を中心として」,『東アジア世界の再編と民衆意識』(歷史學硏究別冊特集), 1983.11. 아래의 근거의 제2는 酒寄가 든 것이다.

제3. 신라를 비롯해 영산강·섬진강 및 낙동강 주변의 여러 소국을 「附」庸된 「旁小國」으로 보는 관념이 존재하였다.3)

제1에서 「南蠻」이란 중화가 주변을 夷狄視하여 부르던 호칭이다. 『中原碑』에 의하면, 5세기 전반 혹은 후반에, 중국에 있어 東夷에 해당하였던 고구려가 5세기에 신라를 「東夷」로 호칭하였던 사실이 있다. 마찬가지로 중국의 「東夷」였던 백제에있어서도 忱彌多禮(지금의 제주)를 「南蠻」으로 위치지우고 있던 사실이 확인된다. 물론 이는 백제 그 자신을 「華」로 위치지우는 백제중심의 화이 혹 중화사상의 양성을 그 전제로 한다. 이것은 백제 내부와 외부와의 구분이 있었다는 것은 말할 나위도 없을 것이다.

제2에서 가야제국을 「蕃國」으로 보는 번국관의 존재는 실로 제1의 백제중심의 중화사상의 연장선상이자 백제 주변소국에 대한 적용이라고 볼 수 있다.

제3은 백제 무령왕의 對梁外交에서 엿보이는 「旁小國」의 「附」庸 주장이다.

상기의 제1·제2·제3은 백제중심의 중화사상의 적용대상 범위를 생각하는데 시사깊다. 한편 백제중심의 중화사상은 원조 중화사상의 중국과의 관계에서는 충돌할 수밖에 없는 것인데, 제3을 통해 보면 백제의 중화사상을 백제자신은 중국과의 관계의 하부에 두는 2차적인 것으로 위치지웠던 듯하다. 전쟁과 정치상황의 유동으로 인

---

3) 졸고, 「『梁職貢圖』百濟國使條の〈旁小國〉」, 『朝鮮史研究會論文集』 37, 1999.10.

해 삼국시대에 있어서 인민의 출입이 격했다고 할 수 있다. 당연 여러 경로를 통한 외부로부터의 인민이 유입 혹 유출되었다. 당연 유입인민에 대한 파악이나 그에 정책이 필요하게 되어갔을 것이다. 이 점은 백제도 예외가 아니었을 것이다. 백제적 중화사상의 성립을 보인 백제국가에 있어서는 백제를 기축으로 한 내·외의 개념이 존재하였다고 보아 당연할 것이며, 적어도 백제 왕권과 국가의식의 강화에 비례해서 그들에 대한 분별 혹 차별은 더욱 필요하였을 것이다. 따라서 「歸人」이 그와 관련된 것이라면, 바로 <百濟王의 王化에 歸附한 사람>으로 해석할 수 있을 것이다.

「歸人」이란 일반인민과는 달리 일컬어지는 존재였다는 점에서 구분되어 호칭되며, 파악되는 존재였다는 점에 주목하고 싶다. 단 그 구분이라는 것이 차별적 처우나 관리까지 의미하는 것인지 아닌지는 불확실하다.

백제의 국가의식이 강화되면서, 원래 백제인민과 유입인민 사이에 구분이 지어졌을 것은 충분히 예상할 수 있다. 예로 7세기에 구가야지역을 둘러싼 백제-신라 사이의 전쟁에서 승리한 백제에게는 一千餘人이라고 하는 인구의 대량유입이 있었으며, 이들이 백제의 「國西州縣」에 「分居」조처되는 것이다. 「분거」조처는 그 자체가 집단세력화를 방지하기 위한 일종의 <徙民政策>이자 인민 통제관리의 한 정책이기도 하다. 분거를 통해 구심점 및 세력약화와 해체를 통해 백제의 각각의 기존 지방사회 안에서의 동질화를 도모하였을 것으로 분석된다. 이 경우도 물론 사민분거된 인민들은 백제재지 지방사회에서 완전 동화되어 중앙으로부터 세력도모의 위협이 해소되었다고 인식될 때까지 구분 및 통제의 대상이 되었을 공산이 크고, 그런 의미에서 「歸人」의 한 패턴중 하나가 될 수 있다.

백제의 내외 혹 華夷의 구분은 외부로부터의 유입인에 대한 규정을 필요로 하였고, 그에 대한 규정이 바로 「歸人」이었었을 가능성을 상정해 두고 싶다. 이 점은 후술하지만 표면의 「夷」와의 관계에서도 이야기할 수 있다.

4) 점구부와 호구관리

고대사회에 있어서의 국가에 있어 인적 자원은 주요 생산기반이었고, 그에 대한 관리는 당연히 국가의 세심한 배려의 대상이었다. 실지로 백제 멸망직후 진주한 당의 유인궤가 실시한 작업 중의 하나가 호구에 대한 파악(「籍戶口」)이었으며4) 이는 멸망 이전에 이미 백제국가에서 호적의 존재를 시사한다.

호적파악과 관련하여 주목되는 것은 「点口部」이다. 『周書』에는 6세기 이후 백제의 관사제의 상황이 잘 나타나 있으며, 그에 의하면 內官 12부와 外官 10부가 존재하였고 외관중에서 「點口部」가 있었다고 전한다. 이 곳은 <호적징발>을 분장하고 있었던 것으로 추정된다. 즉 그 직장은 「口」에 대한 「點」檢이었던 것이다.

---

4) 義慈王…〈仁軌〉始命瘞骸骨, 籍戶口, 理村聚, 署官長, 通道塗, 立橋梁, 補堤堰, 復坡塘, 課農桑, 賑貧乏, 養孤老, 立〈唐〉社稷, 頒正朔及廟諱. 民皆悅, 各安其所.

한편 백제의 호적은 『日本書紀』繼體 3년(509)조에 "春二月, 遣使于 百濟. '百濟本記云·久羅麻致支彌·從日本來. 未詳' 括出在任那日本縣 邑百濟百姓浮逃絶貫三四世者,竝遷百濟附貫"에서도 엿보인다. 이 사료 에는 「括出」·「縣邑」·「浮逃」·「絶貫」 등의 율령제 용어가 구사되고는 있 지만, 백제사회의 일면을 시사해 주는 사료로 봐도 무방하다고 판단 된다. 그 경우 「貫」은 호적에 다름아닐 것인데 상기 백제 멸망기사에 보이는 「籍」에 상통할 것이다.

여기서 「附貫」·「絶貫」은 호적에의 편입과 이탈과 관련된 것이다. 인민의 「浮逃」에 의한 호적으로부터의 일탈은 「括出」 즉 추쇄작업에 의해 「附貫」 즉 호적에의 편입 혹 재편입 과정을 거쳤음을 추정할 수 있다.

본 목간에 「中口」·「小口」란 용어가 보이는데 이는 백제의 호구관 련의 자료로서 그 의미가 다대하다고 하지 않을 수 없다. 「口」란 광 개토왕비에 보이는 「男女生口」의 「口」에 다름아닐 것이다. 한편 ①② ③에서 모두 이를 「中口」·「下口」로 읽었으며, ③에서 박씨는 이것이 고구려에서 재산의 크기에 따라 3등호제가 있었던 것처럼 백제에서 도 조세수취의 기준으로 실시되었다고 주장하고 있다.[5]

그런데 박씨는 口를 戶와 동일한 개념으로 파악하고 있는데 戶와 口는 응당 구분되어야 할 존재이다. 즉 戶는 口의 상위개념이며, 口 는 戶의 구성요소이다. 口가 몇 모여서 戶가 이뤄지는 것이다. 양자

---

5) 박현숙,본문인용 논문 p16.

가 동일하게 환치될 수 없음은 唐平百濟碑의 "凡置五都督府 …戶二十四萬,口六百二十萬"이라는 기사가 분명히 해주고 있다. 이를 환산하면 멸망전후에 있어서 1호는 대략 口 24 전후였다는 계산이 된다. 고로 三等戶제를 口에 끼워맞출 수 는 없다. 게다가 「中」·「下」에 이끌리어 「上」을 가정하고 그것을 전제로 한 논의인 점도 그 전제가 되는데, 인구 개개인을 단위로 하는 口에 재산의 크기에 따른 분류가 존재하기는 어려울 것이고, 그러한 분류는 戶에서나 가능할 것이기 때문이다.

또한 口를 상·중·하로 구분하였는가 하는 점도 의문이 남는다. 더불어 「小」로 판독하는 필자의 입장에서는 「下」는 오독이라 생각한다. 기본적으로 口에 대한 국가의 파악과 분류는 재산의 다과가 아니라 연령이었다는 사실을 상기해야 할 것이다. 중국율령의 戶令은 참고가 되는데,

諸男女. 三歲以下爲黃. 十六以下爲小. 二十以下爲中. 其男年二十一爲丁. 六十爲老. 無夫者爲寡妻妾.(『唐令拾遺』 戶令第九-八乙의 개원 25년의 戶令)

와 같아 남녀 모두 3세 이하를 黃, 16세 이하를 小, 20세 이하를 中, 남자 중에 21세를 丁, 60세를 老라고 한다고 한다. 물론 사료에 따라 약간의 차이는 있지만 대체적으로 남자의 경우 나이에 따라 黃-小-中-丁-老로 구분되었다는 사실이다. 이러한 구분은 당령을 참조했다고 여겨지는 일본율령에서도 다음과 같이 보인다.

凡男女. 三歲以下爲黃. 十六以下爲小. 廿以下爲中. 其男二十一爲丁. 六十一
爲老. 六十六爲耆. 無夫者爲寡妻妾.(『律令』戶令 第八6)

이에 의하면 남녀 구분없이 3세 이하를 黃, 16세 이하를 小, 20세를 中이라 한다. 여기까지는 唐令과 동일하나, 그 뒤가 약간 달라서 21세의 남자를 丁, 61세를 老, 66세를 耆로 구분하였다. 결국 黃-小-中-丁-老-耆로 구분되었다.

이상을 염두에 두면, 당해목간의 「中」·「小」란 「大」를 전제로 하는 3分 혹 3等制가 아님 또한 이를 나위가 없을 것이다. 「中口」·「小口」의 존재란 이를테면 <黃>·<丁>·<老> 혹 <耆>까지도 포함하는 연령에 의한 몇 등급의 「口」의 존재를 전제로 하는 것이며, 백제국가에 있어서 口에 대한 파악이 이 같은 몇 개의 등급에 의하여 이뤄지고 있었음을 시사한다.

당해목간의 「中口」·「小口」는 이러한 구분의 <中>·<小>에 해당하는 것일 것이며, 前節의 巳達巳斯丁(혹 依話□□□丁도)의 丁은 <丁>에 해당한 갓으로 보인다. 즉 목간에서 보자면, 이러한 구분의 호구파악은 「歸人」이건 歸人이 아니건 간에 적용되어 파악되어 있었던 것이다. 즉 「歸人」도 인민 일반의 파악에 적용된 기준이 적용되고 있었던 것이니, 이는 호적파악의 기본목적이 국가재정과 경제와 관련된 것임을 상기하면, 그리 이상한 것은 아니며, 역으로, 歸人도 노력징발의 면에서는 일반인민과는 차별되는 존재가 아니었다고 이야기할 수 있을 것이다.

5) 매라성

邁羅城과 관련하여 다음 사료들을 들 수 있다.

萬盧國(『三國志』 韓條), 萬盧國(『翰苑』 百濟條)
邁盧王, 邁羅王(『南齊書』 百濟條)
邁羅縣(『三國史記』 志)

상기의 몇 가지 표현은 대체로 같은 실체로 볼 수 있을 것이다. 즉 邁는 萬과 통하였고, 盧도 羅와 통하였던 듯하다. 시기순으로는 보면,

萬盧   →   邁盧 혹 邁羅   →   邁羅
3세기   5세기 제4분기   백제멸망기

의 명칭 혹은 표기의 변화를 보여서, 邁羅는 5세기 제4사분기 즉 대체로 5세기 후반기 전후로부터의 표기로 보인다. 당해목간에서 구사되는 <邁羅>는 남제서와 『삼국사기』의 표기와 닮아 적어도 5세기 후반기 이후의 표기로 짐작된다. 한편 부여 궁남지의 축조시기를 감안한 당해목간의 연대는 6세기를 거슬러 올라가지 않을 것인데, 위의 명칭변화의 흐름은 이러한 유물의 시기와 배치되지 않는다.

邁羅의 위치에 대해서는 末松保和는 전북 옥구와 전남 장흥 회령을 그 후보지로 비정하기도 하고[6], 천관우도 옥구에 비정하였다.[7]

---

6) 末松保和, 「任那の衰替」, 『任那興亡史』, 大八洲出版, p.112.

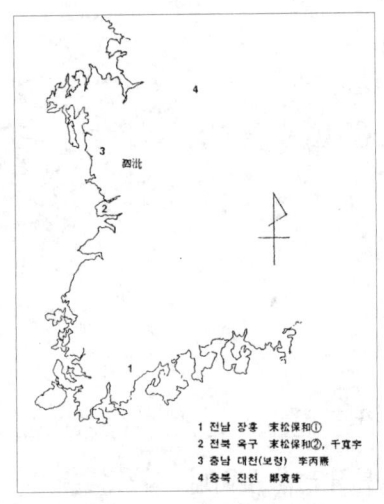

매라성 위치비정의 여러설

한편 이병도는 충남 보령으로 비정하였고8), 정인보는 충남 진천에 비정하였다.9) 그런데 대체로 전라도 지역에서 찾는 것이 올바를 것이다.(지도참조)

이 [邁羅城]은 『삼국지』위지 동이전 한조에 마한 54소국 가운데 하나 즉 萬盧國으로서 등장하고 있는 만큼(사료C), 3세기 삼한시대부터 존재하였던 유서 있는 재지사회였다. 또한 남제서에서는 백제왕의 상표중에 보면, 백제 스스로 假授한 관작호중에 邁盧王가 보이고 여기에는 왕족으로 보여지는 餘歷이 임명되고 있다.(사료D1)

또 이어서 495년의 牟大10) (東城王)의 상표에 따르면, 490년에서 495년 사이에 네 명의 장군에게 왕호를 봉하는데 그 가운데 邁羅王이 등장하고 이에는 沙法名이 책봉을 받고 있다.(사료D2)

이에 대한 해석에 있어서는 백제의 영유여부를 놓고 크게 두 가지로 나뉜다. 첫째는 실제의 封國 혹 封地를 반영한다고 보는 의견으로11), 이에 따르면, 새롭게 백제의 영유가 된 곳이라 할 수 있다. 둘

---

7) 천관우, 「馬韓諸國의 位置試論」, 『古朝鮮史·三韓史의 硏究』, 일조각, 1989, pp.405~406.
8) 이병도, 「三韓問題의 硏究」, 『韓國古代史硏究』, 1976, 博英社, p.265.
9) 정인보, 『朝鮮史硏究』, 1935.
10) 이기동, 「中國 史書에 보이는 百濟王 牟都에 대하여」, 『百濟史硏究』, 일조각, 1996(초출, 1974.6).

째는 그 영유에 대해 신중한 의견도 있다. 아직 확실히 영유하기까지는 불안정한 지역도 포함되면서, 영유하고 있지 않은 지역에 대해 영유의 정당성이 주장 혹 요구된 것이라는 해석이다.[12]

封地로서 등장하는 지역에 백제의 지배실태는 불분명하다. 또 백제가 진출하였다 하더라도 여러 지역이 균질적이었던가는 불확실하다. 다만 5세기 특히 후반기에 <邁羅>는 백제왕권의 관심의 범위 내에 있던 지역이라는 사실은 이야기 할 수 있을 것이다. 백제조정에서는 왕족 혹은 유력씨족을 그와 연계시키고 있었으며, 그에 대한 권위 혹 인증을 중국에 구하고 있었다.

한편 담로제에 대한 견해는 한성시대부터 존속했다는 견해와 상기의 왕후제와 관련된다는 견해로 대별되는데, 후자의 견해에 서게 되면, <邁羅>는「王族子弟」를 분거시켰다는 담로에 해당되게 된다. 6세기 초에 檐魯는 22개의 존재가 알려지고 있고, 5세기 후반에는 그 수가 6세기 초의 그것보다는 많지는 않았으리라 짐작되는데, 그렇게 되면 <邁羅>는 5세기에 존재한 담로로서 백제국가에 의해 중국식으로 이르자면 군현지배가 관철되고 있었다고 해석될 것이다. 그러나 왕후제가 바로 담로제를 나타내는지는 속단하기 어려운 점도 있어 잘라 말하기 어렵다.

백제 지방제도는 [王侯制→檐魯制→方·郡·城制]의 전개를 본다고 보는 것이 일반적인 듯하다. 方·郡·城의 시스템은 6세기 사비시대

---

11) 末松保和, 앞의 주6 책, pp.108~114.
12) 田中俊明,「熊津時代 百濟의 領域再編과 王·侯制」,『百濟의 中央과 地方』, 충남대학교 백제연구소, 1997.2, p.270.

에 시작되었다고 보이는데, 당해목간이 사비시대의 유물인데다가 「邁羅」는 「城」이라고 불리고 있어서, 바로 方·郡·城制하에서의 「城」이 아닌가 여겨진다. 方·郡·城 체제하에서의 성은 백제말의 통계로는 약 200 내지 250에 달하였던 듯하다. 즉 당해목간의 邁羅가 「城」은 으로 표기되고 있다는 점을 유의하고자 한다. 그렇다면 이 邁羅城은 城主 혹은 道使에 의해서 관할되었다고 할 수 있다.[13]

주목되는 것은 「△方·△△郡·邁羅城」이라 표기되지 않고 그냥 「邁羅城」이라고 표기되어 있는 점이다. 같은 경향은 砂宅智積碑에서도 보이는데, 「奈祗城砂宅智積」이라고 표기하고 있다. 보통 지역의 城을 기명할 때, 관할의 方과 郡을 관칭하지 않는 점이다. 이는 관칭하지 않아도 城名을 호칭하는 자체로 충분한 인지도를 얻을 수 있었다는 것을 의미한다.

더 나아가면, 중앙에 있어서 方으로, 方에서 郡으로, 郡에서 城으로의 전달 혹 파악체계와 동시에 중앙에서 城으로 직접 전달 혹 파악의 루트의 존재를 배제할 수 없다.

다만 돌이켜 보면 백제에 城은 이미 4세기말 5세기 초의 사정을 기록하고 있는 『廣開土王碑』에 村고 함께 이미 그 존재가 보이고 있다. 사비시대의 方·郡·城 체제의 성이란 현으로도 환치되는 점에서 보이듯 그 전의 성을 기반으로 한다고 하더라도 군현제와 같은 제도로서의 행정구획 단위였다는 면에서 차이가 있다.

13) 城主와 道使에 관해서는 武田幸男, 「六世紀における朝鮮三國の國家體制」, 『東アジア世界における日本古代史講座4』, 學生社, 1980.9. 東京; 金壽泰, 「百濟의 地方統治와 道使」, 『백제의 중앙과 지방』, 충남대학교 백제연구소, 1997.2.

C 『三國志』卷30-魏書30-烏丸鮮卑東夷傳第30-韓

　　韓在帶方之南, 東西以海爲限, 南與倭接, 方可四千里. 有三種, 一曰馬韓 … 馬韓在西. …有爰襄國…·萬盧國…楚離國, 凡五十餘國.

D1 『南齊書』卷58-列傳第39-百濟國의 백제왕의 상표

　　「…今假行龍驤將軍·邁盧王, 廣武將軍餘固, 忠効時務, 光宣國政, 今假行建威將軍·弗斯侯.…」

D2 『南齊書』卷58-列傳第39-百濟國

　　…是歲, 魏虜又發騎數十萬攻百濟, 入其界, 牟大遣將沙法名·贊首流·解禮昆·木干那率衆襲擊虜軍, 大破之. 建武二年, 牟大遣使上表曰:「…今邦宇謐靜, 實名等之略, 尋其功勳, 宜在襃顯. 今假沙法名行征虜將軍·邁羅王, 贊首流爲行安國將軍·辟中王, 解禮昆爲行武威將軍·弗中侯, 木干那前有軍功, 又拔臺舫, 爲行廣威將軍·面中侯. 伏願天恩特愍聽除.」…詔可, 並賜軍號.

E 『三國史記』志

　　都督府一十三縣중에 「邁羅縣」

6) 법리원

　　法利源은 邁羅城의 하부지역 혹 단위로서 지명류의 고유명사이다. 「法利」란 산스크리트어로 dharma-saṃgraha 즉 法에 의해 모은 것이라 뜻으로 佛法상의 功德·利益을 가리킨다. 이는『法華經』分別功德品에 「世尊分別說得法利者」로, 또『莊嚴經論』九卷大三—卷 635中에도 보인다. 源은 그대로는 원천, 근원이란 뜻이므로 법리원이란 <佛

法의 利益의 근원> 혹은 <佛法과 利益의 근원>이란 의미일 것이며, 佛法과 관련 깊은 용어 혹 用字이다.

주지하다시피 萬盧·邁盧·邁羅의 고유토착어계열과는 달리 완벽한 한자이다. 토착어를 음이 유사한 한자를 차용하여 표기한 것이라기보다는 처음부터 한자로 명명한 고유명사라고 볼 수 있다. 즉 명명은 인위적인 것이었고, 일종의 사상이 담긴 選字였다고 볼 수 있는데, 이는 邁羅지역을 백제가 접수하고 나서, 예를 들어 행정구획화하는 등의 영토화하는 과정에서 붙인 지명 혹 행정구역명이 아닐까 생각된다.

『周書』백제전에서는 「僧尼寺塔甚多, 而無道士」라고 해서 승려와 불교관계 건축물이 많고 번성하였음을 기록하고 있다. 이는 주로 왕도인 泗沘 즉 지금의 扶餘의 모습을 묘사한 것으로 이해할 수 있는데, 실제사료에 전하는 절(寺)의 이름과, 지명에 무슨 里 절터(某里寺址)로 불리는 것이 다수 있다.14) 당연히 불교이념도 어느 정도 일정계층에 유입되어 있었으리라 여겨지는데, 法利源이 상기의 추정대로 불교와 관련된 용어라고 한다면, 명명과정에서 승려15) 혹 불법에 지식을 가진 役人이 관여했을 가능성도 있을 것이다.

근원·근본이라는 뜻의 源과 유사한 글자로서 原은 들판이란 뜻인데, 삼수변이 붙어 물이 있는 들판이란 뜻이라는 의미라면 이는

---

14) 자세한 扶餘의 사원에 대해서는 田中俊明, 「扶餘の寺院と佛跡」, 『韓國の古代遺跡2』, 中央公論社, 1989.2, pp.134~155.
15) 고대에 있어서 승려는 단순한 종교인이 아니라 선진문물의 담지자 혹 숙달 내지 전달자였다는 점을 감안하면, 승려가 명명에 관여했다 해서 이상할 것이 없으며, 경우에 따라서는 승려출신의 刀筆之人도 상정된다.

토지의 성격 혹 특성과도 관련 있는 용어가 될 수 있고 이는 바로 畓과도 잘 어울린다. 그 경우 源은 그러한 특성의 토지로 이루어진 지역에 대한 특칭일 수도 있다. 다만 이것이 성의 하부에 있는 고유명사임에는 틀림이 없으나 그 「源」이 方·郡·城制의 城의 하부를 구성하는 행정단위의 일종인지 아닌지를 판단하는 것은 금후 자료축적을 기다려야 할 것이다.

7) 「답」

「畓」은 주지하는 바와 같이 <水田>을 뜻하는 순 한국식의 漢字이다. 田이 밭인데 대해 「畓」은 논 즉 水田이다. 삼국시대의 예로서는 신라 진흥왕순수비·창녕비가, 통일신라시대(혹 후기 신라시대)[16]에는 신라 촌락문서에 그 예가 보인다. 백제의 것으로는 아직 그 예가 없었는데 당해목간에서 그 예를 찾게 된다. 당해의 「畓」자는 「水田」의 2자의 橫書이자 連書에서 기원하여 1字化되어 갔던 것을 시사해 준다. 언뜻 1자인지 2자인지 구분이 어려운 것은 그 탓일 것이다.

이 畓의 소재는 邁羅城의 法利源이다.

8) 오형

五形의 形은 五가 관칭되는 것으로 보아 무언가의 단위인 듯한

---

16) 古畑徹, 「後期新羅·渤海の統合意識と境域觀」, 『朝鮮史研究會論文集』 36, 1998.10.

데, 그 유례가 없어 자세한 고찰에 어려움이 있다. 가능성으로서는,

    첫째로 畓(水田)의 면적을 나타내는 면적과 관련된 단위일 경우
    둘째로 京都의 條里制 혹 條坊制처럼 지방에서의 方格의 위치를 표시하
    는 단위일 경우

가 상정된다. 그러나 첫째 혹 둘째 어느 경우도 그 선례가 한반도는 물론 중국 혹 일본에서도 그 선례 혹 類例가 알려지고 있지 않아서 불확실하다. 어쩌면 백제식의 단위였는지도 모른다.
    武寧王陵에서 출토된 銀製釧(팔지) 한 쌍의 안쪽 부분에는

    更子年二月. 多利作矣. 大夫人分. 二百卅主耳

라는 글이 새겨져 있다.17) 같이 출토된 은꽃잎 장식 안에도 「一百主」라고 되어 있어, 여기서의 主는 무게의 단위였던 것으로 추측되고 있다.18) 즉 백제에는 중국계통의 度量衡의 단위 이외에 백제토착의 단위도 병존하였다고 보이는데, 形도 그와 같은 백제토착의 단위였던 것일 개연성은 충분하다. 그 경우 첫째 가능성인 면적단위였다고 할 경우에도, 수확량을 기본으로 하는 것인지, 면적을 기본으로 하는 것인지 판단할 방증자료는 향후 자료축적을 기다려서 판단할 수밖에 없다.

---

17) 문화재관리국, 『武寧王陵』, 1974.
18) 국립공주박물관, 『무령왕릉』, 1998.9. p.35. 한편 김영심은 이 主를 炷로 보아 「심지」라는 의미의 단위로 간주하고 있다(「武寧王陵出土銀釧銘」, 『(譯註)韓國古代金石文』 제1권, 1992.10, p.185)

2. 표면(앞면)

   [卩?]
9) 西□丁

丁과 관련해서 주목되는 것은 이면(뒷면)의 1인(巳達巳斯) 혹 2인(巳達巳斯과 依話□□□)의 丁이다. 그 1인 혹 2인의 丁은 소속이 西部의 後巷이다.

西□는 무엇인지 확실하지 않으나 목간 안에서 西와 관련하여 西部와 관련이 깊을 것으로 판단된다. 이는 이면의 丁이 西部소속이었던 것과 일치한다. 만일 □를 卩로 확정짓는다면 이러한 판단은 더욱 보강될 것이다.

10) 卩夷

夷는 화이사상에 입각한 용어인데, 전술했다시피, 백제에는 이미 5세기 말 내지 6세기 초부터 백제중심의 중화사상이 움텄다. 고로 여기서의 夷란 백제입장에서의 백제의 주변을 지칭하는 것이 될 것인데, 목간에서 주목되는 것은 이면(뒷면)의 歸人이다.

이들 歸人은 외래계 인민임은 이미 상술하였다. 표면에서 丁과 夷는 상호 구별되는 존재이다. 특히 夷에 관칭된 卩의 앞에는 동·

서·남·북·중 가운데 부명이 명기되어 있지 않은데, 제1자인 西가 생략되거나, 그 西가 중복하여 卩에 관칭된다고 보아 좋을 것이다. 그렇다면, 卩夷는 西卩夷에 다름 아니다.

3. 연대

최·김 두 분은 550년에 주목하여 6세기 중후반을 상정하였고, 박씨는 605년을 상한으로 잡아 7세기 초중반으로 잡았다.

전자의 경우는 먼저 당해목간의 해석에서 인명을 巳達巳斯가 아니라 巳達巳로 보고, 다음, 그 巳達巳가 『삼국사기』百濟本紀·聖王28년의 「春正月, 王遣將軍達巳, 領兵一萬, 攻取高句麗道薩城」의 기사에서 등장하는 達巳와 同名이라고 가정한 것을 그 근거로 한다.

후자는 박씨의 왕도5부제 연구를 기반으로 한 편년이다. 즉 왕도는 5부제에서 5부5항제로 개편되었는데 『삼국사기』 백제본기 武王6년에 「春二月, 築角山城」을 泗沘에의 羅城축조와 관련이 있다고 본다.

전자의 경우 巳達巳斯로 읽어야 하는가, 巳達巳로 읽어야 하는가는 차치하고도, 그를 즉 巳達巳斯나 巳達巳를 達巳와 동일인으로 볼 수 있을까 하는 점이 걸린다.

후자의 경우 5부제에서 5부5항제로의 이행의 근거를 제1, I의 (1)의 사료 가)계통에서 사료 나)계통으로의 이행이 인정되야 한다는 점, 제2, 『周書』에는 『隋書』와 달리 巷에 대해 기록이 보이지 않는다는 점으로 들고 있다. 단 I의 사료 Aa에 대해 좀더 합리적인 설명이 필요할 것이다. 아울러 角山城을 근거로 羅城 축조연대를 605년으로 잡는 것은 成周鐸 설인데, 이점에 관련해서 靑山城의 土城과 羅城이 동시축조인가 아닌가에 대해서는 불명확한 점이 지적되고 있다.[19] 무엇보다도 5부제와 5부5항제를 달리 단계 설정하는 문제에 대해서는 향후 더 많은 논의를 필요로 할 것이다.

상기 두 견해는 각각「巳達巳斯」혹「西部後巷」이라는 목간내의 문자를 그 판단의 근거로 삼고 있다. 먼저 서부와 관련시켜서는 Aa를 중시하면, 552년 즉 6세기 중엽이, 그를 중시하지 않으면 Ab의 655년 즉 7세기 중엽이 상정될 것이다. Aa는 특이한 사료로 알려져 있는데, 이점 금후 검토의 대상이며, 결코 그 근거가 명확하다고 하기에는 곤란한 점이 남는다.

그래서 주목하고자 하는 것이 목간이 발견된 혹 버려진 宮南池에 관한 것이다. 宮南池의 조성연대에 관한 것인데,『삼국사기』백제본기의 武王 35년(634)조에 의하면「三月, 穿池於宮南, 引水二十餘里, 四岸植以楊柳, 水中築島嶼, 擬方丈仙山」이라 하여 궁남지의 조성을 알리고 있다. 고로 목간의 상한도 634년으로 보인다. 백제멸망은 660년이므로, 그것이 하한이 될 것이다. 고로 대략 7세기 제2사분기 이후 제3사분기까지의 사이 즉 7세기 중반으로 볼 수 있겠다.

---

19) 田中俊明, 앞의 주14 책, pp.166~167.

4. 표면과 이면의 대응과 목간의 성격

1) 표리의 대응

한편 이면(뒷면)에서도 丁과 歸人은 구별되는 존재였다. 丁은 그 이름이 명기되고 있는데 비해(두 사람으로 볼 때는 두 丁 모두 일일이 그 이름이 명기되고 있으므로 더욱더 그렇다), 歸人은 6인 모두 이름의 명기는 보이지 않고 그 노동력 즉 징발의 내역인 연령의 구분과 사람 수(口數)가 주목되고 있을 뿐이다. 이 점에서 양자가 차별되는 존재임을 말할 수 있다. 여기서 丁과 歸人 즉 夷와는 상하의 경사된 관계에 있다고 볼 수 있다.

이 점은 표면의 丁과 夷의 구분과도 일치한다. 아울러 인명 혹 인간에 대한 열거순서도 표면과 이면이 일치를 보이고 있다. 즉 표면에서 丁이 먼저 오고 다음에 夷가 명시되고 있는데, 이면도 역시 1인 혹 2인의 丁이 먼저 명시되고 다음에 歸人이 기록되고 있다.

이면에서 部에 관한 표기는 서부가 전부이다. 巳達巳斯가 소속한 部가 서부임은 말할 나위도 없고 依舌□□□가 인명이라면 그의 소속도, 아울러 다음에 오는 歸人들의 소속도 그와 관련되리라 여겨진다. 즉 이면에서의 등장인물 7인 혹 8인의 소속은 모두 서부, 정확히는 西部後巷으로 봐서 잘못이 없을 것이다. 아울러 표면에서의 丁과 夷도 모두 서부와 관련된다. 이 점은 표면과 이면의 기재내용이 실로 표리관계에 있음을 나타낸다.

즉 표면의 丁은 이면의 巳達巳斯·丁 혹은 거기에 더하여 依舌□ □□·丁까지 해당되고, 표면의 夷는 이면의 中□ 4인 과 小□ 2인의 歸人에 해당된다. 아울러 표면의 西□와 (西)卩는 이면의 西卩後巷에 대응할 것이다. 결국 표면과 이면은 인물의 대응관계에 있음과 표면이 이면의 축약형임을, 이면이 표면의 상세한 내용임을 알게 된다. 이 점은 목간의 용도 혹 성격을 생각할 때 중요하다.

2) 목간상단부의 구멍(穿孔)의 성격

목간의 상단부로부터 4.7cm되는 부분의 좌우로부터 중앙부분에 (정확히는 표면을 기준으로 좌로부터 1.8cm되는 부분에, 또 우로부터 2.0cm되는 부분에 위치) 구멍이 위치한다.

그 구멍은 표면에 계측하면, 內孔은 그 직경이 종 0.2cm, 횡 0.3cm, 外孔은 그 직경이 종 0.5cm, 0.7횡cm이다. 이면은 내공은 그 직경이 종 0.2cm, 횡 0.3cm, 외공은 종 0.3cm, 횡 0.5cm이다. 구멍의 크기와 구멍을 뚫은 상태로 보아, 표면에서 이면 쪽으로 구멍을 뚫었던 것이 아닐까 여겨진다. 아울러 내공주위에 외공에까지 미친 마모는 끈이나 못 류에 자주 겂에 의한 것으로 여겨진다.

구멍의 용도는 끈을 관통시키거나 못 등 뾰족한 물체를 관통시키기 위한 것으로 판단된다. 얽어매거나 꾸러미를 만들 때 필요했을 것이다. 본 목간의 성격을 사례가 풍부한 일본목간의 경우와 비교

참작하면서 생각해 보자. 이 같은 묶는 것과 관련하여 이 荷札목간
일 가능성에 대해서 인데, 목간의 기재내용으로 보아서 가능성은 희
박한 듯하다. 租庸調 관련의 荷札에는 지방명과 인명·물품명과 물
품의 수량이 오는 등 물품명과 그 수량이 중심이 되는데, 당해목간
은 그와 거리가 멀다.

3) 丁과 歸人의 관계

그렇다면 당연 문서목간일 가능성이 높아지는데, 다시 당해목간
의 내용으로 돌아오면, 서부의 丁과 그에 딸린 夷 혹 歸人이 한 그룹
이 되는데, 문제는 邁羅城과의 관계이다. 邁羅城은 泗沘(지금의 충남 扶
餘)와는 상당히 떨어진 곳이다. 서부의 어떤 丁과 그의 從人으로 여
겨지는 歸人은 邁羅城의 畓과 뭔가의 관계를 맺고 있다. 상정되는 것
으로서는 居住 혹 出身地, 또는 所有 혹 耕作, 내지는 支配 등이다. 제1
의 거주지로서는 잘 맞지 않는 듯하다. 이미 丁은 서부에 소속되어
있기 때문이며, 歸人도 그 從人이라 생각되기 때문이다. 제2의 출신
지로 보는 생각은「畓」이 명기되어 있어 어울리지 않는다. 소유나 지
배는 좀 당돌한 감이 있고, 관련인물들이 丁과 中口와 小口라는 노동
동원의 대상으로 구성되어 있는 점으로 보아 노력징발과 관련된 듯
하고, 그 점에서 邁羅城의 畓은 노동력발휘의 場과 관련되는 것이 아
닐까 추정된다.

丁과 夷 혹 歸人은 인솔자와 從人의 상하관계에 있을 것으로 보

인다. 丁이 상세히 그 이름이 명기되었는데 반해, 歸人은 이름이 아니라 노동연령과 人數만이 열기된 것은, 개개의 歸人의 정체가 아니라 그들의 총 노동력이 명기되어야 할 필요가 있었기 때문일 것이다. 이는 신원이 확실한 丁을 인솔 혹 책임자로 하여 그 아래 歸人이 배속되어 있었음을 의미할 것이다.

이상을 염두에 두고 고려해 보면 우선 문서목간 가운데 전형적인 符·解·移·牒 등의 공문서일 가능성에 대해서는 이야기하기 어려운 듯싶다. 단 이면 제1행의 제10자 依가 지시내용을 가리킨다고 한다면 전혀 배제할 수는 없지만, 그 경우 구멍의 역할에 대한 설명이 어렵다. 召文는 관리를 소환할 때 사용하는 것인데 역시 본목간의 경우 召등 관련용어가 보이지 않는 점과, 使者에 대한 규정이 보이지 않는 점으로 보아 배제되어야 할 것이다.

다음에 請求목간과 進上목간의 경우인데, 본목간의 경우 청구자와 청구내용 혹은 진상자와 진상내용이 불확실하다. 아울러 告知札일 가능성도 역시 불분명하다. 구멍과 관련해서는 흔한 종류로서 食料傳票일 가능성도 배제하기 어려우나 역시 인간의 신원과 人數 및 그 이동과 관련해서 떠오르는 것은 出務傳票 혹 過所목간이다.

4) 통행증 혹 통행문서의 가능성

출무전표는 출근하였을 때 어떤 일에 편성되어 일하는가를 기록한 것이다. 보통 출무전표는 관리나 서민의 宮城出勤을 그 전제로 하는데, 당연 귀족이나 관리는 사무에 종사하였겠지만 대다수의 농민이나 서민은 육체노동에 종사하였다고 보아진다. 단 출무전표의 경우에는 궁실로의 출근을 전제로 하는데, 邁羅城은 첫째 왕도 泗沘로부터는 상당한 거리에 있어 그곳이 왕도로 출근하는 丁과 歸人의 거주지로 볼 수 어렵고, 둘째 이미 丁의 혹은 丁과 歸人의 소속처가 왕도의 西部로 되어 있으므로 역시 거주지나 소속처로 볼 수 없다.

　過所목간이란 통행문서이다. 일본의 경우에는 公式令에서 그 書式이 정해져 있다. 그래서 두드러지게 되는 것은 통행을 위한 통행증격인 過所木簡의 성격이다. 즉 왕도 서부인 巳達巳斯가 뭔가의 규정에 의해서, 또는 巳達巳斯와 依括□□□의 두 丁이, 歸人 6인을 인솔하여 이동하는 데 필요한 통행증으로 보아 좋을까 한다. 거기서 邁羅城의 法利源의 畓 五形은 그들 노동력과 관련된 지역이라고 볼 수 있다.

5) 목간에 대한 의도적 폐기여부와 관련해서

　주목해야 할 것은, 목간의 형태로 보아 폐기된 흔적은 없는 듯하다. 문서류를 대신하는 목간의 경우, 법적 혹 실질적인 효력을 갖고 있으므로 그 기능이 종료된 후에는 불법적 오용 혹 남용을 방지하기 위해 빠개거나 일부에 흠을 넣어 잘라서 폐기함으로써 재이용을 막게 마련인데, 당해목간에서는 그러한 폐기의 흔적은 찾기 어렵다.

　이 목간이 邁羅城에 가져가야 할 것이었다면, 문제는 왜 매라성

쪽이 아니라 왕도인 궁남지에 버려졌는가 하는 점이다. 이 목간을 발행한 過所 즉 발행처가 어떤 이유로 해서 궁남지에 떨어뜨렸든가, 그렇지 않으면 본래 매라성에 가져가야 할 것이 아니었든가, 둘 가운데 하나일 것이다.

전자의 경우는 더 이상의 추정이 불가능한데, 후자의 경우는 이 邁羅城行의 歸人들을 이끄는 丁(들)이 근무하고 있던 王都의 소속 근무처나 거주지의 행정기관의 관할관리 혹 관청이 보관하고 있던 것이 버려졌을 경우이다. 일단 案文(초잡은 문서)으로서 宮城에 두었던 것이 버려졌을 경우이다. 이 경우 丁들에게는 종이에 쓰고 押印한 통행증을 발행했을 공산이 있다.

6) 서식의 가능성

이상에서 확실히 이야기하기에는 아직 자료축적을 기다릴 수밖에는 없는데, 확인할 수 있는 최소한의 사항은 다음과 같다.

　제1. 목간이 발견된 宮南池로 보아, 王都泗沘의 宮과 관련이 있었을 것
　제2. 西部後巷의 인물이 등장하며,
　제3. 그가 歸人들의 인솔자인 듯하다는 것
　제4. 인솔자의 인명과 從人의 人數 및 년령이 기록되어 있다는 것
　제5. 왕도가 아니라 지방의 城의 畓이 기록되어 있다는 것
　제6. 다른 면에는 사람들의 소속부와 인물들을 약기했다는 것

이는 궁에 들어갈 때, 혹은 궁을 드나들 때에 人名·人數를 체크하기 위한 전표 혹 문서였을 가능성이 크다. 이 경우 구멍과 표면은 이면의 인물들에 대한 축약표기인 점을 감안하고, 후술할 목간규격의 규칙성을 상정할 수 있다고 한다면, 이러한 동종목간의 다수가 존재가 생각되고, 다수의 동종목간에 대한 관리와 식별과 관련이 있지 않을까 한다. 그 경우 서식으로는 다음과 같은 형식이 상정된다.

서식의 규격 가상도(표면과 이면)

V. 백제의 문서행정과 목간관련 尺에 대한 전망

　전술했거니와 당해목간의 세로의 길이는 35cm이다. 아울러 상부와 하부는 파손의 형적이 없어 완형 그대로이다. 고로 원래의 길이가 35cm였다고 판단된다.
　지금까지 발견된 백제의 목간은 당해 궁남지의 것 이외에 다음의 두 가지가 알려져 있다.

　　忠南 扶餘의 官北里에서 출토된 목간 2점[20]
　　忠南 扶餘의 雙北里에서 출토된 목간 2점과 尺[21]

　당해 궁남지 출토 목간까지 포함하여 모두 왕도 泗沘에서 출토되고 있다. 이 가운데 쌍북리 목간은 아직 정식보고가 이루어지지 않고 약보고가 이루어졌다. 이미 보고가 완료된 관북리 출토의 두 점의 목간 가운데 한 점 즉 1호 목간에 주목하고자 한다. 보고서에서는 한 면에 1列의 문자「本我自旨」네 자가 확인되는 것으로 되어 있다. 이는 上部는 원래의 모습을 간직하고 있으나 하단부는 파손되어

---

20) 충남대학교박물관·충청남도청, 『扶餘官北里百濟遺蹟發掘報告(Ⅰ)』, 1985.12, p.39.
21) 忠南大學校博物館·大韓住宅公社忠南支社, 『扶餘雙北里(2)住宅建設事業地區內 文化遺蹟發掘調査略報告』, 1998, pp.24·29·30.

있다. 1997년 여름 필자는 육안관찰에 의해 문자의 정확한 판독은 어려우나 또 1열의 묵흔이 확인한 바 있는데, 그 후 국립부여박물관의 적외선촬영 결과 3열의 墨痕이 확인되었다고 하며, 그 가운데는 「中 卩」라는 墨書가 보인다고 한다.22) 묵서에 대해서는 향후 精査가 기다려진다.

필자가 환기하고자 하는 것은 그 관북리 출토 1호 목간의 형식과 세로(長)의 길이이다. 형식은 상부가 方形인 것으로 보아 아마도 011 형식이었으리라 추정해서 무리가 없으리란 본다. 아울러 세로의 길이는 짧은 부분이 18cm, 긴 뾰족한 부분이 20cm이다.

하단의 파손된 부분은 의식적인 커트가 엿보인다. 칼등으로 선을 약간 넣은 다음에 무릎에 올려놓고 손으로 목간의 양단을 잡고 무릎에 내리쳐 힘을 가해 부러뜨리는 유형의 것으로 추정된다. 이는 일본의 목간의 경우에 보이는 전형적인 폐기방법의 일종인데, 통상 목간의 상하단의 중앙부 전후에 커트를 집어넣는다. 이에 입각하여 세로의 길이 18cm를 역산하면 원래의 세로의 길이는 36±αcm가 된다.

부여 관북리 제1호 목간의 추정길이 36cm 전후는 오차를 포함해 당해의 부여 궁남지 목간의 길이 35cm와 일치한다고 볼 수 있다. 국가 혹 官의 행정력 혹 공권력이 수반되는 문서목간에서 중요시되는 것 가운데의 하나가 尺이다. 尺은 건축방면은 물론이거니와 행정문서에서도 활용되었다는 점을 상기할 필요가 있다. 그 점에서 아직

---

22) 국립중앙박물관, 『특별전 백제』, 1999.9, p.156.

백제목간의 데이터 축적과 백제의 척에 대한 자료의 증가를 기다려야 할 것이지만 여기서 조심스럽게 35cm 전후를 백제 문서행정의 단위로서 척과 관련 있음을 전망해 두고자 한다.

단 최근에 알려진 쌍북리 출토 목간의 약보고에 의하면, 완형의 목간 1점, 파손된 목간 1점, 그리고 목제자가 1점 출토되었다고 한다. 한편 그 목제자의 눈금은 한 칸이 대략 1.5cm라고 하며, 보고자는 이것을 근거로 한 치 즉 1寸이 3cm이고, 한 자 즉 1尺이 30cm가 된다고 한다. 만일 이러한 추정이 타당성을 가진 것이라면, 唐尺과 근접한 셈이 된다. 그러나 자료는 정식보고서가 간행되지 않은 상태이고, 유감스럽게도 필자는 문제의 자(尺)를 실견할 기회를 갖지 못하였으며, 따라서 검토할 기회를 아직 갖고 있지 못하다. 향후에 자료의 공개 혹 정식보고서의 간행을 통한 자세한 정보를 바탕으로 본고찰의 尺관련서술도 재고 내지 보완 혹 보강의 기회를 기약한다.

Ⅵ. 백제의 「吏事」와 「吏」士(人)의 존재

목간은 한국에서 지금까지 출토된 목간 중에서는 규격면에서 굴지의 것이고, 그 판독가능한 문자의 수도 단연 톱클라스다. 더군다나 그 서체는 기발하게 유려한 초서풍이고, 얼마 안 되는 출토의 한국목간 가운데서도 발군의 필체이다. 이는 숙련공에 의해 쓰였다고 보지 않으면 안될 것이다. 그와 관련해서 『周書』와 『隋書』의 다음 기사가 떠오른다.

俗重騎射, 兼愛墳史. 其秀異者, 頗解屬文.
   俗에 騎射를 重히 여기며, 아울러 墳史를 좋아한다. 그 빼어난 자는 자못 屬文을 잘 해독한다.(『周書』 百濟傳)
俗尙騎射, 讀書史, 能吏事.
   俗에 騎射를 숭상하며, 書史를 읽으며, 吏事에 能하다.(『隋書』 百濟傳)

각각 「頗解屬文」과 「能吏事」를 특필하고 있다. 주지하는 바와 같이 문자나 문장의 해독과 吏事에 능통은 숙련을 요하는 분야이다. 『周書』에서 일컫는 내외 官司 22部의 존재에는 필연적으로 그 각급의 실무가 공반되어야 했을 것이고, 그것이 바로 『隋書』에서 일컫는 「吏事」에 다름 아니었을 것이다. 이에는 당연히 실무 즉 그에 종사하는 文筆집단의 존재가 상정되는데, 이들이 이른바 「能吏事」하던 집단들이었을 것이다. 「吏事」에 「能」하다는 것은 어느 정도의 숙달과 숙련을 필요로 하는 것이고, 더불어 刀筆之任으로서 문자해독 및 구사와 관련이 없을 수 없다는 면에서, 「愛墳史」하고 「讀書史」하는 집단과 연결되어 있을 것이다.

본 논고의 주 1)에서 인용한 『周書』에 의하면 畿內의 5部에는 「士人」(『北史』에서는 「士庶」) 즉 「士」와 「人(혹 「庶」)가 거주하였다고 한다. 이러한 「士」 가운데에는 행정의 실무를 담당하는 「能吏事」의 層 혹 집단의 존재가 상정되며, 당해 궁남지 목간이 출토지인 왕도 泗沘에서 발행된 것이라면, 그 작성의 주인공은 이러한 「能吏事」의 집단이었을 것이다.

 이들은 행정의 하부구조로서 백제 국가운영상 중요기능을 담당했다고 여겨진다. 사비시대 각 유적에서 잘 보이는 벼루[23]는 이들의 문방구였을 것이다.

Ⅶ. 당해목간의 의의와 향후의 과제

 백제관련 사료의 영세성은 주지의 사실이다. 그 중에서 지금까지 알려진 목간은 모두 5점 그야말로 한손에 꼽힐 정도이다. 자료의 양뿐만 아니라 연구도 거의 초보상태에 있다 해도 과언이 아니다. 자료와 연구의 축적이 거의 없는 현 단계에서는 여러 가지 가능성을 대담하게 타진해서 금후 자료축적이 진전되어 어느 정도의 판단근거가 단단해질 때까지 고려의 다양성을 추구할 필요가 있다고 본다. 그런 측면에서 자료축적이 많은 일본 혹 중국목간과의 비교검토가 절실하다. 아울러 발굴 초동단계에서의 자료와 정보의 정확한 수집 아울러 보존과 전시 등의 기술적인 문제도 점진적인 개선을 요하며,

---

23) 예를 들면 부여 부소산성 출토의 백자벼루(白磁硯)나 부여 금성산 출토 토제벼루(土製硯) 등. (모두 주21 도록. 도록의 유물번호는 각각 330·338)

전문가의 양성도 중요한 과제가 될 것이다.

　당해목간에 관해서 지금까지 출토된 한국의 목간 중에는 가장 그 문자수가 많을 뿐만 아니라 서체의 수려함에서 괄목할 만하다. 금후 새로운 각도에서의 문자의 해독의 재검토가 요망되며, 「形」에 관한 성격의 규명도 금후 자료축적과 정보증가를 기다려 세세히 풀어야할 과제라고 본다. 더불어 목간의 재료가 된 나무의 수종분석도 시급하다. 수종의 판명과 그 수종의 분포를 통해 사비시대의 백제목간의 제작환경을 엿보는 窓이 될 수 있기 때문이다. 아울러 尺의 문제도 향후 정보의 증가를 기대한다.

〈부록〉 동반목제품에 관한 단상

　당해목간과 더불어 일종의 목제품이 출토되었다. 둥그런 부분을 상단부로 보고 뾰족한 부분을 하단부로 볼 경우 하단부의 가늘게 뾰족해진 부분은 부러져 있는데, 본래 모습은 가늘게 길게 더 아래쪽으로 연장되어 있었을 가능성이 있다. 이 경우 떠오르는 것은 두루마리 류의 종이로 된 문서를 말아 그 제목을 표시해두는 題籤軸이다.(참고사진) 泗沘시대 백제행정에 있어 다양한 문서와 書物의 종류가 인정되고 그런 환경 속에서 軸과 題籤軸의 존재를 상정해서 위화감은 없다. 단 당해목제품의 경우는 아직 상단부의 둥그런 부분에 문자의 존재여부에 대해 불확실한 점이 있다.

그밖에 상정할 수 있는 것은 제사도구일 가능성이다.(참고도) 그러나 동반유물의 성격이 불명확하여 금후 연찬이 필요하다.

일단 이상의 두 가지 가능성을 상정해두는 선에서 금후의 연구를 기대 혹 기약한다.

【謝禮】 본고작성에 있어서 귀중한 교시와 자료를 제공해 주신 白種伍(경기도박물관)·黃英美(전 국립중앙박물관)·愈在恩(문화재연구소)·平川南(일본 국립역사민속박물관)·三上喜孝(일본 학술진흥회 연구원) 및 崔孟植 소장님 이하 부여문화재연구소의 여러 선생님들께 감사드린다.

□쉼터

에필로그
한국목간 총론

□쉼터

한국목간 총론

　지금까지 한국에서는 14개소에서 모두 356점의 목간의 출토가 공표되었다. 아직 고구려나 가야의 목간은 출토되지 않았으며, 모두 신라와 백제의 것이다. 신라의 왕경 경주에서 4개소 86점, 백제의 왕경 부여에서 6개소 34점, 신라지방에서 6개소 150여 점이 출토되었다. 북한에서 낙랑목간의 출토가 전해지고는 있는데 그 상세한 전말은 알려지고 있지 않다. 이들 한국의 목간은 6세기 전반에서 9세기에 걸친 것이어서 한국의 목간은 紙·木 병용시대의 것인 셈이다.
　출토지는 대부분이 沼地거나 山城·苑池·寺院·役所·工房터 등이다. 외형적으로는 전형적이라고도 할 수 있는 笏形·파임형·題籤軸·削屑·재이용 예정의 문자가 없는 목제 未製品 등이 있다. 또 가로꼴 목간도 있으며 중국에서 「觚」라고 불리는 다면체의 막대형 목간가 다수 있다. 이는 四角柱와 圓筒柱形이 중심인데, 五角柱도 있다. 백제의 목간은 모두 백제의 마지막 도읍인 泗沘에서 출토되었다. 관아유적인 관북리에서 출토된 목간에서는 「嵎夷」라는 문언이 보인다. 백제의 멸망을 전후한 시기의 것으로 추측된다. 왕경 나성의 東外側에 있는 능산리 절터에서도 다양한 목간이 출토되었다. 능산리에는 사비시대 왕족의 墓群이 있으며, 능산리의 사원은 왕족의 願刹로 여겨지고 있다. 사원 앞을 통과하여 왕성으로 들어가는 큰길가에서 6세기 중후반의 목간이 여러 종류 출토되었다. 도교와 관계가 깊은 「道緣立」이란 글이 있는 男根形 목간, 주술적인 목간도 있다. 식료지급(청구) 관련 목간, 사원간의 네트워크에 의한 물자이동의 모습도 보이며 「豬(猪인듯)」의 문자도 보인다. 宮都의 남쪽에 있는 궁남지터에서 왕경 거주민의 실태와 과세의 모습을 엿볼 수 있는 일종의 過所木簡도 출토되었다.

신라의 목간은 다양하다. 안압지는 신라 태자궁의 苑池이며, 月城해자(해자)는 왕성인 월성의 방어용 해자이다. 이 두 곳에서는 6세기 이래 중앙행정과 문자사용의 실태를 알 수 있는 여러 가지 목간이 출토되었다. 율령에 따라 행정실무를 담당한 말단관리들의 習書와 낙서가 보여 刀筆之任의 망중한을 떠오르게 한다. 「牒」이란 글자가 있는 목간도 확인된다. 「牒」이란 당나라를 비롯해 동아시아에서 널리 사용되던 공식문서 서식이다. 그리고 「敎事」·「策事」·「崇事」 등의 서식도 보인다. 習書 가운데는 「朔」을 연서한 것도 있는데, 이는 여러 관사의 史가 반포된 曆을 書寫하기 위해 연습한 것으로 보인다.

왕경을 구성하는 六部의 저변을 이루는 행정단위인 「里」의 6세기 후반의 운영상황도 엿볼 수 있다. 또 궁문의 병위, 寫經과 종이, 약물 등의 물자 청구와 관련된 목간도 있다. 「敎」·「賜」·「在」·「之」·「白」

·「反」 등 이두의 용법, 가오리를 나타내는 「加火魚」와 「猪水」·「迠」 등 특수한 문자가 있고, 「兄隹」(雖), 「艹+寺」(等), 「㠯」(巴) 등 독특한 서체도 보인다.

중앙에서 지방으로 驛馬를 사용한 전달체계와 「缶」·「醓」·「醢」·「助史」·「藏」 등 6~7세기 신라인의 조리보존 식생활도 엿볼 수 있다. 지방출토 목간에서는 上州 즉 甘文州로부터 下州의 안라로 수송된 「稗」·「麥」·「鐵」 등의 물자에 붙인 꼬리표가 함안 성산산성에서 출토되었다. 顚倒符 「レ」의 예도 보이며, 6세기 상주·하주를 중심으로 한 행정의 실상을 매우 상세하게 전하고 있다. 이성산성에서는 「戊辰年」에 한강 이남의 군사적 요충 사이의 연락체계를 알 수 있다. 『論語』의 公冶長編을 쓴 四·五角柱形의 목간이 당시는 지방이었던 현재의 인천 桂陽山城과 김해 鳳凰台에서 출토되었다. 모두 통일신라시대의 것으로 보이는데, 행정거점인 지방의 요소에서의 한자사용의 실태를 엿볼 수 있다. 이들 목간자료를 통해 6~9세기 고대 한국에 살던 옛 사람들의 일상생활의 모습에 더 가까이 접근할 수 있다.

□쉼터

부 록
신안목간

□쉼터

신안 해저발견 목간의 형식과 선적船積

1. 머리말

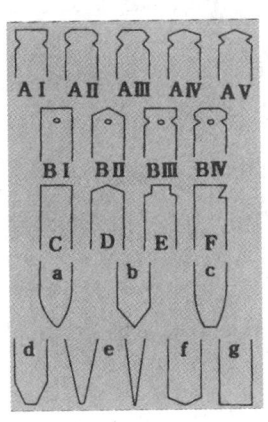

　新安 침몰선은 1323년에 원나라의 慶元(지금의 중국 절강성 영파)을 출항하여 일본으로 향하던 몇 척의 배 가운데 하나였던 것으로 추정된다. 그로부터 약 6백여 년 뒤인 1976년 10월부터 1984년 9월 사이에 이루어진 10차례의 조사 및 인양작업을 통해 모두 2만여 점의 유물이 발견되었다. 그 가운데 목간은 3백여 점이 조사되었다. 이들 목간에 대한 기존의 연구로는 尹武炳(1984)·西谷正(1985·1986)·岡內三眞(1986)·龜井明德(1987) 등에 의한 것이 있다. 이상의 연구들은 ① 침몰선은 元의 慶元에서 일본의 京都방면으로 항해하던 가운데 신

안 앞바다에서 침몰하였으며, ② 연대는 14세기 전반이고, ③ 목간들은 荷物에 붙은 付札 즉 荷札이라는 점 등에 공통된 인식을 보인다. 아울러 비교적 보존 및 처리상태가 양호하여 목간의 墨書釋讀에는 논란이 될 만한 것은 그다지 없어 보인다. 따라서 본고는 기존의 석독을 비롯한 연구성과를 수용하면서 목간의 형태와 내용 그리고 月日기재와 船積 등의 문제에 대해 고찰하고자 한다.

2. 형태와 내용

기존연구에서의 목간 분류는 내용에 따른 분류와 형태에 따른 분류가 이뤄지고 있다. 먼저 윤무병은 형태별과 내용별로 분류하였다. 이 연구는 신안 목간연구의 효시로서 연구사적인 면에서 높이 평가된다. 西谷은 윤무병의 내용분류를 충실히 계승·소개하였다. 龜井은 도자편년을 언급하는 과정에서 목간을 내용별로 분류하였는데, 윤무병의 내용분류에서 미진한 부분을 보완하였다. 岡內는 형태와 제원을 분류·분석하여 형식분류를 행하였다. 결국 윤무병 이래 西谷·龜井의 내용분류와 岡內의 형식분류로 대분된다고 할 수 있다.

목간분류에 있어서 기본이 되는 것은 외형에 따른 분류이다. 이는 외형이 기능과 밀접한 관련을 갖기 때문이다. 따라서 본고에서는 먼저 외형에 따른 형식분류부터 살펴본다.

岡內 이전에 형식분류가 없었던 것은 아니다. 윤무병 연구에서도 외형에 따른 형식분류는 의식되고 있었다. 다만 형식분류에만 그치고 분류가 논지전개에 거의 활용되지 않았다는 점을 지적할 수 있겠다. 이하 尹·岡內 양자의 분류원칙은 다음과 같다.

- 尹武炳 분류 : 상단을 A·B·C·D·E·F의 5종으로 분류하고, 하단을 a·b·c·d·e·f·g의 6종으로 분류하였다. 상단은 먼저 양쪽에 V자홈이 파인 것을 A로 하고, 가운데 구멍이 뚫린 것을 B로 하고, 나머지 것을 C·D·E·F로 나누었다. 그리고 A·B는 형태를 더욱 세분하여 AⅠ·AⅡ·AⅢ·AⅣ·AⅤ와 BⅠ·BⅡ·BⅢ·BⅣ로 나누었다.([그림 1] 참조)
- 岡內 분류 - 하단을 A·B·C의 3종으로, 다시 상단을 Ⅰ·Ⅱ·Ⅲ·Ⅳ·Ⅴ·Ⅵ·Ⅶ의 7종으로 분류하였다. 하단은 끝을 뾰족하게 깎은 것을 A, 좌우 모서리를 깎아내려가다 아래 평탄면을 조금 남겨둔 것을 B, 가공하지 않고 평탄한 면을 그대로 남겨둔 것(短冊型)을 C로 나누었다. 형식 분류에서 윤무병은 상단형태를 축으로 삼았는데 반해, 岡內는 목간의 하단형태를 축으로 삼았다. 결국 양자는 각각 상단위주-하단보조, 하단위주-상단보조의 분류방법이다. 목간의 기능성을 고려할 때는, 윤무병의 상단위주 분류법이 좀더 합리적이다. 하지만 윤무병의 분류법에도 난점은 남아 있는데, 이 점은 뒤에서 다시 언급하기로 한다. 논지전개의 편의상 여기에서는 일단 윤무병의 분류법을 따른다.

문화재관리국편 『新安海底遺物Ⅱ』(1984년 9월, 이하 『보고서』로 칭함)에 제시된 인양목간의 일람표가 중요자료가 된다. 이에 따르면, 총 328점 중에 A형 242점, B형 25점, C형 38점, D·E·F형이 각각 7·5·2점이다.
이외에 상부가 파손된 것이 8점, 기재가 不備된 것이 1점이다. A형은
다시 AⅠ형 84점, AⅡ형 48점, AⅢ형 57점, AⅣ형 50점, AⅤ형 1점으로
나뉘며, 기타 2점이다. 여기서는 기재가 불비한 것과 파손된 것 9점
을 제외하고 나머지 319점을 고찰대상으로 삼는다.

　윤무병의 분류중 B형이 주목된다. 여기에는 V자홈이 파인 것과
그렇지 않은 것이 혼재되어 있다. 즉 BⅢ·BⅣ형은 구멍이 뚫려 있으
면서 양쪽에 V자형 홈이 파여 들어가 있으며, BⅠ형은 구멍이 있으
면서 단책형(사각형)이고, BⅡ형은 구멍이 있으면서 첨두형(삼각형)으
로 되어 있다. 付札에서 V자홈이나 구멍은 끈을 돌리거나 집어넣어
하물박스나 자루에 묶어 고착시키는 데 활용된다. 구멍과 V자홈을
모두 갖고 있는 것은 특이한 경우이다.

　다음으로 목간의 내용분류를 검토한다.

　목간의 내용에 따른 분류는 일찍이 윤무병에 의해 이루어진 바
있는데, 綱司·東福寺·至治參年(三年)·敎仙·一田早米·八郞·松菊得·菊
一·道阿方尒 등 17개의 유형으로 나누었다. 이 분류법은 내용분류의
기틀을 세웠다는 점에서 중요한데, 세부에 있어 보완할 여지가 있다.
龜井은 그 가운데 몇 가지를 수정 보완하여 윤무병의 분류에서 진일
보하였다. 龜井의 수정판에 약간의 가감을 하여 정리한 것이 논문말
미의 [표]이다. 이를 토대로 내용을 살펴보자.

　「綱司」목간은 A형 목간 전체중 75%를 점하는데,

綱司私+Θ+날짜/수량	b·b2·b3	48점
綱司私+Θ+날짜/품목·수량	c	1점
綱司私+Θ+날짜/수량·인명	d	1점
綱司私+Θ/날짜	a·a2	37점

의 4종의 유형을 보인다. a·b에서 날짜가 綱司와는 다른 면 혹은 綱司 다음에 오는 것으로 보아, 綱司가 있는 면이 표면이 됨을 알 수 있다. b2·b3은 b형에서 일부 글자가 결락되거나 생략된 형태로 보아도 무방하다. a2는 결락이 있으나 이를 「月十一日」로 간주해 둔다. 전체는 「五月十一日」과 「六月三日」로 양분할 수 있다. 즉 綱司목간의 최종기입은 크게 5월 11일과 6월 3일의 두 차례에 걸쳐 이루어졌다고 할 수 있다. 5월 11일 목간에 품목이 기재되어 있지 않은 것은 기재할 필요가 없었기 때문일 것인데, 동일품목이었을 가능성이 크다. 목간의 발견위치는 Ⅲ구역에서 31점, Ⅳ구역에서 2점, Ⅹ구역에서 4점이 인양되어 Ⅲ구역이 가장 많다.

6월 3일 목간은 이면에 「七十三包六百內」의 수량을 기재한 것이 압도적이다. 이는 Ⅱ구역에서 38점, Ⅲ구역에서 5점, Ⅳ구역에서 8점이 인양되어 Ⅱ구역이 우세하다. b2는 六月三日이란 기재가 빠져 있다. 이는 六月三日이 들어가 있는 b와 길이 등 제원과 외형면에서 다르지 않다. 즉 六月三日을 기입할 공간이 있음에도 넣지 않은 것은 단순한 기재누락으로 추정할 수 있다. 이 같은 점으로 보아 작은 글자 六月三日이 가장 마지막 단계에 기입되었던 것으로 보인다. 환언하면 표면의 綱司私 및 화압(θ)과 이면의 수량 등이 날짜 六月三日보다 먼저 기입되어 있었다는 것이다.

더군다나 θ이 수결이었다고 한다면, 목간 한 면의 마지막이 아니라 중간에 오는 것은 자연스럽지 못하다. 이는 「六月三日」이 기재되지 않은 상태에서의 완성형이었는데, 사정에 의해 날자가 補入되었음을 말한다. 즉 a와 달리 작은 글자로 비좁게 쓰인 것도 그와 같은 연유에서 일 것이다. 즉 정해진 날짜에 入手 혹은 船積되지 못해 늦어졌기 때문이 아닐까 한다. b·b2·b3은 품목의 내용이 생략되어 있는데, 동종의 것이어서 따로 기재할 필요가 없었기 때문일 것이다. 다만, 「包」라는 수량단위로 헤아려지는 품목이었다고 추정할 따름이다.

이외에 결락이 있는 것들을 완형패턴 중의 어느 것에 해당한다고 전제할 경우 e는 a·b2와 f는 b·b3·c·d와 유사한 형태였을 것으로 보인다. g는 결락이 심하나, 「綱司」형의 범주에 넣어둘 수 있다.

윤무병은 「綱司」를 사찰의 관리직 승려라고 보았으나 富商그룹의 우두머리임과 동시에 船長으로 보는 龜井의 견해가 더 설득력이 있어 보인다. 더구나 일본사료에 한정적으로 나타나는 용어임을 중시하면, 침몰선의 船籍을 일본으로 보는 주요근거가 된다. 綱司私의 私는 현대적 의미의 公私의 私를 의미하는 것이 아니라 하물의 처분판매권을 의미한다.

「東福寺」 목간은 서식에 따라 6군으로 나눌 수 있다.

東福寺+足　/　몇貫+公用+θ　　　　　a

東福寺 /	몇貫+公用+θ	c
東福寺+公用+θ/	몇貫+足	b
東福寺 /	몇貫+足	b2
東福寺+公物 /	몇貫+날짜	d
東福寺+公物 /	大錢+몇貫+날짜	e
東福寺 /	날짜+몇貫	g

東福寺는 일본 京都소재의 절이다. 足은 일본식 한자로 錢을 의미한다. 大錢과 足이 상호 병립하지 않는 점도 그 방증이 된다. 公用과 公物은 통용되는 관계에 있었던 듯하며, 「綱司」목간의 私에 대비되는 개념이다. 크게 날짜가 있는 것과 없는 것으로 대별된다. 이상에서

足↔大錢, 公用θ↔公物

으로 足과 大錢이 상호 병립되지 않고, 공용과 공물이 상호 병존하지 않으며, 화압(θ)은 공용에만 붙고 공물에는 붙지 않는다는 점이다. 또 날짜는 공물계열에만 붙는다. 즉 <足-公用-θ>의 組와 <大錢-公物-날짜>의 組로 양분되고 있음이 드러난다. 서체에 있어 b·c를 한 群으로 d·e를 또 다른 한 群으로 나눌 수 있다는 윤무병의 지적이 있는데, 앞의 서식은 이러한 서체구분과도 정확히 일치한다.

「至治」목간은 대체로 「寶+至治參(三)年六月一日θ/몇貫+釣寂奄」을 기본형식으로 하는 듯하다. 수량단위로 보아 a·d·e·e2는 동전과 관련이 있을 것인데, g는 陳皮라 명기되어 있다. 연호에 오는 3년의 3은

「參」과「三」이 병용되고 있다. 이에 반해 동전의 수량을 명기함에 있어서 8은「八」은 쓰지 않고 철저히「捌」만을 쓰고 있다. 그런 반면 12貫子의 12는「拾貳」를 쓰지 않고「十二」를 쓰고 있다. 즉 숫자표기 상의 불통일성이 두드러진다. 복수의 書人이 존재했음을 시사하는 대목이다.

「至治」는 알려진 바와 같이 원나라 英宗代의 연호로 至治 3년은 1323년이며, 고려 忠肅王 10년이다. 至治 앞에 오는 寶는 元寶의 약자로 錢貨를 의미한다는 견해도 있다.(龜井) 그런데 寶자가 오면서도 그 물품 내역이 화폐가 아니라 陳皮(목간2)인 경우도 있고, 그 물품이 화폐인데도 至治 앞에 寶자가 오지 않는 경우(목간131)도 있어서 속단하기는 어렵다. 寶가 다른 자에 비해 훨씬 크며, 표면의 앞머리에 나온다는 점을 주목하면 寶 원래의 의미인 보물 즉 소중한 것이므로 주의하여 다룰 것을 표기한 것일지도 모르겠다.

「敎仙」목간에서는 상호간 유사성을 볼 수 있다. 우선 a2는 a와 동종으로 보아도 무방하다. d2도 d에 가깝다. 敎仙은 인명 특히 승려의 이름인 듯하다. 分이란 일본어로「몫」이란 뜻이므로,「敎仙分」이란 <敎仙의 몫(것)>으로 풀이된다. 貫文이란 단위로 보아 관련물품은 꾸러미 상태의 동전이었음을 알 수 있다. c2도 ⊕표 이외에는 c와 일치한다. c에 보이는「一包」의 내용은 동전표시(⊕)로 보아 동전이었음을 알 수 있다. c목간과 관련해서는 동전을 包 즉 자루단위로 포장하였음을 시사한다. 筥崎는 일본 구주 福岡의 筥崎八番宮를 가리킨다. 勸進은 시주행위를 이르며, 奉加錢은 일본의 독특한 용어로서 勸進

에 의해 神佛에 헌납된 금전을 의미한다.

「一田早米」 목간에서 一田早米 4자의 인명은 c에서는 표면과 이면에 2자씩 나누어서 기록하기도 했다. 이 목간에서는 대체적으로 동전의 수량을 기재하고 있다. 10貫文이 7점, 6관문이 3점, 5관문이 1점이므로 침몰선에는 적어도 一田早米의 몫으로 93관문의 동전이 적재되어 있었음을 알 수 있다. 一田早米 목간에서 貫文의 수치는 「十」・「六」・「五」를 사용하고 있다.

인명으로서 八郞・松菊得・菊一・道阿方介・秀忍・隨忍・本とう二郞・とう二郞・いや二郞들이 있다. 특히 「-郞」계열은 전형적인 일본인명이며, 松菊得・菊一도 다분히 일본풍이다. 道阿方介・秀忍・隨忍은 불교승려의 인명인 듯하다. 이 가운데 八郞・松菊得・菊一・道阿方介・秀忍・とう二郞 관련목간은 大錢・貫・文이란 용어를 동반하므로 동전과 관련된 목간임에 틀림없다. 貫은 千錢을 가리키는 돈의 단위이고, 文은 가운데 네모난 구멍이 뚫린 동그란 동전을 가리킨다. 아울러 子哲・妙行・□行・得法□ 목간도 貫이란 용어와 함께 하므로 역시 동전꾸러미와 관련된 荷札로 보인다. 한편 釋讀이 용이하지 않은 일부 목간에서도 貫이나 大錢을 읽어낼 수 있는 것들도 역시 같은 해석이 가능할 것이다. 이렇게 보면, 내용상으로는 동전관련 荷札이 압도적으로 많다.

이밖에 「陳皮」와 「北米」 등이 보인다. 陳皮는 말린 귤껍질로서 고혈압에 듣는 약재이다. 신안유물중에는 계피・후추와 씨앗류 등의 약재가 있는데, 남방산인 이러한 약재는 당시 이문이 많이 남는 품목이었다. 北米는 斗로 헤아려지는 것으로 보아 곡물임에는 틀림없으나 그 실체를 알기는 어렵다. 毅正이라는 荷主와 관련이 있는 점과 「七斗」라는 한정적인 양으로 보아 특수용도의 交易米이었던 것으로 보인다. 「福 四斗」는 斗라는 수량사로 보아 곡물류로 보인다. 福은 제사고기를 의미하기도 하는데 여기서는 그와 무관해 보이며, 荷主와 관련이 있지 않을까 추측된다.

또 인명만 보이는 목간, 혹은 인명과 날짜가 보이는 목간들이 있는데, 외형이나 내용 및 여타 목간과의 관련에서 볼 때, 荷札임에 틀림없어 보인다. 이러한 하찰에는 神社·寺院·職名·人名·연월일·중량이나 단위·하물의 내용 등이 기재되어 있다.

이상의 논의를 토대로 목간의 형태와 함께 검토 정리하면 다음과 같다.

AⅠ형에는 綱司하찰 17점, 東福寺하찰 12점, 至治하찰 3점, 菊一하찰 8점, とう二郎하찰 7점, 隨忍하찰 4점, 그리고 守中·正·又三朗·松菊得·いや二郎 등이 1점씩 보인다. 이밖에 貫 혹 大錢이 쓰여 있는 하찰이 6점 있다. AⅡ형에는 綱司하찰 27점, 東福寺하찰 2점, 一田早米하찰 6점, 松菊得하찰 4점 보인다. 또 敎仙·八郎·妙行·敬□·□行이 각각 1점 보이며, 貫자가 들어간 하찰이 2점 보인다. 敎仙·妙行·□行은 동전과 관련된 하찰이다. AⅢ형은 58점 모두가 綱司하찰이다. AⅣ형은 綱司하찰 6점, 東福寺하찰 26점, 一田早米하찰 4점, 元仁 2점, とう二郎·本とう二郎·敎仙·甘草□郎이 각각 1점이며, 貫자가 보이는 것이 3점이다. AⅤ형은 綱司하찰 1점뿐이다.

A형내의 분류에서 특징지워지는 사항은 추출하기 어렵다. 따라서 형식분류상 A형내에서의 5종의 세분류는 크게 의미있어 보이지는 않는다. 크게 보아 A형에서는 綱司가 109점, 東福寺가 40점으로 압도적인 가운데, 인명 및 동전관련 하찰이 끼어있다고 할 수 있다.

BⅠ형에는 八郎하찰이 17점·衛門次郎이 2점 보인다. 衛門次郎은 BⅢ형에도 1점 보인다. BⅡ형에는 守中이, BⅣ에는 敎仙이 각각 1점 보인다. BⅠ·BⅡ는 애초 구멍에 끈을 넣어 사용하기 위해 제작된 것이나, BⅢ·BⅣ은 구멍과 V자홈이 그 기능이 중복되므로 양자는 성격을 조금 달리한다. BⅢ은 처음 구멍을 사용하려하다가 여의치 않아 V자홈을 얕게 판 것으로 보인다. 따라서 기능상으로는 A에 가깝다고 하겠다.

C형은 상단 短冊型이다. 하단도 네모난 단책형인 Cg는 모두 17점인데, 北米가 2점, 道阿 方尒가 4점이며, 이외는 동전관련 付札이다. Cg는 통상 16~20cm의 긴 것과 12~13cm의 짧은 것 두 가지 나뉜다. 이러한 단책형은 고대목간의 예에서 보면 통상 문서목간이 대부분인데, 신안목간은 예외없이 모두 荷札로 보인다. 다만 86·87·252호 목간의 경우는 상하단의 가공상태로 보아 나무로 된 틀에 끼워넣었던 것일 가능성이 크다. Cc는 7점으로 敎仙이 2점, 至治·福四斗·秀忍이 각각 1점이다. Ce는 9점 모두가 福四斗이다.

D형에는 陳皮·一田早米·敎仙이 각각 1점 보이며 동전관련도 2점 보인다. E형은 상단이 독특하다. 단정하기는 어려우나 애초 A형으로 제작하였다가 파손되어 E형로 변형된 것일 가능성을 제시해

두고자 한다. 이 역시 동전관련 付札이다.

상단이나 하단에 V자홈이나 구멍이 없는 C와 D형의 경우 화물상자나 자루에 이미 묶인 끈 사이로 하단부를 집어넣어 고착시켰을 것이다. 이 때 하단부가 Cb·Cc·Cd·Ce처럼 유선형이거나 첨두형이면 더 용이했을 것이다.

3. 기재와 선적

신안발견 목간 즉 荷札에는 이상과 같이 연월일과 적재품의 내용 및 소유자 내지 주문자 등이 적혀 있다. 이러한 연월일은 물품의 구입시점이라기보다는 물품을 包裝하여 積載한 시점을 가리킨 것으로 보인다. 선적시에 동종의 나무 상자나 자루의 혼재로 인해 하물 및 荷主에 대한 명확한 구별은 대단히 중요하였을 것이다. 따라서 하찰의 내용을 기재한 곳은 이 배의 출항지로 여겨지는 慶元에 다름 아니었을 것이다.(龜井)

동종의 하찰에도 숫자표기의 불통일성이나 서식의 불균일성, 서체의 다양성 등으로 보아, 복수의 사람에 의해 쓰였던 것으로 보인다. 목간에는 菊一·松菊得 등 일본인풍의 인명이 등장하고, 本とう二郎·とう二郎·いや二郎 등과 같이 히라카나가 사용된 인명이 기

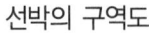
선박의 구역도

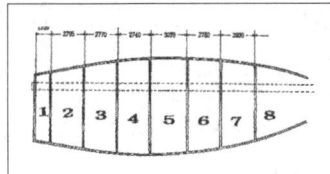

록되기도 하였다. 또한 分·足·奉加錢 등 일본한자 혹 일본용어에 보이는 용어가 사용되고 있다. 따라서 荷札을 쓴 사람 중에는 일본어를 숙지하고 이를 자유롭게 쓸 수 있는 이도 있었던 것으로 보인다. 즉 서체나 付札목간의 내용으로 보아 書寫人 중에 일본인이 끼어 있었을 것이다. 이는 침몰선에 실린 일상생활용구로 보이는 일본식 나막신과 일본 장기말 등에 의해서도 방증된다.

다음으로 날짜가 쓰인 목간 즉 荷札들이 여러 점 보이는데, 이들은 船積과정과 구역을 살펴보는데 좋은 자료가 된다. 이들은 다음과 같다.

4월 22일	1점(道阿方尒하찰 1점)
4월 23일	6점(道阿方尒하찰 3점, 秀忍하찰 1점, 그 외 103·137)
5월 11일	36점(綱司하찰 36점)
6월 1일	3점(至治하찰 2점, 守中하찰 1점)
6월 2일	20점(東福寺하찰 14점, 菊一하찰 5점, 그 외 172)
6월 3일	55점(綱司하찰 50점, 守中하찰 1점, 그 외 130·132·229·312)

위 목간 가운데 至治하찰 2점에는 至治 3년 즉 1323년으로 명기되어 있다. 다른 하찰들에는 月日이 명기되었으나 年은 명기되어 있지 않다. 이는 굳이 연도를 기록하지 않아도 되었기 때문이었을 것이다.

곧 같은 해에 기재된 것임을 말한다. 침몰선은 원나라에서는 慶元에 줄곧 머물렀던 것으로 여겨지므로, 船積작업은 적어도 1323년 4월 22일에서 6월 3일 사이에 이루어졌다고 보아도 무방하다.

먼저 4월 22일을 필두로 道阿方尒 소유 10관의 동전이 3구역에 실렸다. 이튿날인 23일에도 3구역에는 12貫의 동전자루가 실렸다. 또 2구역에는 道阿方尒 앞의 10관 동전 3자루와 秀忍 앞의 하물과 釣寂庵 앞의 12文의 동전이 실렸다. 약 20여 일의 간격을 두었다가 5월 11일에는 綱司가 처분할 수 있는 물품들이 적재되었다. 이들은 대부분 3구역에 실렸으며, 일부가 10구역과 4구역에 실렸다.(구역은 [그림 2]를 참조)

약 20여 일의 간격을 두었다가 6월초에 집중적으로 선적이 이루어진다. 6월 1일에는 釣寂庵 앞의 동전들이 2구역과 4구역 등에 나뉘어 실린다. 이어 6월 2일에도 東福寺의 동전들이 대부분은 2구역을 중심으로 선적되고 일부가 3구역과 5구역에 나뉘어 실렸다. 또 菊一의 하물도 2·3·4구역에 분산 적재되었다. 마지막 날인 6월 3일에는 綱司의 물품이 대거 실렸다. 대부분은 2구역에 실렸으며, 일부가 3·4구역에 실렸다.

즉 慶元에서의 船積은 4월 하순·5월 중순·6월 초순의 3차례에 걸쳐 2~3일씩 집중적으로 이루어졌다. 6월 3일쯤 선적이 끝난 뒤 그리 멀지 않은 날에 慶元港에서 돛을 올렸을 것이다. 付札이 달리지 않은 물품도 있었을 것이며, 침몰 이후 오랜 기간이 흐르는 동안 荷物과 荷札의 위치가 교란되었을 가능성도 배제할 수는 없으나 대체로 위와 같은 선적과정에 대한 추정은 유효하리라 본다.

4. 맺음말

荷札의 형태별로 선적된 구역을 정리하면 다음과 같다. A형은 선체의 2구역에서 나온 것이 102점·3구역에서 나온 것이 92점·4구역에서 나온 것이 36점·10구역에서 나온 것이 5점이다. B형은 4구역에서 나온 것이 압도적으로 많다. C형은 3구역이 19점·2구역이 18점으로 두 곳에서 집중적으로 나왔다. D형은 2구역의 것이 많다. 이는 荷札에 쓰인 교역물품의 船積위치이기도 하다. 이러한 물품들의 荷主는 일본에 있었다고 보인다. 荷札에 보이는 東福寺·釣寂庵·筥崎가 일본소재의 寺社이며, 인명들이 일본인명이기 때문이며, 인명에 보이는 승려들도 이들 寺社와 관련이 있다고 여겨지기 때문이다. 배의 국적 즉 船籍이 중국인가 일본인가는 논란의 대상이 되고 있는데, 일본 배라면 이는 寺社와 商人이 공동출자한 交易船이 될 것이다.

航路에 대해서도 이론이 있으나, 적어도 중국 영파(元의 慶元)에서 일본의 博多(후쿠오카)로 향하고 있었다는 점에는 이론이 없다.(항로는 [그림 3] 참조) 荷札에 고려식 인명이나 고려와 관련된 寺院·기관 등은 전혀 보이지 않으므로 이 배의 물품이 고려에서 발주되었을 가능성

[그림 3] 항로그림

1. 慶元 2. 福岡 3. 京都

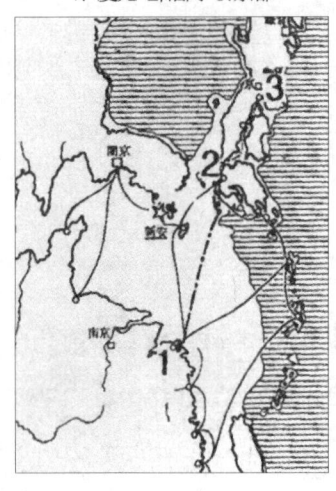

은 없다. 다만 중국에서 일본으로 직항하던 중 왜 新安 앞바다에 침몰하였는가 하는 점은 여전히 미스터리로 남아 있다. 배에 실렸던 高麗靑磁 7점은 고려가 아니라 원나라에서 구입 적재되었을 가능성이 크기 때문에 논외로 하더라도 배에 실린 교역품 가운데 후추 등은 일본이 아니라 고려인들을 판매상대로 하였을 것이라는 점도 그렇다. 인양된 청동 숟가락은 고려의 것으로 보이므로 이 배에 高麗人이 승선하고 있었을 가능성은 매우 높다. 아마도 고려인 선원이었을 것이다.

14세기 전반 원나라가 고려와 정치적으로 밀접한 관계를 맺고 강력한 간섭을 가하고 있었다. 12세기에 번성하였던 고려의 대외교역은 원과의 항쟁을 거치는 동안 매우 침체되었다. 항쟁이 일단락되고 원나라는 일본경략으로 눈을 돌렸는데, 이는 13세기 말에 종결을 보게 된다. 바로 그 직후인 14세기 전반에 동아시아의 해상에서는 역동적인 교역이 이루어지고 있었다. 신안목간은 그러한 교역의 구체적 단면을 7백여 년 후인 오늘날에 전해 주고 있다.

참고문헌

국립중앙박물관, 『신안해저문물 국제학술대회 주제발표(요지문)』, 1977.12.
윤무병, 「木牌」, 『新安海底遺物Ⅱ』, 문화재관리국, 1984.9.
西谷正, 「新安海底發見の木簡について」, 『九州文化史硏究所紀要』 30·31, 1985.3·1986.3.
岡內三眞, 「新安沈船を通じてみた東アジアの貿易」, 『朝鮮史硏究會論文集』 23, 1986.3.
龜井明德, 「日元陶磁貿易の樣態: 新安沈沒船をめぐって」, 『日本貿易陶磁史の硏究』, 同朋舍出版, 1987.11.
김원동, 「新安에서 沈沒된 元代 木船의 沈沒年月과 引揚된 陶磁의 編年에 관한 연구」, 『美術資料』 42, 국립중앙박물관, 1988.12.

유물관찰에는 김유식·이재정(館內 유물부), 김병근(해양유물전시관) 선생의 도움이 컸다. 한편 자료수집에는 이영(방송대 교수)·中島圭一(慶應大學 교수)·장효정(동국대 조교)·박준형(연세대 박물관) 선생의 도움을 받았다. 깊이 감사드린다.

【표】 신안목간의 내용별 분류

□	1자인데 석독할 수 없는 경우
草	확정할 수는 없으나 「草」로 읽어둘 수 있는 경우
□□□□	문자의 흔적은 있으나 석독은 물론 몇 자인지 알 수 없는 경우
六月三日	작은 문자로 보통글자의 1행의 공간에 2행으로 六月三日로 쓰여 있음
❀	꽃모양의 기호
⊕	동전모양

○   굵은 원모양

×   파손

없음   묵서나 묵흔이 없음

        괄호 안은 목간번호. 이하 목간번호는 『보고서』의 것을 따름

1 「綱司」   109점

    a   綱司私㊀/五月十一日   36점(3·7·9·10·11·15·16·17·24·27·28·29·36·38·39·40·41·42·46·47·56·58·195·201·204·206·208·214·215·263·264·324·326·327)

    a2 綱司私㊀/五□□ □□   1점(20)

    b   綱司私㊀六月三日/七十三包六百內 46점(69·81·82·83·83·85·97·149·152·153·154·155·157·159·162·163·164·166·190·196·198·200·221·231·232·235·236·238·239·242·244·245·246·254·256·257·258·270·273·303·304·305·306·319·320)

    b2 綱司私㊀/七十三包六百內   1점(182)

    b3 綱司私㊀六月三日/七十三包內 1점(52)

    c   綱司私㊀六月三日/藥五種八十   1점(79)

    d   綱司私㊀六月三日/二包內行卿   1점(249)

    e   綱司私㊀/□□ □□   20점(4·25·37·43·48·53·54·57·73·88·89·90·94·95·129·150·158·188·205·262)

    f   綱□□ □□/□□ □□   2점(26·202)

2 「東福寺」   41점

    a   東福寺足/十貫公用㊀   15점(68·77·104·107·114·120·121·124·126·213·220·261·274·275·309)

    a2 東福寺足/□□ □□   1점(175)

    b   東福寺公用㊀/十貫足   4점(123·173·176·311)

    b2 東福寺/十貫足   1점(300)

c　東福寺/十貫公用θ　　　　　　5점(112·116·125·250·310)
　　　d　東福寺公物/十貫六月二日　　7점(70·141·174·181·224·253)
　　　d2　東福寺公物/十貫□□ □□　1점(177)
　　　e　東福寺公物/大錢五貫六月二日　6점(99·100·102·127·271·313)
　　　f　東福寺公用θ/□□ □□　　　1점(210)
　　　g　東福寺/六月二日大錢六貫　　1점(199)
　3「至治」　　　8점
　　　a　寶至治參年六月一日θ/大錢捌貫釣寂庵□□　1점(67)
　　　b　寶至治參年□□ □□θ/釣寂庵□□ □□θ　1점(227)
　　　c　寶至治參年六月×/釣寂庵□□×　1점(227)
　　　d　寶至治三年六月□□ □□/大錢捌貫釣寂庵θ　1점(147)
　　　e　×至治三年六月一日θ×/×貫文□□θ×　1점(122)
　　　e2　至治三年□□ □□/十二貫子□θ　1점(131)
　　　f　寶至治三年×/□□ □□×　　1점(220)
　　　g　×寶至治三年五月×/×陳皮伍拾伍斤×　1점(2)
　4「敎仙」　　　7점
　　　a　拾貫文敎仙　勸進聖/筥崎奉加錢θ⊕　1점(272)
　　　a2　□□　□□勸進聖/筥崎奉加錢θ⊕　1점(212)
　　　b　聖敎仙□皮θ⊕/筥崎奉加錢θ⊕　1점(139)
　　　c　一包敎仙分/一包敎仙θ⊕　　1점(216)
　　　c2　一包敎仙分/一包敎仙θ　　1점(18)
　　　d　⊕敎仙分θ/十貳貫文θ　　　1점(314)
　　　d2　⊕敎仙θ/十貳貫θ　　　　1점(293)
　5「一田早米」　　　15점

        a   一田早米㊀/十貫文㊀   6점(14·19·51·140·144·184)
        a2 一田早米㊀/十貫□□ □□   1점(168)
        b   一田早米㊀/大錢六貫文㊀   2점(170·228)
        c   一田六貫文㊀/大錢早米㊀   1점(226)
        d   一田早米㊀×/大錢×   1점(145)
        e   一田早米㊀/大錢五貫文   1점(214)
        f   一田早米㊀/大錢六貫□□   1점(142)
        g   一田早米㊀/大錢□□□㊀   1점(230)
        h   一田早米㊀/□□ □□   1점(178)

6 「八郎」   19점

        a   八郎㊀/없음   16점(61·62·74·169·277·278·279·
        280·281·282·283·284·285·286·294·296)

        b   八郎㊀大錢/없음   3점(63·292·297)

7 「松 菊得」   6점

        a   松 菊得/拾貳貫㊀   4점(72·80·115·117)
        b   松 菊得/伍貫伯貳文㊀大錢   1점(108)
        c   松 菊得/□□ □□   1점(317)

8 「菊一」   9점

        a   菊一㊀/六月二日   5점(8·255·269·301·302)
        a2 菊一㊀/六月□□ □□   1점(156)
        b   拾貫菊一㊀/□月□日   1점(325)
        c   菊一□□/自分九百   2점(151·237)

9 「道阿方尒」   4점

        a   十貫文道阿方尒分/四月廿二日九十貫內   1점(148)

a2　十貫文道阿方尒分/四月廿三日九十貫内　　　2점(86·87)

　　　a3　十貫文道阿方尒分/四月廿三日九十□□　□□　1점(252)

10 「秀忍」패턴　　2점

　　　a　秀忍⊖/拾貳文　　　　　　　　　1점(194)

　　　b　×貫秀忍⊖/四月廿三日秀忍⊖　　　1점(187)

11 「隨忍」패턴　　5점

　　　隨忍⊖/⊖　　　　　　　　　　　　5점(21·96·110·128·203)

12 「本とう二郎」　2점

　　　本とう二郎/本とう二郎　　　　　　2점(32·260)

13 「とう二郎」　8점

　　　a　とう二郎⊖/없음　　　　　　　　5점(66·91·288·289·295)

　　　b　とう二郎⊖/없음　　　　　　　　2점(65·287)
　　　　大錢

　　　c　とう二郎⊖/없음　　　　　　　　1점(64)
　　　　六貫七百文

14 「いや二郎」　2점

　　　a　いや二郎/十一□□　□□　　　　1점(71)

　　　b　いや二郎/□□　□□　　　　　　1점(323)

15 「福　四斗」　　10점

　　　福　四斗/(없음)　　　　　　　　　9점(193·233·240·241·243·248·265·
　　　　　　　　　　　　　　　　　　　　　266)

　　　福□□　□□/(없음)　　　　　　　1점(268)

16 인명　　13점

　　　I　子哲⊖/十壹貫⊖　　　　　　　　1점(13)

Ⅱ 妙行/十貫□□　　　　　　1점(161)
Ⅱ2 □行/十八貫內　　　　　　1점(321)
Ⅲ 得法□/⊖十貫文　　　　　1점(186)
Ⅳ 元仁⊖/□□　　　　　　　2점(44·45)
Ⅴ ○守中⊖/六月三日　　　　1점(183)
Ⅴ2 ○守中⊖/六月一日　　　　1점(75)
Ⅵ 陳皮廿七斤 正悟⊖　　　　1점(118)
Ⅶ 甘草□郎⊖/없음　　　　　1점(31)
Ⅷ 衛門次郎/□□ □□　　　3점(76·291·307)
Ⅸ 又三郎/千□□ □□⊖　　1점(315)

17 기타 날짜가 기록된 것(날짜순으로) 8점

137　□□□□⊖/十貳貫四月廿三日
172　□□ □□/十貫六月二日
130　伍貫文⊖×/六月三日⊖×
132　大錢五貫□□⊖/六月三日⊖
229　拾貫大錢/六月三日□□ □□
312　□□ □□/六月三日
218　□□ □□/□□ □□六月□日
160　□□ □□/六月□□ □□

18 기타「貫」수나「大錢」이 기입된 것 16점

(5·12·34·49·50·59·106·111·135·136·165·167·171·223·267·299)

19 기타　　　6점

Ⅰ 釣寂庵拾貳文/四月廿三日□□⊖　　1점(103)
Ⅱ 北米七斗軟正□□ □□/□□ □□　1점(247)

Ⅱ2 北米七斗□□ □□/□□ □□　　　　1점(251)
Ⅲ 　阿□□ □□/□□ □□　　　　　　1점(22)
Ⅳ 　敬□Θ/□□ □□　　　　　　　　1점(192)
Ⅴ 　正Θ/正Θ　　　　　　　　　　　1점(276)

A Preliminary study of Korean Wooden Tablets

This is a critically important preliminary study of the wooden tablets excavated in ancient Korea. So far, 350 items of wooden tablets have been excavated from 14 sites, and it is expected that the number would increase in the future.

All of the excavated items are from Silla and Baeg-je, and none of them are from Goguryo or Gaya. 86 items from 4 sites have been found in Gyeoung-ju, the capital of Silla, 34 items from 6 sites in Buyeo, the capital of Baeg-je, and 148 items from 6 other sites in Silla. They are from the first half of the 6th century to 9th century.

The excavation sites include swamps, castles, ponds, temples, and administrative offices. The appearances are of flat and long ones, v-shaped ones, crushed ones, wide and flat ones. Various shapes of wooden tablets have been excavated from Nengsan-ri. Several kinds of wooden tablets have been excavated along the main avenue running through a temple. They include tablets in shapes of male sexual organ, shamanistsic tablets, and tablets asking for food.

Silla wooden tablets are more diverse. Wooden tablets are excavated in Anabji and Wollseong. They showed the lifestyle and literary administration in the capital of Silla between the 6th and 9th centuries. They include tablets of the writing practice of low rank administrators, calendar, and what seem to have been communications among administration offices.

150 items of wooden tablets have been found in Seongsan Castle in

Haman, Kyungsang Namdo. They are tags on cargoes, and show the local administration of Silla in the mid-6th century.

These material enable us to recover the lifestyle of ancient Korea, including literary style, and cental and local administration.

後 記

돌이켜 보면 필자의 목간 공부의 계기는 1997년 가을 경주에서
였다. 다케다 유키오(전 동경대 동양사학과 교수 : 필자의 동경대 시절 지도교
수)를 비롯 신라사연구회 등이 14박 15일의 여정으로 신라·가야 지
역 조사에 나섰다. 당시 일본유학중이던 필자는 선생님을 졸라 함께
떠나게 되었다. 경주의 국립경주문화재연구소에서 월성해자 목간
실견 후에 스즈키 야스타미 선생님(국학원대 교수:필자의 국학원대 시절
지도교수)은 필자에게 목간 연구를 강권하였다.
　이것이 계기가 되어 平川南 선생님(국립역사민속박물관 관장)께 사
사받게 되었다. 국립역사민속박물관의 平川 연구실은 일본내 각종
문자자료의 판독의뢰가 몰려들었으며 선생께 사사받으려는 동경도
내 각 대학원의 인재들로 북적거렸다. 이러한 환경 속에서 특별전
"日本의 古碑"등의 참가를 비롯한 역박에서의 연찬은 필자의 목간,
문자자료 연구에 기둥이 되었다.
　귀국해서는 필자의 천박한 재주를 인정하여 목간보고서를 쓰게
해준 최맹식 선생님(국립문화재연구소 유적조사실장)·김용민 선생님(국
립부여문화재연구소 소장)을 비롯한 문화재청 관계자분들께 은혜를 입
었다. 이것이 계기가 되어 고려대학교에 박사논문을 제출하게 되었
는데, 심사과정에서 최광식 선생님(고려대학교 교수)·이기동 선생님